한국 고·중세
佛教와 儒教의 역할

김 호 동 지음

景仁文化社

책머리에

역사를 我와 非我의 투쟁으로 본 단재 신채호는 「조선 역사상 일천 년래 제일 대사건」이란 글에서, 한말에서 1천년 이전까지의 우리 역사에서 가장 큰 사건으로 '妙淸의 난(1135)'을 들고 있다. 단재는 자주적이고 전통적인 郞佛의 소유자인 묘청이 외래사상인 儒家思想의 소유자인 김부식에게 진압되면서 우리나라가 사대주의로 전락하고 말았다고 하였다. 일제에게 국권을 빼앗긴 상태에서 해외에서 민족해방을 염원한 단재 신채호가 제기한 이러한 인식은 한동안 우리 역사 해석에 깊은 영향을 끼쳤다. 그러나 고려시대, 나아가 고·중세 불교와 유학, 그리고 낭가사상 등이 단재 신채호가 파악한 것처럼 서로 대립관계에 있었던 것은 아니다. 주자성리학이 고려 말에 들어와 조선왕조의 치국 이념이 되는 과정에서 척불을 내세우게 되자 양자는 대립, 갈등관계에 놓이게 되었지만, 그 이전의 경우 양자는 상보적인 관계에 있었다.

고·중세 사회에서 불교는 종교적 신앙의 대상일 뿐만 아니라 관혼상제의 일상예절마저 불교적 의식에 의해 치러졌다. 당시 사람들은 출생에서 죽음에 이르기까지 일상의 삶을 불교에 기대고 있었다. 이런 연유로 불교는 교속 양권을 장악하고 있었고, 유교를 비롯한 일체의 사상도 불교와 대립의 각을 세울 수는 없었다.

일면 고려시대의 경우 국가의 공권력이 불교를 틀어쥐었다. 국가가 승과, 승계, 주지 임명권을 장악한 것이 그 예이다. 나아가 종파의 분립, 국사·왕사제도의 적절한 활용을 통해 국가가 불교를 견제하였다. 그러한 과정에서 유교는 불교와의 길항관계 속에서 유교정치이념의 확대를 통해 그 영역을 넓혀나갈 수 있었다. 그러나 어디까지나 불교와 유교는 고·중세사회에서 서로 주고받는 관계였지 신채호가 바라보듯이 대립 갈등의 관계는 아니었다.

필자는 1986년에 「최은함－승로 가문에 관한 연구－신라육두품가문 의 고려문벌귀족화과정」(『교남사학』 2)이란 논문에서 고려 성종조 시무 28조를 통해 불교의 대사회적 기능에 대한 비판을 한 유학자 최승로의 가문을 다룬 적이 있다. 거기에서 최승로의 출생은 불교와 밀접한 관련 을 갖고 있었고, 그의 손자 최제안은 나말려초 잔파된 경주의 천룡사를 중수하여 호국가람의 신이 되겠다고 한 '信書願文'을 남겨 천룡사를 원 당으로 경영하였음을 주목한 바 있다. 이후 천룡사는 조선후기까지 경 주최씨와 밀접한 관련을 맺고 있었다. 이 논문을 쓴 이후 儒佛의 竝存 문제에 관심을 두고 유·불 문제를 바라보고자 하였다.

필자는 1986년을 전후한 시기에 당시 영남대학교 국사학과에 재직중 이시던 김윤곤 교수님과 함께 팔만대장경, 즉 고려대장경의 刻成者 명 단에 주목하면서 고려대장경과 관련된 다음과 같은 논문을 쓴 바 있다.

「강화경판 고려대장경 각성활동의 참여계층」(김윤곤·김호동, 『한국중세사연구』 3, 한국중세사학회, 1996.5)

「『禪門拈頌』과 眞覺國師 慧諶」(『民族文化論叢』 18·19합집, 영남대학교 민족문화 연구소, 1998.12)

「『續高僧傳』과 『大唐西域求法高僧傳』에 입전된 韓國 高僧의 행적」(『民 族文化論叢』 20, 영남대학교 민족문화연구소, 1999)

고려대장경을 매개로 한 불교에 대한 관심 속에 다음과 같은 논문을 작성하였다.

「고려중기 결사불교에 대한 재음미」(『하곡김남규교수정년기념사학논총』, 동논총간 행위원회, 2000.8)

「원간섭기 영남지역의 유불계의 동향」(김호동, 『한국중세사연구』 9, 한국중세사학회, 2000.12)

이상의 글들을 쓰면서 필자는 대장경과 불교에 대해 다음과 같은 생각을 품었다.

첫째, 고려대장경의 각성은 불교 전적에 대한 종합적 정리를 통해 한 단계 높은 문화적 역량의 축적을 가능하게 하였다. 이것이 선문염송집, 해동고승전, 제왕운기, 삼국유사의 찬술을 가능하게 하였다는 점을 주목할 필요성이 있다. 전쟁과 대장경 각성의 과정에서 불교문화 속에서의 우리 문화에 대한 자각이 위와 같은 저술의 바탕이 될 수 있었을 것이고, 그것은 또한 원간섭기 하에서도 고려국으로서의 자존의식을 가지는 저변 형성에 일조하였을 것이다. 그러나 이러한 문화적 역량은 오랜 원간섭기를 거치면서 무디어져 갔을 것이다.

둘째, 최근 대장경 각성자의 연구를 통해 기존의 각성사업이 최우·최항 부자의 역할, 그리고 강제적이고 강압적으로 이루어졌다는 데 대한 기존 연구성과의 비판을 통해 지식층 및 민들의 자발적 참여를 강조하고 있는 실정이다. 필자는 이런 논의의 과정을 지켜보면서 고려대장경의 각성을 이해하기 위한 단서로서 전두환 정권시절의 '평화의 댐' 건설사업을 연상하면 되지 않을까라고 생각하였다. 반공이데올로기에 매몰된 우리 국민들이 평화의 댐 건설사업에 일면 강제적·반강제적으로 성금을 내고, 또 자발적 성금을 내놓았던 사실을 통해 불교적 세계관에 젖어들었던 당시 고려사람들이 대장경 각성사업에 참여하게 되는 다양한 동기들을 그려낼 수 있을 것이라는 것이다.

셋째, 전쟁은 인간에게 죽음을 제일 먼저 떠올리게 한다. 재조관료를 위시한 지배층들은 그들의 자녀를 전장으로 내몰고 싶지 않았을 것이고, 전쟁이 일어나면 항상 그 전면에 동원되었던 승려들 역시 전선으로 나가고 싶지 않았을 것이다. 대장경 각성 사업 추진의 이면에는 당시 무신정권에 참여한 지배층 및 그 자녀, 그리고 전쟁에 동원될 승려들이 전쟁에 나가는 것을 기피하기 위한 의도에서 추진된 면도 없지 않았을까 하는 엉뚱한 의문을 가진 적이 있었다.

넷째, 지리한 몽고와의 전쟁이 화평교섭으로 인해 끝나자 출륙환도에 따른 무신정권의 붕괴와 왕정복고가 이루어졌다. 그러나 고려는 원의 부마국으로 전락한 채 원의 간섭을 한동안 받지 않으면 안되었다. 전쟁의 참화 속에서 불교에 의탁하여 염불과 대장경의 각성을 통해 몽고의 침략을 염원하였던 사람들은 한동안 허탈감에 빠져들었을 것이고, 결국 불교에 대한 깊은 회의를 하게 되었을 것이다. 그런 점에서 대장경 각성은 고려 불교 발전의 한 정점인 동시에 불교가 쇠퇴의 나락으로 빠져드는 직접적인 계기로 작용하였다고 볼 수 있다.

다섯째, 일연이 불경 외에 널리 儒書를 섭렵하였고, 그를 계승한 寶鑑國師 混丘 역시 書史를 두루 연구하였다고 한 것이나 신효사의 노승 정문이 『論語』・『孟子』・『詩經』・『尙書』 등을 잘 강설하고, 무외국사 정오도 『論語』의 구절을 해설해주었다는 기록 등을 볼 때 승려들의 유학에 대한 해박한 지식을 지적하곤 한다. 이러한 점에 주목하여 성리학 수용의 한 요인으로서의 불교와의 상관성에 관한 연구가 최근 많이 이루어지고 있는 실정이다. 겉으로 이것은 불교의 유학에 대한 사상적 우위, 혹은 양자의 상관성, 주자학이 받아들여질 수 있는 불교 내부의 토양으로 간주되기도 하지만, 불교의 입장에서 보면 불교 본연의 길에서 그만큼 멀어지는 결과를 초래하여 불교가 스러지는 요인으로 미구에 직용하게 되었다. 눌론 당시의 불교의 수준이 유학을 견인해내고, 유학이 갖고 있었던 대민교화력을 능가할 정도의 건전성을 가졌다면 문제가 다르겠지만 혜심이나 천책의 경우처럼 유학에 대한 일방적 우위를 주장하고, 거기에 자족하는 상황 하에서 그런 단계로 나아갈 길을 찾아낼 수는 없었다. 불교의 승려들은 유학자들에게 사장지학을 가르치면서 유학에 대한 사상적 우위를 강조함으로써 자기만족에 그칠 뿐이었다.

여섯째, 고려 후·말기 불교계는 자력신앙에 입각하여 자신을 깨우치는 것은 물론 불교의 대사회적 기능에 대한 진지한 고민이 없었다고 보아야 할 것이다. 교단의 정치적 헤게모니를 장악하기 위해 정치권력과 결탁하였고, 왕실과 권문세족, 그 인척을 포함한 개개 가문과 개인의 내세를 위한 명복과 구복을 위한 공덕신앙과 신비주의를 벗어나지 못하였다. 고려사회가 갖고 있었던 사회경제적 모순을 지적하거나 개혁을 통한 사회성을 확보하지 못하였던 것이다.

결국 불교는 신유학, 주자학에 밀려나고 말았다. 특히 지식인들이 그 관심을 주자학으로 옮겨감에 따라 불교가 쇠퇴하게 되었다는 점에서 왜 고려말 이후 지식인들이 불교를 외면하고 주자학으로 옮겨가게 되었는가에 대한 조망이 이루어져야 할 것이다. 더욱이 불교는 후진을 위한 교육을 제대로 하지 못한 데 반해 주자학은 성균관 및 향교 교육의 재건을 통한 후진교육을 착실히 하였다는 점이 주목된다. 그러나 일면 고려말 관학교육이 강조되었음에도 불구하고 지방의 향교교육은 아직 한계를 갖고 있었고, 주자학의 학문전수는 상대적으로 家學을 중심으로 이루어진 점이 주목된다. 그러한 생각을 하고 있을 무렵 다음과 같은 글을 썼다.

「여말선초 향교교육의 강화와 그 경제적 기반의 확보방안」(『大丘史學』 61, 대구사학회, 2000.12)

그간 필자는 한국중세사학회의 기획발표인 【한국중세 유교사의 재조명】에서 「신라말 고려초 유교정치이념 확대과정」(『한국중세연구』 18, 한국중세사학회, 2005.4)을, 【한국중세 풍수도참사상의 재조명】에서 「성리학의 보급에 따른 풍수도참사상의 변용」(『한국중세사연구』 21, 한국중세사학회, 2006.10)을 발표한 바 있다. 이 두 글을 작성하는 동안 필자는 「원광을 통해서 본 토착신앙의 불교 습합과정」(『신라사학』 3, 신라사학회, 2005.5)을 쓰기도 하였는데, 이 세 글은 결과적으로 우리 사상사의 세 마디에 해당하는 시기의 토착신앙, 불교, 유교, 풍수도참사상을 다룬 셈이다.

이제 이런저런 연유로 인해 쓰여진 위의 글들을 한 권의 책으로 엮어 내면서 「고·중세 동해안지역 통치와 불교사원 역할」(『전근대 동해안 지역사회의 운용과 양상』, 영남대학교 민족문화연구소편, 경인문화사, 2005.5), 「고려말 유학자의 회화관」(『한국중세사회의 제문제』, 한국중세사학회, 2001.8)을 같이 묶었다. 그 제목을『한국 고·중세 佛敎와 儒敎의 역할』이라 하고, '원시신앙을 딛고 선 불교, 치국제민의 길을 모색한 유교', '모순 속의 불교, 새로운 길을 모색하는 유교의 편린', '고·중세 한국불교자료에 대한 검토'란 편목으로 나누어 글을 재배치하여 약간의 손질을 가하였다.

이번 책의 제목을 정한다는 것은 한 권의 책을 쓰는 것만큼이나 어려웠다. 불교와 유교란 주제로 얼기설기 얽힌 단편적인 글을 하나로 묶었기 때문에 처음에 '한국 고·중세 佛敎와 儒敎의 한 단면(혹은 편린)'이란 제목을 생각하였다. 그러나 가까이 있는 한기문 선생이 아무래도 제목이 어울리지 않는다고 하면서 '한국 고·중세 佛敎와 儒敎의 역할'이란 제목을 추천하기에 그렇게 정하고 말았다. 그에 대한 고마움을 표하며, 아울러 이 책을 영남대학교 '민족문화연구총서' 34집으로 내게끔 허락해주신 이동순 소장님께 감사드린다. 그리고 이 책을 하나의 책으로 다듬어 세상에 내놓을 수 있도록 해준 경인문화사 온 식구들에게 고마움을 표한다. 마지막으로 이 책을 통해 나로 인해 마음 고생을 하고 있는 우리 가족 모두에게 진심으로 미안함을 전한다.

2007년 6월 11일

<차 례>

제1편 원시신앙을 딛고 선 불교,
치국제민의 정치학의 길을 모색한 유교

제1장 圓光을 통해서 본 토착신앙의
불교 습합과정

Ⅰ. 머리말

삼국시대 불교사를 논할 때 가장 주목받는 인물 가운데 한 사람이 圓光이 아닌가 한다. 그의 중국 구법활동 이후 신라 승려들의 본격적인 중국 유학이 이루어졌던 점이나, 화랑에게 세속오계를 제시하여 보살계와 세속계를 구분하였던 점, 고구려와 백제를 치기 위해 걸사표를 지었다는 점 등에서 그의 생애와 불교사상에 관한 많은 연구가 있었다.

원광 연구의 기본 사료로 이용되는 것은 『三國遺事』(권4, 義解 제5) 「圓光西學」條이다. 일연은 이곳에 『續高僧傳』(卷13)의 '新羅皇隆寺釋圓光'條의 내용을 옮겨 싣고, 그 뒤에 東京安逸戶長인 貞孝 집에 보관된 '古本『殊異傳』'의 내용과 『三國史記』(卷45) 列傳 '貴山'의 내용 일부를 수록하였다. 그리고 일연 자신의 견해를 밝힌 '議' 및 '讚'을 싣고 있다. 『續高僧傳』의 기록은 원광이 중국에 유학하여 출가한 후의 여러 불교 경전이나 교학을 이해하는 과정과, 귀국 후의 교화활동에 관해 주로 언급하고 있다. 이에 반해 '古本『殊異傳』'은 원광이 일찍 출가하여 행한 신이한 수도생활의 행적을 기록하고 있다.

지금까지 원광의 생애와 사상을 논한 연구들은 『속고승전』의 내용을 주된 자료로 활용하면서 『속고승전』과 『수이전』에서 달리 기록된 부분, 즉 그의 출신 및 생존연대와 유학시기에 관해 부수적으로 후자의 기록을 언급하고 있다.[1] 그러나 원광의 부도가 자신이 처음 출가하여 불법을 공부하였던 바로 그 자리, 삼기산사 자리에 세워졌다고 하는 것은 삼기산사에서 불법을 익히던 원광의 모습을 그려낸 『수이전』의 기록에 대한 신뢰감을 준다. 따라서 『수이전』에 실려 있는 내용은 그간 신라인들을 종교적으로 장악하고 있었던 토착신앙과, 거기에 기대었던 신라인

---

1) 원광에 관한 연구성과는 다음과 같다.

李基白, 「圓光과 그의 思想」 『創作과 批評』 10, 1968 ; 『新羅思想史硏究』, 일조각, 1986.

鄭永鎬, 「원광법사의 삼기산 금곡사」 『史叢』 17·18합집, 1973.

鄭柄朝, 「원광의 菩薩戒사상」 『한국고대문화와 인접문화와의 관계』 보고논총 81－1, 한국정신문화연구원, 1981.

鄭柄朝, 「圓光法師－統一신라의 이념 세운 고승－」 『한국불교인물사상사』 불교신문사, 1990.

신종원, 「원광과 진평왕대의 점찰법회」 『신라초기불교사연구』 민족사, 1992.

崔鉛植, 「원광의 생애와 사상－삼국유사 원광전의 분석을 중심으로」 『泰東古典硏究』 12, 1995.

朴美先, 「신라 원광법사의 여래장사상과 교화활동」 『한국사상사학』 11, 1998.

박광연, 「원광의 점찰법회 시행과 그 의미」 『역사와 현실』 43, 2002.

金杜珍, 「圓光의 戒懺悔신앙과 그 의미」 『新羅史學報』 2, 신라사학회, 2004.

위 글들은 주로 원광의 생애와 그의 사상을 다루고 있다. 그의 생애를 다루면서 다음의 두 가지 문제에서 많은 논의가 이루어졌다. 첫째, 『속고승전』에서 원광이 박씨라고 한 데 반해, 수이전에서는 설씨라고 하였기 때문에 그의 출신이 어디에 속하는가 하는 문제이다. 대체로 이에 대해서는 설씨라고 보고 있다. 둘째, 『속고승전』과 『수이전』이 중국에 유학한 시기 등의 연대기상에 큰 차이가 있기 때문에 이것을 밝히고자 하였다. 반면 원광의 사상에 대해서는 주로 『속고승전』을 갖고 그의 사상을 조명하고 있다. 그것은 상대적으로 『수이전』의 경우 이에 관한 언급이 없기 때문이다.

들이 불교 공인 이후 어떻게 불교를 받아들이게 되는가를 알려주는 좋은 자료로 활용할 수 있을 것이다.

고구려와 백제 양국은 불교 공인과정이 비교적 순조로웠다. 반면 신라는 귀족층의 강력한 반발로 인해 이차돈의 극적 순교 과정을 통해 어렵게 공인하였다. 그 원인 규명을 위해 불교 공인 이전의 巫와 日官과 佛僧과의 충돌을 통해 샤머니즘과 불교의 대립 갈등을 다룬 연구는 있었지만 불교 공인 이후의 토착신앙과 불교와의 관계를 다룬 연구는 별반 없었다. 다만 이기백이 원광과 무격신앙과의 결별을 다룬 바 있다.[2] 이 문제에 대해 최근에 김두진은 "불교 공인 이후 원광이 활동하던 시기에 이르기까지 신라 사회에는 토착신앙과 불교신앙이 대립과 절충을 반복하고 있었다. 그런 속에서 원광은 정법불교 교학을 정립시키려 했다. 그러기 위해 원광은 주술불교를 배격하면서, 오히려 신라 토착신앙에 대해 호의적인 태도를 가졌다"고 하였다.[3] 그러나 전자의 연구는 토착신앙과 불교가 갈등과 대립을 하면서 '결별'과 '배격'의 수순을 통해 도태되어 갔다는 측면만 부각시켰다. 후자의 경우 주술불교 역시 무격으로서 간직했던 治病・除厄의 주술을 매개로 불교에 가탁한 것이라고 할 때 그것 역시 토착신앙의 하나였다는 점이 간과된 것이 아닌가 한다.

불교는 법흥왕에 의해 공인된 후 왕즉불을 표방하면서 왕실 내지 국가불교의 성격을 지니면서 왕권강화의 이데올로기로서 기능하였다. 당시의 신라인, 그리고 토착신앙의 경우 이 거대한 흐름에 저항하기보다는 불교를 하루 빨리 익혀야만 한다는 대명제를 갖고 있었다. 이 시기는 무격 등의 토착신앙이 불교에 대결하는 단계가 아니라 불교에 압도된 채 생존의 길을 찾고자 하는 몸부림을 보여주는 단계이다. 그러한

---

2) 「圓光과 그의 思想」 『창작과 비평』 10, 1968 ; 『신라사상사연구』, 일조각, 1986.
3) 金杜珍, 「圓光의 戒懺悔신앙과 그 의미」 『新羅史學報』 2, 신라사학회, 2004, 89쪽.

몸부림이 어떤 경우에는 주술불교로서, 혹은 원광과 같이 중국유학으로, 혹은 삼기산신처럼 부처의 하위신으로 변신하기도 한다. 이러한 시각에서 본고는 불교와 토착신앙의 결별, 배격의 측면 보다는 토착신앙이 불교를 통해 어떻게 자구의 길을 모색해나가는가를 추적해보기로 한다.

II. 토착신앙의 세계에서 佛의 세계로

1. 원광 출가를 통해서 본 토착신앙의 불교 대응 양태

『속고승전』에 의하면 원광의 西學 동기는 문장의 빛남이 三韓에 떨쳤으나 박학하고 넉넉함이 중원에 부끄러웠으므로 발분하여 25세 때 배를 타고 金陵에 이르렀고, 불교에의 귀의는 중국에서 이루어졌다고 한다.4) 이에 반해 東京安逸戶長인 貞孝 집에 보관된 '古本『殊異傳』' 「원광법사전」에 의하면 중이 되려고 불법을 배우던 중 三岐山에서 수도하다가 神의 권고에 따라 중국에 가게 되었다고 한다. 이에 관한 자료를 검토해보기로 한다.

처음에 僧이 되려고 佛法을 배우던 중, 나이 삼십에 한가한 곳에서 수도하려 하여 三岐山에 홀로 거주하였다. 그 후 4년에 한 比丘가 와서 그 근처에 따로 절(蘭若)을 짓고 있은 지 2년이 되었다. 그 위인이 강맹하여 呪術을 좋아 닦았다.

法師가 밤에 홀로 앉아 誦經할 때, 홀연히 한 神이 그 이름을 부르

---

4) 『三國遺事』권4, 義解5,「圓光西學」, "愛染篇章. 校獵玄儒. 討讎子史. 文華騰翥於韓服. 博瞻猶愧於中原. 逐割略親朋. 發憤溟渤. 年二十五. 乘舶造于金陵. 有陳之世. 號稱文國. 故得諮考先疑. 詢猷得義. 初聽莊嚴旻公弟子講. 素霭世典, 謂理窮神. 及聞釋宗, 反同腐芥. 虛尋名教. 實懼生涯. 乃上啓陳主. 請歸道法. 有勅許焉."

며 "옳고도 옳다, 그대의 修行이야말로! 무릇 수행자는 많지만 法대로 하는 자는 드물다. 지금 이웃에 있는 비구를 보니 呪術을 급히 닦으려 하지만 얻는 바는 없다. 그 떠드는 소리가 남의 靜念을 방해할 뿐이다. 또 그 처소가 나의 행로를 방해하니, 매번 지나다닐 때마다 미운 마음이 든다. 法師는 나를 위하여 그에게 말하여 다른 곳으로 옮겨가게 하라. 만일 오래 머무른다면 아마 내가 갑작스럽게 죄업을 저지를지도 모른다"고 하였다.

이튿날 법사가 가서 말하기를 "내가 어젯밤에 神語를 들으니 비구가 다른 곳으로 옮겨야 하겠다. 그렇지 아니하면 다른 재앙이 있으리라" 하였다. 중이 대답하되 "修行이 도저한 이도 마귀에게 홀리는가, 법사가 어찌 狐鬼의 말을 근심하는가?"라고 하였다.

그날 밤에 神이 또 와서 이르기를 "앞서 내가 말한 데 대하여 비구가 무엇이라고 대답하였는가"라고 물었다. 법사가 神의 노기를 두려워하여 "아직 말하지 못하였다"고 답하면서 "만일 굳이 말한다면 어찌 감히 듣지 않겠는가"라고 하였다. 神이 가로되 "내가 이미 모두 들었다. 법사는 어째서 보태어 말을 하느냐, 다만 잠자코 내가 하는 바를 보라"고 하고 갔다. 밤중에 震雷같은 소리가 났다. 그 이튿날 가보니 山이 무너져 비구가 살던 절(蘭若)을 묻어 버렸다.

神이 또한 와서 말하되 "법사가 보니 어떠하냐?" (원광이) "보고 매우 놀랐다"고 하였다. 神이 가로되 "내 나이 3,000년에 가깝고 神術이 가장 壯하다. 이만한 일은 적은 것이니 어찌 놀랄 거리가 되랴. 또 장래의 일도 알지 못하는 것이 없고 天下의 일도 통달치 못함이 없다. 지금 생각하건대 법사가 이곳에 있으면 自利를 위한 수행은 행하지만 利他를 행하는 공덕은 없을 것이다. 현재에 이름을 높이 들어내지 않으면 미래의 勝果를 거두지 못할 것이다. 어찌 불법을 중국에서 배워와서 이 나라의 혼미한 무리를 지도하지 않느냐" 하였다. (원광이) 대답하되 "중국에 道를 배우고자함은 본디 바라는 바이나, 海陸 멀리 떨어져 있으므로 자연 통하지 못할 뿐이라" 하니, 神이 중국에 가서 행할 계교를 상세히 일러주었다. 법사가 그 말대로 중국에 가서 11년을 머물면서 三藏에 널리 통하고 겸하여 儒術을 배웠다.

이 사료를 적극적으로 해석하고자 하는 입장에서는 이것을 신과 비구(무격)와의 대결, 즉 원광과 비구의 대결로서 보고, 원광이 승리한 것은 그가 무격신앙을 비판하고 이를 극복한 것으로 보기도 한다.5) 그와 달리 이것을 원광과 주술승의 대립으로 보면서 원광의 승리는 불교가 주술불교의 신앙을 배제하면서 정법을 추구해간 것으로 해석하기도 한다.6) 이를 염두에 두면서 위 사료를 자세히 검토해보기로 한다.

---

5) 이기백, 앞의 글. 이기백은 比丘에 대해 기록상 비구라 하였고 또 蘭若에 있었다고 하였으나, 그가 주술을 닦았다는 것으로 미루어 보아, 필시 巫覡이었을 것이라고 하였다. 그리고 "기록상으로는 신과 비구의 대결로 되어 있으나, 신의 의사는 원광을 통해서 발표된 것으로 되고 있으며, 따라서 결국 원광과 비구와의 대결이었다고 해서 잘못은 아닐 것이다"라고 하였다. 또 무격에 대한 원광의 대결을 그려내면서, 진골에 대한 육두품의 반항을 통해 진골과 불교와의 대립을 그려내고 있다. 이기백은 육두품을 설명하면서 신분적 권위에 집착하는 진골귀족에 대항하여 학문적인 식견에 의하여 국왕의 조언자가 됨으로써 왕권과 결합하였다고 하였는데(이기백, 『한국사신론』-개정판-, 일조각, 1984, 94쪽), 이 논리는 원광에 대한 논문에 그대로 관철되고 있다. 즉 무격과 결합한 진골귀족에 대해 불교를 익힌 원광, 즉 육두품의 반항을 그려냄으로써 국왕에 대한 조언자로서의 원광의 존재를 부각시키고 있다.
       과연 원광으로 대표되는 육두품과 진골을 불교 대 무격의 대립관계로 형상화시킬 수 있을까? 불교 공인 이후 왕실이던 진골귀족이던 육두품이던 불교에의 귀의는 대세였다고 보아야 할 것이며, 그렇다고 할 경우 골품제 하의 어느 한 골과 두품이 무교에 기운다거나 불교에 기운다거나 하는 뚜렷한 구별을 할 수 있는가가 의문이다.
       또 이기백의 견해는 무격과 불교와의 대립, 갈등에서 전자가 후자에 의해 극복, 결별되는 측면만이 부각되고 상대적으로 수용, 습합되어가는 면이 무시되었다는 한계가 있다. 그리고 이기백은 비구를 무격으로 보았지만 이미 법흥왕대에 신라불교는 비구(구족계를 받은 완전한 승려)와 사미(견습승)를 구별할 정도의 높은 수준을 갖고 있었기 때문에(辛鍾遠, 『新羅初期佛教史研究』, 민족사, 1992, 187~188쪽 참조) 무격이라고는 할 수 없을 것이다.
6) 김두진, 앞의 글, 76~80쪽 참조. 김두진은 계참회신앙을 다루면서 '주술불교신앙의 배격'이란 항목을 통해 본문에 제시된 사료에 대해 다음과 같이 언급하고 있다. 삼기산에서의 원광의 행적을 원광과 주술승의 대립으로 보고, 원광은 정법을 펴는 착실한 수행과 함께 불교 교학에 정통하다고 하였다. 그리하여 원광과 주술승의 대립은 삼기산신과 주술승의 갈등으로 표출되

우선 이 사료에서 주목되는 것은 원광이 중이 되기 위해 불법을 배우다가 삼기산에 들어가 홀로 수도하였다는 사실이다. 이때 원광이 처음 수도하던 곳이 사원의 형태를 완연히 갖춘 곳인지 알 수는 없다. 그러나 귀국 후 '전에 거주하던 삼기산사를 찾았다'고 한 것으로 보아 원광은 자신이 거주하였던 곳을 사원으로 인식하였음을 알 수 있다.[7] 따라서 그의 출가는 속고승전의 기록과는 달리 국내에서 이미 이루어졌다고 보아야 할 것이다. 법흥왕대의 불교 공인 이후 진흥왕대에 오면 사원의 창건과 불교경전의 전래 및 승려의 출가 허용 등으로 인해 불교에 대한 관심은 크게 증대되었기 때문에[8] 원광의 출가를 굳이 부인할 필요가

―――――――――

었고, 산신에 의해 주술승이 처단되었다고 하였다. 삼기산신은 신라 토착신앙에서 받들어졌던 읍락이나 부족의 시조신으로 번개와 천둥을 관장하였는데 장래나 천하의 일에 모두 통달한 신술을 가졌다고 하였다. 또 삼기산신이 보여주는 함축적인 의미는 신라 진골귀족들이 고수하려는 토착적 전통과 맥이 닿는다고 하였다. 원광의 승리는 불교가 주술불교의 신앙을 배제하면서 정법을 추구해감을 의미한다고 하였다. 여기서 주술불교는 토착의 무격신앙이 흡수된 것으로 간주하고 있다. 불교 교학은 주술을 행하는 중을 배격한 반면 삼기산신의 신술을 허용하였다고 하여 신라의 정법불교와 신라의 토착신앙, 즉 삼기산신은 대단히 협조적이었다고 하였다.

이렇게 볼 경우 주술불교에 흡수된 토착의 무격신앙과 삼기삼신의 토착신앙 사이의 변별성, 나아가 무격신앙을 흡수한 주술불교와 토착신앙을 흡수한 정법불교의 차이점이 명료하게 드러나지 않는다는 문제점이 있다.

7) 『수이전』에서는 원광이 입산수도한 곳이 삼기산사라고 하였는데, 일연은 일연이 입산수행 했다는 삼기산이 그의 부도가 있던 명활성 서쪽이라고 했다. 원광의 부도가 있었다는 금곡사지는 실제로 명활성 서쪽 삼기산에 위치하고 있는 것으로 파악되고 있다(정영호, 앞의 글 참조).

8) 신라의 경우 법흥왕 14년(527)에 천경림에 흥륜사의 창건을 하고자 하였을 때 조신들의 강력한 반대에 부딪힌 후 이차돈의 순교와 불교의 공인이 이루어져 우여곡절 끝에 진흥왕 5년(535)에 흥륜사의 창건이 이루어졌다. 신라 최초의 가람인 흥륜사가 낙성되자 진흥왕은 신라인의 출가를 허용하고, 양나라에서 입학승 각덕이 불사리를 가져오자 백관으로 하여금 그것을 흥륜사 앞길에서 맞도록 하였다. 그리고 고구려승 혜량을 승통으로 임명하였다. 혜량은 인왕백고좌와 팔관재를 처음으로 시행하였다. 또 진흥왕 27년에는

없을 것이다.[9]

불교는 동북아시아 공통문자인 한자를 구사한 문화적 보편성을 지니면서 고등종교, 세계성을 확보한 선진문화의 잣대였다. 불교는 현세에서 복을 구하는 가장 확실한 방법과 내세에 이르는 길을 소상하게 제시하면서, 생사를 뛰어넘는 가르침과 장엄한 의식을 통해 무격 등의 토착신앙에 기반한 기존의 사조를 압도하였다. 더욱이 신라는 제정이 분리

黃龍寺와 祇園・實際寺가 낙성되었다. 동왕 25년에는 陳에서 釋氏經典 1,700여권을 전해왔으며, 37년에는 입진구법승 安弘이 귀국하여 愣伽經・勝鬘經 및 佛舍利를 바치고 있다(고익진, 앞의 책, 40~43쪽).

9) 『속고승전』에 의거해 중국에서 불법을 익혔다고 보는 경우, 삼기산에서의 원광의 행적을 신술을 닦는 단계로 보기도 한다(정병조, 앞의 글, 18쪽). 더 적극적인 해석은 중국에 유학하기 이전의 행적이 아니라 중국에서의 행적이 공간이 변형된 채 기록된 것이고, 삼기산 지역에서 활약했던 밀본의 행적 중 일부가 원광의 행적으로 변형되어 합하였을 가능성이 높다고도 본다. 그 근거로 전자의 경우 『속고승전』에서 원광이 출가한 후 『성실론』과 『열반경』을 비롯하여 여러 경론들을 두루 공부하던 중 선정을 닦기 위하여 호구산에 들어가 속세와의 인연을 완전히 끊고 수행에 힘썼다고 한 기록이 『수이전』에서 원광이 출가한 이후 고요한 곳에서 수도하기 위하여 깊은 산속을 찾았다는 것과 일치한다는 것이다. 또 『속고승전』에서는 그 후 원광이 산 아래에 살던 신도의 청에 의해 다시 속세로 나와 중생의 교화에 힘썼다고 한 기록이 『수이전』에서 자리의 수행에서 벗어나 이타의 실천으로 나가라는 산신의 충고에 따라 산을 벗어났다고 한 것과 흡사하기 때문이라는 것이다. 후자의 경우에는 원광이 머무른 운문사 지역에서 원광의 전승을 필요로 하는 과정에서 그곳에 전해지던 보양화상의 전승이 원광의 행적으로 변형된 것과 비슷하게 원광의 부도가 있는 삼기산 지역에 원광과 관련된 전승이 요구되었는데, 같은 지역에서 활약했던 밀본의 행적 중 일부가(주술승과의 대립을 지칭함) 원광의 행적으로 변형되어 합하였을 가능성이 높다고 하였다. 그러나 후자의 경우 보양화상의 행적을 원광의 행적으로 변형한 것은 각훈의 『해동고승전』에서 비롯된 것이고, 이에 대해서는 이미 일연 스스로 그 잘못을 바로잡아 두었다. 그런 점에서 원광의 중국 행적이 삼기산의 행적으로 변형되었다고 볼 수 있을까 한다. 그리고 원광의 부도가 삼기산에 있었던 것은 아마 원광이 처음 출가하여 불법을 익힌 인연 있는 곳이기 때문일 것이다.

되지 못한 단계에서 불교가 공인되었으므로 불교는 정교일치의 형태로 나타났다. 국왕은 불교의 수장으로서 불교로 윤색된 진종설화를 바탕으로 왕족을 미화함으로서 왕권강화를 도모함과 동시에 부족간에 달리하였던 개별신앙을 축소시키고 단일한 종교사상으로 귀일시킴으로써 사상적 통일을 이루었다. 이것은 곧 고대국가의 확립과 강화를 가져왔다. 불교가 수용되고 공인되기 이전까지 신앙면에서 각 부족이 성장한 지역을 토대로 조상신의 기원과 관계있는 산천숭배나 조상숭배에 기대었던 제 세력들은 이제 왕즉불, 혹은 왕즉보살, 전륜성왕을 내세우며 하향식으로 확대되어오는 불교를 적극적으로 받아들이지 않고서는 중앙귀족, 혹은 관료의 지위를 유지해나가기 어려운 상황이 되었다. 이들로부터 그간 신봉되어왔던 족적·부족적, 소국단위의 신화체계 및 무격 등의 토착신앙마저도 불교에 압도된 채 자신의 방향을 설정하지 않으면 안될 상황에 직면하였다. 그 과정에서 불교이전의 신화는 불교의 종속적 차원으로 흡수되었다. 오늘날 사원에서 칠성각·삼성각·산신각 등을 통하여 볼 수 있듯이 불교는 토착신앙을 이단으로 몰아서 배척하여 소멸·파괴시키지 않은 채, 기존의 세계관을 축소시키면서 흡수하여 나갔다. 이러한 시각을 갖고 위 사료를 음미해보기로 한다.

위 사료에 나오는 주술승이나 삼기산신이나 원광 모두는 불교에 대결하거나 배격하는 단계가 아니라 불교 공인 이후 국가불교로서, 정교일치의 형태로 확산되어오는 불교에 압도된 채 각기 불교를 체득하여 생존의 길을 찾고자 하는 몸부림을 보여주는 단계이다.

불법을 익히기 위해 30살 무렵 삼기산신을 모시는 성역에 들어가 6년 동안 경전을 익히고 있었던 원광은 애당초 삼기산신이 원광에게 말한 것처럼 현재에 이름을 높이 들어내어 미래의 勝果를 거두고 싶은 출세의 욕망을 갖고 있었다. 그의 나이 30에 삼기산으로 들어왔다고 하는 것으로 보아 원광은 육두품으로서 유학을 익혀 관료에로의 길을 모색하였을 것이다. 그러나 아직 유학이 하나의 학문, 하나의 관직 진출의 길

로 확립되지 못하였기 때문에[10] 유학을 통한 관직으로의 진출과 출세
는 골품제의 제약 아래 쉽지 않았다.[11] 원광은 정교일치의 상황하에서
출세의 방편이 곧 불교를 익히는 것이었다는 판단하에 승려가 되었다고
보아야 할 것이다.

원광이 삼기산에 들어온 지 4년 후에 그곳에 들어와 蘭若를 짓고 거
주한 比丘는 종래의 무격으로서 불교에 압도된 채 생존을 위해 머리 깎
고 주술승으로 변신하여 행세하면서 돌파구를 마련하고자 하였다고 보
아야 할 것이다.

전통적 무교의 경우 자연의 지배력과 사후의 영혼이 신격화된 다양
한 신들이 등장하고 있다. 불교가 전래할 무렵 태양신에서 발달한 하늘
임[天帝]과 명산대천의 신령들 또한 중요한 제사의 대상이었다. 무교의
경우 천신이나 악귀는 인간을 지배하고 상벌하는 절대 타자적 존재이
며, 천재지변이나 질병·사망과 같이 인간의 힘으로는 어쩔 수 없는 괴

---

10) 삼국통일을 전후한 시기에 정교분리가 이루어지면서 불교가 정치로부터
한걸음 물러서자 유학은 관제 형성과 통치제도의 정비의 중요한 요소로
등장하면서 관료 진출의 수단으로 이용되었다. 강수가 그의 부친이 佛道
를 배울 것인가 儒道를 배울 것인가를 묻자 "불도는 세상 밖의 교[世外之
敎]라고 합니다. 저는 世間人이니 어찌 불도를 배우겠습니까? 儒者의 도를
배우기를 원합니다"라고 하고 스승에게 나아가 『孝經』·『曲禮』·『爾
雅』·『文選』을 읽었다(『三國史記』권46, 열전6, 强首)는 것이나 설총이 처음에
桑門(중)이 되어 佛書에 널리 통하였으나 얼마 후에 본색으로 돌아와 小性
居士라고 自號하였다(『三國史記』권46, 열전6, 薛聰)는 것은 이제 유학이 하나
의 학문의 길, 나아가 이를 바탕으로 한 관료의 길이 확립되었기 때문에
나올 수 있는 말이다(김호동, 「신라말 고려초 유교이념의 확대과정」『한국중세사연구』
18, 한국중세사학회, 2005). 그러나 그 전 단계 정교일치의 상황하에서 유학은
독자의 길을 확보하지 못하였다.
11) 662년(진평왕 43)에 薛罽頭가 "신라가 사람을 쓰는 데 골품으로 논하니 만일
그 족속이 아니면 큰 재주와 뛰어난 공이 있더라도 그 한계를 넘지 못한
다"고 하면서 중국으로 들어갔다는 기록(『삼국사기』권47, 열전, 薛罽頭)을 통해
이를 확인할 수 있다.

로움에 부딪혔을 때 신령의 힘을 빌러는 점복·주술·기도·제사와 같은 종교적 행동을 한다. 그에 반해 불교는 천신이나 악귀가 아무리 위대한 힘을 가졌다 해도 업보적인 존재에 불과하며, 재난 역시 악업을 청산하고 선업을 행하려는 懺悔, 授戒·施與, 수행(止觀)을 행하는 것이다. 신라 초전기 불교에서 전통적 무교와는 근본적으로 다른 業說에 바탕한 因果禍福說이 적절히 행해졌음을 감안할 때[12] 주술을 행하는 무격은 가장 큰 타격을 입었고, 일부는 불교에 대해 저항하는가 하면, 일부는 불교에 가탁하여 자신의 위치를 유지시켜 가고자 하였을 것이다. 무격에서 불교에 가탁한 주술승은 불교의 교리를 익히기보다는 무격으로서 갖고 있던 治病, 除厄을 위한 주술을 행함으로써 신령인 삼기산신의 靜念을 방해하고 미운 마음을 일으킬 정도로 시끌벅적하게 신도를 확보하였을 것이다. 이제 주술승은 불교에 기대면서 삼기산신을 한갓 '狐鬼'로 능멸할 정도였다.

삼기산신은 신라 토착신앙에서 받들어졌던 읍락이나 부족의 시조신으로서 번개와 천둥을 부리며 장래나 천하의 일에 모두 통달한 신술을 가졌다. 그러나 불교에 압도된 채 그 성역의 한 부분에 무격출신의 주술승이 들어와 사원을 지어 둥지를 틀었고, 또 불법을 익히기 위해 원광이 들어와 거처하고 있었다. 번개와 천둥을 부리며 장래나 천하의 일에 모두 통달한 신술을 갖고 있었지만 불교에 가탁한 주술승의 주술에 신도들이 몰려들면서 그 신술의 영험을 발휘할 기회를 갖지 못하였다. 이에 주술승을 내몰고자 하였지만 불교의 위력 앞에 움추린 채 미워할 뿐 스스로 주술승을 구축하지 못하고 정통 불법을 익힌 원광의 힘을 빌어 그를 내몰고자 하였다.

불법을 익히고자 하는 원광이나 무격 출신의 주술승이 삼기산으로 들어올 수 있었던 것은 삼기산신이 불법으로의 길을 모색하려는 한 방

---

12) 高翊晋, 『韓國古代佛敎思想史』, 동국대학교출판부, 1989, 30~37쪽 참조.

편에서 비롯된 것이기도 할 것이다. 그러나 삼기산신의 의도와 달리 무격은 불교에 가탁하여 주술을 통해 많은 신도를 확보하면서 삼기산신을 한갓 '狐鬼'로 능멸하자 양자의 대립이 일어나게 되었다고 보아야 할 것이다.

원광은 삼기산에 들어와 홀로 경전을 읽으면서 자기 수행에 전념하였다. 삼기산신이 원광의 수행이 옳다고 하였지만 실상 6년 동안 원광은 별다른 깨침을 얻지 못한 채 주술을 행하는 중에 의해 크게 마음이 흔들리고 있었다.[13] 삼기산신이 지적한 것처럼 원광은 경전을 통해 自利를 위한 수행은 행하였을지언정 利他를 행하는 공덕을 이루지 못한 채 방황하고 있었다. 그 방황의 한 원인은 삼기산신과 주술승과의 대립으로 나타나는, (원광 내면에서 갈등하는) 원광의 수행방법과 주술승의 수행법이었다. 비록 주술승은 주술에 의지하였지만 중생을 위한 이타의 공덕은 나름대로 있었기 때문에 시끌벅적한 분위기였다. 홀로 정법을 펴는 착실한 수행과 함께 불교 교학을 익히고자 하였던 원광은 정념의 방해를 받았고, 삼기산신에 의해 주술승이 죽는 그 순간 이타의 공덕을 익혀야 한다는 것을 자각하였다. 그 방법이 중국유학을 통한 도의 체득이었다.

토착신앙의 한 축인 삼기산신은 그 성역 안에 들어온 원광과 주술승을 바라보고 있었다. 불교로부터 주도권을 빼앗긴 심기산신은 주술승의 수행이 미구에 불교로부터 배척받음을 분명히 인식하였다. 그는 주술승이 행하는 수행의 한계를 철저히 인식하고 원광의 수행방법이 옳다고

---

13) 김두진은 삼기산에서 원광은 삼기산신과 특별한 인연을 맺는 것을 제외하면 정법을 펴는 착실한 수행과 함께 불교 교학에 정통하였는데, 그의 수행이 자리행을 닦은 것으로 나타나는 것으로 보아 소승율을 닦았음이 분명하다고 하였다(김두진, 앞의 글, 64~65·76쪽). 최치원도 소승불교의 전래가 선행하였다(최치원, 「智諿和尙碑銘并序」『崔文昌侯全集』)고 한 것으로 보아 원광이 삼기산에서 닦은 자리행은 소승불교였다고 할 수 있을 것이다.

하면서 주술승의 주술능력으로 인해 마음이 흔들리는 원광에게 주술승을 내몰 것을 권하였다. 원광 스스로 그것을 이루지 못하자 신술을 동원해 하룻밤 사이에 蘭若를 무너뜨리고 난 후 자리행 위주의 소승율에 머문 원광의 수행의 잘못을 지적하였다. 당시 불교계가 자리행의 소승율로 수행을 하는 한 토착신앙이 그 속에서 생존의 길을 모색할 수 없음을 자각하고 "법사가 이곳에 있으면 自利를 위한 수행은 행하지만 利他를 행하는 공덕은 없을 것이다. 현재에 이름을 높이 들어내지 않으면 미래의 勝果를 거두지 못할 것이다. 어찌 불법을 중국에서 배워 와서 이 나라의 혼미한 무리를 지도하지 않느냐"라고 하여 이타행의 대승불교를 익힐 것을 제시하였다. 또 당시 신라사회가 정교일치의 상태에서 불교가 국가(왕실)불교의 특성을 지니면서 현실정치의 장에서 기능하고 있었기 때문에 이타행의 대승불교와 아울러 儒術, 즉 유학을 익히도록 계교를 원광에게 일러주었다. 그것은 곧 토착신앙에 기반을 갖고 있으면서 유학을 바탕으로 하여 정치적 출세를 한때 꾀했던 원광이 삼기산에서 6년간 불교를 익히면서 번민하면서 얻어낸 결론이기도 하였다.

2. 귀국 후 행적을 통해 본 토착신앙의 불교에의 습합과정

『속고승전』에는 원광이 중국에 유학하여 출가한 후의 여러 불교 경전이나 교학을 이해하는 과정에 대해 기술되어 있다. 이것은 본고의 주제와 크게 관련되지 않으므로 생략하고 고본 『수이전』을 통해 토착신앙이 어떻게 불교에 포섭 용해되어 가는가를 원광을 통해 살펴보기로 한다.

진평왕 22년 庚申【三國史에는 明年 辛酉에 왔다 하였다】에 법사가 돌아올 행장을 차리어 중국 朝聘使를 따라 귀국하였다. 법사는 神에게 감사코자, 전에 거주하던 三岐山寺에 갔더니 밤중에 신이 또 와서 이름을 불러 말하기를 "海陸의 도정을 어떻게 갔다 왔느냐"고 하였다. (원광이) 대답하되 "신의 홍은을 입어 평안히 도착하였소이다"고 하였다. 신이 말하되 "나도 또한 神(師의 잘못인 듯)에게 戒를 받는다" 하고 生生相濟의 約을 맺었다. 또 법사가 "神의 眞容을 볼 수 있겠습니까"라고 청하자, 神이 "법사가 만일 내 모양을 보고자 할건데 내일 東天가를 바라보라"고 하였다. 법사가 이튿날 바라보니 큰 팔뚝이 구름을 뚫고 하늘 끝에 접하여 있었다. 그날 밤에 신이 또한 와서 "법사는 내 팔뚝을 보았느냐"고 묻자 "이미 보았는데 매우 기이하더이다"라고 답하였다. 이로 인하여 속칭 臂長山이라고 하였다. 또 신이 이르되 "비록 이 몸이 있다 하여도 無常한 害(死)를 면치 못할 것이므로 내가 머지않아 이 몸을 그 고개에 버릴 터이니 법사는 와서 길이 가는 魂을 보내 달라" 하였다. 기약한 날을 기다려 가보니 漆빛 같이 검은 늙은 여우 한 마리가 있어 헐떡이고 숨을 쉬지 못하다가 곧 죽었다.

11년 만에 중국 유학에서 돌아온 원광은 삼기산신을 찾아가 감사의 뜻을 표했다. 원광이 중국 유학을 통해 삼기산에서의 자리행의 소승율에서 벗어나 이타행의 대승불교를 익혀 귀국함으로써 삼기산신의 토착신앙은 보살계를 받을 수 있었고,[14] 生生相濟의 언약을 통해 불교 속에 자리 잡을 수 있었다. 이것은 토착신앙이 불교계에 압도되면서 대결의 과정 속에서 도태되어 가는 과정이 아니라 소승불교에서 대승불교로의 전환을 유도하면서 그 스스로 살길을 모색하여 나갔기 때문에 가능한 일이었다. 비록 후대의 기록이지만 왕건이 지은 '開泰寺華嚴法會疏'를 살펴보면 불교에 녹아내린 토착신앙의 모습이 보인다.

제자(왕건)는 머리를 조아려 허공의 법계에 두루 계시는 十方의 三世一切 諸佛과 諸會菩薩. 羅漢聖衆 梵釋四王 日月星辰 天龍八部 岳鎭海瀆 名山大川 등 一切靈祇에 귀의합니다.[15]

---

14) 김두진은 원광이 삼기산신에게 보살계를 내린 것에 대해 "보살계가 출가자의 수행을 위한 한정된 범위에서 벗어나, 재가 신도들에게까지 넓혀짐을 의미한다"고 하였다(김두진, 앞의 글, 67~68쪽).

위에 나열된 諸佛로부터 山川에 이르는 다수의 명칭은 몇 가지 부류로 구분된다. 하나는 諸佛로부터 四王까지로 佛과 그 권속이며, 日月로부터 八部는 천상계에 존재하며 岳鎭으로부터 大川까지는 지상에 존재한다고 할 수 있다. 이는 당시 時空을 초월한 佛과 그 권속, 그리고 천상의 神 및 地上의 神 등 세 가지로 줄여서 구분할 수 있다. 여기서 佛을 우선으로, 다음에는 불교수용 이전의 자연신이 종속적인 차원으로 인식되고 있다.[16] 그러한 습합이 삼기산신이 원광으로부터 보살계를 받기를 청하며 生生相濟의 언약을 함으로써 가능하게 되었음을 알 수 있다. 삼기산신과 원광의 관계를 통해 불교가 전통적 무교신을 배척했다기보다는 그 신이력을 신앙하는 긍정적인 방향으로 수용하였음을 볼 수 있다.[17] 삼기산신이 원광에게 중국유학을 권장하면서 한 말 가운데 "장래의 일도 알지 못하는 것이 없고 天下의 일도 통달치 못함이 없다"는 '神術'은 원광을 통해 점찰법회의 모습으로 변용되어 불교에 攝化되었다고 볼 수 있다. 원광이 귀국한 직후 가슬사에서 대중교화에 주력할 때 占察法을 사용하였다. 점찰법은 점복적 성격으로 인해 재래의 무격신앙과 관계되는 것으로 생각하기도 하지만[18] 점찰경은 如來藏思想을 대중적으로 교화하기 위해 만들어진 중국적 경전으로서 여래장사상에 입각하고 있는 『대승기신론』과 공통의 사상체계를 갖는 것이었다고도 한다. 특히 점찰에 임하기전 참회와 菩薩戒 受持라는 형식으로 철저한 믿음과 마음의 정화를 요구하고 있는 점에서 재래의 민간 占卜과는 차원을 달리하는 것이며, 불교신앙의 생활화를 촉구하는 성격이 강하였다

---

15) 崔瀣, 「開泰寺華嚴法會疏」, 『東人之文』.

16) 許興植, 「佛敎와 融合된 社會構造」, 『高麗佛敎史硏究』, 일조각, 1986, 14~15쪽.

17) 고익진은 전통적 하늘임이 이름만 帝釋으로 바뀌면서 제석신앙을 통해 그 신앙은 그대로 계승된다고 하면서 신라의 제석신앙은 전통적 巫敎神을 주로 '密敎的인 방향'에서 수용했다고 하였다(고익진, 앞의 책, 57~62쪽 참조).

18) 이기백, 앞의 글.

고 한다.[19] 이를 염두에 둘 때 삼기산신이 지닌 "장래의 일도 알지 못하는 것이 없고 天下의 일도 통달치 못함이 없다"는 '神術', 즉 민간 占卜이 원광을 통해 불교적 점찰법으로 수용되는 길을 모색하였다고 볼 수 있다. 이 경우 원광은 출가 이전 삼기산신의 신술, 토착신앙을 깊이 믿고 있었다고 보아야 할 것이다. 그리고 삼기산신이 원광에게 일러준 중국에서 행할 계교 가운데에는 삼기산의 신술과 연결될 수 있는 불법의 공부 내용이 포함되었을 것이며, 그것이 곧 원광의 점찰법회를 통한 교화의 방법으로 나타났다고 볼 수 있다. 그렇기 때문에 삼기산신이 원광으로부터 보살계를 받고 生生相濟의 언약을 맺게 되었다.

삼기산신의 신술이 원광의 점찰법에 섭화됨으로써 보살계와 生生相濟의 언약이 이루어지자 그간 원광에게 모습을 보이지 않았던 삼기산신은 원광의 청에 의해 그 다음날 東天가에 구름을 뚫고 하늘 끝에 접하여 있는 큰 팔뚝으로 모습을 드러냈다. 그것은 샤머니즘의 세계관에서 천상계, 지상계, 지하계를 연결하는 우주목, 世界樹로서, 천신이 하강하고 천신의 권능을 부여받은 샤만이 天界上昇을 하는 곳이었을 것이다. 팔뚝으로 모습을 보인 삼기산신이 그날 밤 다시 나타나 자신의 죽음을 예언하고 혼을 보내달라고 부탁하였고, 기약한 날 그 고개에 원광이 가 보니 漆빛 같이 검은 늙은 여우 한 마리가 있어 헐떡이고 숨을 쉬지 못하다가 곧 죽었다. 이것은 삼기산신의 신술이 원광의 점찰법에 섭화됨으로써 삼기산신은 원광, 즉 불교에 의해 혼이 거두어지고, 그 껍데기는 죽어가는 검은 늙은 여우 한 마리의 모습을 남긴 채 역사의 저편으로 퇴장하고 있음을 말해주는 것이다.[20]

---

19) 최연식, 앞의 글, 28~29쪽 및 신종원, 앞의 책 참조.
20) 이것은 宋 無門慧開의 無門關(1229)에 실린 公案 48則 중 「百丈野狐」를 통해서도 확인된다. 백장에게 한 노승이 찾아와, 자기는 因果에 떨어져서 500生 동안 여우의 몸을 하고 있으니 어떻게 하면 이것을 벗어날 수 있겠는가를 호소하였다. 백장이 "인과에 어두워서는 안된다"고 대답하였더니 그 노승은 비로소 여우의 몸을 여의었다고 고마워하며, 자기를 보통 스님

삼기산신의 신술이 원광의 점찰법회로 바뀌어가는 과정을 좀더 잘 드러내 주는 것이 『三國遺事』(권5 感通 제7) 「仙桃聖母隨喜佛事」條이다.

> 진평왕대에 比丘尼 智惠란 자는 賢行이 많았다. 安興寺에 살면서 새로 佛殿을 지으려 했으나 힘이 모자랐다. 꿈에 예쁜 仙女 모양을 한 여인이 珠玉으로 머리를 장식하고 와서 위로하였다. "나는 仙桃山 神母인데 그대가 불전을 지으려 하는 것이 기뻐서 金 10斤을 주어 돕고자 한다. 내 자리 밑의 금을 가져다가 主尊三像을 장식하고, 벽에는 53佛·六類聖衆 및 諸天神·五岳神君을 그려라. 해마다 봄·가을 두 계절의 10일에는 善男善女를 모아 일체 衆生을 위해 점찰법회를 베푸는 것을 恒規로 삼아라." 지혜는 놀라 깨어나서는 무리를 거느리고 神祠 자리에 가서 황금 160냥을 캐어다가 불전공사를 마쳤는데, 모두 신모가 일러준 대로 하였다.

삼기산신과 원광과의 관계는 선도성모(산신)와 비구니 지혜로 대치된다. 전자에서 삼기산신이 원광에게 중국유학을 권고하고 중국에서 행할 계교를 일러준 것이 후자에서는 지혜가 절을 짓는 데에 神母가 재력을 제공하는 것으로 바뀌어 나타날 뿐이다. 그리고 전자에서는 토착신앙이 불교에 섭화되면서 모색된 새로운 질서에 관한 언급이 없지만 후자에서는 민간신앙이 불교에 스스로 자리매김하는 모습이 잘 드러난다. 神母는 자신의 영역인 선도산에 불전을 짓는 장소를 내어주고 재력을 제공하는 대신에 主尊三像을 장식하고, 벽에는 53佛·六類聖衆 및 諸天神·五岳神君을 그리도록 하여 산신과 부처 사이에 새로운 자리매김을 하고 있다. 이를 통해 불교가 정착하면서 이루어진 무불융합을 엿볼 수 있는 것이다. 또 神母가 해마다 봄·가을 두 계절의 10일에는 善男善女를 모아 일체 衆生을 위해 점찰법회를 베푸는 것을 恒規로 삼도록 요구한 것을 통해 삼기산신의 신술이 원광을 통해 점찰법회로 구현되었

들처럼 장사지내 달라고 하였다. 그를 화장하려고 뒷산에 가보니, 다만 한 마리의 여우가 있을 뿐이었다고 한다.

음을 엿볼 수 있다.

삼기산신, 선도성모와 같은 토착신앙이 무불융합을 통해 佛·聖衆·天神·山神의 순서로 자리매김한 것과는 달리 治病, 除厄을 위한 주술을 행하던 무격들 가운데 재빨리 변신을 하여 불교에 가탁한 주술승들은 정법불교의 구현에 따라 불교로부터 거세될 운명에 처하였음을 다음의 자료를 통해 알 수 있다.

> 선덕왕 德曼이 병이 들어 낫지 않았을 때 興輪寺 중 法惕이 부름을 받아 치료하였으나 아무런 효험이 없었다. 이때에 密本法師가 덕행으로 소문이 나라 안에 자자하였다. 좌우의 신하들이 법척과 바꾸기를 청하자 왕이 궁중으로 불러들였다. 밀본은 침실 밖에서 藥師經을 읽었다. 경을 다 읽고 나자 가졌던 六環杖이 침실 안으로 날아 들어가 늙은 여우 한 마리와 법척을 찔러 뜰아래에 거꾸로 박히게 하자 왕의 병은 바로 나았다. 이때 밀본의 이마 위에 오색의 神光이 나와 보는 사람이 모두 놀랐다.[21]

선덕왕의 병을 고치려던 홍륜사의 중 법척이 밀본법사에 의해 뜰 아래 늙은 여우와 함께 내동댕이쳐 죽는 것에서 상징화되어 드러나듯이 점차 불교 자체 내에서 주술승들은 정법불교를 익힌 승려들에 의해 밀려나고 있음을 알 수 있다. 그것은 삼기산신이 같은 토착신앙의 하나였던 주술승에게 "呪術을 급히 닦으려 하지만 얻는 바는 없다"고 한 예언 그대로였다. 주술승들은 불교에 가탁하였지만 천신이나 악귀가 인간을 지배하고 상벌한다는 의식을 아직 가지면서 신령의 힘을 빌어 治病, 除厄을 위한 주술에 여전히 의존하고 있었기 때문에 밀본에 의해 제거되었다고 보아야 할 것이다.

삼기산신의 변신인 늙은 여우와 밀본법사의 六環杖에 의해 법척과 함께 뜰 아래 거꾸로 박힌 늙은 여우는 같은 여우지만 전혀 다른 모습

---

21) 『三國遺事』 권5, 神呪6, 「密本摧邪」.

이다. 전자의 경우는 원광에 의해 불교에 인도되어 혼이 거두어져 토착
신앙의 껍데기를 벗고 부처의 하위신으로 자리잡게 된 데 반해 후자는
밀본에 의해 내동댕이쳐져 법척과 분리되어 무격(여우)으로 주저앉아버
리고 말았다.

Ⅲ. 맺음말

불교가 공인된 후 이제 불교를 신봉한다는 것은 거스를 수 없는 대세
였다. 전 시대의 종교계의 주역이었던 무격 등의 토착신앙은 불교 공인
이후 국가불교로서, 정교일치의 형태로 확산되어오는 불교에 압도된 채
각기 불교를 체득하여 그 속에서 자신을 자리매김하지 않으면 안되었다.

토착신앙의 한 축으로서 제정일치 시대 제사장 등으로 사회를 주도
하였던 무격의 일부는 불교에 의해 거세되었지만 일부는 무격으로서의
治病, 除厄의 주술을 무기로 삼아 재빨리 머리 깎고 불당을 꾸며 주술
승으로 변신하였다. 주술승은 교학과 수행을 통한 불도를 익히기보다는
주술을 통해 나름대로 신도를 확보하고 있었다.

왕실, 혹은 진골귀족, 육두품 등도 너나 할 것 없이 불교를 받아들이
고자 하였다. 대개 출가의 길에 들어선 승려들은 교학에 대한 연구와
함께 自利行을 주로 하는 엄격한 계율을 수행하는 소승불교에 머물러
있었다. 원광 역시 출가하여 삼기산에 들어와 홀로 경전을 읽으면서 자
기 수행에 전념하였다. 삼기산신이 원광의 수행이 옳다고 하였지만 실
상 6년 동안 원광은 별다른 깨침을 얻지 못한 채 주술을 행하는 중에
의해 크게 마음이 흔들리고 있었다. 삼기산신이 지적한 것처럼 원광은
경전을 통해 自利를 위한 수행은 행하였을지언정 利他를 행하는 공덕
을 이루지 못한 채 방황하고 있었다. 그 방황의 한 원인은 삼기산신과

주술승과의 대립으로 나타나는, (원광 내면에서 갈등하는) 원광의 수행
방법과 주술승의 수행법이었다. 비록 주술승은 주술에 의지하였지만 중
생을 위한 이타의 공덕은 나름대로 있었기 때문에 시끌벅적한 분위기였
다. 홀로 정법을 펴는 착실한 수행과 함께 불교 교학을 익히고자 하였
던 원광은 정녑의 방해를 받았고, 삼기산신에 의해 주술승이 죽는 그
순간 이타의 공덕을 익혀야 한다는 것을 자각하였다. 그 방법이 중국유
학을 통한 도의 체득이었다.

　토착신앙의 한 축인 삼기산신은 그 성역 안에 들어온 불교를 익히고
자 하는 원광과 무격출신의 주술승을 관망하고 있었다. 불교로부터 사
상적 주도권을 빼앗긴 토착신앙으로서는 治病, 除厄을 위한 주술을 갖
고 불교에 가탁한 주술승들이 미구에 불교로부터 배척받으리라고 생각
하였다. 이에 원광의 수행방법이 옳다고 하면서 주술승의 주술능력으로
인해 마음이 흔들리는 원광을 위해 주술승을 내몰 것을 권하였다. 원광
스스로 그것을 이루지 못하자 신술을 동원해 하룻밤 사이에 蘭若를 무
너뜨리고 난후 자리행 위주의 소승율에 머문 원광의 수행의 잘못을 지
적하였다. 당시 불교계가 자리행의 소승율로 수행을 하는 한 토착신앙
이 그 속에서 생존의 길을 모색할 수 없음을 자각하고 "법사가 이곳에
있으면 自利를 위한 수행은 행하지만 利他를 행하는 공덕은 없을 것이
다. 현재에 이름을 높이 들어내지 않으면 미래의 勝果를 거두지 못할
것이다. 어찌 불법을 중국에서 배워 와서 이 나라의 혼미한 무리를 지
도하지 않느냐"라고 하여 이타행의 대승불교를 익힐 것을 제시하였다.
또 당시 신라사회가 정교일치의 상태에서 불교가 국가(왕실)불교의 특
성을 지니면서 현실정치의 장에서 기능하고 있었기 때문에 이타행의 대
승불교와 아울러 儒術, 즉 유학을 익히도록 계교를 원광에게 일러주었
다. 그것은 곧 토착신앙에 기반을 갖고 있으면서 유학을 바탕으로 하여
정치적 출세를 한때 꾀했던 원광이 삼기산에서 6년간 불교를 익히면서
번민하면서 얻어낸 결론이기도 하였다.

　11년 만에 중국 유학에서 돌아온 원광은 삼기산신을 찾아가 감사의 뜻을 표했다. 원광이 중국 유학을 통해 삼기산에서의 자리행의 소승율에서 벗어나 이타행의 대승불교를 익혀 귀국함으로써 삼기산신의 토착신앙은 보살계를 받을 수 있었고, 生生相濟의 언약을 통해 불교 속에 자리 잡을 수 있었다. 이것은 토착신앙이 불교계에 압도되면서 대결의 과정 속에서 도태되어가는 과정이 아니라 소승불교에서 대승불교로의 전환을 유도하면서 그 스스로 살길을 모색하여 나갔기 때문에 가능한 일이었다.

　그간 원광에게 모습을 보이지 않았던 삼기산신은 生生相濟의 언약이 이루어짐에 따라 원광의 청에 의해 그 다음날 東天가에 구름을 뚫고 하늘 끝에 접하여 있는 큰 팔뚝으로 나타났다. 그것은 샤머니즘의 세계관에서 천상계, 지상계, 지하계를 연결하는 우주목, 世界樹로서, 천신이 하강하고 천신의 권능을 부여받은 샤만이 天界上昇을 하는 곳이었을 것이다. 팔뚝으로 모습을 보인 삼기산신이 그날 밤 다시 나타나 자신의 죽음을 예언하고 혼을 보내달라고 부탁하였고, 기약한 날 그 고개에 원광이 가보니 漆빛 같이 검은 늙은 여우 한 마리가 헐떡이고 숨을 쉬지 못하다가 죽었다. 그것은 토착신앙이 불교에 포용되면서 죽어가는 검은 늙은 여우 한 마리의 모습을 남긴 채 역사의 저편으로 퇴장하고 있음을 말해주는 것이다.

제2장 고·중세 동해안 지역
통치운영상에 있어서의 사원 역할

Ⅰ. 머리말

한국은 삼면이 바다로 되어 있지만 해양사에 관한 연구는 많은 편은 아니다. 그나마 고대 한국의 역사와 문화는 서해바다를 통해 중국대륙 문화와 접촉 교류하는 가운데 발전하였다는 점이 강조되어 왔다. 상대적으로 동해와 남해의 경우 일본과의 관계에서 주로 언급되었다. 당시의 일본문화가 우리보다 뒤떨어져 있었기 때문에 우리 문화가 일본에 어떻게 전파되어 갔는가에 초점을 두고 언급하였다.

대일본교섭사 외에 동해의 경우 고구려와 신라의 동해안 지역의 진출에 대한 연구가 어느 정도 이루어졌다. 필자 역시 「삼국시대 신라의 동해안 제해권 확보의 의미」(『대구사학』 66, 2001)를 통해 석탈해 신화, 수로 신화, 우로 전설 및 우산국에 관한 전설을 통해 신라의 동해안 진출이 어떤 양상으로 전개되었고, 그것이 갖는 의미를 분석하였다. 이를 통해 신라의 대외팽창과 삼국통일은 동해 바다의 해상권 확보가 크게 기여하였음을 논증하였다. 이러한 연구의 성과는 신라의 대외팽창이 어떻게 전개되었는가를 살펴본 것이다. 이러한 연구를 진행하면서 군사적으로 확장된 영토를 어떻게 유지하였는가를 살펴볼 필요성을 느꼈다. 물론 이것은 지방제도의 구축에서 살펴볼 문제이지만 필자가 주목한 것은 동해안 지역에 다른 지역보다 많은 사찰들이 건립되었다는 사실이다. 이에 동해안지역에 창건된 사원의 창건 연기 설화를 적극적으로 분석하여 '고·중세 동해안지역 통치운영상에 있어서의 사원 역할'이란 주제를 통해 동해안 통치에 있어서 사원 창건이 갖는 의미를 적극적으로 살펴보고자 한다.

지금까지의 동해안 지역에 관한 연구는 행정상 지방통치의 차원에서만 언급된 채 종교와 무관하게 언급되어 있다. 다만 고대국가의 하나인 신라의 경우 지방에 파견된 僧官을 통해 각 지방의 주요 佛事를 주관함으로써 불교신앙을 매개로 하여 지방사회를 교화하고 통제하였다고 한다. 그러나 이것은 주로 통일신라시대를 대상으로 이루어진 연구이며 제도사 시각에 머물러 있다. 본고는 주로 국가(왕실)불교로서의 호국불교의 강조, 불교사원의 구조와 기능이라는 제도사 연구, 그리고 중앙정치무대에서 활동한 특정 승려에 대한 연구와 같은 중앙의 시각에 매몰되기보다는 불교가 영토 확장과, 그리고 지방통치의 분면과 어떻게 맞물려 전개되어 나가는가를 추적함으로써 대민통치의 차원에서의 종교의 역할을 살펴보고자 한다.

종교가 대민통치의 한 분면이었음은 다음의 자료에 잘 나타나 있다.

> 오호, 세상이 저하되어 풍속이 야박하자, 公卿·宰輔가 된 이들은 순수한 仁義禮樂만으로는 민속을 교화할 수 없어서, 반드시 불법을 參用하여 사심을 끊게 되므로, 그 膏澤이 나라를 鎭定하고 성벽을 튼튼하게 한 데에서 나게 되니 이것은 또한 집정자가 사용하는 하나의 奇策인 것이다(李奎報, 『東國李相國集』卷25, 「大安寺同前牓」).

인의예악만으로 민속을 교화할 수가 없기 때문에 불법을 참용하는 것이 집정자가 취할 계책이라는 지적은 고·중세에 있어서 사원이 통치의 한 분면이었음을 잘 표현한 말이다.

'고·중세 동해안지역 통치운영상에 있어서의 사원 역할'이란 주제의 해명을 위해『三國遺事』에 나오는 사원창건 연기설화 및 후대의 사료 및 구전되어오는 사원 창건 연기설화를 적극 활용하고자 한다. 그러나 이러한 사료는 한동안 구전되어오다가 문헌에 실린 것이기 때문에 후대 윤색에 의해 사료로서의 신뢰성이 떨어진다. 그것을 사료로 이용하는 것은 많은 문제가 있다. 그러나 사료가 부족한 상황하에서 일단 이에 대한 역사적 의미를 부여해보고, 차후 이에 대한 사료의 발굴을 통해 보완이 가능하리라 본다.

II. 고대 동해안 지역 통치에 있어서의
불교사원 창건의 의미

1. 사원 건립 이전의 동해안지역 통치 양상

삼국은 불교의 공인과 동시에 사원을 창건하였다.[1] 삼국이 불교를 왕실불교로서 수용하였다는 점에서 유사하지만 신라의 경우 고구려, 백제에 비해 토착신앙, 귀족의 반발이 완강하였다. 그러나 당초에 불교수용에 대한 반발이 강한 신라가 불교의 토착화, 대중화에 성공하면서 지방으로 확산된 반면, 고구려, 백제의 경우는 그와 사정이 다르다. 이것은 사원의 분포지역을 통해서 확인할 수 있다. 고구려의 경우 4세기말 광개토대왕의 佛事 이후 이렇다 할 기록이 보이지 않고, 180년이 지난 문

---

1) 고구려는 불교가 공인된 다음해인 小獸林王 3년(373)에 肖門寺, 백제는 枕流王 원년(384) 불교를 공인한 이듬해 漢山州에 절을 세웠고, 신라는 공식적 불교 공인 후 前佛伽藍之墟에 興輪寺·永興寺·皇龍寺·芬皇寺·靈廟寺·天王寺·曇嚴寺 등의 사원을 차례로 창건하게 된다(『三國遺事』卷3, 興法3,「順道肇麗」·「難陀闢濟」·「阿道基羅」).

자왕 498년에 가서야 겨우 금강사 창건 기록이 나올 정도이다. 그리고
영류왕대에 도교가 수용 유포된 현상과 결부시켜 볼 때 불교의 토착적
기반이 약하였다고 볼 수 있다. 따라서 중국으로 가서 활동한 승려들은
많았지만 그들이 고구려로 귀환하여 불법을 홍포한 기록은 거의 보이지
않는다. 백제의 경우 사원 분포지를 보면 태안 서산지구 4, 공주지구 4,
부여지구 29, 익산지구 6 충남 보령 1이다. 백제 북부에 해당하는 경기
도와 충북, 그리고 남부의 전남에 백제의 사원 유적을 찾을 수 없다. 이
것으로 보건대 고구려와 마찬가지로 백제 불교의 경우 지방으로 확산되
었다는 증거는 별반 없다. 이에 반해 신라의 경우 경주 90개소 외에 중
국과 통하는 루트에 충주-조령-점촌-상주-선산, 죽령-영주-안동
-의성-군위, 그 외 경남, 강원 등지에 사원이 분포하고 있다.

　동해안 지역에만 국한시켜보더라도 고구려의 경우 사원 건축의 흔적
을 전혀 찾을 수 없다. 반면에 신라의 경우 동해안 지역에 많은 사원을
건립하고 있다. 그러나 그 시기는 불교가 공인된 뒤 얼마간의 시간이
지난 진평왕대에 가서 이루어진다.

　우선 동해안 지역에 대한 고구려와 신라의 각축을 살펴보면 다음과
같다. 고구려는 초기에 동해안 북부지역을 끼고 있었던 옥저 부여 동예
에 대한 조공관계를 통해 해산물을 조달하는 데 그친 반면[2] 중국 북방
대륙으로의 진출과 한강유역으로의 진출을 끊임없이 도모하였다. 이것
은 동해안 북부지역의 대부분이 암석해안이 발달하여 농경지가 적고 육
상교통로의 발달에 장애가 있었기 때문에 고구려의 관심이 상대적으로
동해지역에 대해 없었기 때문이기도 하다.

　신라는 한반도 동남부의 경주분지에 위치하면서 태백산맥과 소백산
맥에 의해 가로막혀 있었고, 북으로는 고구려와 서쪽으로는 백제와 국

---

2) 金哲埈, 『韓國古代社會硏究』 知識産業社, 1975.
　　盧泰敦, 「扶餘國의 境域과 그 變遷」 『國史館論叢』 4, 1989.
　　李賢惠, 「동예와 옥저」 『한국사』 4, 국사편찬위원회, 1997.

경을 접하고 있었다. 그렇기 때문에 독자적인 대외교역의 통로를 확보하기 위하여서는 동해에 위치한 항구를 확보하는 것이 시급하였다. 또 국가 성립 직후인 박혁거세대부터 동해 바다를 통한 왜구의 부단한 침입에 대응하기 위해서[3] 해상력의 확보가 시급한 실정이었다. 이 때문에 암각화에 나타나는 해양문화의 기반을 갖고 있었던 집단이 일정한 역할을 할 수 있었고, 이들 선주집단을 바탕으로 하여 석탈해의 등장이 가능하였다.[4] 이러한 해양 및 어로문화의 기반을 수용한 신라는 동해안 지역으로 진출하는 데 일찍이 관심을 기울였다. 이를 바탕으로 하여 2세기 초에서 5세기 초까지는 신라가 먼저 동해안으로 깊숙하게 진출하여 지금의 삼척지방에까지 이르게 되고, 그곳의 東濊세력에 타격을 주었다.

동예를 통해 어염을 조달하였던 고구려는 신라의 동해안 진출에 따라 해산물의 안정적 확보를 위해 동해안 제해권 확보의 필요성을 느끼게 되었다. 장수왕과 문자왕의 통치 시기가 되면서 고구려의 동해안 진출이 본격화되고, 울진, 영해, 영덕, 청하지역까지 그 세력을 확장하였다. 이를 통해 동해안 지역은 5세기 초에서 말까지 고구려의 영향력 아래 놓이게 되었다.[5] 그러나 이 시기 동안 고구려의 동해안에 대한 영향

---

3) 왜의 신라 침구는 박혁거세 8년에 "왜인이 군사를 이끌고 와서 변방을 침범하려 하다가 신조의 신적이 있음을 듣고 도로 가버렸다"(『三國史記』권1, 신라본기 赫居世居西干 8년)는 기록이 처음 나온다. 남해왕 11년에 오면 "왜인이 兵船 100餘艘를 보내어 해변의 민호를 노략하므로 6部의 정병을 발하여 막게 하였다"(같은 책 권1, 南解次次雄 11년)고 한 경우에서 보다시피 병선 100여척을 동원할 정도로 규모가 컸었다.

4) 김호동, 「삼국시대 신라의 동해안 제해권 확보의 의미」『대구사학』65, 2001.

5) 신라, 즉 사로국의 동해안 진출에 관한 글은 다음과 같다.
이형우, 「사로국의 동해안 진출」『건대사학』8, 1993 ; 『신라초기 국가성장사연구』, 영남대학교 인문과학연구소.
서영일, 「사로국의 실직국 병합과 동해 해상권의 장악」『신라문화』21, 2003.

력의 확대는 물리적 강제에 의한 것이었다.

6세기대에 접어들어 신라가 급속하게 성장하여 영토를 확장하면서 동해안 지역과 동해의 해상권 장악을 둘러싼 고구려와 신라의 격돌이 벌어지게 된다. 그 과정에 관한 문헌자료나 고고학적 자료들은 대개 신라에 의한 동해안 확보에 관한 자료들이다. 이를 살펴보면 다음과 같다.

6세기 초에 즉위한 지증왕(500~514)은 국호와 왕호를 확정하고, 牛耕 장려, 순장금지법, 상복법 시행 등 왕실의 위상과 경제적 기반을 확대하였다. 이와 함께 邊方의 중요 지역 12개소에 축성하고, 동해안 지역을 회복하여 삼척에 悉直州, 강릉에 阿瑟羅州 설치, 阿尸村에 小京을 설치하고 異斯夫로 하여금 우산국을 정벌함으로써 동해의 제해권과 동해안 지역을 확보하였다. 이후 법흥왕(514~540)대의 沙伐州 군주 파견, 금관국 복속, 진흥왕(540~576)대의 한강유역, 낙동강유역의 확보, 안변에 比列忽州 설치, 가야의 정벌, 북한산비, 함흥지역의 황초령비, 이원의 마운령비 등 진흥왕 순수비의 설치에서 나타나듯이 신라의 비약적 영토 확장이 이루어졌다.

신라가 삼국을 통일하는 데 있어서 한강유역과 동해안 지역의 확보는 매우 중요한 의미가 있다. 한강유역 확보로 인해 신라가 중국방면으로 직접 통교할 수 있는 해상교통로의 확보를 통해 중국과 독자적인 외교관계를 수립할 수 있었고, 한강유역의 풍부한 물자를 확보할 수 있었다. 한편 동해안 지역에 있어 지증왕대의 우산국 정벌은 법흥왕과 진흥왕대에 이르러 오늘날 함경도지역까지 진출하는 교두보의 확보라는 면에서 남다른 의미를 지닌다. 신라가 동해안 지역의 경략을 얼마나 중시하였는지는 영일 냉수리비, 울진 봉평비, 황초령비, 마운령비 등을 통해서도 확인할 수 있다. 따라서 신라의 영토 확장과 삼국 통일과정에 있

김호동, 「삼국시대 신라의 동해안 제해권 확보의 의미」『대구사학』65, 2001.

어 우산국과 동해안 지역이 차지하는 위상은 매우 높았다고 할 수 있다. 동해안 지역의 경제력의 확보, 제해권의 확보를 통해 고구려에 대한 서해안과 동해안의 양동작전을 가능하게 하였다는 점을 주목하지 않을 수 없다.6)

이 기간 동안 고구려와 신라는 물리적 힘의 강제에 의한 무력정벌과 자국 영토로의 편입, 그리고 율령의 강제를 통한 통치에 의존하고 있었다. 정복지역에 대한 물리적 강제 외에 불교를 통한 사상의 일체화 노력 등은 보이지 않는다. 고구려의 경우 동해안 진출이 본격화되고, 울진, 영해, 영덕, 청하지역까지 그 세력을 확장하는 시기에 이르기까지 동해안에 창건된 불사에 관한 문헌자료는 물론 현존하는 유적, 유물 등의 현지조사에서 그러한 흔적은 보이지 않는다. 따라서 고구려의 경우 물리적 강제력에 의해 동해안 지역을 통치하였다고 볼 수 있다.

신라의 경우 역시 443년(눌지왕 27), 또는 503년(지증왕 4년)에 건립된 것으로 추정되는 '영일냉수리신라비'를 살펴보면 촌주와 도사 등의 지방 관직명이 나오고 소를 죽여 祭儀를 지내는 의식이 있지만7) 이와 관련한 불교의 흔적은 찾아볼 수 없다. 그리고 524년(법흥왕 11)에 세워진 '울진봉평신라비'는 울진지방이 신라의 영토로 편입된 뒤 이 비가 세워지기 얼마 전 大軍(중앙군)을 일으킬 만한 사건이 발생하자, 이 사건을 해결한 뒤 법흥왕과 13인의 신료들이 모여 그에 대한 사후처리를 한 내용을 담고 있는데 여기에도 불교와의 관련성은 보이지 않는다. 법흥왕 등은 이 지역에 대한 모종의 조처를 취하고, 소를 죽이는 등의 일정한 의식을 행한 뒤 관련자에게 책임을 물어 杖 六十·杖 百 등의 형을 부

---

6) 金晧東, 「삼국시대 신라의 동해안 제해권 확보의 의미」 『대구사학』 65, 2001 ; 『동해안 지역의 방어와 구비문학 연구』, 영남대학교 민족문화연구소, 2003.

7) 한국고대사연구회, 「영일냉수리신라비(가칭)의 종합적검토」, 1989 ; 울산학술재단, 『영일냉수리신라비의 발굴조사』, 1989.

과하고 다시는 이러한 일이 일어나지 않도록 지방민에게 주지시키고 있다.[8]

법흥왕대 불교가 공인된 이후 진흥왕대에 만들어진 황초령비와 마운령비에 처음으로 승려가 등장한다. 진흥왕 29년(568)에 만들어진 함흥의 황초령비와 이원의 마운령비에는

于時隨駕沙門道人法藏慧忍

이라 하여 沙門道人, 즉 승려 법장과 혜인이 왕과 동행하고 있다. 진흥왕이 지방을 순수하면서 승려를 대동한 것은 국왕과 인민의 會盟을 종교적 차원으로 승화시킨 것으로 보인다. 왕을 隨駕한 승려는 불교의 지방확산에 기여하고 지방통치에 일익을 담당하였을 것이다.[9] 군사적 무력과 함께 불법을 통한 문화적 동화정책이 이루어지게 된 정책상의 변화가 나타난 시기는 진흥왕대부터라고 할 수 있다.[10] 그러나 동해안 지역에 사원의 창건을 통한 사상적 구심력의 확보 노력은 진평왕대에 가서 이루어진다.

2. 동해안지역 사원 창건의 의미

신라의 진흥왕이 영토를 크게 확장하자 삼국의 대립 갈등은 더욱 격화되었다. 진흥왕을 이어 579년에 즉위한 진평왕은 왕권을 지속적으로

---

8) 한국고대사연구회, 『한국고대사연구』 2 - 울진봉평신라비 특집호, 1989.
9) 辛鍾遠, 『新羅初期佛敎史硏究』 민족사, 1992, 190∼195쪽 참조.
10) 남동신이 「불교의 사회관과 국가관」(『한국사상사의 과학적 이해를 위하여』, 청년사, 1997, 64쪽)에서 "신라는 4∼6세기에 걸쳐 활발한 정복사업을 통하여 영토를 확대시켜 갔다. 이를 주도한 국왕 중심의 정치세력은 늘어난 주민을 일원적으로 지배하기 위해 보다 보편적인 사상체계를 필요로 하였다"고 한 지적은 본고의 전개와 맥을 같이하는 것으로 볼 수 있을 것이다.

성장시킨 것으로 평가를 받고 있지만 일면 진흥왕대의 고구려·백제 지역에 대한 영역확장의 결과 양국과의 관계가 악화되어 빈번한 침입을 받았다.[11] 이에 따른 해당지역의 민심의 동요와 이탈의 조짐이 대두되었을 것이다. 이에 진평왕은 불교를 통한 사상적 문화적 일체감을 구축하여 활로를 모색하고자 하였을 것이다. 진평왕대에 접어들어 중국의 보다 높은 불교문화를 수용하기 위한 고승들의 구법행과 귀국행이 빈번하게 이루어진 것은 이와 무관하지 않을 것이다. 구법 고승들의 귀국은 대체로 외교사절의 귀국행차와 같이 이뤄지고 있어서 불교수용에 대한 국가의 적극적 지원을 짐작하게 한다. 진평왕 7년(585)에 南朝의 陳나라로 구법을 위해 떠났던 智明은 602년에 수나라에 사신으로 파견되었던 上軍과 함께 귀국하여 왕의 존경을 받아 大德이 되었다. 589년에 진나라로 구법행을 떠났던 圓光은 600년에 朝聘使인 奈麻 諸文과 大舍 橫川과 함께 귀국하였다. 또한 596년에 수나라로 구법행을 떠났던 고승 曇育은 605년 수나라에 파견되었던 入朝使 惠文과 함께 귀국하였다.

국가의 지원을 받았던 고승들은 종교적인 불사뿐만 아니라 세속적인 국가사에도 참여함으로써 이 시기의 불교는 호국불교로서의 성격을 강하게 드러냈다. 진평왕이 608년 수나라 군사와 고구려를 정벌하고자 하여 원광에게 '乞師表'를 짓게 한 것은 그 단적인 예이다.[12] 원광이 지은 화랑의 세속오계는 잦은 외적의 침입에 대응하여 전사 집단들에 대한 정신적 무장과 결속을 다지기 위한 것이다. 이러한 일련의 사실들을 연관시켜 볼 때 진평왕은 승려들을 적극 활용하여 진흥왕대까지 복속된 지역에 대한 결속을 다지기 위해 불법을 통한 사상적 통합을 기하고자 하였을 것이다. 이를 통해 신라의 중앙통치력을 강제하는 지방행정체제

---

11) 신형식, 「武烈王權의 成立과 活動」『韓國史論叢』2, 1977.

12) 김영하, 「진평왕」『한국민족문화대백과사전』21, 한국정신문화연구원, 1991,
    533쪽 참조.

를 보완하여 문화적 일체감을 갖게 함으로써 백제와 고구려의 잦은 침략에 의해 동요되는 민심을 위무하고자 하였을 것이다. 이러한 점에서 주목되는 것은 경북 포항시 송라면 중산리 內延山에 세워진 보경사의 창건연기설화이다.

보경사는 602년(진평왕 25) 진나라에서 유학하고 돌아온 智明에 의하여 창건된 사찰이다. 창건 연기설화에 의하면 지명은 왕에게 동해안 명산에서 명당을 찾아 (진나라에서 유학하고 있을 때 어떤 도인으로부터 받은) 八面寶鏡을 묻고 그 위에 불당을 세우면 왜구의 침입을 막고 이웃나라의 침략을 받지 않으며 삼국을 통일할 수 있으리라고 하였다. 진평왕이 기뻐하며 그와 함께 동해안 북쪽 해안을 거슬러 올라가다가 海阿縣 내연산 아래 있는 큰 못 속에 팔면경을 묻고 못을 메워 금당을 건립한 뒤 보경사라고 하였다고 한다.[13] 왜구의 침입을 막고 삼국통일을 이룩할 수 있다는 점을 내세워 보경사를 세웠다는 것은 왜적 등의 침입으로 인해 당시 영일지역의 흔들리는 민심을 다잡고자 한 것일 것이다. 사찰의 창건을 통한 불력의 힘으로 민심을 위무하여 물리력을 통한 지방통치의 한계를 극복하기 위한 의도라고 볼 수 있다. 보경사 뿐만이 아니라 영일 주변지역인 포항시 오천읍 항사리 雲梯山에 있는 절인 吾漁寺의 경우도 진평왕 때 창건되었다고 하고 포항시 신광면 상읍리 飛鶴山에 있었던 절인 法光寺도 진평왕 때에 元曉가 왕명에 의해서 창건하였다고 전한다.[14] 법광사의 경우 창건자를 원효로 본다면 진평왕대에 창건되었다는 것은 믿기 어려운 점이 있다. 그러나 인근의 보경사나 오어사의 창건이 진평왕대에 이루어졌다는 것을 생각하면 굳이 진평왕대의 창건이 아니라고 부정할 필요도 없을 것이다. 다만 원효에 의해 창건되었다는 것은 후대의 윤색의 결과일 것이다. 이렇게 볼 때 진평왕대

---

13) 權相老 編, 『韓國寺刹全書』, 東國大學校 出版部, 1979 및 李鍾益, 『寶鏡寺의 事蹟과 史話』, 甘露堂, 1980 참조.

14) 權相老 編, 『韓國寺刹全書』, 東國大學校 出版部, 1979.

에는 동해안 지역에 있어서, 특히 포항, 영일지역에 대한 사찰 건립이 집중되었다.

진평왕은 동해안 지역에 사원을 집중 창건함과 동시에 583년에 船艦을 관장하는 船府署를 두고 大監과 弟監 각 1명씩을 처음으로 두어[15] 해상방어체제를 구축하였다. 이에 따라 동해안 항구에 대한 방어시설 및 水군의 확충에 착수하였을 것이다. 이것을 감안하면 진평왕이 승려 지명과 함께 동해안 북쪽 해안을 거슬러 올라가다가 海阿縣 내연산 아래 있는 큰 못 속에 팔면경을 묻고 못을 메워 금당을 건립한 뒤 보경사라 하였다는 것은 동해안 방어체제 구축의 일환의 하나였다고 볼 수 있다.

진평왕이 직접 동해안 북쪽 해안을 거슬러 올라가면서 현지답사를 하면서 보경사를 창건하고 그 전후에 걸쳐 오어사, 법광사를 왕명으로 짓게 한 사실을 주목하면서 다음의 자료를 살펴보기로 한다.

> (원성)왕의 즉위 11년 을해에 唐使가 서울에 와서 一朔을 머물다가 돌아갔는데, 일일 후에 두 여자가 內庭에 나와 아뢰되 "저희들은 東池·靑池【靑池는 곧 東泉寺의 샘이다. 寺記에 이 샘은 東海의 龍이 왕래하며 法文을 듣는 곳이요 절은 眞平王이 지은 것이니, 五百聖衆과 五層塔 및 田民을 아울러 獻納하였다】두 용의 아내입니다. 唐使가 河西國사람 둘을 데리고 와서, 우리 남편인 두 龍과 芬皇寺 우물에 있는 龍 등 세 마리를 저주하여 작은 고기로 변하게 하여 통 속에 담아 가지고 갔습니다. 폐하는 그 두 사람에게 詔勅하여 우리 남편들인 護國龍을 여기에 머무르게 하소서" 하였다. 왕이 河陽館에 쫓아가서 친히 연회를 베풀고 하서인에게 조칙해 가로되 "너희들이 어째서 우리의 三龍을 잡아 가지고 가느냐, 만일 사실대로 고하지 않으면 극형에 처하리라" 하였다. 하서인이 그제야 세 고기를 바치자, 세 곳에 놓아주니, 각각 물에서 한길이나 용솟음치고 기쁘게 달아났다. 唐人이 왕의 명철함에 감복하였다.[16]

---

15) 『三國史記』 권4, 진평왕 5년 정월.
16) 『三國遺事』 권5, 紀異2 元聖大王.

위 사료에 나오는 동천사의 사기에 의하면 靑池는 동해의 용이 왕래하며 법문을 듣는 곳이요 절은 진평왕이 지었다고 한다. 현재 분황사의 모전석탑 옆에 석정이 하나 있는데, 이것이 바로 '三龍變魚井'이라고 불리는 신라시대의 우물로 이야기되고 있다. 이로써 보건대 '三龍變魚井'이 위 사료에 나오는 청지라고 할 수 있다. 그런데 634년(선덕여왕 3) 전불시대의 가람터라고 전하는 7처가람 중의 하나에 지어졌다는 분황사는 '용궁의 북쪽'에 위치하였고, 진흥왕 14년(553)에 창건된 황룡사는 서라벌내 7처가람지의 하나로 전해오는 '월성 동쪽 용궁의 남쪽'에 위치하고 있다. 황룡사는 진흥왕이 당초 대궐을 본궁 남쪽에 지으려고 할 때 황룡이 나타나기에 대궐 대신 절을 짓고 절 이름을 황룡사로 했다는 것이다. 이러한 사실들을 종합할 때 신라의 수도 한복판에는 용궁이 위치하며 용궁의 북쪽에는 분황사, 남쪽에는 황룡사가 있으며 황룡사에는 황룡이 깃들어져 있으며 동천사 청지, 곧 분황사 '三龍變魚井'에는 동해의 용들이 불법을 듣기 위해 드나드는 곳이 된다. 이러한 분황사 및 황룡사, 그리고 청지의 배치로 볼 때 신라의 왕궁은 바로 용궁이 되고, 용은 곧 용왕을 뜻하는 것이 된다. 이렇게 볼 때 청지에 드나들며 설법을 듣는 동해룡은 동해 해안지역의 변경세력으로 대치될 수 있을 것이다. 그리고 그 용은 곧 호국룡으로 신라에 대한 구심력을 갖고 있었다.

『삼국유사』에 수록된 설화에 나오는 용에 대한 기왕의 연구에 의하면 대체로 신라에는 두 가지 형태의 용이 있었다고 한다. 하나는 신라의 중앙에 있어서 신라국가 · 신라국교(불교)를 호우하는 호국호법의 용이고 다른 하나는 신라의 변경에 있으면서 우선은 신라의 治化에 복종하고 있으나 자칫하면 반중앙적 반신라적인 태세로 나오고 있는 크고 작은 용들 - 변경세력, 즉 독룡과 같은 것이 있다는 것이다. 전자에 속한 것으로 우선 황룡사의 용을 들 수 있다. 황룡사의 용은 호법의 용일 뿐 아니라 구층탑의 건조를 통해 이웃 나라의 항복, 九韓의 來貢, 외적의 방어로써 신라국가를 태산반석처럼 安固케 한다는 것이다.[17] 이 황룡사 9층탑의 건립은 당나라 유학에서 돌아온 자장율사의 요청에 의해 이루어졌는데, 자장은 왕실, 나아가 국가적 입장에서 한 단계 높은 차원의 불교를 수용하여 정치이데올로기화를 기도함으로써 선덕여왕대의 정치를 주도하는 위치에 있었다.[18] 황룡사 9층탑이 신라국가를 태산반석처럼 굳건하게 한다면 지방에 건립된 사원 역시 신라국가를 外護하는 역할을 하는 셈이 되며, 나아가 동해 해안가에 건립된 사원 역시 해안지역의 해양세력에 대한 위무를 통해 신라에 대한 구심력을 갖도록 하게 위함이었다. 그것의 상징적 표현이 동해의 용이 동천사 청지에 깃들어 법문을 듣는 것으로 상징화되고, 그 용이 호국룡으로 간주되었다는 사실이다. 결국 동해의 용들은 영일지역을 두고 볼 때 보경사, 오어사, 법광사를 통해 청지로 드나들었다고 볼 수 있다. 그런 점에서 오어사 등에 저수지가 있는 것도 결코 우연한 일이 아니다. 이런 시각에서 볼 때 국왕이 동해룡들이 불법을 들으러 들락거리는 靑池, 곧 '三龍變魚井'이 위치한 분황사에 자장을 머물게 하고 大國統으로 임명한 것도 고도의 정치적 계산에서 나온 것일 것이다.

---

17) 이우성, 「삼국유사소재 처용설화의 일연구」『김재원박사회갑기념논총』, 1969.

18) 자장은 다음 자료에서 보다시피 신라의 관습과 풍속, 복장, 그리고 관리 임명과 놀이에 이르기까지 중국화를 주장하여 649년(진덕여왕 3)에 그것을 실현케 하였다. 황룡사 9층탑의 건립에서부터 이 일에 이르기까지 선덕·진덕여왕대에 정치의 전면에서 정치를 주도해나가고 있음을 알 수 있다. "그는 관습과 풍속과 복장이 중국과 다른 점이 있다 하여 이를 고쳐야 한다고 하였으며, 오직 正朔을 숭배하였으니, 의리에 어찌 두 마음이 있었겠는가? 그리하여 이 일을 상량하니 온 나라가 이를 완수하여 변방의 복장을 고치고 오로지 당나라의 儀典에 따랐다. 그런 까닭에 해마다 여러 속국들이 모여 조공을 드릴 때에는 자리가 上番에 있게 되었다. 또한 관리를 임명하고 놀이를 하는 것도 모두 중국과 같이 하게 되었다. 이 사실을 근거로 헤아려 본다면 고금을 통하여 그 예를 찾기 어렵다."(『속고승전』 권24)

자장을 대국통으로 임명한 것은 그로 하여금 전국의 僧尼들을 관장하도록 하기 위해서였다. 그는 전국의 모든 승니에게 불경을 공부하게 하여 매년 봄·가을 두 차례에 걸쳐 시험을 보도록 하였다. 또한, 한 달에 두 번씩 계를 설하게 하고, 巡檢使를 전국에 파견하여 지방의 사찰을 일일이 살피고 승려들의 과실을 징계하며 불경과 불상 등을 정중히 모시도록 하는 등, 교단의 기강을 바로잡는 데 힘을 기울였다. 그가 황룡사구층탑이 건립되면 이웃 나라가 항복, 九韓이 來貢한다고 하였던 것을 감안하면 그가 대국통이 되어 전국의 승니를 감독한 그 행위 또한 불교를 통한 대시방동치 일환의 하나였다고 볼 수 있다. 신라는 통일 후 사원이 증가하자 국가에서는 중요사원에 成典이라는 官府를 설치하여 국왕의 內廷機構로 활용하면서,[19] 佛敎界에 대한 통제를 수행하였다.[20] 아울러 州統 9인과 郡統 18인 등 地方僧官을 통해 각 지역의 주요 佛事를 주관함으로서 불교신앙을 매개로 지방사회를 교화하고 통제해 나갔다.[21] 이 사실을 감안할 때 삼국시대 역시 불교신앙을 매개로 지방사회를 교화하고 통제하기 위해서는 지방에 건립된 사찰에 대한 엄격한 규제를 통해 도덕성을 확보할 필요성이 있었을 것이다.

진평왕대에는 앞에서 본 바와 같이 포항, 영일지역에 사찰의 건립이 집중적으로 이루어진다. '영일냉수리비'가 이곳에서 발견되었다는 데에서 상징되듯이 이곳은 신라의 입장에서 동해 제해권 확보의 전진기지로서의 요충지에 해당하는 지역이다. 특히 이곳은 '연오랑세오녀' 설화의 무대라는 점에서 유추되다시피 왜구방어의 전초기지로서 역사상 중시된 지역이다. 진평왕의 입장에서 볼 때 잦은 전란의 와중에서 왜구의 침입에 효과적으로 대응함은 물론 이를 통해 동해 제해권을 안정적으로 확보할 필요에서 사원을 건립하여 영일지역 사회를 교화하고 통제해나

19) 李泳鎬,「新羅 中代 王室寺院의 官寺的 機能」『韓國史硏究』43, 1983.
20) 蔡尙植,「新羅統一期의 成典寺院의 구조와 기능」『釜山史學』8, 1984.
21) 강봉용,「新羅의 僧官制와 地方支配」『全南史學』11, 1997.

가려고 하였을 것이다. 이러한 진평왕의 의도는 그를 이어 왕이 된 그의 딸들인 선덕여왕, 진덕여왕에게 계승되어 전국적으로, 특히 동해안 지역에 집중적으로 사찰의 건립이 이루어지게 된다.

진평왕대에 融天師가 지은 '慧星歌'에 怪星이 없어지고 왜병이 물러갔다는 기록은[22] 사찰 및 승려들이 민심을 귀일시키고 있음은 물론 왜구 퇴치에 일익을 담당하였음을 단적으로 보여주는 예이다. 동해안의 경우 왜구의 끊임없는 침구, 그리고 어로생활에 있어서의 성난 폭풍 등으로 인해 융천사의 '혜성가'나 용을 부리고 진압할 수 있는 승려들의 異蹟은 동해안에 파견된 지방관의 활동보다 대민통치에 있어서 더 효과적이었을 것이다. 이에 삼국시대 동해안 지역에 많은 사찰의 건립이 이루어지게 되었다.

봉평신라비가 발견된 울진지역의 불영사 창건을 통해 불법을 통한 지방의 사상적 통합이 어떻게 이루어지는가를 살펴보기로 한다. 울진은 일찍부터 계절풍을 이용한 왜구의 침범이 잦은 곳으로서 동해안 지방의 왜구 퇴치설화로서의 '우로전설'의 무대이고[23] 우산국, 즉 울릉도로 가

---

22) 『三國遺事』 권5, 感通7, 融天師 彗星歌, "第五 居烈郎, 第六 實處郎【혹은 突處郎이라고 씀】, 第七(제7) 寶同郎 등 세 花郎의 무리가 楓岳에 놀려고 하였을 때, 彗星이 心大星을 犯하였다. 郎徒들이 의아하여 여행을 중지하려고 하였다. 이때에 融天師가 향가를 지어 부르매 怪星이 곧 없어지고 日本兵이 물러가서 도리어 경사가 되었다. 대왕이 기뻐하여 낭도들을 풍악에 놀러 보냈다. 그 향가에 '옛날 東海가의 乾達婆가 놀던 城을 바라보고 倭軍이 왔다고 봉화를 살르게 한 東海邊이 있도다. 三花郎의 오름을 보옵심을 듣고 달도 빨리 그 빛을 나타내므로 길을 쓰는 별을 바라보고 彗星이라 말한 사람이 있다. 後句 아아 달이 아래에 떠갔도다. 어이유 무슨 혜성이 있을고.'"

23) 이기백, 「우로전설의 세계」 『한국고대의 국가와 사회』, 일조각, 1985, 200～201쪽 참조. 우로전설을 통해 신라인들이 동해의 해상권 확보와 어염 등의 경제력 확보에 얼마나 관심이 큰가를 알 수 있다(김호동, 「삼국시대 신라의 동해안 제해권 확보의 의미」 『大丘史學』 66, 2001).

는 길이 가장 용이한 지역이다. 지증왕 때의 강릉, 즉 하슬라주 군주 이사부가 우산국을 정복하였다고 하지만 실제로 이때도 이곳에서 우산국 정벌의 군대 발진이 이루어졌을 것이다.[24] 그런 점에서 이곳은 동해안의 해상권 확보를 위한 가장 중요한 전략적 요충지였다. 따라서 신라로서는 이곳을 다른 어느 곳보다 중요시하였다. 앞에서 살펴본 바와 같이 524년(법흥왕 11)에 세워진 '울진봉평신라비'는 이 비가 세워지기 얼마 전 大軍(중앙군)을 일으킬 만한 사건이 발생하자, 이 사건을 해결한 뒤 법흥왕과 13인의 신료들이 모여 그에 대한 사후처리의 일환으로 이 지역에 대한 모종의 조처를 취하였다. 그리고 소를 죽이는 등의 일정한 의식을 행한 뒤 관련자를 처벌하고 다시는 이러한 일이 일어나지 않도록 지방민에게 주지시키는 내용을 담고 있다. 이처럼 물리력을 통한 힘의 강제와 율령에 의한 대지방통치를 하던 이곳에 사찰을 건립하여 불법을 통한 대지방교화의 시도가 이루어진다. 이것을 울진 佛影寺 건립과 관련된 연기설화를 통해 확인할 수 있다.

「천축산불영사기」(柳伯儒, 공민왕 19, 1370)에 의하면 불영사는 651년(진덕여왕 5)에 義湘이 창건하였는데, 의상이 경주로부터 해안을 따라 丹霞洞에 들어가서 海運峰에 올라 북쪽을 바라보니 서역의 천축산을 옮겨 온 것과 같은 지세가 있었다고 한다. 또 맑은 냇물 위에서 다섯 부처님 영상이 떠오르는 모습을 보고 기이하게 여겨 내려가서 살펴보니 毒龍이 살고 있는 큰 폭포가 있었다고 한다. 의상은 독룡에게 法을 설하며 그곳에다 절을 지으려 하였으나 독룡이 말을 듣지 않으므로 신비로운 주문을 외어 독룡을 쫓은 뒤 龍池를 메워 절을 지었다고 한다.[25] 울진 지역이 우산국으로 들어가는 통로였다는 점에서 전략적 가치가 높은 울

---

24) 울진 지역과 우산국, 즉 울릉도와의 관련성은 이병휴, 「울진지역과 울릉도·독도와의 역사적 관련성」『울릉도, 독도, 동해안 주민의 생활구조와 그 변천, 발전』, 영남대학교 민족문화연구소, 2003에 잘 언급되어 있다.

25) 權相老 編, 『韓國寺刹全書』, 東國大學校 出版部, 1979.

진지역에 대해 불법을 통한 사상의 일체화를 기하기 위해 사원의 창건이 시도되었다고 볼 수 있다. 의상으로 대표되는 신라 중앙정부의 의도에 대해 전통적 무속신앙을 통해 울진지역의 민들을 통솔하고 있었던 지방세력-독룡의 저항이 있었고, 이에 대해 의상이 신비로운 주문으로 독룡, 즉 지방세력을 제거하고 민심을 불법으로 귀일시키고자 하였다고 볼 수 있다. 이런 면에서 의상의 불영사 창건은 이 지역에 대한 지방통치행위를 보완하는 역할을 하였다고 볼 수 있을 것이다. 만약 이곳의 독룡이 의상의 설법을 듣고 귀의하여 중앙에 협조하였다면 이곳 龍池를 통해 동천사의 靑池로 들어가 불법을 들을 수 있었을 것이다. 이것은 곧 국왕의 접견과 그에 대한 상응한 대우를 뜻하는 것이었을 것이다. 이러한 정책은 앞의 봉평신라비에서 중앙정부에 대항하는 지방세력에 대해 대군을 동원하여 정벌하고 소를 죽여 일정한 의식을 치루고 난 뒤 다시는 이러한 일이 일어나지 않도록 지방민에게 주지시키는 내용을 담은 비를 세워 각인시킨 것과는 차원을 달리하고 있다.

　사원 창건이 교통상의 요충지에 건립되어 민심을 위무하여 지방통치의 행정력을 보완하는 역할을 한 예가 의상의 영주 부석사의 창건에서 볼 수 있다. 영주는 동해안 지역은 아니지만 고구려와의 교통로의 중요한 거점의 하나였기 때문에 신라가 여기에 쏟은 정성은 울진 지역 못지않다. 北岳 浮石寺의 경우, "高句麗의 먼지와 百濟의 바람, 馬牛도 접근할 수 없는 곳으로, 땅이 신령스럽고 산이 수려하여 참으로 法輪을 굴릴만한 곳이었는데, 그곳에 權宗異部의 무리 500여명이 모여 있어 저항하고 있는 것을 善妙龍의 異蹟으로 쫓아내고 의상이 부석사를 창건할 수 있었다"고 한다.[26] 이는 부석사의 창건동기가 북쪽지방과의 왕래를 위한 교통로의 확보와 천험의 요새지로서 전략적 요충지였던 竹嶺의 확보, 流民들의 저항 활동을 鎭撫統制하기 위한 대책을 강구하였

---

26)『宋高僧傳』卷4,「新羅國義湘傳」.

던 데 있었음을 보여준다.[27]

경주에서 해안을 따라 울진으로 진출하는 길목이 영덕이다. 이곳의 병곡면 금곡리 칠보산 기슭에 황룡사 9층탑이 건립된 지 3년 뒤인 637년에 자장이 창건했다는 有金寺가 있다. 이 절의 창건 연기설화는 없지만 조선 중기 갑자기 폐사가 된 것에 대한 전설이 전한다. 어느 날 주지가 불국사 법회를 마치고 돌아오는 길에 절 앞에 있는 못에서 두 마리의 용이 교미하는 것을 보게 되었다. 어쩐지 고약한 생각이 들어 서둘러 돌아오는데, 절에 채 도착하기 전에 폭우가 내려 산사태가 나서 절이 완전 폐허가 되었다고 한다. 이러한 전설로 미루어 볼 때 유금사의 창건에는 용이 어떤 모습으로든 관련되어 있었음을 짐작할 수 있다.

선덕여왕대에 자장에 의해 창건된 사원이 있는 곳은 영일과 더불어 신라의 동해안 진출의 전초기지였던 울산지역이다. 『新增東國輿地勝覽』 울산조의 大和寺에 관한 글을 남긴 고려중기의 金克己는 "(학성) 서남쪽에 강이 있으니 이것이 대화강이며 (중략) 남쪽으로 鯨海의 넓고 넓은 물결에 임한 것이 대화사이다. 옛날 자장국사는 신라의 사람이다. 정관 12년 무술에 배를 타고 서쪽으로 가서 중국에 법을 구하고 17년에 돌아와 絲浦에서 쉬면서 터를 잡고 이 절을 세운 것이다"라고 하였다. 『삼국유사』 塔像 4, 「황룡사 구층탑」조에 의하면, 자장이 당나라 오대산 太和池 연못을 지나다 그곳의 선인인 龍을 만나 큰 도움을 받았다 한다. 그에 대한 보답으로 귀국 후 아곡현, 즉 울산에 절을 지어 용의 복을 빌었다고 한다. 자장은 그걸 통해 울산지역에 대한 종교적 위무를 하였다. 현재 울산 학성공원에는 태화사터 12지상부도가 서 있다. 이것은 당초 학성공원에서 태화강을 거슬러 올라간 태화동 반골(반탕골) 산기슭에 묻혀 있던 것을 옮겨 놓은 것이다. 따라서 태화동 반골이 대화사,

27) 金潤坤, 「羅代의 寺院莊舍-浮石寺를 중심으로-」『考古歷史學誌』 7, 1991, 282~283쪽.

즉 태화사터라고 볼 수 있다. 태화사에 관해서는 다음의 기록이 전한다.

> 선덕여왕 12년(643) 자장율사가 당나라에서 부처의 머리뼈와 어금니와
> 사리 100알과 부처가 입던 붉은 깁에 금점이 있는 가사 한 벌을 가지고
> 왔다. 그 사리는 세 부분으로 나누어 한 부분은 황룡사 탑에 두고 한 부
> 분은 태화사 탑에 두고 한 부분은 가사와 함께 통도사 계단에 두었다.[28]

이 기록에서 보다시피 이웃나라의 항복, 9韓의 來貢을 염원한 황룡
사와 더불어 부처의 머리뼈와 어금니 사리 등이 이곳 태화사에 봉안되
었다는 것은 울산지역에 대한 신라 중앙정부의 관심이 얼마나 큰 것이
었는가를 알 수 있다.

동해안 지역 가운데 삼국통일을 전후한 시기에 신라가 가장 공을 들
인 지역 가운데 하나가 강릉지역이다. 강릉지역은 선덕여왕대부터 태종
무열왕에 이르기까지 빈번하게 고구려와 말갈 등에게 시달리던 위험한
국경지역이었기 때문에, 신라의 북방전진기지로서 중요한 위치에 있었
다. 그렇기 때문에 신라는 이 지역에 하슬라주를 두고 군사적 거점으로
활용하였다. 이러한 동해안의 거점지역인 강릉지역에 진흥왕대에 미륵
신앙과 관련된 초기 화랑의 유적지가 있었던 것은[29] 불교가 군사적 거
점지역의 운용과 표리관계에 있었음을 반영하는 것이다. 강릉의 민심을
얻기 위해 일찍이 선덕여왕대에 자장에 의해 수다사의 창건과 법왕사의
창건 등이 이루어졌었다. 정동진에서 4km에 위치한 등명락가사는 원래
수다사였다. 창건 당시 강릉지역이 왜구와 고구려의 잦은 침범을 받자
부처의 힘으로 막기 위해 부처의 사리를 석탑 3기에 모시고 이 절을 세
웠다고 한다. 특히 자장이 수다사에 있을 때 문수보살을 친견함으로써
강릉지역은 문수보살의 상주처가 되어 불교성지로 자리잡게 되었다.[30]

---

28) 『三國遺事』 권3, 塔像4, 「前後所藏舍利」.
29) 『三國遺事』 권3, 塔像4, 「彌勒仙畵 未尸郎 眞慈師」.
30) 『三國遺事』 권4, 義解5, 「慈藏定律」.

이로 인해 강릉 주변의 五臺山 등의 명산에는 문수, 관음, 석가, 무량수불, 비로자나불 등의 불·보살이 상주하고 있다는 보살주처신앙이 뿌리 깊게 자리하였고, 불교문화를 매개로 하여 신라문화에 동화된 지역성을 강하게 가지면서 신라의 우익세력으로 존재하였다.

양양의 낙산사는 唐과의 통일전쟁이 한창이던 때에 귀국한 의상에 의해 창건되었다. 양양 낙산사의 연기설화에서 의상법사가 해변 굴 안에서 7일 齋戒를 한 끝에 龍天八部侍從이 水精念珠 一貫을 출급하고 뒤이어 동해룡이 如意寶珠 一顆를 바쳤다는 것은[31] 낙산사가 현지에 있는 동해룡의 귀의를 얻은 것[32]으로 볼 수 있다. 그것은 곧 이 지역의 해상세력에 대한 불법을 통한 끊임없는 위무의 한 표현이라고 볼 수 있다. 의상을 통해 동북 변경의 최북단에 해당하는 양양지역을 관음상주처로 정착시키고, 낙산사를 창건함으로써 이 지역의 민심을 신라에 귀일시키고자 하였을 것이다. 당시 몰락양인계층에 있어 현실적인 고난의 해결과 미래에 대한 희망을 고취시켜주는 데는 무엇보다 정토신앙이 적합한 것이었다. 이에 의상은 榮州지역에 浮石寺를 창건하여 미타신앙을, 양양지역을 중심으로 관음상주신앙을 정착시켰다. 부석사 창건은 唐과의 전쟁에 군사적 전략거점이었던 竹嶺지역의 안정적 확보라는 목적이 개재되어 있었으며, 낙산사 역시 이러한 측면이 고려된 것으로 파악된다. 낙산 관음신앙은 그 후 원효에 의해 재확인되면서 신라사회에 정착되어 갔다.

이와 같이 신라가 울산, 영일의 동해안으로부터 울진, 삼척, 강릉, 양양에 이르는 동해안 해안로를 안정적으로 확보하고, 동해의 해상권을 장악할 수 있었던 것은 경주에서 동해안을 따라 울산, 영일, 울진, 강릉, 양양지역에 사찰을 창건하여 불력을 통한 민심의 획득을 효과적으로 할 수 있었기 때문이다.

---

31) 『三國遺事』 塔像4, 洛山二大聖.
32) 李佑成, 앞의 글 참조.

III. 중세 동해안 지역 불교사원의 역할

1. 통일신라시대 동해안 통치에 있어서의 불교사원 역할

신라가 삼국을 통일한 이후 신라를 가장 위협하는 것은 동해를 통한 일본의 위협과 침입이었다. 특히 수도 경주가 동해에 가까운 지역에 위치하였기 때문에 통일 후 최대의 적인 일본을 염두에 둔 동해안 방어체계의 구축이 절실하였다. 통일 후 9주5소경제를 실시하고, 9서당과 10정의 군사조직을 갖추었지만 海防策에 대한 기록은 보이지 않는다. 다만 주목되는 것은 감은사 창건 연기설화 및 만파식적 설화이다.

제31대 神文大王의 諱는 政明이요 金氏니 開耀元年辛巳 7월7일에 즉위하였다. 聖考(父)文武大王을 위하여 東海邊에 感恩寺를 세웠다. 【寺中記에 문무왕이 倭兵을 진압하려 하여 이 절을 짓다가 마치지 못하고 돌아가 海龍이 되고, 그 아들 神文이 즉위하여 開耀二年에 역을 마쳤는데, 金堂階下를 파혜쳐 東向한 한 구멍을 내었으니 그것은 龍이 들어와 서리게 하기 위한 것이다. 생각건대 遺詔로 藏骨케 한 곳을 大王岩이라 하고 절은 感恩寺라 하였으며, 그 후에 龍의 現形을 본 곳을 利見臺라 하였다】明年 壬午 5월초1일에 海官 波珍湌 朴夙淸이 아뢰되 東海中에 小山이 떠서 感恩寺로 향하여 오는데 물결을 따라 왕래한다 하였다. 王이 이상히 여겨 日官 金春質【혹은 春日이라고 쓴다】을 시켜 占을 치니 가로되 聖考가 지금 海龍이 되시어 三韓을 鎭護하시고 또 金公 庚信은 三十三天의 一子로 지금 하강하여 大臣이 되었다. 두 聖人이 德을 같이하여 守城의 보배를 내주시려 하니, 만일 폐하가 해변에 가시면 반드시 無價의 大寶를 얻으시리라 하였다. 왕이 기뻐하여 그달 7일에 利見臺에 行幸하여 浮山을 바라보고 사람을 보내어 살펴보니 山勢가 龜頭와 같고 위에는 한줄기 대나무가 있는데, 낮에는 둘이 되고 밤에는 합하여 하나가 되었다.【혹은 말하되

山도 대와 같이 晝夜로 開合한다 하였다】使者가 돌아와 그대로 아뢰
었다. 왕이 感恩寺에서 숙박하였는데, 이튿날 午時에 대가 합하여 하
나가 되매 天地가 진동하고 풍우가 일어 7일이나 어둡더니 그달 16일
에 이르러서야 비로소 바람이 자고 물결이 평온하여졌다. 왕이 배를
타고 그 산에 들어가니, 용이 검은 玉帶를 받들고 와서 바치는지라 왕
이 영접하여 같이 앉아 물어 가로되 "이 산과 대가 혹 나누어지기도
하고 혹 합해지기도 하는 것이 무슨 까닭이오?" 용이 말하되 "비유컨
대 한 손으로 치면 소리가 없고 두 손으로 치면 소리가 나는 것과 같
으니 대[竹]란 물건은 합한 후에야 소리가 나는 법이다. 聖王이 소리로
써 천하를 다스릴 瑞徵이니 이 대를 취하여 저[笛]를 만들어 불면 천
하가 和平할 것이다. 지금 왕의 先考가 海中大龍이 되고 庾信이 다시
天神이 되어 二聖이 同心하여 이 無價의 大寶를 내어 나로 하여금 갖
다 바치게 한 것이라" 하였다. 왕이 놀라고 기뻐하여 五色錦採와 金玉
을 주고 使者를 시켜 대를 베어가지고 바다에서 나오매, 山과 龍이 갑
자기 보이지 아니하였다. 왕이 감은사에서 자고 17일에 祇林寺 서쪽
시냇가에 와서 수레를 멈추고 점심을 먹었다. 태자 理恭(즉 孝昭大王)이
대궐을 留守하고 있다가 이 소식을 듣고 말을 달려 와서 하례하며 서
서히 살펴보고 아뢰기를 "이 玉帶의 여러 쪽이 다 眞龍입니다. 왕이
가로되 네가 어찌 아느냐. 太子 아뢰되 쪽 하나를 떼서 물에 넣어 보
소서" 하였다. 이에 왼편 둘째 쪽을 떼서 시냇물에 넣으니 곧 龍이 되
어 하늘로 올라가고 그 땅은 못이 되었다. 인하여 그 못을 龍淵이라
하였다. 왕이 돌아와서 그 대[竹]로 저[笛]를 만들어 月城 天尊庫에 두
었는데, 이 저를 불면 敵兵이 물러가고 병이 낫고 가뭄에는 비가 오고,
비 올 때는 개며 바람은 가라앉고 물결도 平靜하여졌다. 그래서 이 저
를 萬波息笛이라고 이름을 지어 國寶로 지칭하였다. 효소대왕 때에
이르러 天授四年 癸巳에 失禮郞이 生還한 奇異한 일로 인하여 다시
萬萬波波息笛이라 이름 하니 자세한 것은 그 傳記에 보인다.[33]

위 사료에서 우선 주목되는 것은 '감은사 사중기'의 내용이다. 문무
왕이 倭兵을 진압하려 하여 절을 짓다가 마치지 못하고 돌아가 海龍이
되었고, 신문왕이 즉위하여 선왕의 欲鎭倭兵하고자 했던 뜻을 계승하여

---

33) 『三國遺事』 권2, 紀異2, 萬波息笛.

절을 완공하고 절 이름을 '感恩'이라 이름하고, 또 金堂階下에 東向한 구멍을 내어 용이 들어와 서리게 했다는 기록이다. 문무왕이 평상시 智義法師에게 "짐은 죽은 뒤에 호국대룡이 되어 불법을 숭봉하고 나라를 수호하는 것이 소원이오"라고 한 것[34]과 결부시켜볼 때 나당전쟁을 마무리한 시점에서 가상의 최대의 적은 일본으로 인식할 수밖에 없었다. 더욱이 백제와 고구려가 나당연합군에 의해 멸망된 이후 그 지배층의 일부가 일본으로 건너갔다. 이들의 부추김에 의해 일본의 신라에 대한 위협은 얼마든지 있을 수 있는 상황이었다. 이에 문무왕이 호국대룡이 되어 '欲鎭倭兵'의 의지를 밝히고 감은사를 창건하고자 하였을 것이다. 이를 통해 통일 후 이완될지도 모르는 민심을 추스르고, 왕권강화를 기도하고자 하였을 것이다. 문무왕의 뒤를 이어 즉위한 신문왕의 경우도 선왕의 뜻을 계승하여 감은사를 완성하고, 그로부터 만파식적 설화를 만들어감으로써 신문왕 즉위년에 일어났던 김흠돌의 난에서 볼 수 있는 것 같은 무열왕권에 대한 도전과 반발을 극복할 수 있었을 것이다. 그러나 이 경우에도 가상의 적인 왜의 침입 가능성을 부각시킴으로써 긴장관계를 조성하고, 이를 통해 왕권강화를 시도하였다고 볼 수 있다. 일본이 신라를 치러다가 신라에는 만파식적이 적병을 물리친다는 말을 듣고 사자를 보내어 그것을 구하였다는 기록[35]으로 보아 만파식적은 왜

---

34) 『三國遺事』권2, 紀異2, 文武王 法敏.
35) 『三國遺事』권2, 紀異2, 元聖大王, "(원성)왕의 父 大角干 孝讓이 祖宗의 萬波息笛을 간직해 왕에게 전하여 왕이 얻게 되었으므로, 두터이 天恩을 받아 그 德이 멀리 빛났다. (중략) 貞元二年 丙寅 10월 11일에 日本王 文慶【日本書記를 보면 第55대主 文德王이 이 인듯하다. 그밖에 文慶은 없다. 어떤 책에는 이 왕의 태자라 한다】이 군사를 일으켜 신라를 치러다가 신라에는 만파식적이 적병을 물리친다는 말을 듣고 사자를 보내어, 금 오십량으로 그 笛을 청하였다. 왕이 사자에게 이르되 내가 듣기에는 상세 眞平王 때에 (그것이) 있었다 하나 지금은 그 소재를 알 수 없다 하였다. 翌年 7월 7일에 왜왕이 다시 사자를 보내어 금 1천량으로써 청해 가로되 과인이 神物을 얻어 보기만 하고 돌려보내겠다고 하였다. 왕은 또한 전과 같

구 방어의 상징적 표상이었다.

위 사료에서 지금까지 간과된 것은 "海官 波珍湌 朴夙淸이 아뢰기를 '東海中에 小山이 떠서 感恩寺로 향하여 오는데 물결을 따라 왕래한다고 합니다'라고 한 기록이다. 여기에서 바다를 관장하는 관리로서의 '海官'이 나오고 그 직위에 파진찬이 임명되었다는 점이 주목되지만[36] 더욱더 중요한 사실은 해관이 신문왕에게 보고한 바에 의하면 小山이 떠서 감은사를 향하여 온다고 한 것이다. 이것으로 보아 당시 감은사는 종교적 신앙의 대상지일 뿐만 아니라 감포 앞 바다의 감시를 위한 전초기지 노릇을 하고 있었음을 알 수 있다. 감은사뿐만 아니라 동해안 해안가에 위치한 사원은 이러한 역할을 겸하고 있었다고 보아야 할 것이며, 여기에는 아마도 해군, 혹은 수군이 주둔하거나 그들을 지원하는 시설들이 존재하였을 것이다.

만파식적의 이야기를 안고 있는 감포 앞 바다의 이견대 및 대왕암이 있는 동해구로부터 대종천이 만나는 지점에 감은사가 있다. 감은사 앞을 흐르는 대종천 상류를 거슬러 올라가면 석굴암, 불국사로 이어지는 토함산이 있다. 토함산은 석탈해가 바다를 통해 이 산에 올랐다는 기록에서 보다시피 동쪽을 지키는 군사적 요충지였다. 감은사에서 대종천을 거슬러 올라 경주 쪽으로 오다가 우측에서 흘러내려오는 계류를 따라

이 대답하여 거절하고 그 사자에게 은 삼천량을 주고, 금은 받지 않고 돌려보냈다."

36) 해관은 진평왕대에 만들어진 船府署의 대감, 제감의 하나인지는 알 수 없다. 파진찬은 진골 17등 관계 중의 제4등 관계로서 진골만이 받을 수 있는 관등이며, 公服의 빛깔은 자색이었다. 일명 海樹·海干·破彌干이라 하였다. 『삼국사기』에서 유리이사금 때에 제정되었다고 하였으나, 520년(법흥왕 7)의 율령공포 때에 제정된 것으로 추정하고 있다. 그 명칭으로 미루어 본 더 바다와 관계 깊은 관직 이름에서 전용된 것이 아닌가 하며, 따라서 이를 일종의 해관 혹은 수군 사령관으로 보는 설도 있다(李鍾恒, 「新羅 上古의 官位制의 性格에 대하여」『國民大學論文集』－人文社會科學 7－, 1974).

포항으로 연결되는 선상에 골굴암과 祇林寺가 위치하고, 그 맞은 편 석굴암이 있는 토함산에서 대왕암이 있는 동해를 바라보며 동쪽으로 내려오는 계류의 산줄기에 장항리사지가 남아 있다.

이것을 신라 수도였던 경주를 중심으로 살펴보면 경주시내에서 토함산을 끼고 감포로 난 4번 국도를 따라가면 우측 산록에 명월산성이 있고 보문단지 경주월드 맞은편 천군동의 논밭 한복판에 천군동 쌍탑 만이 남아 있는 천군동 절터가 나온다. 보문단지 안을 지나 암곡동 왕산마을로 넘어가는 길목과 4번국도 사이에 덕동호가 있는데 여기에는 고선사터가 있다. 왕산마을에서 2.3㎞쯤 더 들어가면 무장사터가 나온다. 이곳을 지나 기림사·골굴암으로 가는 옛길이 있다. 한편 4번국도를 따라 추령을 넘어가면 장항리 재동마을이 나온다. 오른쪽으로 난 울산으로 넘어가는 9번 시도로를 따라 가면 장항리사지로 갈 수 있고, 장항리 재동마을에서 감포로 난 4번 국도를 따라 3.4㎞ 더 가면 안동리 입구에서 다시 왼쪽 포항으로 난 시도로를 따라 가면 골굴암과 기림사가 나온다. 그러한 입지 상에서 볼 때 이들 사찰은 문무왕의 '欲鎭倭兵'의 의지를 가진 감은사와 더불어 경주 외곽의 동해안 방어선의 전진기지의 역할을 담당하고 있다.

기림사의 경우, 선덕여왕 20년(643)에 천축국의 승려 광유가 오백명의 제자를 교화한 林井寺였다는 설화도 있고, 그 뒤에 원효대사가 도량을 확장하면서 기림사로 개명하였다는 설도 있지만 분명하지 않다. 『삼국유사』에 신문왕이 동해에서 용으로 화한 선왕으로부터 만파식적이라는 피리를 얻어 왕궁으로 돌아가는 길에 기림사 서편 시냇가에서 잠시 쉬어갔다는 기록[37]으로 보아 신문왕 이전부터 있었던 사찰이다. 골굴암의 경우 그 연혁은 확실하지 않으나 기림사 사적기에 따르면 함월산의 반대편에 천생 석굴이 있으며 거기에는 굴이 12곳으로 구분되어 각기 이

---

37) 『三國遺事』 권2, 紀異2, 萬波息笛.

름이 붙어 있다고 하였으므로 기림사의 암자였을 것이다. 원효대사가 죽은 뒤 그 아들 설총이 원효의 뼈를 갈아 실물크기만큼의 소상을 만들었다는 기록이나 설총이 한때 아버지가 살고 있던 동굴 부근에 살았다는 이야기가 전해지고 있는 것으로 보아[38] 골굴암은 원효와 깊은 관련이 있을 것이다. 특히 원효가 海龍의 誘導로 인하여 詔를 路上에서 받고 『金剛三昧經論』을 저술하였다는 기록을 볼 때[39] 원효에 의한 기림사와 골굴암의 창건, 그리고 감은사의 창건은 동해룡과 깊은 관련이 있다고 볼 수 있다.

반면 장항리사지에 있는 오층석탑의 경우 몸돌과 지붕돌들이 각각 한 몸으로 되어 있어 8세기 중엽 이후의 석탑의 전형으로 옮겨지는 과정을 잘 보여주고 있는 것으로 보아 그 창건시기가 떨어지는 것으로 보인다.[40] 그러나 신라의 오악으로 중시되는 토함산으로 넘어가는 길목에 위치하고 있다는 점에서 군사적 요충지에 건립되었다고 볼 수 있다. 이러한 배치구조를 볼 때 위 사찰들은 동해구로부터 경주로 들어오는 길목에 위치하고 있어 왜적에 대한 방어진지 구축의 형세이다. 이렇게 볼 때 문무왕의 '欲鎭倭兵'의 의지가 더욱더 드러나 보인다.

동해룡과 관련된 설화로서 주목되는 것은 불교와의 관련성에 있다. 문무왕이 평상시 智義法師에게 "짐은 죽은 뒤에 호국대룡이 되어 불법을 숭봉하고 나라를 수호하는 것이 소원이오"라고 한 것에서 문무왕이

---

38) 『三國遺事』권4, 義解5, 元曉不羈, "그(원효)가 죽으매 聰이 그 遺骸를 분쇄하여 眞容을 만들어 芬皇寺에 안치하고 敬慕終天의 뜻을 표하였다. 聰이 그때 곁에서 拜禮하였더니 塑像이 홀연 고개를 돌려 돌아보았다. 지금도 여전히 돌아본 채로 있다. 曉가 일찍이 居하던 穴寺 옆에 聰의 집터가 있다고 한다."

39) 『三國遺事』권4, 義解5, 元曉不羈, "또한 海龍의 誘導로 인하여 詔를 路上에서 받고 三昧經疏를 撰하였는데 그때 붓과 벼루를 소의 두 뿔 위에 놓았으므로 角乘이라고 하였다."

40) 張忠植, 『신라석탑연구』, 일지사, 1987.

화한 동해룡은 불법의 수호자로 나타난다. 그에 반해 효소왕대의 鄭恭을 죽음에 이르게 하고 機張山에 가서 熊神이 되어 백성을 괴롭히다가 釋 惠通으로부터 說誘와 不殺戒를 받은 毒龍은 불교에 제압당한 존재로 나타난다.[41] 이러한 독룡의 모습은 앞에서 본 울진 불영사 창건 연기설화에도 보이고 수로왕과 관련되어 나타난 東海魚龍化石의 설화에도 보인다.

> 古記에 말하기를 萬魚山은 옛날의 慈成山 또는 阿耶斯山【(阿耶斯는) 마땅히 摩耶斯라고 해야할 것이니 곧 魚라는 말이다】인데 그 옆에 呵羅國이 있었다. 옛적에 하늘에서 알이 마닷가에 내려와 사람이 되어 나라를 다스렸으니 곧 首露王이다. 이때에 境內에 玉池가 있어 (그) 못 속에 毒龍이 살고 있었다. 萬魚山에 다섯 羅囉女가 있어(그 毒龍과) 서로 往來 交通하였다. 그러므로 번개와 비를 때때로 내려 4년 동안에 五穀이 되지 않았다. 王이 呪術로 (이것을) 禁하려 하였으나 능히 금하지 못하여 머리를 조아리며 부처에 청하여 說法한 후에야 羅刹女가 五戒를 받아 그 뒤에는 災害가 없어졌다. 그러므로 東海魚龍이 마침내 화하여 洞中에 가득 찬 돌이 되어 각기 鐘磬의 소리가 난다고 하였다.【以上은 古記이다】[42]

수로왕이 주술로 제어하지 못하는 毒龍, 즉 東海魚龍은 부처의 법력에 의해 제압된다.[43] 수로왕 때 부처의 법력에 의해 제압된 독룡이나 효소왕대에 혜통에 의해 제압당한 독룡은 곧 왕권에 도전적인 해상세력

---

41) 『三國遺事』 권5, 神呪6, 惠通降龍.
42) 『三國遺事』 권3, 塔像4, 魚山佛影.
43) 毒龍을 東海魚龍으로 비정한 것에 대해서는 李佑成, 「삼국유사소재 처용설화의 일연구」 『김재원박사회갑기념논총』, 1969 참조. 이우성은 이 글에서 '여기의 왕은 신라왕이 아니고 수로왕으로 되어 있으나 그것은 萬魚山이 김해에 가깝다는 지리적 이유 때문에 수로왕의 이름을 붙였을 뿐이고 기실은 신라왕이나 다를 바 없는 것이다'라고 하였다. 그러나 신라보다 가야에 불교가 남방으로부터 먼저 들어왔다고 볼 수 있는 근거를 전적으로 부정할 수 없는 상황하에서 이러한 단정은 문제가 있다고 본다.

내지 변경세력을 뜻한다.[44] 이렇게 볼 때 신라의 동해안에 대한 불법의
홍포는 곧 해상세력 내지 변경세력에 대한 통제를 위한 방안의 하나였
다고 볼 수 있다.

양양 낙산사의 연기설화에 의상법사가 해변굴내에서 7일 齋戒를 한
끝에 龍天八部侍從이 水精念珠 一貫을 출급하고 뒤이어 동해룡이 如
意寶珠 一顆를 바쳤다는 것은[45] 낙산사가 현지에 있는 동해룡의 귀의
를 얻은 것[46]으로 볼 수 있지만 이들 해상세력에 대한 불법을 통한 끊
임없는 위무가 통일 이후에도 계속적으로 이루어지고 있었음을 뜻하는
것이다.

삼국유사에 수록된 설화에 나오는 용에 대한 연구에 의하면 대체로
신라에는 두가지 형태의 용이 있었다고 한다. 하나는 신라의 중앙에 있
어서 신라국가 · 신라국교(불교)를 호우하는 호국호법의 용이고 다른 하
나는 신라의 변경에 있으면서 우선은 신라의 治化에 복종하고 있으나
자칫하면 반중앙적 반신라적인 태세로 나오고 있는 크고 작은 용들 –
변경세력, 즉 위에서 언급한 독룡과 같은 것이 있다는 것이다. 전자에
속한 것으로 우선 皇龍寺의 龍을 들 수 있는데, 황룡사의 용은 호법의
용일 뿐 아니라 구층탑의 건조를 통해 이웃 나라의 항복, 九韓의 來貢,
외적의 방어로써 신라국가를 태산반석처럼 만든다는 것이다. 그러나 이
선덕왕대의 황룡사 용이 삼국통일의 위업을 앞두고 한창 약진하던 신라
의 국운과 같이 웅혼한 포부와 역량을 가지고 있음에 반하여 신라하대
로 접어들면서 호국룡들은 매우 약화된 듯이 보인다.[47] 그러한 자료로
서 원성왕대의 호국룡에 대한 설화를 들 수 있다.

---

44) 李佑成, 앞의 글 참조.
45) 『三國遺事』 塔像4, 洛山二大聖.
46) 李佑成 , 앞의 글 참조.
47) 李佑成 , 앞의 글 참조.

　(원성)왕의 즉위 11년 을해에 唐使가 서울에 와서 一朔을 머물다가
돌아갔는데, 일일 후에 두 여자가 內庭에 나와 아뢰되 "저희들은 東
池·靑池【靑池는 곧 東泉寺의 샘이다. 寺記에 이 샘은 東海의 龍이
왕래하며 法文을 듣는 곳이요 절은 眞平王이 지은 것이니, 五百聖衆
과 五層塔 및 田民을 아울러 獻納하였다】두 용의 아내인데, 唐使가
河西國사람 둘을 데리고 와서, 우리 남편인 두 龍과 芬皇寺 우물에 있
는 龍 등 세 마리를 저주하여 작은 고기로 변하게 하여 통속에 담아
가지고 갔습니다. 폐하는 그 두 사람에게 詔勅하여 우리 남편들인 護
國龍을 여기에 머무르게 하소서" 하였다. 왕이 河陽館에 쫓아가서 친
히 연회를 베풀고 하서인에게 조칙해 가로되 "너희들이 어째서 우리의
三龍을 잡아 가지고 가느냐. 만일 사실대로 고하지 않으면 극형에 처
하리라" 하였다. 하서인이 그제야 세 고기를 바치자, 세 곳에 놓아주
니, 각각 물에서 한길이나 용솟음치고 기쁘게 달아났다. 唐人이 왕의
명철함에 감복하였다.[48]

　東池·靑池와 분황사에 있는 세 곳의 호국룡이 당의 사신의 종자인
하서국인의 주술로 조그마한 고기로 변해져서 통 속에 담겨 국외로 반
출되게 된 것을 왕이 하양관까지 가서 향연과 위협으로 겨우 탈환하여
옛 자리에 도로 넣었다는 것을 통해 신라의 국가권능이 실로 한심하기
짝이 없음을 알 수 있다. 원성왕대의 호국룡에 대한 설화는 신라 하대
왕권이 약화된 시기의 내용을 담고 있지만 왕권 약화의 조짐은 이미 중
대 성덕왕대의 수로부인 설화에 보인다.

　　聖德王 때에 純貞公이 江陵太守【지금 溟州】로 부임하는 도중 바
　닷가에서 晝食을 하고 있었는데 곁에 石峰이 있어 병풍과 같이 바다
　를 둘렀다. 높이가 千丈이나 되고, 그 위에는 躑躅花가 만개하고 있었
　다. 공의 부인 水路가 보고 좌우에게 "누가 저 꽃을 꺾어오겠느냐"하
　니, 從者들이 대답하되 人跡이 이르지 못하는 곳이라 하여 모두 할 수
　없다고 사양하였다. 곁에 한 늙은이가 암소를 끌고 지나다가 부인의

---

48) 『三國遺事』 권5, 紀異2, 元聖大王.

말을 듣고 꽃을 꺾어주며 歌詞를 지어 함께 바치었는데, 그 늙은이는
어떠한 사람인지 알 수 없었다.

그 후 順行 二日에 또 臨海亭이란 데서 점심을 먹던 차, 海龍이 홀
연히 나타나 부인을 끌고 바다 속으로 들어갔다. 공이 허둥지둥 발을
구르나 계책이 없었다. 또 한 노인이 있어 고하되 "옛날 말에 여러 입
은 쇠도 녹인다 하니 이제 海中의 짐승인들 어찌 여러 입을 두려워하
지 아니하랴. 境內의 백성을 모아서 노래를 지어 부르고 막대로 언덕
을 치면 부인을 찾을 수 있으리라" 하였다. 공이 그 말대로 하였더니
龍이 부인을 받들고 나와 (도로) 바치었다. 공이 부인에게 海中의 일을
물으니 부인이 말하되 七寶宮殿에 음식이 맛있고 향기롭고 깨끗하여
인간의 요리가 아니라고 하였다. 부인의 옷에서는 일찍이 인간 세상에
서 맡아보지 못한 異香이 풍기었다. 원래 수로부인은 절세의 美容이라
매양 깊은 산과 큰 못을 지날 때마다 누차 神物에게 붙들림을 당하였
던 것이다. 여러 사람이 부르던 唱海歌詞에는 "거북아 거북아 수로를
내놓아라, 남의 부녀 뺏어간 죄, 얼마나 큰가. 네 만일 거역하여 내놓
지 않으면 그물로 잡아 구어 먹으리라" 하였고, 노인의 獻花歌에는
"자줏빛 바위 갓에 잡은 손 암소 놓고, 날[我] 아니 부끄러이 하려든(할
진대), 꽃을 꺾어 바치오리다"고 하였다.

성덕왕(702~736) 때 강릉태수로 부임한 순정공의 부인 수로에 얽힌 이
설화에 대해 국문학계에서 여러 각도로 분석이 있었지만 주로 노옹·
노인 및 수로부인의 신분과 '晝饍'에 대한 해석에 초점이 주어져 있
다.49) 필자가 이 설화에서 주목하고자 하는 것은 동해 해룡의 존재에
대한 것이다. 여기에 나오는 해룡은 탈해를 인도한 적룡이나 문무왕이

49) 수로부인 설화를 다룬 국문학계의 연구성과는 다음의 것 등이 있다. 金東
旭, 『三國遺事, 韓國歌謠의 硏究』乙酉文化社, 1961 ; 金鍾雨, 『鄕歌文學
硏究』, 宣明文化社, 1978 ; 尹榮玉, 『新羅詩歌의 硏究』, 螢雪出版社, 1980
; 金善琪, 「곶받틴 노래」『現代文學』153호, 1967 ; 南泿江, 「獻花歌에
대한 一考察」『石靜李承旭先生回甲紀念論叢』, 1991 ; 成老玉, 「獻花歌와
신라인의 미의식」『한국고전시가작품론』, 集文堂, 1992 ; 朴魯藝, 「獻花歌」
『鄕歌文學硏究』, 一志社, 1993 ; 兪昌均, 『鄕歌批解』, 螢雪出版社, 1994.

化한 호국대룡처럼 왕의 화신이거나 왕을 호위하는 호국호법룡이 아니라 신라의 왕권의 대행자인 강릉태수의 부인을 납치하는 존재로 나오고 있다. 이들은 앞의 자료에서 본 독룡—동해 변경 및 해상세력의 존재들과 결부될 수 있는 것이다. 그러나 통일을 전후한 시대의 독룡들이 신라에 대해 구심력을 갖고 있는 존재였던 것에 비혜 이 설화에 나오는 용은 신라로부터 뛰쳐나가고자 한다. 여기서 순정공은 왕족인 진골일 것이며, 그 부인 역시 골품체제의 같은 골끼리의 혼인으로 볼 때 왕족인 진골일 것이다. 수로부인 설화를 통해 이제 서서히 중대 왕실의 권위가 도전받고 있음을 엿볼 수 있다. 성덕왕 때 왕권의 대행자인 태수의 부인을 납치할 정도의 해룡이 존재한다는 것은 중대 왕실의 권위, 혹은 대지방통치력이 위협받고 있음을 반증하는 것이다. 이제 곧 東池·靑池와 분황사에 있는 세 곳의 호국룡은 더 이상 지방 변경의 용—지방세력들을 아우르지 못하고, 당의 사신의 종자인 하서국인의 주술로 조그마한 고기로 변해져서 통 속에 담겨 국외로 반출될 정도로 왜소화되었다. 이것은 또한 東池·靑池와 분황사에 있는 세 곳의 호국룡으로 상징되는 수도 경주의 사원세력이 지방 변경의 사원을 더 이상 통제할 수 없는 상황을 나타내주는 것이기도 하다. 하대 왕권의 권위가 도전받던 시절의 동해룡과 사원 창건에 대해 살펴보기 위해 처용설화를 주목해보기로 한다.

　　제49대 憲康大王時代에 서울로부터 海內에 이르기까지 집과 담이 연하고 초가는 하나도 없었으며, 풍악과 노래가 길에서 끊이지 않고 風雨는 사철 순조로웠다. 이에 대왕이 開雲浦【鶴城西南에 있으니 지금 蔚州】에 出遊하였다가 장차 돌아올 때 낮에 물가에서 쉬었는데 홀연히 구름과 안개가 자욱하여 길을 잃을 정도였다. 괴상히 여겨 좌우에게 물으니 日官이 아뢰되 이것은 東海龍의 조화이므로 좋은 일을 행하여 풀 것이라 하였다. 이에 당해 관원에게 명하여 龍을 위하여 근처에 절을 세우도록 하였다. 왕명이 이미 내리매 구름이 개고 안개가 흩어졌다. 그래서 開雲浦라 이름지었다.

　동해룡이 기뻐하여 아들 일곱을 데리고 임금 앞에 나타나서 덕을
찬양하고 춤을 추며 음악을 연주하였다. 그중 一子는 임금을 따라 서
울에 와서 政事를 보좌하였는데 이름을 處容이라 하였다. 왕이 미녀로
써 아내를 삼게 하여 그를 머물게 하고자 하고 또 級干의 職을 주었
다. 그의 아내가 매우 아름다웠으므로 疫神이 흠모하여 사람으로 변하
여 밤에 그 집에 가서 몰래 동침하였다. 處容이 밖으로부터 집에 돌아
와 자리에 두 사람이 누웠음을 보고 노래를 부르며 춤을 추고 물러나
갔다. 노래에 가로되 "東京 밝은 달에, 밤드러(새어) 노니다가, 들어와
자리를 보니, 가라리(다리) 네히러라, 둘은 내해이고 둘은 뉘해언고, 본
대 내해다만은 뺏겼으니 어찌하리꼬"라 하였다. 그때에 神이 現形하여
앞에 꿇어 앉아 가로되 내가 公의 아내를 사모하여 지금 과오를 범하
였는데 공이 노하지 아니하니 감격하여 아름답게 여기는 바다. 금후로
는 맹세코 공의 형용을 그린 것만 보아도 그 문에 들어가지 않겠노라
하였다. 이로 인하여 國人은 處容의 형상을 문에 붙여서 邪鬼를 물리
치고 경사를 맞아 들였다.

　왕이 이미 (서울에) 還御하여 靈鷲山東麓의 勝地를 택해서 절을 세
우고 이름을 望海寺 또는 新房寺라고 하였으니 龍을 위하여 建置한
것이었다.

　또 왕이 鮑石亭에 行幸하였을 때에 南山神이 現形하여 御前에서
춤을 추었는데 좌우 사람들에게는 보이지 않고 왕에게만 홀로 보이었
다. 사람이 앞에 나타나 춤을 추고 왕 자신도 춤을 추어 그 形狀을 보
이었다. 神의 이름을 혹은 祥審이라 하였으므로 지금까지도 國人이 이
춤을 전하여 御舞祥審, 또는 御舞山神이라 한다. 혹설에는 신이 이미
나와 춤을 추자 그 모양을 살피어 工人에게 명하여 摹刻시켜 후세에
보이게 하였으므로, 象審이라 하였다 하고 혹은 霜髥舞라고도 하니 이
것은 그 형상에 따라 이름지은 것이다. 또 왕이 金剛嶺에 行幸하였을
때에 北岳神이 나와 춤을 추었으므로 그 이름을 玉刀鈐이라 하고, 또
同禮殿宴會時에는 地神이 나와 춤을 추었으므로, 地伯級干이라 이름
하였다. 語法集에는 그때 山神이 춤을 추고 노래를 부르되 '智理多都
波'라 하였는데, 都波云云은 대개 智慧로 나라를 다스리는 사람이 미
리 알고 많이 도망하여 都邑이 장차 破한다는 뜻이라고 하였다. 즉 地
神과 山神은 나라가 장차 망할 줄 알았으므로 춤을 추어 경계케 하였

건만은 國人이 깨닫지 못하고 도리어 祥瑞가 나타났다 하여 耽樂을 더욱 심히 한 까닭에 나라가 마침내 망하였던 것이라 한다.[50]

위 설화에 나오는 '처용'의 존재에 대해서는 ① 벽사가면의 인격화[現人陽邪神]설, ② 반중앙적 지방 호족의 아들로서의 質子설, ③ 理財術을 지녔던 이슬람 상인설, ④ 호국호법룡의 불교 상관 인물설, ⑤ 巫覡 또는 무격의 몸주[主神]설, ⑥ 풍월도적 미륵신앙을 갖고 있는 화랑설 등이 있으며, 처용의 왕정 임무에 관해서는 ① 그의 본고장 울산의 사정에 관한 정부의 자문 임무설, ② 신라 말기 위기에 처한 경제체제를 개혁하기 위한 理財家로서의 보좌설, ③ 疫神을 물리치는 굿으로서의 보좌설, ④ 醫巫로서의 보좌설, ⑤ 무격으로서 주술과 가무로써 기상의 변괴를 물리치는 직책설, ⑥ 왕권 강화와 국가 수호의 임무설 등이 제기되고 있다. 역신에 대해서는 일반적으로 熱病神(천연두·홍역·학질을 일으키는 질병신)으로 보고 있으나, ① 병든 도시의 遊閑公子, 곧 타락한 화랑의 후예의 상징으로 보는 견해, ② 탐락과 방탕 풍조에 빠져 있던 반도덕적인 패륜아의 상징으로 보는 견해, ③ 나라를 병들게 하는 어두움과 악의 화신으로 보는 견해 등이 있다.[51] 그러나 본 주제와 관련하여 주목되는 사실은 헌강왕이 開雲浦에 出遊하였다가 장차 돌아올 때 東海龍의 조화에 의해 물가에서 쉬었는데 홀연히 구름과 안개가 자욱하여 길을 잃을 정도였고, 헌강왕은 이에 대해 치죄는커녕 동해룡을 위해 망해사를 창건할 정도에 이르렀다는 사실이다. 헌강왕의 개운포 행차에 雲霧로 作變한 동해룡을 신라 동변, 구체적으로 울산지역의 반중앙적 호족의 상징으로 보고 신라의 망국을 미리 경고한 경주 주변의 諸神들을 신라 하대의 지성을 대표하는 육두품계층의 상징으로 보고, 처용의 처를 간통한 역신을 타락된 화랑의 행위로 병든 도시의 상징이라고 한

---

50) 『三國遺事』 권2, 紀異2, 處容郎 望海寺.
51) 李鍾恒, 「처용」 『한국민족문화대백과사전』 21, 한국정신문화연구원, 1991.

견해[52]를 상기하면 이제 신라 하대 동해안지역의 호족 내지 해상세력들이 더 이상 신라 중앙정부의 우익세력이 아니라 신라를 위협하는 존재로 부각되었음을 알 수 있다.

삼국 이래 중요시되었던 동해안 북부의 전진기지였던 강릉지역이 이미 성덕왕대 수로부인의 설화에서 보다시피 동해룡에 의해 신라의 이 지역 통치에 정면도전을 하고 있음을 알 수 있다. 실제 원성왕과의 왕권쟁탈전에 패배한 김주원이 강릉에 퇴거하면서부터 반중앙정부적 성향을 드러내게 됨에 따라 동해안 해상권 유지에 일대 균열이 일어날 수밖에 없었을 것이다. 그러한 단적인 예가 처용설화에 보이는 동해룡의 作變으로 볼 수 있을 것이다. 그나마 이때의 경우 중앙정부와의 타협으로 인해 일대 균열이 일어나지 않지만 930년 강릉의 호족 순식이 고려 태조 왕건의 편에 서면서 명주에서 흥례부(울산)에 이르는 연해주군 부락 총 100여 성이 고려에 항복하면서 신라는 더 이상 동해안 제해권을 지탱할 수 없는 지경에 빠져들어 자멸할 수밖에 없는 상황에 처하고 말았다.

2. 신라말 고려초 동해안 지역 불교사원의 역할

불교는 삼국통일을 전후한 시기에 정교분리가 되자 정치로부터 자유로워지면서 불교대중화를 이룩하고 화엄종을 중심으로 한 한국 불교의 자기화를 이룩하였다. 그러나 신라 하대에 접어들면서 왕실과 귀족 등의 권력층에 밀착하여 권력지향적이고 구복적인 속성을 드러내었다. 도시적이고 민중과 유리된 불교계의 이러한 병폐를 자각하면서 9세기에 지방사원을 중심으로 祖師의 이론을 내세우고 실천적이고 神異性을 내세운 종단이 형성되었다. 이러한 경향은 토호세력의 등장과 경주 지배

---

52) 이우성 , 앞의 글 참조.

세력의 통제력 약화와 맞물려 진행되었다. 이 가운데에서 義湘을 추종
한 華嚴宗과 眞表의 懺悔와 실천사상을 강조한 유가종이 백제와 고구
려고토의 남부를 연결시켜 고신라의 변두리지역까지 침투하였다. 의상
과 그 문도가 세운 지방사원은 9세기 후반에는 화엄종파로서 후삼국의
정치세력 시이에서 신리에 등을 돌렸고, 주로 고백제 지역에시 활동했
던 진표의 계승자들도 비논리적이고 실천적인 미륵사상을 바탕으로 하
여 9세기말 후삼국의 정립기에 말세적 혁명사상을 내비추었다. 이와 같
이 의상과 진표의 실천적인 사상과 변방적인 활동무대는 9세기말 토호
세력의 등장을 가속화시키는 분위기를 고조시키게 되었다.

또한 같은 지역에서 중국의 남종선을 수학한 유학승과 이들의 계승
자들이 禪宗 또는 曹溪宗으로 남종선의 정통을 자처하면서 가장 번영
하였다. 특히 남종선은 당의 후반기부터 뚜렷이 변방성, 단순성을 바탕
으로 한 실천성, 그리고 정치의 중심지가 아닌 남중국의 山門을 기반으
로 한 분파성이 강하였기 때문에 신라말 유학승들은 당말의 지방분권적
사상과 같은 경향을 가진 남종선에 심취하고 신라의 변방에서 활동을
주로 하였다. 이들은 지리설에 바탕하여 변방의 중요성을 강조하면서
경주를 회전축으로 인식하던 골품제사회를 붕괴시키는 가속적인 원동
력을 제공하면서 토호세력과 연결되었다.[53]

선종 구산의 각 山門들은 풍수지리설을 적극 도입하여 산문 개창의

---

53) 許興植, 「고려불교종파에 대한 통설의 비판」『고려불교사연구』, 일조각,
　　1986 ; 「社會와 思想(宗敎)으로 본 韓國史의 時代區分」『震檀學報』71·
　　72, 1991 ; 「중세불교사의 시론과 방법」 및 「불교사회사에서 본 중세의
　　범위」『韓國中世佛敎史硏究』, 一潮閣, 1994. 단 허흥식씨는 나말려초를
　　종파불교의 성립을 통해 중세불교가 성립되었다고 보고, 나아가 한국 중
　　세사의 시작을 이 시기로 보고 있다. 이 점은 필자가 중세불교의 시작을
　　정교분리, 불교대중화, 화엄종을 중심으로 한 한국 독자의 불교사상의 전
　　개 등에 초점을 두고 삼국통일을 전후한 시기, 즉 7~8세기 무렵으로 보는
　　것과 차이가 있다.

입지조건이 "三韓勝地"에 위치하였음 표방하여[54] 산문 개창의 정당성
을 획득하는 한편 전국적으로 유리하고 있던 草賊들을 사원 속으로 적
극 포용하거나, 아니면 각 지방에서 웅거하던 호족세력들의 지방지배를
견고히 해줄 수 있었을 것이다. 이에 지방호족들은 물론 신라의 역대
왕 및 弓裔, 甄萱, 王建 등으로 하여금 적극적인 불교사원정책을 수립
케 한 원인이 되었을 것이다.

　이러한 연구성과를 바탕으로 하여 본 절에서는 강릉지역과 그 주변
의 오대산 지역을 중심으로 향호들이 불교사원을 어떻게 이용하여 지방
민을 단결하여 호족으로서의 위상을 갖게 되었는가를 살펴보기로 한다.
그 한 예로 주목하고자 하는 것은 강릉시 내곡동에 있는 신복사터의 삼
층석탑과 그 앞에서 탑을 향해 공양하는 자세의 석불좌상이다. 신복사
는 신라 문성왕 12년(850)에 강릉김씨의 후손인 범일국사가 창건하였다
고 하는데, 지금은 폐사된 채 삼층석탑과 석불좌상만이 남아 있기 때문
에 그 이후의 내력은 전해지지 않는다.

　신복사가 있었던 강릉지역은 앞에서 본 바와 같이 삼국시대부터 신
라의 우익세력으로 존재하였다. 원성왕과 왕권쟁탈전을 벌였던 金周元
이 명주지역으로 퇴거한 것은 강력한 태종무열왕계－김주원계의 기반
이 이곳에 구축되어 있었기 때문일 것이다. 신라의 우익세력으로 존재
하였던 강릉지역에 변화의 조짐이 나타난 것은 신라 하대 치열한 왕권
쟁탈전으로 인해 일어났다. 신라 하대 첫 임금인 宣德王의 사후 제1왕
위 계승권자였던 무열왕계의 김주원이 왕권쟁탈전의 과정에서 김경신,
즉 원성왕에 패배하고 이곳 명주로 오면서 김주원 후손들은 강릉을 중
심으로 한 동해안 일대에 강력한 세력기반을 바탕으로 하여 원성왕계의
왕경(경주) 김씨와는 대항적인 입장을 취하였다.[55] 그러나 金周元－宗基

54) 李智冠,「大安寺 寂忍禪師 照輪淸淨塔碑文」『校勘譯註 歷代高僧碑文』新
　　羅篇, 1993, 88쪽.
55) 김주원의 세계에 대해서는 金貞淑,「金周元世系의 成立과 그 變遷」『白山

－貞茹－金陽으로 이어지는 가계를 가진 김양이 신무왕을 옹립하고, 그 아들이 문성왕으로 즉위하면서[56] 김주원계는 강릉지역에 대한 확고한 기반을 인정받을 수 있었을 것이다.[57] 문성왕 8년에 범일이 굴산사를 개창할 수 있었던 것은 이러한 정세의 변화에 기인하는 것이다.

굴산문을 개창한 범일의 조부인 金述元은 명주지역에 퇴거한 金周元과 정치적으로 연결되어 정치적 행보를 함께 한 것으로 보이며, 그가 개창한 굴산문 역시 김주원계와 밀접한 관련을 가지고 있었다. 중국 유학을 마치고 귀국한 범일은 溟州都督 金公의 지원을 받아 굴산문을 개창하였다.[58] 범일의 제자인 朗圓 開淸은 신라말 명주지역의 閔規閔湌

學報』 28, 1984 및 김갑동, 「명주세력」『羅末麗初의 社會變動 研究』, 1990 참조.

56) 『三國史記』 권44, 열전, 金陽.

57) 김양의 從父兄인 金昕이 강릉태수로 있었다는 기록(『三國遺事』 권3, 塔像4 『洛山二大聖 觀音 正趣 調信』), 그리고 그가 문성왕 11년(849)에 죽었다는 기록 (『三國史記』 권44, 열전, 金陽) 등으로 미루어볼 때 강릉지역의 김주원계는 마냥 원성왕계에 대항적인 처지에 있었다고 볼 수는 없을 것이다.

58) 범일의 조부인 김술원은 김주원과 밀접한 관련을 가진 인물로 정치적인 행보도 비슷하였다. 김주원의 명주퇴거와 함께 그도 명주에 정착하였으며, 범일의 父代에 이르면 중앙정계와 거리를 두게 되면서 명주의 호문인 문씨와 결합하여 지방세력화 하였다. 요컨대 범일은 그의 조부가 진골귀족으로 명주도독을 역임하였으나 명주에 정착하게 되었고, 父代에 이르러서는 명주지역의 지방세력으로 변화된 가문 출신이었다. 이러한 가문적 배경과 지역적 연고는 범일이 명주지역을 중심으로 굴산문을 개창하는 사회·경제적 기반이 되었을 것이다. 범일을 초청한 김공이 어떤 성향의 인물인지 정확히 알기는 어렵다. 다만 그가 명주도독으로 파견되었다는 것 자체가 김주원계와 대립적으로 보기 어려우며, 김주원 계열과 연결된 것으로 보이는 범일을 초청하였던 점, 범일의 제자 중 주로 명주지역에서 활동한 낭원 개청의 단월인 閔規 閔粲과 知溟州軍州事 王順式·王乂 등이 김주원계와 무관하지 않은 점, 강릉을 중심으로 하는 굴산문의 세력범위가 대체로 김주원의 식읍지역과 상당부분이 일치하는 점 등을 고려한다면 김주원계와 대립적으로 파악하기 어렵다. 오히려 김공은 김주원계와의 관계개선을 위해 범일을 초청했을 것 같기도 하다. 요컨대 범일의 굴산 행은 그 지역이

과 溟州將軍 金(王)順式을, 낭공 행적은 金海府의 蘇忠子·律熙 형제
와 여제자인 明瑤부인이 단월이었다. 특히 개청은 후고구려의 군주였던
弓裔와 태조 王建, 행적은 신라의 효공왕의 초청으로 경주에 들어가기
도 하였다. 따라서 굴산문은 나말려초 명주를 중심으로 하는 향호, 신라
및 고려의 왕실과 관련을 가지면서 산문의 성세를 지속하였다. 남종선
을 익힌 선승들이 지리설에 바탕하여 변방의 중요성을 강조하면서 경주
를 회전축으로 인식하던 골품제사회를 붕괴시키는 가속적인 원동력을
제공하여 토호세력과 연결되었다고 하지만 범일-낭원 개청·낭공 행
적으로 이어지는 굴산문은 명주의 향호에서부터 신라 왕실, 그리고 흥
기하는 궁예 및 왕건과도 두루 연결하고 있다. 이를 통해 범일의 제자
들이 원했던 원치 않았던 난세에 어느 한쪽에 일방적으로 붙좇게 되는
데에 따른 위험부담을 덜 수 있었을 것이다.[59] 그리고 만약 문성왕대
신라 중앙정부와 김주원계가 대립적인 구도를 갖고 있었다면 범일이 자
신의 고향인 강릉에 굴산사를 세웠다고 하더라도 그의 제자가 신라왕실
과 연결될 수 있었을까? 범일과 개청으로 이어지는 굴산문은 강릉지역
의 김주원계와 혈연관계를 인연으로 하고, 중앙과도 연결고리를 갖고서
강릉지방을 중심으로 주변에 그 세력을 확장시켜 나갔다고 보아야 할
것이다.

　선종의 개인주의적 경향이나 교종에 대한 선종의 우위에 대한 주장
이 왕실보다는 지방호족과 친연성을 가진다[60]는 일반적인 논리나 김주

　　자신의 출신지이면서, 한편으로 자신과 연고관계가 있는 김주원계 이거나
　　아니면 그들과 관계 개선을 염두에 둔 명주도독 김공의 초청이 크게 작용하
　　였을 것이다(정동락, 「梵日(810~889)의 선사상」, 『大丘史學』 68, 2002).
59) 해인사의 경우 남악과 북악이 후백제 견훤과 태조 왕건을 지지하는 세력으
　　로 나뉘어졌다는 그 자체는 기왕에 지적한 것처럼 해인사의 분열의 측면
　　이 없는 것은 아니지만 일면 후삼국의 쟁패전이 어느 한쪽의 승리로 귀착
　　될지도 모르는 상황에서 해인사의 생존을 위한 방안의 하나일 수도 있을
　　것이다.

원과 순식에만 초점을 두고 자꾸만 강릉지역과 굴산문을 중앙정부와 대각의 위치에 두는 것보다는 김주원계의 후손 및 굴산문이 강릉지역을 중심으로 어떻게 세력 확장을 해나가는가를 추적해나가는 것이 이 시대를 이해하는 데 더 좋으리라고 본다. 이에 대한 단서를 다음의 자료를 통해 살펴보기로 한다.

> 崛山祖師 梵日이 太和年中에 당나라에 건너가서 明州 開國寺에 이르렀다. 한 중이 왼쪽 귀가 떨어져 여러 중의 末席에 앉아 있다가 法師에게 말하기를 "나도 鄕人이라 집은 溟州界 翼嶺縣 德耆坊에 있다. 법사가 후일에 만일 본국에 돌아가거든 모름지기 내 집을 지어 달라"고 하였다. 법사가 이미 叢席을 遍遊하고 鹽官에게 法을 얻어【事蹟이 本傳에 자세히 실려 있다】會昌 7년 丁卯에 고향으로 돌아와 먼저 굴산사를 세워 教를 전하였다.
> 　大中 12년 무인 2월 15일 밤 꿈에 전에 본 중이 窓 아래에 와서 말하되 "전에 명주 개국사에 있을 때 조사가 (나와) 언약하여 이미 허락한 바 있거늘 어찌 그리 늦는가?" 라고 하였다. 조사가 놀라 깨어 수십인을 데리고 翼嶺地境에 가서 그 사는 데를 찾았더니 한 여자가 洛山 아래 마을에 살고 있었으므로 그 이름을 물으니 德耆라고 하였다. 그 여자에게 한 아들이 있어 나이가 겨우 8세였는데, 항상 마을 남쪽 돌다리 가에 나가 놀았다. 그 어머니에게 "나와 같이 노는 아이 중에 金 빛이 나는 아이가 있다"고 하였다. 그 어머니가 조사에게 이 말을 하였다. 조사가 놀라고 반기어 그 아이를 데리고 놀던 다리 밑에 가 찾았다. 물 가운데 한 돌부처가 있기에 꺼내어보니 왼쪽 귀가 떨어져 전에 본 중과 같았다. 곧 正趣菩薩의 像이었다. 이에 簡子를 만들어 創寺할 곳을 점쳤더니 洛山 위가 吉하므로 佛殿三間을 짓고 그 像을 모시었다.[61]

　범일이 당나라에 유학하였을 때 明州 開國寺에서 왼쪽 귀가 떨어진 채 말석에 앉아있는 한 승려를 만났는데, 그는 신라사람으로 집이 溟州

---

60) 金興三, 「羅末麗初 闍堀山門과 政治勢力의 動向」『古文化』50, 1997, 404쪽.
61) 『三國遺事』권3, 塔像4, 「洛山二大聖 觀音 正趣 調信」.

界 翼嶺縣(지금의 襄陽)의 德耆房에 있다고 밝히고, 뒷날 범일이 본국에 돌아가거든 자신의 집을 지어 줄 것을 간청하였다. 귀국 후 847년(문성왕 9)에 강원도 강릉시 구정면 학산리 斤掘山에 굴산사를 개창하였다. 858년(헌안왕 2)에 범일의 꿈에 그 중이 나타나 늦음을 탓하매 익령의 낙산 덕기방에 가서 다리 밑에서 왼쪽 귀가 떨어진 돌부처, 즉 정취보살을 찾아내어 낙산사에 불전을 지어 모셨다. 범일이 당나라에서 정취보살이 점지한 것에 따라 낙산사에 정취보살을 모시게 됨으로써 양양지역의 낙산사에까지 범일은 그 활동범위를 넓힐 수 있었다. 앞장에서 살펴본 바와 같이 양양의 낙산사는 唐과의 통일전쟁이 한창이던 때에 귀국한 의상에 의해 창건되었다. 신라 중앙정부는 의상을 통해 동북 변경의 최북단에 해당하는 양양지역을 관음상주처로 정착시키고, 낙산사를 창건함으로써 이 지역의 민심을 신라에 귀일시키고자 하였다. 그러한 낙산사에 중앙에서 명주로 밀려난 김주원계와 연결된 범일의 굴산문이 정취보살을 내세워 낙산사에 영향력을 행사해나가는 과정은 왕경중심의 신라사회, 그리고 중앙교단에 의한 지방사원의 종속성이 그 구심력을 상실해나가는 과정인 동시에 지방사회의 성장을 말해주는 것이기도 하다.

범일의 굴산문은 인근의 사원으로 그 세력을 확대해나감과 동시에 명주지역의 호족과 함께 불교사원을 토대로 일반민들을 자신의 우익으로 끌어들였다. 그러한 예를 강릉시 내곡동에 있는 신복사터의 삼층석탑과 그 앞에서 탑을 향해 공양하는 자세의 跪石菩薩坐像을 통해 확인할 수 있다.

신복사터는 야산이 둘러져 있는 아늑한 터인데 현재 삼층석탑과 석불좌상만이 뚜렷이 남아 있다. 신복사는 신라 문성왕 12년(850) 강릉김씨의 후손인 범일국사가 창건하였다고 하는데, 그 이후의 내력은 전해지지 않는다. 삼층석탑은 나말려초의 작품으로 추정되고 있고, 그 앞에 탑을 향해 왼쪽 무릎을 세운 채 꿇어앉아서 공양하고 있는 모습의 석불좌상은 세련되고 풍만한 조각으로 인간미가 물씬 풍겨난다. 원통형의 관을 쓰고 그 위에 다시 팔각지붕돌을 이고 있는 독특한 형상이다. 귀걸이를 단 흔적, 그리고 몸에도 목걸이, 팔찌와 천의, 천의를 묶은 세 줄의 띠가 장식되어 있는 것으로 보아 일반민의 형상을 한 모습은 아니다(<사진 2>). 아마도 강릉지방의 재지유력자의 형상의 모습으로 간주할 수 있을 것이다.

〈사진 1〉 신복사터 궤보살좌상 전경 〈사진 2〉 신복사터 궤보살상[62]

일반민들의 祈求의 대상인 탑을 향해 <사진 1>에서 보다시피 보살이 무릎을 꿇고 공양하는 모습은 아마도 나말려초의 재지 향호층들이

---

62) 이 보살상은 신복사터 안내문에는 고려 초기, 즉 10세기 후반기에 제작된 것이라고 하였다. 그 근거로 "보살상은 탑을 향해서 왼 무릎을 세우고 공양하는 자세로 複瓣仰蓮 臺座 위에 앉아 있다. 원통형의 높은 寶冠 위에 8각의 天蓋를 씌웠다. 부드럽고 복스런 얼굴에 비대하고 풍만한 체구를 지녔고, 규칙적인 간격의 옷 주름과 단순해진 장신구 등에서 신라적인 요소가 사라지고 고려 초기 즉 10세기 후반의 특징을 잘 보여주고 있다"고 하였다. 그러나 강릉이라는 지방의 변경에, 지방 호족을 단월로 하여 새로운 사원을 건립할 때 동원된 장인들이란 중대사회의 중앙에서 파견된 고도의 예술성을 가진 작품을 제작할 수 있는 기술력을 보유한 왕경인이 아니라 지방에서 길러진 보통의 장인일 것이다. 따라서 신라적 요소가 사라졌다기 보다는 신라말 지방 장인의 기술력에 의해 만들어진 보살상으로 보는 것이 좋지 않을까 한다.

민중과의 유대감을 강화하려는 의지의 표현이라고 볼 수 있지 않을까 한다. 나말려초 변혁의 한 축으로 떠오른 향호들이 민중들을 자신의 편으로 끌어들이기 위한 한 방편에서 금당 안에서 나와 민들과 호흡을 같이하기 위해 민들의 봉불의 대상이었던 탑을 향해 무릎을 꿇어 앉아 민과의 생사고락을 함께 하고자 하는 모습을 보임으로써 민들을 단결하여 호족으로 부상할 수 있었을 것이다. 이러한 모습은 민과의 거리를 두고 예불을 하면서 자신의 노비인 욱면이 뜰에서 금당 안의 불상을 향해 예불하는 행위를 못마땅하게 여긴 경덕왕대의 아간 귀진과는 완연히 구별되는 모습이다.

景德王代에 康州【지금 晋州다. 혹은 剛州라고도 쓰니 그러면 지금 順安】의 善士 數十人이 뜻을 西方에 구하여 州境에 彌陀寺를 창건하고 萬日을 期하여 契(會)를 하였다. 때에 阿干 貴珍家에 郁面이라 하는 한 婢子가 있어 그 주인을 따라 절에 와서 中庭에 서서 중을 따라 염불하였다. 주인은 그가 일을 잘하지 아니함을 미워하여 매양 곡식 二碩(石)을 주어 하루저녁에 찧게 하였는데 婢가 초저녁에 다 찧고 절에 와서 염불하여【속담에 '내 일 바빠 한댁방아를 서두른다'함은, 아마 여기서 나온 것이다】밤낮으로 게을리 하지 않았다. 뜰 좌우에 긴 말뚝을 세우고 두 손바닥을 뚫어 노끈으로 꿰어 말뚝에 매고 합장하여 좌우로 흔들며 격려하였다. 때에 空中에서 天唱하기를 "郁面娘은 堂에 들어가 염불하라" 하였다. 寺衆이 듣고 婢를 권하여 堂에 들어가 例에 따라 정진하게 하였다. 얼마 아니하여 天樂이 서쪽에서 들려오더니 婢가 솟아 屋樑을 뚫고 나가 西行하여 郊外에 이르러 肉身을 버리고 眞身으로 변하여 蓮臺에 앉아 大光明을 발하면서 천천히 가버리니 樂聲이 공중에서 그치지 아니하였다. 그 堂에 지금도 구멍이 뚫어진 곳이 있다. 【이상은 鄕傳】 63)

신라 경덕왕 때 오늘날 진주지방의 미타사에서 阿干 貴珍의 婢子인 郁面이 주인을 따라와 中庭에 서서 승려를 따라 염불을 밤낮으로 게을

---

63)『三國遺事』권5, 感通7,「郁面婢念佛西昇」.

리 하지 않자 空中에서 天唱하기를 '郁面娘은 堂에 들어가 염불하라'고 하므로 寺衆이 듣고 婢를 권하여 堂에 들어가게 하였다는 자료를 통해 확인할 수 있는 것은 주인인 아간 귀진과 노비인 욱면이 염불을 행하였던 장소가 서로 달랐다는 사실이다. 지극히 폐쇄적이고 배타적인 골품제 체제의 사회인 신라사회를 생각할 때 사원에서 염불하는 경우에서도 골품제에 따른 차별적 상황이 있었음은 어쩌면 당연하였을 것이다.

　신라사회를 관통하는 골품제도는 골품, 즉 혈통의 尊卑에 따라 정치적 출세나 일상생활에 이르기까지 여러 가지 특권과 제약이 부여되는 제도였다. 골품에 따라 거주할 수 있는 가옥의 규모도 달랐고, 色服·車騎·器用의 제도가 골품에 따라 다르게 규정되어 있었다. 불교의 경우 7세기 전반기에 들어가면서 지배층 중심의 불교를 비판하고 일반민에 대해 종교적 관심을 고취하는 불교대중화 운동이 전개되기 시작하여 통일신라시대를 전후한 시기에 원효, 의상 등에 의해 불교대중화가 어느 정도 달성되었다. 원효는 『大乘起信論』에 근거하여 一心사상을 체계화하면서 모든 중생이 一心을 가지고 있다고 보았다. 한편 의상은 중앙정치세력과의 유착을 거부하고 대신 영주 부석사와 양양 낙산사를 중심으로 지방사회에서 활약하면서 실천운동을 통하여 화엄사상을 지방민에게 유포시키고자 하였다. 화엄사상에서는 본질적인 측면에서 보면 "현상세계의 모든 대립물은 차별이 없다[圓融無碍]"고 하거나 "하나가 그대로 전부이며 전부가 그대로 하나[一卽多 多卽一]"라고 하여 모든 인간은 평등함을 드러내주고 있다. 노비 출신의 지통이나 빈민출신의 진정 등이 의상문하로 출가한 것은 이러한 의상의 화엄사상이 갖는 세계관에서 가능한 것이다. 그러나 이들의 이러한 표방에는 현실적으로 엄격한 신분제 논리인 골품제가 관철되는 현상의 또다른 반증이기도 하다. 실제 중세까지의 불교는 환생설을 바탕으로 고승과의 인연으로 고승이 태어났고 불교 이전의 토템신앙의 동물은 지배층의 前身으로, 천인과 반역자는 무척추동물의 환생으로 인식됨으로써 불교적 예정설은 사회신분의 동요를 막는 안전판의 구실을 맡고 있다.[64] 이러한 불교의 예정설은 출생과 동시에 그 신분이 결정되는 골품제와 표리관계를 형성하기도 하였다. 그 상징적 표현이 앞의 미타사에서 보다시피 아간 귀진과 그 노비 욱면이 염불하는 장소의 차이에 반영되었다고 볼 수 있다.

고려시대에 만들어진 회암사의 전각 배치를 통해 국왕·왕족·귀족 관료로부터 일반 양민·노비에 이르기까지 승려층과 단월의 다양한 신분에 따른 예우와 교화 및 그 焚修 그리고 세속과의 차등을 다룬 글이 있다.[65] 이에 의하면 "회암사의 상단층은 정청·영당·동, 서방장·조사전 등 총 15동이 배치되어 주로 국왕과 왕비·세자를 비롯한 왕족의 출입·유숙과 상층 승려의 주석 등이 이루어진 곳이다. 다음으로 중단층은 금당인 보광전을 비롯하여 동·서 승당과 동·서운집 등을 포함한 18동이 배치되어 학승·승병의 수도와 조련을 위한 중심공간이요, 동시에 이들의 의식과 주거 등을 위한 일체의 시설이 영조되어 있던 곳이다. 이외에 동·서 객실, 동료, 열중료와 같은 빈객 접대를 위한 시설을 통해, 중단층은 수도처 뿐만 아니라 수도승과 귀족 관료들이 상호 회합·결탁을 위한 장소로 이용되었을 것으로 짐작된다. 끝으로 하단층은 관음전과 미타전을 비롯하여 접객층, 전좌료, 원두료 등 총 13동이 배치되어 있으며, 民들의 정토신앙을 위한 배려와 동시에 예불과 보시에 따른 편의 시설이 집중되어 있었던 곳으로 생각된다. 이를 인체에 비유하면 상단층은 頭部, 중단층은 胸·腹部, 하단층은 下體部에 각각 해당한다. 이 구분은 국왕을 비롯한 왕족·귀족관료와 상·하층 승려 및 민의 출입·유숙과 또 상·하층민의 布施處 등으로 발생한 표상"이라는 것이다. 중세 고려사회에서 과연 이러한 차이가 있었을지는 모르겠으나, 보다 더 폐쇄적이고 배타적인 골품제에 의해 운영되는 신라사회에

---

64) 허흥식, 『한국중세불교사연구』, 일조각, 1994.
65) 金潤坤, 「나옹 혜근의 회암사 중창과 반불론의 제압기도」 『대구사학』 62, 2001.

서 불상이 모셔진 금당 안에 든다는 것은 욱면과 같이 비상한 기연을 획
득하지 않고서는 일반민과 노비들에게 불가능한 일이었을 것이다.

　불상이 모셔진 불당에 노비 욱면과 같은 피지배층이 오를 수 없다면
그들이 서원을 비는 대상은 주로 어디일까? 이에 대한 해답이 다음의
자료라고 볼 수 있을 것이다.

　　신라 풍속에 매년 2월을 당하면 초8일로부터 15일까지 都中 남녀가
　　다투어 興輪寺의 殿塔을 도는 福會를 행하였다. 元聖王代에 郎君 金
　　現이 밤 깊도록 홀로 돌면서 쉬지 않았다. 한 처녀가 (또한) 염불하고
　　따라 돌새 서로 알게 되어 추파를 던지더니 돌기를 마치고 으슥한 곳
　　으로 이끌고 가서 통정하였다. 처녀가 돌아갈 때에 金現이 따라가니,
　　처녀가 사양하고 거절하였으나 억지로 따라갔다. 西山麓에 이르러 한
　　초가집에 들어가니, 늙은 老嫗가 그 여자에게 "따라오는 이가 누구냐"
　　고 묻자 여자가 그 사정을 말하였다. 노구가 "비록 좋은 일이나, 없는
　　이만 못하다. 그러나 이미 저지른 일이니 어찌 하리요. 잘 숨기어 두어
　　라. 너의 형제가 惡行을 할까 두렵다" 하고 郎을 깊은 곳에 숨겨 두었
　　다. 얼마 있다가 세 마리의 호랑이가 어흥거리며 와서 사람의 말로 하
　　여 가로되 "집에서 노린내가 나니 療飢하기 좋다"고 하였다. 노구와
　　여자가 꾸짖으면서 "너의 코가 비상하구나. 무슨 미치광이 말을 하느
　　냐"고 하였다. 이때 하늘에서 부르는 소리가 있어 "너희 무리가 즐겨
　　생명을 많이 해하니 마땅히 한 놈을 베어 그 악을 징계하리라"고 하였
　　다. 세 마리의 호랑이가 듣고 모두 근심하였다. 여자가 이르되 "3형은
　　될 수 있는 대로 멀리 피해가서 스스로 징계하면 내가 대신하여 벌을
　　받겠다"고 하였다. 모두 기뻐하여 고개를 숙이고 꼬리를 치며 달아나
　　버렸다. 여자가 들어가 郎에게 이르되 "처음에 君子가 우리 집에 오시
　　는 것이 부끄러워 거절했더니, 이제는 숨김없이 감히 마음속을 말하겠
　　습니다. 천첩이 郎君과 비록 類는 다르나, 하루저녁의 歡樂을 뫼셨으
　　니, 義는 夫婦를 맺은 것보다도 중합니다. 이제 三兄의 惡은 하늘이
　　이미 미워하니, 一家의 재앙을 내 홀로 당하고자 하나 보통 사람의
　　손에 죽는 것보다는 오히려 郎君의 칼날에 엎드려 죽어 은덕에 보답함
　　만 못합니다. 첩이 명일에 시장에 들어가 몹시 사물을 해치면 國人이
　　나를 어찌하지 못하고, 대왕이 반드시 重爵으로써 사람을 뽑아 나를

잡으라 할 것입니다. 郎君은 겁내지 말고 나를 쫓아 城北林中에 오면 내가 기다리겠습니다"고 하였다. 現이 "사람이 사람과 사귐은 인륜의 도리지만, 異類와 서로 사귐은 대개 떳떳한 일은 아니다. 그러나 이미 조용히 만난 것은 참으로 天幸이니, 차마 어찌 배필의 주검을 팔아 요행이 一世의 爵祿을 구할 수 있으랴"고 하였다. 여자가 말하되 "郎君은 그런 말을 하지마소. 지금 나의 天壽는 天命이요, 또 나의 소원이요, 郎君의 慶事요, 우리 一族의 福이요, 國人의 기쁨이라. 一死가 五利를 갖추었으니, 왜 듣지 않는가. 다만 나를 위하여 절을 세우고 眞詮을 講하여 勝報에 도움이 되면 郎君의 은혜가 이보다 큰 것이 없겠습니다" 하고 서로 울고 작별하였다. 다음날 과연 猛虎가 城中에 들어와 포악이 심하여 감히 당하지 못하였다. 元聖王이 듣고 令을 내리어 범을 잡는 자는 2급의 爵을 주리라 하였다. 金現이 闕下에 나아가 아뢰되 "小臣이 능히 하겠습니다"하니 먼저 爵을 주어 격려하였다. 現이 刀劍을 가지고 林中에 들어가니, 범이 변하여 娘女가 되어 반갑게 웃으며 말하되 "어젯밤에 郎君과 은근히 하던 말을 잊지 마시고 오늘 내 발톱에 상처를 입은 사람은 모두 興輪寺의 醬을 바르고 그 절의 螺鉢 소리를 들으면 나을 것입니다" 하고 이어 金現의 찬 칼을 뽑아 제 목을 찔러 넘어지니 범이었다. 金現이 林中을 나와 이르되 "내가 지금 범을 잡았다" 하고 그 사유는 감추어 말하지 아니하였다. 단지 그 가르침에 따라 치료하니 그 瘡이 모두 나았다. 지금의 풍속에도 그 방법을 쓴다. 現이 이미 등용되어 西川邊에 절을 짓고 虎願寺라 이름하고 항상 梵綱經을 講하여 범의 저승길을 祝福하여 그 殺身成己의 恩惠에 보답하였다. 金現이 죽을 때에 깊이 前事의 奇異함을 느끼어 붓으로 적어 전하니 세상에서 비로소 알았다. 인하여 이름을 '論虎林'이라고 하여 지금까지 일컬어 온다.[66]

위 기사는 金現과 호랑이 처녀와의 사랑 이야기지만 골품제하에서 골품이 다른 신분과의 혼인의 벽을 나타내주는 사례의 하나가 이러한 식으로 표현된 것으로 볼 수 있을 것이다. 이러한 경우 탑돌이는 불상이 봉안된 금당 안에 들 수 없었던 일반 서민들이 일반적으로 행하는

---

66) 『三國遺事』 권5, 感通7, 「金現感虎」.

祈求의 대상이었을 것이다. 물론 금당 안에 들 수 있던 지배층들 역시 탑돌이에 참가하였을 것이다. 그러한 과정에서 신분과 신분을 뛰어넘은 남녀의 만남이 이루어질 수 있었고, 그들의 만남이 '金現感虎'에서 인간과 호랑이와의 類가 다른 만남으로 상징적으로 표현되었다고 볼 수 있다. 이 자료를 통해 신라 하대, 원성왕대에 이르기까지 골품제가 강인하게 존속하고 있음을 확인할 수 있다. 그러나 '탑돌이'는 금당 안과 그 바깥의 뜰에서 이루어지는 신분적 차별과는 달리 일반 서민들이 행하는 일반적인 奉佛의 방식이며, 또한 지배층들마저 참여함으로써 "현상세계의 모든 대립물은 차별이 없다[圓融無碍]"고 하거나 "하나가 그대로 전부이며 전부가 그대로 하나[一卽多 多卽一]"라고 한 인간의 평등을 아우르는 불교 대중화의 실현의 장인 셈이다.

이상의 사실을 생각할 때 신라 하대 수도의 한쪽 변경지역인 명주지역에 범일이 창건한 신복사에서 일반민들의 祈求의 대상인 탑을 향해 보살이 무릎을 꿇고 공양하는 모습은 아마도 나말려초의 재지 향호층들이 민중과의 유대감을 강화하려는 의지의 표현이라고 보아도 별 무리가 없을 것이다.

탑을 향해 무릎을 꿇고 공양하는 모습의 보살상은 월정사에서도 보인다. 강원도 오대산의 월정사의 고려시대에 만들어진 것으로 보이는 팔각구층석탑 앞에서 정중하게 오른쪽 무릎을 꿇고 왼쪽 무릎을 세운 자세로 두 손을 가슴에 끌어다 모아 무엇인가를 들고 있는 석조보살좌상(<사진 3>)은 화려한 천의 장식에, 턱이 길고 둥글며 눈두덩이 두껍고 입가에는 살짝 미소를 짓고 있어 부드럽고 복스럽게 느껴진다.[67]

---

67) 탑을 향해 무릎을 꿇어 앉은 보살상은 藥王菩薩로 보인다. 『법화경』 약왕보살본사품에는 과거 日月淨明德 부처님이 세상에 계실 때, 喜見菩薩이 부처님으로부터 법화경 설법을 듣고 現一切色身三昧를 얻었다. 환희심에 가득찬 보살은 여러가지 공양을 올렸고, 마침내 천이백년동안 향을 먹고 몸에 바른 후 자신의 몸을 태우며 공양하였다. 그리고 다시 몸을 받아 日

석조보살좌상

〈사진 3〉 월정사석조보살좌상

보살상이 앉아 있는 좌대는 두 겹짜리 연꽃잎이 피어나는 모양의 연화대좌이다. 보살이 앉아있는 위치는 한가운데가 아니라 오른쪽으로 치우쳐 있으며, 그 중심도 오른쪽으로 기울어져 있다. 왼쪽 팔꿈치는 왼쪽 무릎에, 오른쪽 팔꿈치는 동자상에 얹고 있다. 동자상은 웃고 있는 모습이라고 전하나 지금은 마멸이 심해 동자상인지조차 알아보기 힘들다. 아마도 보살은 향호충일 것이고 웃고 있는 동자상은 일반민이라고 한다면 지나친 억측일지 모르지만 이 역시 민중과의 유대감을 강화하려는 지방세력의 의지의 표현으로 볼 수 있지 않을까 한다.

신복사나 월정사의 보살좌상을 위와 같은 시각에서 볼 때 주목되는 것이 지리산 화엄사 四獅子三層石塔과 그 앞의 석등이다(〈사진 4〉). 사사자삼층석탑은 이중기단을 갖춘 삼층석탑의 기본형을 따르고 있으나 상층기단에 해당하는 부분에 독립된 네 마리의 사자를 각 귀퉁이에 앉히고 그 대각선 중앙에 합장한 승려상을 세웠다. 그리고 삼층석탑 앞에 있는 석등의 경우 길쭉한 네모의 배례석을 놓고 화사석을 받치는 간주석(기둥 세 개) 안에 한쪽 무릎을 꿇고 차를 공양하는 모습의 인물상을 배치하였다. 전하는 이야기에 의하면 이 인물상은 화엄사를 창건했다고 하는 연기조사라 하고 사사자삼층석탑의 승려상은 연기조사의 어머니

月淨明德國의 왕자로 태어났을 때 일월정덕여래는 그가 장차 부처님이 될 것이라는 授記를 주었다. 희견보살은 부처님의 사리를 수습하여, 팔만사천의 사리탑을 세우고 탑마다 보배로 만든 깃발과 풍경을 매달아서 장엄하게 꾸몄다. 그러고도 모자라 탑 앞에서 자신의 두 팔을 태우며 칠만이천세 동안 사리탑을 공양하였다 한다. 그가 바로 약왕보살이다.

라고 한다. 효심이 깊었던 연기조
사가 어머니의 명복을 빌기 위해
공양하는 자신의 모습을 석등 속
의 인물상의 형태로 조각하도록
했다는 것이다.

이 석탑의 건립 연대는 통일신
라 전성기인 8세기 중엽으로 추정
하고 있다. 구전되어오는 이야기
는 논외로 하고, 8세기 중엽에 만
들어진 사사자삼층석탑의 승려상
이나 그 앞의 석등의 공양하는 인
물상이 신복사나 월정사의 보살상

〈사진 4〉지리산 화엄사 사사자삼층
석탑과 석등

이 비바람에도 불구하고 무릎 꿇고 공양하는 모습과는 달리 석탑이나
석등 속에 자기 몸을 가리우고 있다는 점은 미타사에서 阿干 貴珍이
불당 속에서 예불 드리는 모습과 상통하는 것이라 하겠다.

신복사 보살상에서 보다시피 향호들이 풍찬노숙하면서 민과 함께 하
고자 하는 노력의 결과가 그들이 지원하는 굴산문이 강릉을 중심으로
영동지역 일대에 그 세력기반을 형성, 인근의 양양을 비롯하여 평창·
춘천·홍천 일대뿐 아니라 남쪽으로 삼척·울진·봉화·예천 지역까지
그 세력을 넓힐 수 있게 한[68] 것으로 귀결된 것이 아닌가 한다. 그 결
과 범일은 강릉지방에서는 신적인 존재로 '大關嶺國師城隍神'으로 봉
사되었고, 강릉 단오제도 그와 관련된 전설을 모체로 현재까지 전승되

---

68) 당시 굴산문과 관련된 사원으로는 崛山寺는 물론, 명주의 地藏禪院(普賢
寺)·神福寺, 삭주(춘천)의 建子庵, 오대산의 月精寺, 양양의 洛山寺, 봉화
의 石南山寺(太子寺), 삼척의 三和寺, 예천의 龍門寺 등을 들 수 있다(金杜
珍,「新羅下代 崛山門의 形成과 그 思想」『省谷論叢』17, 1986, 300~306쪽 및 金甲童,
「溟州勢力」『羅末麗初 豪族과 社會變動 研究』, 高麗大 民族文化研究所, 1990, 78쪽).

고 있다. 그렇기 때문에 고려 태조 왕건이 강릉지역의 호족인 순식을 끌어들이고, 그에게 왕씨 성을 하사하였을 것이다.

IV. 맺음말

지금까지 '고·중세 동해안지역 통치운영상에 있어서의 사원 역할'이란 주제를 통해 동해안 통치에 있어서 사원이 갖는 의미를 적극적으로 살펴보고, 이를 통해 종교가 영토확장과 대민통치의 한 분면임을 드러내고자 하였다. 이를 요약하면 다음과 같다.

동해안의 경우 고구려에 의해 창건된 불사에 관한 흔적은 전혀 없다. 신라의 경우도 진흥왕에 이르기까지 무력의 강제와 율령을 바탕으로 동해안 지역을 복속시키고 통치하였다. 그러나 진평왕 이후 복속지역에 대한 군사적 무력과 함께 문화적 동화정책이 수반되었다.

감포, 울산, 포항, 울진, 삼척, 강릉, 양양지역 등의 교통 및 국방상의 요충지인 동해안 지역에 신라는 삼국통일을 전후한 시기에 집중적으로 사원을 창건하여 군사적 병합에 따른 불법의 유포를 통해 사상과 문화의 일체화를 도모함으로써 신라의 명실상부한 영토로서 기능할 수 있도록 하였다. 이를 통해 동해안 해안로를 확보하고, 나아가 동해의 해상권을 장악할 수 있었을 것이다.

그러나 신라 하대 호족이 대두하여 지방에 웅거하는 것과 궤를 같이하여 선종이 크게 일어나면서 이들은 호족과 상호보험관계에 놓이게 된다. 호족들은 그들의 군사적 무력으로 지역민을 단결하여갔다. 나아가 민들의 정신세계를 장악하고 있었던 불교의 도움으로 그들의 세속적 권력을 강화하려고 하여 선종의 승려들이 사찰을 건립하는 등에 대한 물적 지원을 아끼지 않았다. 이에 선종의 승려들도 중앙정부의 부름에 응

하기보다는 호족과 상호보험적인 관계를 유지하면서 지역민을 단결시
키고 경우에 따라서는 호족의 군략가로서의 역할마저 자임하기도 하였
다. 동해안 지역의 강릉의 경우도 그 예외는 아니었다.

　신라말 930년 강릉의 호족 순식이 고려 태조 왕건의 편에 서면서 명
주에서 홍례부(울산)에 이르는 연해주군 부락 총 100여 성이 일거에 고
려에 항복하였다는 것은 신라말 강릉지역의 호족의 향배가 그만큼 큰
역할을 하였기 때문일 것이다. 강릉지역의 호족들이 동해안 지역에 그
만큼 영향력을 끼친 것은 불교의 도움을 받아 동해안 지역민을 효과적
으로 장악하였기 때문일 것이다. 그러한 하나의 표현이 신복사, 월정사
등의 탑 앞에 무릎을 꿇고 기원하는 보살상의 모습에서 찾을 수 있다.
일반민들의 祈求의 대상인 탑을 향해 보살이 무릎을 꿇고 공양하는 모습
은 아마도 나말려초의 재지 향호층들이 민중과의 유대감을 강화하려는
의지의 표현이라고 볼 수 있다. 불교를 통해 민과 함께 하고자 하는 호족
들의 열린 노력이 있었기에 나말려초의 변혁의 주역이 될 수 있었다.

제3장 신라말 고려초
유교 정치이념 확대과정

Ⅰ. 머리말

　흔히 유교는 고려왕조 성립 이후 본격적인 정치이념으로 기능하면서 고대적인 신라의 골품제 사회를 해체시키고 보다 신분적으로 개방된 중세적인 고려사회를 성립시키는 이념적 기반이 된다고 한다.[1] 나아가 태조 훈요십조와 최승로 사상의 연구를 통해 고려 초기 유교이념은 집권적 관료국가의 지향과 위민사상으로 나타난다고 한다. 또 고려전기의 유교사상의 전개를 천명사상, 민본사상, 정치사회론 등의 측면을 주목한 연구가 이루어졌다.[2] 본고는 이러한 연구성과를 수용하면서 한국 중세사회에서 유교정치이념의 전개과정을 불교와의 길항관계를 통하여 해명해보고, 유교 자체 내에서의 단계적 유교정치이념의 확대과정을 살펴봄으로써 고려전기 유교정치이념의 확립의 동인들을 추적하고자 한다.

---

　1) 김인호, 「유교적정치이념의 발전과 성리학」『한국역사입문』②-중세편, 한국역사연구회, 1995.
　2) 도현철, 「고려시대 유교의 전개와 성격」『한국사』6, 한길사, 1994.

II. 불교와의 길항관계를 통해서 본
유교정치이념의 확대

1. 삼국통일 전후 정교분리에 따른 유학의 길 성립과정

삼국, 특히 신라의 경우 제정이 분리되지 못한 단계에서 불교가 공인되었으므로 불교는 정교일치의 형태로 나타나고 있다. 국왕은 불교의 수장으로서 진종설화를 바탕삼아 왕즉불을 내세우고, 불교식 왕명을 사용하여 국왕의 권위를 높이고 귀족을 억압하는 수단으로 이용하였다. 이같은 상황하에서 승려들은 왕실의 측근으로서 현실정치에 영향력을 행사하였다. 그 정점의 시기가 선덕여왕대, 원광과 자장이 정치적 활동을 왕성히 할 때에서 찾을 수 있다. 원광의 세속오계나 걸사표의 작성, 자장에 의한 황룡사 9층탑의 건립은 그 단적인 예가 될 것이다.

정교일치에서 정교분리의 과정은 중국식 묘호를 가진 왕의 등장으로 상징되듯이 삼국통일기를 전후해서 이루어진다. 그것을 촉발한 것은 유교에서 비롯된 것이 아니라 불교승려에 의해 먼저 제기되었다. 선덕여왕대의 정치적 실권을 가진 자장의 건의에 의해 그것이 촉발되었음을 다음의 자료는 잘 보여준다.

> 그는 관습과 풍속과 복장이 중국과 다른 점이 있다 하여 이를 고쳐야 한다고 하였으며, 오직 正朔을 숭배하였으니, 의리에 어찌 두 마음이 있었겠는가? 그리하여 이 일을 상량하니 온 나라가 이를 완수하여 변방의 복장을 고치고 오로지 당나라의 儀典에 따랐다. 그런 까닭에 해마다 여러 속국들이 모여 조공을 드릴 때에는 자리가 上番에 있게 되었다. 또한 관리를 임명하고 놀이를 하는 것도 모두 중국과 같이 하게 되었다. 이 사실을 근거로 헤아려 본다면 고금을 통하여 그 예를 찾기 어렵다.[3]

자장이 신라의 관습과 풍속, 복장 등을 당나라의 儀典에 맞게끔 고치게 하였고, 관리 임명 등을 중국과 같이 하였다는 것은 유교정치이념의 적용이 전면에 떠오르는 데 기여하였다고 볼 수 있다. 신라의 왕자인 자장이 입당구법을 통해 한 단계 높은 차원의 불교를 수용하여 정치이데올로기화를 기도하였다고 한다. 그것 말고도 자장이 정관 12년, 문인인 僧 實 등 10여명을 거느리고 입당구법하여 '황제의 위무를 받고 勝光寺 별원에 거처하면서 후한 예우와 남다른 공양을 받을 수 있었다'[4]고 한 내용을 좀더 음미해볼 필요가 있다. 그는 불교뿐만 아니라 당 황실과의 교류를 통해 당나라의 '儀典'을 몸소 목도함으로써 유교정치이념에 대한 이해를 하였을 것이다. 그러한 이해 위에 위 사료와 같은 자장의 활동이 나올 수 있었다.

불교경전이 한자로 이루어졌다는 점에서 승려들도 한자의 기초소양을 익히기 위해 유교 경전에 대한 공부도 하였다. 이로 인해 승려들은 불교뿐만이 아니라 유학에도 해박한 지식을 갖고 있는 당대 최고의 지식인이었다. 원광이 "중국에 가서 11년을 머물면서 三藏에 널리 통하고 겸하여 儒術을 배웠다"(『三國遺事』券4, 義解 第5「元光西學」)고 한 것을 통해서도 이를 알 수 있다. 승려들은 불교 교리의 전파에 그친 것이 아니라 국왕에게 유학을 군왕이 익혀 정치의 실제에 적용해줄 것을 조언하였다. 이로써 유학의 발전이 이루어졌다는 사실을 염두에 두어야 한다.[5]

막강한 정치력을 구사하였던 자장이 실각하고 오대산으로 간 것은 중앙정치무대에서 불교가 전면에서 퇴장하고, 정교분리가 가시적으로

---

3) 『續高僧傳』卷24, 護法篇, 唐 新羅國 大僧統 釋慈藏傳.

4) 『續高僧傳』卷24, 護法篇, 唐 新羅國 大僧統 釋慈藏傳.

5) 그러한 예는 신라하대 낭혜화상이 헌강왕에게 "옛날 스승의 가르침은 6經에 기록되어 있고 (중략) 단지 세 마디 말로 남겨드릴 말씀이 있으니 '관리를 잘 등용하라[能官人]'는 것입니다"(「聖住寺朗慧和尙塔碑」)라는 조언을 한 것에서도 보인다.

나타나는 계기로 작용하였다. 태종무열왕이 즉위하면서부터 불교식 왕명을 대신하여 중국식 왕명을 사용하고, 중국의 정치제도, 관료제도를 도입하여 유교적 집권체제, 관료제 정비, 문치주의를 표방할 수 있었던 것은 결국 자장의 위와 같은 역할에 기초하여 가능한 것이었다.

불교 대신 유교가 정치이념이 되면서 불교로부터의 영향력에서 벗어나 유교의 독자화가 이루어지게 된다. 삼국통일을 전후한 시기에 정교분리로 인해 정치로부터 한걸음 물러선 불교는 그 인식의 지평을 돌려 사회저변으로 포교의 길을 넓혀 불교대중화의 길로 나서고, 유학은 관제형성과 통치제도의 정비에 적용되면서 관료층의 수단으로 이용되었다. 강수에게 그의 부친이 佛道를 배울 것인가 儒道를 배울 것인가를 묻자 "불도는 세상 밖의 교[世外之敎]라고 합니다. 저는 世間人이니 어찌 불도를 배우겠습니까? 儒者의 도를 배우기를 원합니다"라고 하고 스승에게 나아가 『孝經』・『曲禮』・『爾雅』・『文選』을 읽었다[6]는 것이나 설총이 처음에 桑門(중)이 되어 佛書에 널리 통하였으나 얼마 후에 본색으로 돌아와 小性居士라고 自號하였다[7]는 것은 화랑도의 세속오계가 승려 원광에서 나온 것과는 달리 이제 유학이 하나의 학문의 길, 나아가 이를 바탕으로 한 관료의 길이 확립되었기 때문에 나올 수 있는 말이다.[8] 삼국시대 중국으로 유학한 원광의 경우 그가 불교를 배운 시점이 중국에서 간 이후이냐 이전이냐를 논란을 벌인다는 그 자체는 아직 유불의 경계가 모호하며 유학이 하나의 독자의 길로 확립되지 않았음을 반증한다.[9]

---

6) 『三國史記』 권46, 열전6, 强首.
7) 『三國史記』 권46, 열전6, 薛聰
8) 그렇다고 강수를 '한국유학사상 불교를 이단시하고 유학을 斯文으로 받들어 해동유학의 시조'라고 한 주장(김충렬, 『고려유학사』, 고려대출판부, 1988, 50쪽), 즉 불교와 유학을 대립적 존재로 파악하고자 하는 견해에는 동의하기 어렵다.
9) 『속고승전』(권13, '新羅皇隆寺釋圓光'條)에 의하면 그의 西學의 동기는 문장의 빛남이 三韓에 떨쳤으나 박학하고 넉넉함이 중원에 부끄러웠으므로[博贍猶愧於中原] 발분하여 25세 때 배를 타고 金陵에 이르렀다고 한다. 이 자료를

2. 나말려초 불교계 변화에 따른
   유교정치이념의 확립과정

중대 정교분리로 인해 정치로부터 사유로워신 불교는 대중으로 파고
들면서 불교는 왕실에서부터 일반민에게 이르기까지 초계층적 종교로
자리 잡으면서 인간의 정신활동이나 사회예제의 기본 이념을 제공하였
다. 이를 바탕으로 신라 하대에 오면 왕실과 귀족들의 호사스러운 불사
가 이어지면서 불교는 국가－왕실 및 귀족의 안녕과 번영을 기원하며
권력의 배후에 군림하기 시작하면서 정치계와 결탁하였다. 이로 인해
불교의 건강성 상실, 일탈현상이 두드러지면서 난세 말세 의식이 확산
되어갔다. 대중들은 무기력감 속에서 즉자적인 기복, 신통한 영험을 추
구하는 신앙에 빠져들게 되었다. 이러한 분위기는 미륵신앙의 확산을
가져왔고 마침내 미륵불을 자처하는 궁예의 등장을 가능하게 하였다.
이러한 일련의 과정은 유교정치이념의 강조를 통해 발판을 구축하고자
하였던 유학자들에게 불리한 여건으로 작용하였다. 그러나 왕실, 귀족
과 결탁한 교종 불교계가 정신적 지도력을 상실한 것은 일면 유학자들
에게는 또다른 기회의 장이기도 하였다.
신라 하대 불교계의 커다란 변화는 선종의 대두에서 찾을 수 있다.
교리와 권위를 앞세운, 그리고 정신적 지도력을 상실한 경주중심의 교
종, 왕실·귀족 불교계에 대항하여 '불립문자'의 깨달음을 앞세운 선종
이 지방 호족세력들의 지지를 받으면서 혁신적인 기풍을 조성하면서 불
교계의 판도를 바꾸어가기 시작하였다는 점에서 주목받아 왔다. 그러나
선종은 산문에 은둔하여 수행을 통한 심성 도야를 통해 득도의 길을 지
향하면서 개인주의적 경향과 산중불교로서의 자기 위치를 지키고자 하

─────────

바탕으로 불교에의 귀의는 중국에서 이루어진 것으로 추정하기도 한다.

였다. 따라서 선종은 사회변혁에 대한 뚜렷한 대안을 제시할 정도의 진
보성을 갖고 있지 못하였다. 낭혜화상이 자신을 초치하고자 하는 헌강
왕에게 "옛날 스승의 가르침은 6經에 기록되어 있고 (중략) 단지 세 마
디 말로 남겨드릴 말씀이 있으니 '관리를 잘 등용하라[能官人]'는 것입니
다"라고 한 것은 정치권력과 밀착한 교종에 대한 비판인 동시에 그를
통한 일종의 불교정화운동으로 볼 수 있을지언정 이것이 선종의 진보성
에 기초한 정치적 행동으로 간주할 수는 없을 것이다. 낭혜의 이 언급
에서 주목되는 것은 신라 하대 정치 분야에 있어서 유교적 정치이념의
적용과 유교 관인층의 등용이 해법이라는 것을 불교계가 인정할 정도로
유교정치이념이 확대되고 유학자의 기반이 확대되었다는 데 있다.

이처럼 정신적 지도력을 상실한 교종, 그리고 산중불교로서, 현실의
정치에 일정한 거리를 두고자 하는 선종이 풍미하는 틈바구니 속에서 유
학자들은 불교와 유교를 대비하면서 유교적 정치이념의 지위를 확보하
고자 하였다. 최치원이 선종과 유학을 각기 心學과 口學으로 대비시켜
말한 것은[10] 불교를 인간정신활동의 소산으로 간주하고 상대적으로 유
학을 실용적인 정치수단으로서의 현실성에 주목하고 있음을 알 수 있다.
그러나 "중국에 건너가 배운 것은 저쪽(낭혜화상 무염)이나 이쪽(최치원)이나
다름이 없지만, 스승이 되어 추앙받는 이는 누구이며, 일꾼 노릇하는 사
람은 누구입니까. 어찌 心學者는 고귀하고 口學者는 고달프단 말입니까.
그래서 옛날 군자께서는 배우는 바를 삼가셨나보옵니다"라고 한 것으로
보아 당시의 자신의 불우한 처지를 가탁해 읊었다고 하더라도 불교는 여
전히 사회를 주도하고 있었다.

태봉의 궁예는 즉자적인 기복, 신통한 영험을 추구하는 하층민들의
미륵신앙에 기대면서 스스로 미륵불을 자처하면서 불교를 정치의 전면
에 내세웠다. 궁예가 폭정에 기울면서 민심을 잃자 유학자들은 민심을

---

10) 崔致遠, 「聖住寺朗惠和尙白月葆光塔碑」『韓國金石全文』, 214쪽.

등에 업고 위민정치를 표방하는 등 유교정치이념에 입각하여 이에 대응함으로써 유학자의 결집과 유교정치이념의 확대를 꾀하고자 하였다. 그들은 천명사상에 근거한 방벌론적 혁명관의 제시를 통해 궁예를 제거하고 문무를 겸비한 태조 왕건을 추대하여 신왕조를 개창하였다. 그들은 유교적 정치이념을 통해 불교를 비판하고 고려왕조 건국을 주도함으로써 치국제민의 유교정치이념을 확립하였다. 崔凝이 고려 태조 왕건에게 "陰陽浮屠에 의지하여 천하를 얻었다는 말은 일찍이 듣지 못하였다"고 하면서 "반드시 文德을 닦을 것"을 건의한 것은 불교를 정치의 전면에서 배제하고 유교정치이념을 확립함으로써 유학자의 입지를 확보하려는 의도에서 나온 것이다. 이에 대해 태조 왕건은 "定亂居安을 기다려서 풍속을 옮기고 교화를 아름답게 할 수 있을 것"이라고 답하여[11] 유학자들의 주장에 유보적 입장을 보이고 있다. 태조 왕건은 훈요십조를 통해 비록 "우리나라의 大業은 여러 부처님의 호위하는 힘에 힘입은 것"이고 부처를 섬기는 연등과 천령과 오악, 명산, 대천, 용신을 섬기는 팔관회를 반드시 거행할 것을 후사들에게 당부하고 있다. 그러면서도 불교 사원의 건립 등을 함부로 하지 말 것 등, 주로 경계의 당부를 하고 있는 반면 유교정치이념의 확대에 대해서는 권장을 적극 하고 있는 것으로 보아[12] 고려 태조 왕건대에 이미 유교정치이념이 자리 잡았다고 보아야 할 것이다. 그것은 불교를 전면에 내세운 궁예의 폭정에 대한 유학자들의 전선 형성이 그만큼 쉽게 형성될 수 있었기 때문이기도 하다. 아울러 고려 태조 왕건은 궁예나 견훤과는 달리 문무를 겸비하면서 사상적으로 불교에 대한 이해뿐만이 아니라 유학에 대한 나름대로의 철학을 갖고 있었기 때문에 정치의 분야에서 불교를 배제하고 유교정치이념의 확립에 대한 의지를 갖고 있었다.

이에 바탕하여 성종조 최승로는 다음과 같이 불교와 유교의 길이 다

---

11) 崔滋, 『補閑集』 卷上.
12) 『高麗史』 권2, 태조 26년 4월.

름을 분명히 드러내어 유교정치이념에 대한 확고한 입장을 밝히고 있다.

> 불교를 믿는 것은 다만 來生의 因果만 심어서, 現世의 業報에 유익
> 함이 적습니다. 그러므로 나라를 다스리는 要方은 아마도 여기에 있지
> 않을 것입니다. 또한 三敎는 각각 그 작용하는 바가 있는데 이를 행하
> 는 자가 어느 하나에만 치중해서는 안됩니다. 즉 불교를 행하는 것은
> 개인이 수양하는 근본이며 유교를 행하는 것은 나라를 다스리는 근본
> 입니다. 자신을 수양하는 것은 내생을 위하는 밑천이며, 나라를 다스리
> 는 것은 곧 오늘의 할 일입니다. 오늘은 매우 가깝고 내생은 지극히 먼
> 것이니 가까운 것을 버리고 먼 것을 구하는 것은 또 잘못이 아니고 무
> 엇이겠습니까?[13]

최승로는 불교를 수신의 근본으로 간주하고 유교를 나라를 다스리는
근본으로 획정하여 개인적 신앙의 문제와 국가를 다스리는 문제를 먼저
구분하여 불교와 유교가 갖는 본질의 문제를 내세워 내생과 오늘의 일
로 구분하여 적용하였다. 이를 통해 현실정치의 실용적 측면에서 유
교정치이념의 구현을 강조하고 불교가 개인적 신앙의 문제, 내세의
문제의 범주를 넘어서는 대사회적 기능의 부정적 속성에 대해 비판
하였다. 채충순(?~1036, 정종 2)이 '유학은 君王이 政敎를 펴도록 意志
를 북돋우고 불교는 마음을 경건하게 하므로 福祿을 성취하게 한다'
고 구분한 것은[14] 고려전기 유교정치이념이 현실정치의 장에서 유용
성을 갖고 적용되고 있음을 단적으로 보여주는 것이다. 따라서 이 시
기의 유학자들은 정치에 참여하여 公用文의 작성에 능한 공인으로서
의 길을 지향하였다.[15]

---

13) 『고려사』 권93, 열전, 崔承老.
14) 『고려사』 권93, 열전, 蔡忠順.
15) 『東文選』의 분석에 의하면 고려후기 유학자들은 자유로운 詩作에 크게 기
    울고 있는 데 반해 고려전기 유학자들의 경우 상대적으로 관인으로서 公
    用文을 지은 성과를 중시하고 있다는 지적은 음미할 만한 것이다(馬宗樂,

일면 최치원, 최승로에서 채충순에 이르는 유학자들이 현실정치의 장에서 유교정치이념의 적용을 강조하고 상대적으로 불교를 마음의 문제, 내생의 문제, 수신의 근본으로 강조하는 이면에는 현실정치의 장에서 불교가 인간의 정신활동이나 사회적 예제의 차원을 넘어서서 정치의 전면에 불쑥 불쑥 나타나고 있었음을 말해주는 것이기도 하다. 그 이유는 고려중기 이규보의 글에 그 일단이 내비치고 있다.

> 아, 세상이 저하되어 풍속이 야박하자, 公卿·宰輔가 된 이들은 순수한 仁義禮樂만으로는 민속을 교화시킬 수가 없어서 반드시 불법을 참용하여 사심을 끊게 되므로 그 膏澤이 나라를 鎭定하고 성벽을 튼튼하게 한 데에서 나오게 되니, 이것은 또한 집정자가 사용하는 하나의 奇策인 것이다.16)

고려시대는 윤리문제나 철학 등 심오한 사상체계는 물론 관혼상제의 일상 예절에 이르기까지 불교에 의존하고 있었다. 따라서 유학은 한자를 바탕으로 한 표기생활과 정치·외교 등 실용적인 통치수단으로서 치국제민의 정치학, 관인의 교양으로서의 영역을 벗어나지 못하였다. 그로 인해 집정자들이 불교의 힘을 빌리고자 하였으므로 불교계가 정치의 전면에 나서곤 하였다. 불교의 정치적 진출의 배제는 주자학의 수용으로 인해 유교의 전일화가 이루어지면서 가능해진다.

III. 유교 자체 내에서의 유교정치이념의 확대과정

앞장에서 살펴본 바와 같이 자장에 의해, 그리고 태종무열왕에 의해

「高麗時代 儒敎史의 推移와 個性」『한국중세사연구』18, 2005, 17쪽).
16) 이규보, 「大安寺同前」『동국이상국집』권25.

유학은 중국의 관제운영의 원리와 결부된 지식으로 이해되어 관제 형성과 통치제도 운영에 중요한 요소로 등장하면서 관료층의 수단으로 이용되었다.

자장에 의해 유교가 정치 분야에 적용되기 시작하는 시기인 선덕여왕대는 처음으로 유학생이 당나라에 가기 시작한 시기이다. 이 시기는 당나라에서 『오경정의』가 만들어질 무렵이었기 때문에 당나라의 통일된 경학이 유학생을 통해 수입됨으로써[17] 독자적인 유학의 길이 확립될 수 있었다. 설총이 "방언으로 九經을 읽어 후생을 훈도하였다"[18]는 사실은 유학의 길이 확립되고, 유학자의 서변이 넓어졌음을 반영한다.

유학의 길이 하나의 학문의 길로 확립될 수 있었던 것은 삼국통일 이후 신라의 정책의 주안점이 대외 군사활동보다 대내적 체제정비와 대민편제를 통한 중앙집권화의 달성에 그 목표가 두어지면서 이를 담당할 인적 자원의 필요성이 확대되는 상황에서 전개되었다. 유교의 정치이념화는 삼국통일을 일구어낸 무열왕권의 전제왕권 강화의 의지와 맞물려 더욱 확대되었다. 삼국간의 전쟁이 격화되어 가자 김춘추는 대당 외교를 위해 당에 가서 현실정치의 장에서 적용되는 유교의 실제를 목도하였기 때문에 즉위 후 유교정치이념을 적극적으로 수용하였다. 나아가 그 자식들에게까지 유교적 소양을 배양하고 중국문화를 수용하는 데 적극적으로 참여시켰다.[19] 그 과정에서 무열왕권은 국왕중심의 전제권력을 강화하기 위한 인적 자원의 확보를 위해 신문왕 2년(682)에 국학을 설립하였다. 그 후 원성왕 4년(788)의 독서삼품과의 설치, 그리고 당에의 숙위학생의 파견에 따른 도당유학생의 증가로 인해 유교적 성향을 지닌 관료가 대거 양성되었다.

---

17) 李相玉, 「經學의 變遷과 東漸考」 『中國學報』 4, 15쪽 참조.
18) 『三國史記』 권46, 열전6, 薛聰.
19) 고경석, 「신라 관인선발제도의 변화」 『역사와 현실』 23, 한국역사연구회, 1997, 97~98쪽 참조.

국학이 설치된 후 100여년 지난 시기에 독서삼품과라는 관리채용의 국가고시를 만든 것은 관리 채용의 기준을 골품보다 유학에 두자는 것이었다고 보지만[20] 국학 설립 이후 유학자들의 배출이 많이 이루어져 관료예비군이 적체되었다는 측면에서 접근해볼 필요가 있다. 신라가 삼국을 통일함으로써 3배 이상의 넓어진 영토를 다스리기 위해 인적 자원의 확보 필요성에 의해 국학이 만들어지고 그 출신을 관료로 등용시켰을 것이다. 그러나 신라 하대에 오면 국학 출신이 누적되면서 관직에 비해 관료예비군의 숫자가 늘어나 그들 내의 경쟁을 불러일으키게 되었을 것이다. 그것이 독서삼품과로 나타났다고 볼 수 있다. 독서삼품과 시행 직후 楊根縣 小守에 子玉이 문적 출신이 아니므로 임명할 수 없다는 논박에 대해 입당유학생이라는 점을 들어 그를 임명한 사건은 유학자 사이에 관직 제수를 둘러싼 경쟁이 치열하였음을 말해준다.[21]

최치원의 부친이 12세 소년인 최치원을 입당 구학시키면서 "10년 동안 급제하지 못하면 내 아들이 아니다"[22]라고 한 것에서 유학자들의 포화 상태에서 그 돌파구를 도당유학에서 찾는 절박한 심정을 엿볼 수 있다. 독서삼품과의 설치와 도당유학생의 증가는 결국 신라 유학의 수준을 한 단계 높이는 효과를 가져다주었다.

통일신라시대 집권화정책의 일환 속에서 유교적인 충군의 윤리를 신봉하는 관료층이 육성되자 현실의 군주와 신하관계를 도덕률로 설명하여 혈연적인 골품제를 비판하고 진골귀족의 정치적 기반을 약화시키고자 하는 움직임이 전개되었다.[23] 그들은 국가 경영에 적합한 인물을 골

---

20) 이기백, 『한국사신론』(개정판) 1977년 중판, 103쪽 참조.
21) 독서삼품과의 실시는 일면 유학자들의 관료로의 진출이 현저해지자 진골귀족들이 유학자의 진출을 막고자 하는 의도에서도 강구되었을 가능성도 한번 생각해봄직하다.
22) 『三國史記』 권46, 열전6, 최치원.
23) 도현철, 「고려시대 유교의 전개와 성격」 『한국사』 6, 한길사, 1994, 262∼265쪽.

품제에 의해 결정하는 것보다 유가적 학덕을 구비한 인물들을 선택하여 등용토록 건의하면서 그 세를 확산시키고자 하였다. 설총이 화왕계를 통해 '군자를 가까이 하고 소인을 멀리하라'[24]고 한 것이나 최치원이 올린 시무10조는 이러한 움직임의 연장선상에서 나온 것이다.

신라 하대 진골귀족의 세력이 다시 전면에 떠오르면서 하대 150년 동안 20명의 왕이 교체될 정도로 치열한 왕권쟁탈전이 벌어지자 진골귀족의 정치적 향배는 왕권의 향방을 가늠하는 중요한 잣대가 되었다. 그 결과 신라 하대에 오면 강고한 진골중심의 폐쇄적이고 배타적인 신분제 사회에서 유교정치이념의 확대는 한계를 갖고 있었다. 이에 도당유학자 출신들이 당에서 경험한 신분제의 개방성과 과거제도에 대한 인식을 바탕으로 골품제에 대한 철저한 반성을 일으켰을 것이고, 이들을 중심으로 형성된 여론은 중앙정부의 폐쇄성에 대해서 비판세력으로 등장할 수 있었다. 도당유학인, 失志한 문인 왕거인, 최치원이 올렸다는 시무10조는 이러한 개혁을 요구한 것일 것이다. 그러나 그들의 개혁안은 근본적인 사회체제의 변혁을 지향하는 것이 아니었다. 다만 그들 자신이 신라의 체제 내에서 자신들의 입지를 강화하려는 정도의 소극적인 것에 불과하였다.[25] 결국 그들의 정치적 권한과 운신의 폭의 한계성을 인식하였을 때 그들이 취할 수 있는 수단은 왕거인이나 최치원의 예에서 보다시피 은거를 통한 현실과의 담장 쌓기를 택하는 길 뿐이었다.

유교를 익혀 관료층의 길을 모색하던 유학자들, 특히 도당유학생 출신은 신라하대 진골귀족의 폐쇄성과 배타성, 치열한 왕권쟁탈전, 유학자 내부의 경쟁관계에서 좌절하여 지방으로 은거하는 숫자가 증가하였다. 이들은 지방의 성주, 장군들이라고 부르는 호족세력이 등장하자 이

---

24) 『三國史記』 권46, 열전6, 薛聰.
25) 김호동, 「최은함─승로 가문에 관한 연구─신라육두품가문의 고려문벌귀족화과정의 일례─」『교남사학』 2, 1986 ; 전기웅, 『나말려초의 정치사회와 문인지식층』, 혜안, 1996 참조.

들과 결합하기 시작하였고, 마침내 후삼국이 정립하게 되자 이들에게 적극 귀부하여 무적 능력을 구비하였던 호족무사계와 달리 유교 정치이념의 구현을 통해 국가체제의 정비를 위해 노력하였다. 그와 더불어 신라의 신민에서 새로운 군주에게로 나아가는 자신의 처지와 그들이 선택한 군주에게도 정당성을 부여할 필요가 있었다.

특히 태봉의 궁예를 축출하고 고려를 건국한 태조 왕건이나 이에 가담한 유학자들은 자신들의 행위를 정당화하기 위해 유교를 전면에 내세웠다. 통일신라시대 논어와 효경에 바탕을 하여 효·충 개념을 중시하면서 유교적 충군의 윤리를 강조하는 단계를 벗어나 신하가 군주를 몰아내고 왕위에 오른 사실을 정당화시켜주어야 할 이론근거를 찾아내는 것이었다. 그것이 바로 천명사상과 역성혁명이라는 선진유가의 정치이념이었다. 홍유가 왕건을 추대하면서,

> 궁예는 방종과 포학이 너무 심하여 처자를 죽이고 신하를 죽여 백성을 도탄에 빠뜨렸으니 桀紂의 무도함도 이보다 더하지는 못할 것입니다. 혼군을 폐하고 명왕을 세우는 것은 천하의 대의오니 청컨대 殷周의 일을 행하소서.[26]

라고 하여, 은나라를 세운 湯과 주나라를 세운 武가 桀紂를 폐하고 왕위에 오르는 역성혁명을 본받아 왕건이 궁예의 폭정을 청산하고 왕위에 오르라는 방벌론적 혁명사상을 전개하고 있다. 이러한 방벌론적 혁명사상을 합리화하기 위해 태조 왕건의 즉위를 하늘의 뜻임을 밝히고자 하였다. 태조가 즉위한 직후 궁예의 폭정을 "천지가 용납하지 않고 신인이 함께 분노하였다"고 한 것이나 연호를 '天授'라고 한 것은 유교정치사상의 천명론에 근거한 것이다.

천명사상에 바탕한 방벌적 혁명론에 근거하여 고려왕조는 천명을 받

---

26) 『高麗史』 권92, 열전, 홍유.

은 왕건이 세운 왕조이고, 후삼국의 통일 또한 천명에 의해 행해진 것
으로 설명함으로써 고려의 건국, 후삼국 통일을 정당화시키고, 그 권력
의 정통성을 보장하고자 하였다. 나아가 태조왕건과 그를 이은 역대 왕
들이 천명사상을 바탕으로 하여 고려가 천자의 나라임을 내세우고 하늘
에 대한 제사를 행하였다. 중국천하를 통일한 당이 멸망하고 중국이 분
열하는 상황을 직접 목도한 도당유학생들은 귀국 후 당－신라의 국제
질서가 무너지는 상황을 접함에 따라 유교적 방벌론의 전개, 천과 연결
되는 자주적인 유교정치사상을 드러내게 되었다.[27] 아울러 태조 사후
혜종조에서 광종조에 이르는 시기까지의 치열한 왕권쟁탈전에도 불구
하고 고려의 왕권이 유지될 수 있었던 것 또한 이에 힘입은 것이다.

고려시대 유교 정치이념은 광종대의 과거제의 실시와 성종조 최승로
의 시무28조를 통해 더욱 확고하게 자리 잡았다. 광종의 과거제 실시는
후주인 쌍기의 건의와 도움에 뒷받침되어 이루어짐으로써 해외유학파
의 입지를 더욱 확고하게 만들었다. 이들은 태조 때부터 형성된 중앙귀
족을 축출하면서 전국에 산재한 잔류토호를 과거를 통하여 흡수함으로
써 유학자들을 확보하여 왕권의 기반을 굳힐 수 있게 하였다.[28] 이를
통해 유교가 지방으로 확산됨으로써 유교의 사회적 기반이 확대되었다.
이의 바탕 위에 성종조의 유교정치이념이 확고하게 구현될 수 있었다.

이에 반해 "광종은 호족출신의 공신세력 뿐만 아니라 신라육두품 출
신 관료들을 견제할 새로운 유학자들을 등용하기 위해 과거제를 실시했
던 것으로 생각된다. 신라 육두품 출신 관료들은 고려초부터 정치에 참
여하였던 구세력의 일부로서 호족출신 공신계열과 함께 왕권강화에 장

---

27) 이에 반해 왕거인이나 최치원의 경우는 당이 쇠미의 기운을 겪고 있지만
    황소의 난의 진압 등을 통해 당의 건재를 확인한 상황에서 귀국하였던 인
    물이었기에 정치적 좌절을 겪자 소극적 은거의 길을 택하였다고 보아야
    할 것이다.
28) 허흥식, 『고려과거제도사연구』, 일조각, 1981, 54쪽.

애가 되었기 때문이다. 그리고 이러한 이유 때문에 신라 육두품 출신 관료들의 대표적 인물인 최승로가 광종의 개혁정치를 비판했던 것이다"란 의견이 있다.[29] 필자는 광종이 제거한 구신숙장 가운데 신라 육두품 계열이 포함되었다는 것은 동의하지만 최승로 역시 그에 포함하는 것에는 비판적이다. 그는 광종의 개혁정치에 걸림돌이 될만큼 정치적 힘을 당시에 갖고 있지 않았다. 다만 그는 후주인 쌍기를 동원한 과거제의 실시를 통해 신관료들을 동원한 급진적 개혁과 전제군주제의 강화에 대한 비판적 입장을 갖고 있었을 뿐이다. 그는 왕권의 전제화에 반대하고 귀족 중심의 정치가 운영되어 나가는 귀족사회의 건설을 원하였다.[30] 한편 성종대 정치세력을 근기계, 나주계, 경주계로 나누고 경주계는 대송외교의 성과를 토대로 중국을 모델로 한 화풍적 정치노선을 추구하여 하향적 입장에서 유교적 체제정비를 추진하려고 했던 반면, 근기계는 토풍적 정치노선을 고수하여 하향적 입장의 유교적 체제 정비에 매우 비판적이었다고 보는 견해도 있다. 나아가 이 점은 유교적 체제정비의 추진속도에 있어서도 경주계가 상대적으로 급진적 입장이었다면, 근기계는 이에 비해 온건한 입장을 취했던 것으로 연역되었다는 시각이 있다.[31] 그러나 당시 경주계 내지 근기계를 지역별로 유형화시켜 그들의 입장을 급진적이냐 아니냐로 나누는 것에는 쉽사리 동의하기 어려운 점이 있다.

최승로의 시무책은 태조·혜종·정종·광종·경종에 대한 五朝政績評과 구체적 정책건의인 시무책 28조로 이루어져 있다. 五朝政績評은 전제왕권을 배척하는 귀족 중심의 유교적 이념의 일단을 보여주는 것[32]이기도 하지만 오조에 대한 공과를 거침없이 진술하고 있는 것은 방벌론적 혁명사상에 연유하는 것이기도 함을 지적하지 않을 수 없다. 최승

---

29) 채희숙, 「고려 광종의 과거제 실시와 최승로」 『역사학보』 164, 1999, 97쪽.
30) 이기백, 『한국사신론』, 일조각.
31) 구산우, 「고려 성종대 정치세력의 성격과 동향」 『한국중세사연구』 14, 2003.
32) 이기백·민현구편, 『사료로 본 한국문화사-고려편-』, 일지사, 1984, 54쪽.

로는 중앙집권적 귀족사회를 목표로 하였다. 그러한 논리 위에 군주가
가지고 있어야할 책임감과 도리에 대해 다음과 같이 말하고 있다.

> 『주역』에 이르기를 '성인이 사람의 마음을 감동시켜 천하가 화평하
> 다'라고 하였으며 『논어』에 '無爲하면서 정치를 잘 한 사람은 舜이다.
> 어떻게 하여 그렇게 훌륭한 정치를 할 수 있었던가? 그것은 자신을 스
> 스로 자중자애하여 통치자로서 하여야 할 정치를 바르게 한 것에 불과
> 할 뿐이었다'고 하였습니다. … 성상께서 마음을 겸손하게 가지시고
> 항상 공경하고 두려워하는 마음을 지녀 신하를 예로써 대우한다면 누
> 가 마음과 힘을 다하여 좋은 계책을 말씀드리고, 물러가서는 임금을
> 바로잡고 도울 것을 생각하지 않겠습니까?[33]

중앙집권적 귀족정치의 실현을 목표로 삼은 최승로의 정치적 견해는
당대의 유학자인 이양이나 김심언에게서도 볼 수 있다. 이양은 봉사에
서 국왕이 하늘과 만물의 이치를 따라 행해야 하므로 유학자의 의견을
존중해야 한다고 주장하였고, 김심언도 신하가 중심이 되는 정치운영을
말했다. 이러한 바탕 위에 고려왕조와 왕이 천과 직결되었다는 관념을
결합시켜 天人相關說·天譴說을 통해 군주가 정치를 잘못하여 민의
불평과 불만이 일어나면 邪氣가 생기고 이것이 자연계에 난조를 일으
켜 천재지변이 발생한다고 하였다. 즉 군주의 失政은 자연의 이변이나
괴이한 현상의 원인이 되는 것이며, 그것은 하늘의 경고를 의미한다고
하였다. 고려의 역대 왕들이나 유자들은 이러한 천견론에 의한 천인상
관설을 받아들여 천재지변을 왕의 부덕에 대한 하늘의 경고라는 의식을
갖고 스스로 修德을 행하고 선정의 구현에 노력하였다. 그럼에도 불구
하고 그것을 해소하는 방법은 불교적·민간신앙 의식에 의한 소재도량
이나 醮祭 등이 국가적 행사로 행해졌다.[34] 그것은 유교가 주로 관인층

---

33) 『고려사』 권93, 열전, 최승로.
34) 도현철, 앞의 글, 267쪽.

일부에만 국한되어 있다는 한계성에 기인하는 것인 동시에 불교가 왕실, 귀족에서부터 일반민에 이르기까지의 초계층적인 종교적 신앙의 대상일 뿐만 아니라 관혼상제의 일상예절에 이르는 사회예제를 장악하고 있었기 때문이다.

Ⅳ. 맺음말

본고는 '고려전기 유교정치이념의 확대과정'의 동인을 찾기 위해 「신라말 고려초 유교정치이념의 확대과정」을 '불교와의 길항관계를 통해서 본 유교정치이념의 확대과정'과 '유교 자체 내에서 유교정치이념의 확대과정'을 통해서 밝혀보고자 하였다.

'불교와의 길항관계를 통해서 본 유교정치이념의 확대과정'에서는 삼국통일 전후 정교분리에 따른 유학의 길 성립과정과 나말려초 불교계 변화에 따른 유교정치이념의 확립과정을 다루었다. 전자에서는 삼국통일을 전후한 시기에 정교분리가 이루어지면서 불교가 정치의 전면에서 한걸음 물러나면서 '유학의 길'이 형성되었음을 다루었다. 특히 그 과정에서 자장 등의 승려들에 의해 유교정치이념의 채택 건의가 그 계기가 되었음을 밝혔다. 나아가 태종무열왕의 전제왕권 확립의 의도와 맞물려 유학은 관제 형성과 통치제도의 정비에 관료층의 수단으로 이용되었음을 밝혔다.

후자에서는 신라 하대 정신적 지도력을 상실한 교종, 그리고 산중불교로서, 현실의 정치에 일정한 거리를 두고자 하는 선종이 풍미하는 불교계의 변화에 힘입어 유학자들이 불교와 유교를 대비하면서 유교적 정치이념의 확고한 지위를 확보하고자 하였음을 밝히고자 하였다.

후삼국의 하나로 등장한 태봉의 궁예가 즉자적인 기복, 신통한 영험을 추구하는 하층민들의 미륵신앙에 기대면서 스스로 미륵불을 자처하면서 불교를 정치의 전면에 내세워 폭정에 기울면서 민심을 잃어가자 유학자들은 민심을 등에 업고 유교정치이념에 입각하여 이에 대응함으로써 유학자의 결집과 유교정치이념의 확대를 꾀하고자 하였다. 그들은 천명사상에 근거한 방벌론적 혁명관의 제시를 통해 궁예를 제거하고 문무를 겸비한 태조 왕건을 추대하여 신왕조를 개창함과 더불어 유교적 정치이념을 통해 불교를 비판함으로써 고려왕조 건국을 주도함으로써 유교정치이념을 확립하였다.

　'유교 자체 내에서의 유교정치이념의 확대과정'의 장에서는 우선 자장 등의 승려의 건의에 의해 제기된 유교 정치이념의 적용은 삼국통일을 일구어낸 무열왕권의 전제왕권 강화의 의지와 맞물려 더욱 확대되었음을 드러내었다. 나아가 국학과 독서삼품과 등의 교육체계와 관인선발체계의 확립이 유학자의 저변을 확대하였음을 지적하고, 신라하대 도당유학생의 증가 등으로 인해 유학자 내부의 경쟁관계를 통해 유교 이해 수준을 한층 높일 수 있었음을 지적하였다. 그 결과 통일신라시대 논어와 효경에 바탕을 하여 효·충 개념을 중시하면서 유교적 충군의 윤리를 강조하는 단계를 벗어나 나말려초에 오면 신하가 군주를 몰아내고 왕위에 오른 사실을 정당화시켜주어야 할 이론근거를 찾아내었다. 그들은 천명사상과 역성혁명이라는 선진유가의 정치이념을 통해 방벌론적 혁명관을 제시하면서 고려의 건국, 후삼국 통일을 주도함으로써 유교정치이념을 확립할 수 있었다.

제2편 모순 속의 불교, 새로운 길을 모색하는 유교의 편린

제1장 고려중기 결사불교에 대한 재음미

Ⅰ. 머리말

불교사의 입장에서 볼 때 무신정권시대 100년은 문벌귀족과 연결된 교종 사원의 도전과 반발에 따른 쇠퇴, 상대적으로 선종의 대두와 더불어 결사불교의 성행이 주목의 대상이었다. 대체로 신앙결사란 불교의 전래와 확산과정에서 이를 대중화하기 위한 방편으로 나타나는 집단적 수행으로 보기도 하고, 불교가 당시 사회에서 이념적·윤리적 역할을 수행할 수 없는 한계를 자각·반성하여 이를 개혁하고자하는 사회변혁운동으로 파악하기도 하는데 주로 후자의 관점에서 무신정권기의 신앙결사가 주목되었다. 특히 역사상의 신앙결사는 사회변혁운동의 성격을 지니며, 그 조직화 과정에서 중앙집중적인 교단체제에 대해 개별·독자적인 지방불교의 형태를 지향했다는 점, 또 주도세력 및 구성원은 주로 신앙상의 목적을 추구하기 위해 자발·개인적 차원에서 참여했으며, 대체로 지방의 일반민과 이해관계를 함께 하는 중간신분층과 독서층의 참여와 후원으로 결성·유지되었다는 점1)과 연관시키면서 지눌의 정혜결사와 료세의 백련결사 등을 주목하였다. 그러나 무신정권기의 신앙결사가 과연 당시의 시대적 상황을 적시하고 그에 대한 해법을 제시하면서

---

1) 蔡尙植, 『高麗後期佛敎史硏究』, 일조각, 1991, 22쪽 참조.

사회변혁을 지향하였는가를 구체적으로 검토해볼 필요가 있다. 이의 이해를 위해 결사불교의 선행형태인 인종조의 수정사 결사를 살펴보고자 한다.

고려시대는 무신정권의 성립을 전후하여 전기와 후기로 일반적으로 이야기되고 있는 실정이지만 최근에 12세기의 지배층의 갈등과 대립, 하부구조에서의 민의 대규모 유망현상과 같은 밑으로부터의 동요가 변동기의 특성을 지니고 있다고 보고, 그것이 무신정권을 가능하게 했다는 점을 강조하면서, 이 변동기가 이민족 몽고의 침입이 시작되어 전쟁이 종식되고 무신정권이 붕괴되는 13세기까지 이어진다는 점에 주목하여, 이 시기를 고려중기로 보고자 하는 입장이 대두되고 있다.2) 그런 점에서 고려시기의 결사불교는 仁宗代의 晋州의 智異山 水精社·무신정권기의 高靈 盤龍社·固城 水嵓寺 등의 法相宗 및 華嚴宗 結社와 지눌의 定慧結社－修禪結社, 了世의 白蓮結社 등이 바로 이 변동기, 즉 중기에 해당하는 12세기에서 13세기 후반 사이에 성행하였다. 본고는 중기, 즉 변동기에 처한 고려 불교계가 새로운 활로를 개척하고자 하는 흐름으로 파악하고, 그 흐름이 사상적인 표방과는 달리 사회변혁을 추구하지 못하고 기존 사회체제를 탈각하지 못함으로써 결국 고려후기에 지식인들로부터 외면당함으로써 주자학에 대체될 수밖에 없었다는 시각을 갖고 결사불교에 대한 논의를 전개하고자 한다. 이러한 시각 하에 결사불교가 갖고 있었던 긍정적 측면에 관해서는 기존의 연구에서 충분할 정도로 언급되었기에 가급적 언급을 피하기로 한다. 지금까지 결사불교가 갖고 있는 사회개혁의 측면에만 너무 주목하여 그것이 갖고 있는 한계성이 소홀하게 취급되지 않았는가 한다.

---

2) 1994년에 한길사에서 만든 『한국사』의 경우 '고려중기'를 설정하여 서술 하였고, 박종기, 『5백년 고려사』 푸른역사, 1999의 경우도 '중기'를 두어 고려사를 설명하고 있다.

II. 무신정권 이전의 결사불교의 성격

고려시대에 들어와 신앙공동체로서의 결사에 관심을 보인 것은 義天이지만[3] 본격적인 결사의 모습을 볼 수 있는 것은 仁宗代의 晉州의 智異山 水精社이다.

수정사는 진주 지방 智異山에 있던 五臺寺의 폐사 위에 세워진 사찰로서 1123년 인종 원년에 짓기 시작하여 1129년 인종 7년에 준공되었는데, 사주는 李資億이다. 비서감 성의 아들인 李資億이 玄化寺의 慧德王師에게 수학한 것으로 보아 수정사는 法相宗 계열이었던 것으로 보인다.[4] 이자억이 수정사를 창건하여 결사를 조직하게 된 배경을 이해하기 위해 權適의 「智異山水精社記」(『東文選』 권64)를 통해 살펴보기로 한다.

인류의 문명은 생긴 지가 오래다. 한없이 소박함을 상실하고 무궁한 욕심을 이루기 위하여 일생동안 헤매며 스스로 헤어나지 못하는 것은 세상이 모두 그렇다. 어떤 사람이 만일 부귀를 거름 흙처럼 생각하고 공명을 헌신짝과 같이 버리며, 홀로 있는 것을 좋아하고 고요함을 기쁘게 여겨 활기없는 마음과 메마른 모양을 하여 가지고 해탈하는 길을 찾으며 말하기를 "나만 스스로 구제되면 그만이지, 어떻게 남까지 구제할 수 있겠느냐" 한다면, 이것은 그가 자기 자신을 위한 것인즉 좋겠으나 크지는 못한다. 만일 천하가 그러함을 민망히 여기어 이른바 해

---

3) 秦星圭, 「高麗後期 修禪社의 結社運動」 『韓國學報』 36, 1986 ; 『高麗後期佛敎 展開史硏究』, 佛敎史學會 編, 民族社, 1986.

4) 蔡尙植, 「高麗後期 天台宗의 白蓮社 結社」 『韓國史論』 5, 서울대 국사학과, 1979 ; 『高麗後期佛敎展開史硏究』, 民族社, 1981 ; 崔成烈, 「고려중기 水精結社와 瑜伽宗」 『한국불교학』 12, 1987 ; 崔柄憲, 「定慧結社의 趣旨와 創立過程」 『普照思想』 5·6, 1992 ; 金南允, 「고려중기 불교와 法相宗」 『韓國史論』 28, 서울대 국사학과, 1992.

탈하는 길을 찾고 이미 스스로 그것을 얻게 된 뒤에는 또한 다른 사람과 이를 함께 하는 목표로 하여 후퇴하지 않기를 기대한 뒤에 그만둔다면 이것은 한 불당을 나서지 않고도 두가지의 이익에 모두 만족할 것이니, 이와 같은 것은 위대한 사람만이 그럴 수 있다. 이것이 水精社에서 結社를 만드는 일이 생기게 된 까닭이다.

"나만 스스로 구제되면 그만이지, 어떻게 남까지 구제할 수 있겠느냐"에 대한 강한 비판에서 결사의 목적이 있음이 천명하면서 다음과 같이 말하였다.

　　(진억이) 일찍이 공부하던 중 慧約 등과 더불어 한탄하기를 "出家한 사람은 한번 해탈하는 것을 목표로 하는 것 뿐이다. 만일에 이것을 빙자하여 높은 명예나 후한 이익을 바란다면 어찌 본심이라고 할 수 있겠는가" 하였다. 이로부터 아주 떠날 생각을 가졌다. 마침내 名山에 들어가서 깨끗한 社를 꾸며 옛날 東湖와 西湖의 영향을 받으려 하였으나 적당한 장소가 문제였는데, 智異山에 五臺라는 허물어진 절이 있다는 말을 들었다. 대개 지리산은 우리나라의 큰 산인데 높고 깊으며 넓고 커니 천하에 맞설 곳이 없고 五臺寺는 또 산 남쪽에 있는데, 그곳은 산이 솟아 올랐다 내려 앉았다 한 것이 다섯 겹이나 되어 은은히 臺를 포개어 놓은 것 같기 때문에 그 뜻으로 절 이름을 지은 것이다. 1천 봉우리가 둘러싸 옹호하며 모든 골짜기는 한 곳으로 모여들어 신선이나 성인이 꼭 그 안에 숨어있는 듯하여 보는 사람은 자기도 모르게 눈이 아찔하며 마음이 도취된다. 大覺國師가 일찍이 남쪽으로 다니다가 그곳에 이르러 머뭇거리며 두루 구경하고 이르기를 "여기는 큰 법이 머무를 곳이라[大法住處]"하였다 한다. 대사는 이 말을 듣고 용감히 갔으며, 가서는 희망하던 곳을 얻었다. 여기에 머물러있으면서 터를 닦았다. 海印寺 住持 僧統 翼乘과 功倍寺 住持 僧錄 瑩碩이 크게 사재를 희사하여 그 경비를 원조하였고, 禪院과 講院의 높은 중으로부터 일반 신도로써 社에 들어오기를 희망하는 사람이 무려 3천명이나 되었다. 중 曇雄과 至雄은 기부할 사람을 모집하고, 順賢은 직접 工人을 데리고 연장을 잡고 일을 서둘러서 모두 건물 86간을 지었다.

'出家한 사람은 한번 해탈하는 것을 목표로 하는 것 뿐이다. 만일에 이것을 빙자하여 높은 명예나 후한 이익을 바란다면 어찌 본심이라고 할 수 있겠는가?'를 강조한 데서 당시의 불교승려들이 세속의 정치권과 결탁하는 데 대한 강한 비판을 하면서 결사의 장소로 주목한 것은 진주지방 智異山에 있던 五臺寺의 폐사였다. 그것은 아마 권력의 소용돌이에서 멀리 떨어져 있고, 또 한반도의 주도권이 경주를 중심으로 한 경상도지역에서 개경을 중심으로 한 중부지역으로 옮겨간 이후 경상도지역에는 무주공산의 쇠퇴하고 쇠락하거나 폐사된 곳이 많았기 때문일 것이다. 고려왕조는 초기부터 사원을 개경의 도성내외에 집중적으로 창건하였지만 지방의 경우 '道詵秘記'를 빙자하여 그 창건을 규제하였다. 따라서 지방 사원의 경우도 佛宇의 건립과 住持의 差定 등이 국왕의 배려나 최소한 지방관의 승인이 없으면 안되었다. 그러한 승인을 얻는 데에는 그 곳이 전대이래 가람의 터였다면 비교적 용이하였을 것이다. 경상도의 경우 신라이래 불교의 중심지대로서 '신라 五嶽'을 비롯한 명산대천의 神聖地에 佛宇·塔像이 일찍부터 建置되었었다. 다만 통일신라가 무너지고 고려의 건국과 후삼국통일로 말미암아 한반도의 주도권이 개경중심의 중부지역으로 옮겨감에 따라 경상도지역 사찰의 잔파가 비교적 많았다.[5] 따라서 이러한 쇠락한 사원을 이용한다면 비교적 사찰의 창건이 용이하였을 것이다. 그것은 수정사의 건립에서도 나타나지만 경주의 天龍寺를 통해서도 확인할 수 있다. 천룡사는 신라 말엽에 허물어져 버린 지 오래 되었는데 崔承老의 손자인 齊顔이 중수하고 그것을 기록한 다음의 '信書'를 남겨두었다.

　　東都의 남산 남쪽에 한 봉우리가 우뚝 솟아 있는데 鄕俗에서는 高

---

5) 이에 관해서는 拙稿,「崔殷含-承老 家門에 관한 研究-新羅六頭品家門의 高麗門閥貴族化過程의 一例-」『嶠南史學』, 영남대학교 국사학회, 1986 및 「羅末麗初 變革期의 慶州地域」『慶州史學』, 경주사학회, 1997 참조.

位山이라고 한다. 산의 남쪽에 절이 있으니 속칭 高寺, 혹은 天龍寺라고 한다. (중략) 중국 사자 樂鵬龜가 와서 보고 말하기를 이 절을 破하면 나라가 곧 망하리라고 하였다 한다. (중략) 境地가 특이하여 수도가 잘되는 곳이었는데 신라말에 殘破하였다. 衆生寺의 大聖이 젖먹여 기른 崔殷諴의 아들 承魯가 肅을 낳고 肅이 侍中 齊顏을 낳았는데 제안이 이 절을 중수하여 廢寺를 일으키고 釋迦萬日道場을 두고 朝旨를 받았으며 兼하여 信書願文까지 절에 남겨 두었다. 그가 죽어서 절을 지키는 神이 되어 대단히 靈異함을 나타내었다. 그 信書에 대략 말하되 "檀越인 內史侍郎同內史門下平章事柱國 崔齊顏은 書하노니 東京 고위산의 천룡사가 잔파한지 여러 해가 되었다. 제자가 특히 聖壽無彊과 民國安泰를 원하여 殿堂廊閣과 房舍廚庫를 이룩하고 石造佛과 泥塑佛 數軀를 갖추어 석가만일도량을 개설하였다. 기왕 나라를 위하여 중수하였으니 官家에서 主人을 차정함이 또한 옳은 일이다. 그러나 교대할 때를 당하여서는 도량의 중들이 모두 안심하지 못한다. 側觀하건대 入田으로 사원을 충족케 함이 公山 地藏寺에 들어온 田地 200結과 毘瑟山 道仙寺에 들어온 田地 20결과 西京의 西面 山寺에 들어온 각 田地 20결의 예와 같은데 모두 유직 무직을 물론하고 모름지기 戒를 지키고 재주가 뛰어난 자를 택하여 社中의 중망에 의하여 연차 주지를 삼아 梵修하는 것으로써 恒規를 삼았다. 제자가 이 풍습을 듣고 기뻐하여 우리 천룡사도 또한 절의 많은 중 가운데서 才德이 雙高한 大德으로 또한 棟梁이 될만한 자를 뽑아서 주인으로 차정하여 길이 梵修케 한다. 문자로 자세히 기록하여 剛司에게 부치니, 당시의 主人을 처음으로 삼아, 留守官의 公文을 받아 道場諸衆에게 보이니 각각 의당히 悉知하라" 하였다. 重熙 9년(靖宗 6＝필자 주) 6월 일에 官銜을 갖추어 앞서와 같이 서명하였다(『三國遺事』卷3, 塔像第4 天龍寺).

고려에서의 사원의 창건이나 주지임명은 원칙적으로 국가가 장악하는 것이었지만 천룡사의 경우 조지를 받들어 사원을 창건하고 관가로부터의 주지임명을 배제하고 지장사 등의 入田에 따른 예에 의해 최제안이 토지시납자로서 주지의 선임을 장악하고 이를 항규로 삼았다. 이는 국왕의 朝旨와 유수관의 文通을 받았기 때문에 가능한 것이었다. 그리고 최제안이 內史侍郎同內史門下平章事柱國이란 문벌귀족이었기 때문에 가능한 것이었다. 마찬가지로 이진억이 오대사의 폐사에 수정사를 건립하게 된 것도 국가의 사원건립의 허가를 얻고 행해진 것이었을 것이다. 그것은 「智異山水精社記」에서 '落成法會를 열자 인종이 東南海按察副使 起居舍人 知制誥인 尹彦頤에게 명하여 분향을 행하고, 인하여 銀 2백냥을 하사하였다'는 기록을 통해 사전에 국가에서 이에 대한 조치가 있었다는 것을 추측하게 해준다. 이진억이 터를 닦기 시작하자 '海印寺 住持 僧統 翼乘과 功倍寺 住持 僧錄 瑩碩이 크게 사재를 희사하여 그 경비를 원조하고, 禪院과 講院의 높은 중으로부터 일반 신도로써 社에 들어오기를 희망하는 사람이 무려 3천명이나 될 수 있었던 것은 인주이씨의 일원인 이진억이 결사를 시작하여 국가의 조지를 받아 행해졌기 때문에 가능한 것일 것이다. 중 曇雄과 至雄이 기부할 사람을 모집하고, 順賢은 직접 工人을 데리고 연장을 잡고 일을 서둘러서 모두 건물 86간을 지었다'는 「智異山水精社記」의 기록을 통해 당시 중앙의 권력의 핵심으로 있었던 인주이씨의 일원인 津億이 수정사를 일으키자 벌떼처럼 승속이 운집하여 재물을 보탬을 볼 수 있다. 1123년 7월에 짓기 시작한 공사가 1129년 10월에 준공되어 落成法會를 열자 인종이 東南海按察副使 起居舍人 知制誥인 尹彦頤에게 명하여 분향을 행하고, 인하여 銀 2백냥을 하사하자 '이로부터 먼 곳과 가까운 곳에서 마음을 돌려 승려와 속인이 몰려들어와서 교화가 성대히 실시되었는데 그 업적은 근세 이래로 드문 일이었다'고 한 것에서 수정결사는 국왕의 비호까지 받음으로써 한동안 영남지역 사원의 중심역할을 하였음을 알 수 있다. 더욱이 '대사는 社의 사업이 이미 이루어졌으므로 대중과 더불어 상의하고 나라에서 명령을 내리시어 일정한 규정을 삼도록 청하였다. 그것은 곧 지금부터 덕을 이루어가지고 社院에 거주하는 사람 중에서 번갈아 가면서 社主가 되는데, 기한은 3년 전후로 정하고 서로 교대하여 감히 어기지 못한다는 것이다. 이것은 오래도록 지속하기 위한 방법이다.'고 한 것에서 사주의 임명권에 대한 독자성을 최제안의 천룡사의 경우와 같이 국가로부터 확보하고 있음을 알 수 있다. 그러나 그것은 어디까지나 국가권력의 승인에 의한 것이다.

이와 같이 수정사결사를 통해 확인되는 것은 지방사원의 대 중앙·국가권력에의 종속성이다. 특히 고려 성립 이후 한반도의 주도권이 중부지역으로 옮겨간 후 상대적 박탈감을 느낀 영남지역의 사원들이 재경권귀의 일원이 개창한 사원에 물적 지원을 하면서까지 그들과 연결되기를 희구하고 있음을 알 수 있다. 어쩌면 인주이씨의 세도정치 속에 그들 내부의 갈등, 혹은 인주이씨와 국가권력과의 대립이 얽히면서 영남지역의 사원과 연결하여 그 세를 확보하고자하는 움직임의 차원에서 수정사결사를 이해하는 것이 바람직하지 않을까 한다. 그 방편의 하나로서 결사의 천명이 이루어진 것이 아닐까?

결사운동이 남기고 있는 역사적인 의미는, 첫째 사회계층적인 측면에서 볼 때 보수적인 소수의 문벌귀족체제에 의해 장악되고 있던 불교계의 제반 모순을 지방의 토호층과 독서층들이 대두하여 자각, 비판하고 이에 대한 개혁을 주도했다는 사실이다. 둘째, 사상사적 측면에서 볼 때 결사운동을 주도한 지도자들이 표방하고 있는 이념은 내용상 차이는 있을지라도 수행과 교화라는 두 방향으로 점철되어 있었다는 사실이다. 수행은 선사상이든 천태사상이든 간에 출가인들의 본분이기 때문에 더 말할 나위도 없지만, 특히 실천적인 교화는 자기가 몸담고 있는 사회의 모순과 갈등을 풀어나갈 수 있는 실마리를 제공한 것이었다[6]라는 지금까지의 논리와 인종대의 수정결사는 상당한 거리가 있음을 확인할 수 있다.

그러면 무신정권시대 정혜결사 등으로 대표되는 신앙결사운동이 과연 위의 논리와 부합한 것인가를 장을 바꾸어 살펴보기로 한다.

---

6) 蔡尙植, 「고려·조선시기 불교사 연구현황과 과제」 『韓國史論』 28, 국사편찬위원회, 1999.

III. 무신정권기 결사불교의 재음미

무신정권기의 불교계에 관한 연구성과는 지금까지 문벌귀족과 연결된 교종 사원의 도전과 반발, 상대적으로 선종의 대두, 결사불교의 성행 등이 지적되었다. 특히 역사상의 신앙결사는 사회변혁운동의 성격을 지니며, 그 조직화 과정에서 중앙집중적인 교단체제에 대해 개별·독자적인 지방불교의 형태를 지향했다는 점, 또 주도세력 및 구성원은 주로 신앙상의 목적을 추구하기 위해 자발·개인적 차원에서 참여했으며, 대체로 지방의 일반민과 이해관계를 함께 하는 중간신분층과 독서층의 참여와 후원으로 결성·유지되었다는 점[7]과 연관시키면서 지눌의 정혜결사와 료세의 백련결사 등을 주목하였다. 이러한 연구성과를 검토해보기 위해 지눌의 「勸修定慧結社文」[8]을 살펴보기로 한다.

1182년(명종 12) 정월에 개경의 보제사에서 개최한 담선법회에 참석한 지눌은 당시의 불교계가 담선법회를 행하는 집권자의 의도에 영합하여 명예와 이익을 추구하여 종권다툼과 정권쟁탈을 둘러싼 이권싸움에 휩싸여 있는 데 대한 비판을 하고 있다. 그리하여 '이 모임을 파하거든 마땅히 명예와 이익을 버리고 산림에 은둔하여 同社를 만들자'고 한 것[9]

---

7) 蔡尙植, 『高麗後期佛敎史硏究』, 일조각, 1991, 22쪽.
8) 知訥, 「定慧結社文」 『韓國佛敎全書』 4.
9) 知訥, 「定慧結社文」 『韓國佛敎全書』 4. "우리들의 소행을 아침 저녁으로 돌이켜 보면 어떤가? 불법에 핑계하여 '나'다, '남'이다를 구별하여 利養의 길에서 허덕이고 風塵의 가운데에 골몰하여 도덕은 닦지 않고 衣食만 허비하니, 비록 출가하였다고 하나 무슨 덕이 있겠는가? 아아, 三界를 떠나려 하면서도 속세를 벗어난 수행이 없고, 한갓 사내의 몸이 되었을 뿐, 장부의 뜻이 없어 위로는 도를 닦는 데 어긋나고 밑으로는 중생을 이롭게 하지 못하며 중간으로는 네 가지 은혜를 저버렸으니 진실로 부끄럽다. 나는 오래 전부터 이런 일을 한심스럽게 여겼었다. 마침 임인(명종12, 1182) 정월에 서울 普濟寺의 담선법회에 참석하였다가, 하루는 同學 10여인과 더불

을 보면 앞의 역사상의 신앙결사와 부합되는 면을 일견 발견할 수 있다. 그러나 지눌로부터 결사의 제의를 받은 다른 승려들이 '지금은 末法의 시대라 바른 道가 가리워졌는데 어떻게 定慧에만 힘쓸 수 있겠는가? 부지런히 아미타불을 불러서 淨土에 갈 業을 닦는 것만 같지 못하다'고 반론을 제기하고 있다. 이를 통해 무신정권의 성립으로 인해 불교계가 극심한 혼란을 겪게 되면서 말법의식과, 그에 입각한 정토신앙이 보편화되어 있었음을 알 수 있다. 이에 지눌은 相에 집착하여 마음 밖에서 부처를 구하는 정토신앙을 비판하면서 모든 佛祖가 설하는 淨土求生의 뜻은 自心을 떠나지 않은 것이라고 하면서 구체적인 수선방법을 제시하고 있다. 그 과정에서 지눌은 '다만 믿는 마음으로 분수를 따라 수행하여 바른 법의 인연을 맺을 뿐이요, 비겁하거나 나약하지 말아야 할 것이다. 세상의 쾌락이란 오래지 않고 바른 법은 듣기 어렵거니, 어찌 어물거리면서 인생을 헛되이 보내서야 되겠는가?'라고 하면서 '마음을 방자히 하여 탐욕과 분노와 질투와 교만과 방종으로 명예와 이익을 구하면서 헛되이 세월을 보내고, 쓸데없는 말로서 천하의 일을 의논한다. 혹은 계율을 지킨 덕도 없으면서 함부로 신도의 보시를 받아들이고 남의 공양을 받으면서 부끄러워할 줄을 모른다. 이렇게 그 허물이 한량없거늘 어찌 덮어 두고 슬퍼하지 않겠는가? 그러므로 지혜 있는 사람이라면 모름지기 삼가고 조심하여 몸과 마음을 채찍질하고, 스스로의 허물을 알아 뉘우쳐 바르게 고치고, 밤낮으로 부지런히 수행하여 온갖 고뇌에서 속히 떠나야 할 것이다'라고 하면서 결사를 제의하였다. 지눌

어 다음과 같이 약속하였다. '이 모임을 파하거든 마땅히 명예와 이익을 버리고 산림에 은둔하여 同社를 만들어, 항상 禪定을 익혀서 지혜를 고루하기에 힘쓰며, 예불하고 經 읽기와 나아가서는 노동하기에 힘쓴다. 각기 소임에 따라 경영하고 인연에 따라 심성을 수양하여 한 평생을 자유롭게 호쾌하게 지내어 達士와 眞人의 높은 수행을 따르면 어찌 쾌하지 않겠는가?'라고 하였다."

의 결사제의로 말미암아 "다음날 이 언약을 능히 이루어 숲 아래에 은거하여 同社를 결성하게 된다면, 의당히 그 이름을 定慧라 부르자"고 한 뒤 맹세하는 글을 지어 결의하였다.

보제사의 담선법회 직후 지눌은 선불장에 합격하여 제도권에 진입이 가능하였다. 이것은 정혜결사 결실의 무산 계기가 되었다.[10] 아마 이후의 지눌의 행각, 昌平(현 潭陽郡 昌平面) 清源寺에서 下柯山 普門寺(현 경북 醴泉郡 普門面 首溪洞)를 거쳐 마침내 八公山 居祖寺(현 永川郡 淸通面 銀海寺 居祖庵)에 다다라 정혜결사를 결성하기까지의 8년간은 제도권 진입에 따른 결사의 무산에 대한 자괴감으로 인한 오랜 방황의 시기라고 볼 수 있다. 청원사에 머무르면서 『六祖壇經』[11]의 "眞如自性起念 六根雖見聞覺知 不染萬境 而眞性常自在"(眞如自性이 생각을 일으키므로 六根이 보고 듣고 깨달아 앎이 있다해도 모든 경계에 물들지 않는 것이며 참된 성품이 自在한다)의 대목에 크게 느껴 명리를 버리고 은둔하여 道를 구하는 데 혼신의 정력을 쏟았다[12]는 것은 선불장에 집착하여 명리에 골몰한 자신에 대한 반성의 계기였을 것이다. 그 뒤 1185년 보문사로 옮겨 머물던 중, 1190년(명종 20) 공산 거조사의 得材의 청을 받아 마침내 정혜결사를 결성하게 된다. 이에 대해 「勸修定慧結社文」에서는 다음과 같이 적고 있다.

---

10) 知訥, 「定慧結社文」『韓國佛敎全書』 4, "그 뒤 우연히 選佛場의 이해가 서로 엇갈림으로 인하여, (諸公이) 사방으로 뿔뿔이 흩어져서 아름다운 기약이 이루어지지 못하였다."

11) 『六祖壇經』의 요지는 無相戒와 摩詞般若波羅密法에 있다고 한다. 無相戒는 肉身은 眞我가 아니며 현상계는 실존하는 것이 아니고 마음의 바탕이 佛이라는 뜻이고, 반야바라밀은 生死의 상대경계를 초월하여 피차의 번뇌가 끊어진 절대의 경지에 들어가면 바로 부처의 지위에 나간다는 뜻이다. 秦星圭, 「高麗後期 修禪社의 結社運動」『韓國學報』 36, 1984 ; 『高麗後期佛敎展開史研究』 불교사학회편, 민족사, 1986, 87쪽.

12) 金君綏, 「普照國師碑銘」『朝鮮佛敎通史』 下, 338쪽.

지난 무신년(1188) 이른 봄에 契內 林公禪伯이 公山의 居祖寺에 住
錫하게 되었다. 이전의 誓願을 잊지 않은 그는 장차 定慧社를 결성하
고자 하여, 글을 보내어 下柯山의 普門寺로 나를 초청하기를 재삼 간
절히 하였다. 내가 비록 林壑에 살면서 스스로 어리석고 둔함을 지켜
아무 일에도 마음을 쓰지 않았지만 옛날의 약속을 생각하고 그 간절한
정성에 감동되어 그 해 봄에 나와 동행하겠다는 禪者와 함께 이 절에
옮겨 와, 옛날에 誓願을 같이한 이들을 불러모았다. 그러나 혹은 죽기
도 하고, 혹은 병들기도 하고, 혹은 명리를 구하여 모이지 않으므로,
나머지 승려 3~4인과 함께 비로소 法席을 열어 옛날의 소원을 이루려
한다. 원하노니 禪敎·儒道에 몸담았거나 세상을 싫어하는 高人으로
서 티끌세상을 벗어나 物外에 높이 노닐면서 마음 닦는 道를 오로지하
고자 하여 이 뜻에 부합하는 이는, 비록 지난날 서로 모였던 인연이 없
더라도 結社의 끝에 그 이름을 허락한다. (중략) 때는 명창 원년 경술
(1190)년 늦봄에 公山에 은거한 牧牛子 知訥이 삼가 쓴다.
　　승안 5년 경신년(신종 3, 1200)에 이르러 公山으로부터 결사를 江南의
曹溪山에 옮겼다. 그런데 이곳의 이웃에 定慧寺가 있어 명칭이 서로
혼동되기 때문에 朝旨를 받들어 定慧社를 고쳐 修禪社라 했다. 그러
나 勸修文은 이미 유포되었기 때문에 이미 그 옛 이름대로 조판 인쇄
하여 널리 반포한다.

　지눌이 당초 정혜결사를 제안한 당사자였지만 1188년(명종 18)의 정혜
결사의 결성 계기는 지눌의 노력에 의해 이루어진 것이기 보다는 거조
사의 주지로 있던 득재가 보문사에 있었던 지눌에게 재삼 간절히 권한
데서 비롯되었다. 명리를 버리고 은둔하여 道를 구하는 데 혼신의 정력
을 쏟고자 했던 지눌이 공산 거조사의 정혜결사 대상을 '禪敎·儒道에
몸담았거나 세상을 싫어하는 高人으로서 티끌세상을 벗어나 物外에 높
이 노닐면서 마음 닦는 道를 오로지하고자 하여 이 뜻에 부합하는 이
는, 비록 지난날 서로 모였던 인연이 없던 자'까지 포함한 것은 무신정
권 이후 중앙정계를 훌훌 박차고 지방으로 낙향한 문인지식인이나 무신
정권 이후 지방을 전전하는 승려들을 주 대상으로 하였기 때문이다.

정혜결사가 처음으로 결성된 그 해, 1188년 3월은 당시 대권을 장악하고 있었던 영남 출신의 이의민이 문신 문극겸을 전면에 내세워 국왕의 교서를 통해 사회경제적 모순의 척결을 위한 대대적 개혁조처를 선포한 시기임을 주목하지 않을 수 없다.[13] 이의민의 개혁조처 발표에 무신정권 이후 중앙정계를 훌훌 박차고 낙향하여 이리저리 전전하는 문인 지식인이나 승려들은 새로운 가능성에 대한 기대감을 가졌을 것이다. 그러한 사회적 분위기는 경상도지역에서의 결사불교의 조직을 가능케 하였을 것이다. 그것을 주도한 사람이 바로 득재이고, 昌平(현 潭陽郡 昌平面) 淸源寺에서 下柯山 普門寺(현 경북 醴泉郡 普門面 首溪洞)를 전전하면서 '명리를 벗어나고자 하였던' 지눌이 이에 호응함으로써 정혜결사가 이루어지게 되었을 것이다.

1188년(명종 18), 거조사에서 정혜결사를 결성하였던 지눌은 1198년(신종 1) 그 거처를 상무주암으로 옮겼다. 1200년(신종 3)에는 정혜결사마저 공산서 松廣山 吉祥寺로 그 근거지를 옮기게 된다. 이에 관한 이해를 위해 金君綏가 찬한 다음의 비문을 살펴보기로 한다.

承安 2년(1198) 무오년 봄에 친구 중 몇 사람과 함께 바릿대 하나 만으로 명승지를 찾기로 하고, 지리산에 올라 上無住庵에 숨어 있었다. 그 경치의 그윽하고 조용하기가 천하에 제일로, 참말 참선하기 좋은 곳이었다. 대사가 여기에서 속세의 인연을 털어 버리고 마음을 도에만 오로지 하였다. (중략) 대사가 항상 말하기를, "내가 보문사에서부터 벌써 10여년 동안에 비록 뜻을 얻어 정하게 닦아서 헛되이 공부를 폐한 때가 없었으나, 情見을 잊지 못하고 무엇이 마음에 걸리어 원수가 오는 것 같더니, 지리산에 있으면서 大慧普覺禪師의 語錄을 얻어 보았는데, 거기에 쓰여 있기를, '禪이란 것은 조용한 곳에 있지 않으며, 분주한 곳에도 있지 않고, 날마다 인연을 따라 酬應하는 곳에도 있지 않으며, 생각하고 분별하는 곳에도 있지 않다. 그러나 제일 조용한 곳,

13) 拙稿,「李義旼政權의 재조명」『慶大史論』7, 1994.

분주한 곳, 날마다 수응하는 곳, 생각하여 분별하는 곳을 버리고 참선
하지 않아야만 홀연히 눈이 열리어서 이것이 다 집안의 일임을 알 수
있느니라' 했다. 내가 여기에서 마음에 깨달으니, 자연히 무엇이 가슴
에 걸리지 않고 원수가 함께 있지 않아 당장에 안락해졌다"고 했다. 이
로 말미암아 지혜가 더 높아서 모두가 스승으로 높인 바 되었다. 5년
경신년(1200)에는 松廣山 吉祥寺에 옮겨서 제자들을 거느리고 수도하
기를 11년이나 했다.[14]

개경의 보제사 담선법회에서 결사의 제의로부터 상무주암에 이르기
까지 지눌의 의식을 지배하고 있었던 것은 '명리를 벗어나고자 함'이었
다. 명리를 벗어나고자 하였던 지눌은 정혜결사의 참여대상자를 '禪
敎·儒道에 몸담았거나 세상을 싫어하는 高人으로서 티끌세상을 벗어
나 物外에 높이 노닐면서 마음 닦는 道를 오로지하고자 하는' 자들로
규정하게 되었을 것이다. 여기에서 거조사에서의 정혜결사의 한계성을
엿볼 수 있다. 무신정권 이전에 유행하였던 禪이 문인귀족의 취향과 밀
접히 연결되어 다분히 귀족적이며, 고답적인 성격을 가진 데 반해 지눌
의 정혜결사는 명리를 버리고 산림에 은둔하여 대중과 함께 집단적으로
선을 수행하고자 하였으므로 그 이전의 선과 크게 달라진 것이라는 평
을 듣고 있다.[15] 그러나 이것은 무신정권 성립 이후의 문인지식인들의
은둔적 성향과 연결될 수 있는 것이다. 물론 명리를 벗어나고자 하는
그의 노력이 도피적인 것은 결코 아니다. 그는 비겁하거나 나약하지 말
며, 믿는 마음으로 분수를 따라 수행하여 바른 법의 인연을 맺을 뿐이
라고 하여 당당함을 지닐 것을 강조하고 있다. 이것은 '利祿을 달갑게
여겨 옆길로 구하여 체면을 보지 않거나'[16] '눈치만 살피며 스스로를

---

14) 金君綏, 「曹溪山修禪社佛日普照國師碑銘」『東文選』 권117.

15) 崔柄憲, 「定慧結社의 趣旨와 創立過程」『普照思想』 5·6합집, 보조사상연
    구원, 1992.

16) 林椿, 「寄山人悟生書」『西河集』 권4, 19~20.

보전할 뿐인'[17] 대부분의 문인지식인의 현실대응 태도와도 완전히 다른 것이다. 그렇다고 이 단계의 그를 강렬한 대사회적 의식을 표방한 것으로 평가하고자 하는 것도 지나친 해석이다. 단순한 하나의 수행자, 또는 철학자로서의 위치를 넘어 그 시대의 문제를 대변하고 개혁하려 한 사상·개혁자로서 평가하려는 입장은 거조사의 정혜결사의 단계를 지나치게 미화하는 것이라 하지 않을 수 없다.

거조사에서 정혜결사를 수행해나가던 지눌이 무엇 때문에 갑자기 상무주암으로 들어가 속세의 인연을 털어 버리고 마음을 도에만 오로지 하려고 하였는가? 그 이유에 대해서 지눌은 '情見을 잊지 못하고 무엇이 마음에 걸리어 원수가 오는 것 같아서' 라고 밝히고 있다. 그러나 그 내면의 구체적 이유는 아마도 당시 경상도 전역을 휩쓸고 있었던 농민항쟁과 관련시켜 설명할 수 있지 않을까 한다.[18]

정혜결사가 이루어진 2년 후인 무렵인 명종 20년 정월에 들어서면서 경주에서 부세수탈과 역역동원을 피해 산간으로 유망한 농민들과 혹한기의 굶주림 속에 떠는 농민들이 무력항쟁에 나선 이래 동경관내는 농민항쟁의 진원지로서 떠오르게 된다. 더욱이 여기에 일부 재지세력이 가담하면서, 1193년(명종 23)의 무렵에 金沙彌에 인도되어 雲門山으로 들어가 웅거하면서 孝心이 이끄는 草田의 항쟁군과 연합하여 공동전선을 구축하여 경주부근의 여러 고을을 공격하기에 이르렀다. 이들은 비록 이의민정권의 토벌책에 의해 진압되었지만, 그 일부는 청도의 운문산을 중심으로 항쟁의 역량을 키워가고 있었다. 최충헌의 쿠데타를 전후해 운문산의 초적 등을 중심으로 산발적으로 항쟁하였던 농민항쟁군은 점차 세력결집을 꾀하기 시작하였다. 최충헌이 권력을 장악하는 과정에서 이의민의 '의종시해'를 쿠데타의 명분으로 삼아 정국을 장악해

---

17) 『高麗史』 권96, 列傳 尹瓘 附 鱗瞻.
18) 김호동, 「高麗 武臣政權時代 僧侶知識人 知訥·慧諶의 現實對應」『民族文化論叢』 13, 영남대학교 민족문화연구소, 1992.

가면서 경주를 비롯한 경상도지역의 이의민의 일족과 黨附者를 제거해 나가자 이곳의 재지세력들의 분열과 갈등이 더욱 첨예해졌다. 권력교체의 과정은 필연적으로 그들의 경제적 제관계의 변동을 가져와 구세력과 신세력의 토지쟁탈전의 과정에서 농민에서 탈취된 토지는 환본되지 못하고 새로운 세력에게 넘어가기 마련이었고, 또한 지주ー전호관계의 잦은 변동이 수반되면서 농민들의 어려움이 한층 가중되어 농민항쟁이 계속 일어날 수밖에 없었다.

이규보의 『東國李相國集』에는 신종 1년을 전후한 시기 경상도지역의 농민항쟁 모습을 사실적으로 그려내고 있다. 농민항쟁의 역량이 성숙해지면서 이의민의 의종시해에 협조하였던 경주민들은 최충헌정권의 대경주시책으로 말미암아 심각한 위기의식을 느끼게 되었다. 이런 이유로 경주민들은 농민항쟁군을 규합하여 1199년(신종 2) 2월 무렵 항쟁을 일으켰다. 이들이 이때를 택하여 항쟁한 것은 마침 명주에서 농민항쟁이 일어나 삼척·울진의 두 현을 함락시키는 등 큰 기세를 올리고 있었기 때문에 이들과 연합하기 위한 것이었다. 그러나 최씨정권의 토벌군 파견에 따른 회유책에 의해 3월에 울진의 秀草 및 경주의 金順 등이 항복함으로써 이들의 항쟁은 일단 수그러들었다. 그러나 이때 방환된 이의민 일족과 최충헌정권의 후원을 받고 있는 최무 일족 등의 州吏들 사이에 서로 죽이는 등 심각한 재지세력의 분열이 일어났고, 그 여파는 일반 경주민들에게까지 미쳤다. 대읍중심의 군현제하에서 5개의 영읍과 37개의 속읍 및 다수의 부곡제영역을 포괄하는 지역권의 대읍인 경주의 재지세력의 분열은 동경관내의 지방행정체계의 파국을 가져와 안찰사와 경주부유수 등이 이를 제어하지 못하였다. 이로 인해 부세수취 및 역역동원이 원활하게 이루어지지 못하고, 영역간의 갈등이 표출되어 유망농민층이 격증하여 인근의 운문산 등의 초적세력에게 나아갔다. 운문산의 초적세력의 숫자가 격증하자 밀성의 官奴 50여명이 관청의 은그릇을 훔쳐 운문적에 투항하였을 정도였으나 동경관내의 지방관들은 행정체계의 파탄 속에 이들을 효과적으로 제어하지 못하였다. 이러한 사태에 직면한 최충헌정권은 1200년(신종 3) 12월 경주부유수를 대체시키는 등의 조처를 취하였지만 별 효과를 거두지 못하였다.

이 시기 동경관내의 광범위한 농민항쟁에 직면하고 있었던 최충헌정권에게 큰 타격을 준 것은 1200년 4월을 전후한 시기에 발생한 진주지역권의 광범위한 농민항쟁이었다. 바로 최충헌의 세력기반인 진주지역의 광범위한 항쟁은 동경관내의 반체제성향의 세력에게는 절호의 기회를 제공해줌으로써 이들은 본격적 무력항쟁의 기운을 띠게 되었다. 1202년(신종 5) 8월에 최충헌정권은 경주사태를 논의한 끝에 宣諭使를 파견하였다. 그럼에도 불구하고 10월에 경주 別抄軍이 운문적 및 符仁·桐華寺의 승려들을 이끌고 永州를 공격하는 사태로까지 발전하였다. 우선 이 사건은 영주지역이 원래 경주의 속읍으로 존재하다가 명종조 監務가 새로이 파견된 지역이라는 점에서 종래의 주－속읍관계의 변질에 따른 영역간의 갈등이 표출된 것이 아닌가 한다. 특히 이 사건에서는 농민을 중심으로 새로이 편성한 別抄軍이라는 군대조직이 전면에 부상하였고, 일부 재지세력 및 일반 주민들까지 여기에 가세하였다. 또한 유망농민층으로 결집된 운문산의 농민군, 또 동경관내를 넘어선 상주목 경산부의 속읍인 대구현에 위치한 부인사·동화사의 승려들까지 포함되었다는 데서 사태의 심각성이 있었다. 이들은 결국 雲門·蔚珍·草田의 농민항쟁군과 공동 연합전선을 구축, 삼군을 편성하여 '正國兵馬使'를 자칭하면서, 궁극적으로는 '신라부흥'을 표방하였다. 이들은 모주를 세우고, 거사가 성공한 후 사평도를 경계로 국토를 양분할 것 등의 구체적 방안까지 세운 뒤 상주·청주·충주·원주도에까지 격문을 돌리는 등 치밀하고도 일관된 계획하에 조직적인 항쟁을 꾀하였다. 이것은 이들의 '신라부흥'의 기치가 한순간 돌출한 것이 아님을 말해주는 것이다. 신라의 멸망으로 인한 한국사의 주도권이 경상도지역에서 중부지역으로 옮겨감에 따라 경주를 비롯한 경상도지역의 사회경제적 조건이 그만큼 불리하게 적용되어왔기 때문에 신라부흥의 표방은 그들을 결속하는 구심체로 작용하였다. 물론 여기에는 무신정권 성립 이후, 특히 이의민의 몰락에 따른 이 지역의 재지세력들, 즉 신라이래 지녀왔던 권력지향적, 중앙지향적 속성을 지닌 낙향문신 및 동정직 등의 지식인계층들이 중앙 및 권력으로의 진출의 길이 어려워진 입장을 만회해보고자 하는 의도가 크게 작용하였을 것이다.[19)

  비록 '명리를 벗어나기 위해' 정혜결사에 가담하였던 지눌과 지식인들 역시 나름대로 경상도 전역을 휩쓸고 있는 농민항쟁에 대한 입장을 개진하지 않을 수 없었다. 농민항쟁의 거점인 청도의 운문산은 바로 영천의 명주지역을 끼고 있었기 때문에 단숨에 거조사까지 내달을 수 있는 거리였다. 더욱이 신종 5년 10월에 경주 別抄軍이 雲門賊 및 거조사가 위치한 공산의 符仁・桐華寺의 승려들을 이끌고 永州를 공격하는 사태가 발생하였다. 이때는 정혜결사의 중심이 거조사에서 송광산으로 옮겨간 후이지만 이미 그전부터 경주와 영주의 알력, 팔공산의 부인・동화사의 사원세력의 경주민과의 결합 등의 조짐은 그전부터 내재하고 있었고, 이것이 이때 폭발한 것에 불과하다. 특히 명종조에서 신종조에 이르는 경주의 농민항쟁은 재지세력의 분열과 갈등, 영역간의 갈등 속에 변혁을 지향하는 일부 지식인, 그리고 일부 사원세력의 가담 등이 있었기 때문에 이제 지눌 역시 이에 대한 입장을 정리하지 않으면 안되었다. 그러나 명리를 벗어나고자 하는 그의 입장은 결국 1198년 봄에 지리산 상무주암로의 길을 택하게 하였다. 그런데 崔詵이 찬술한 修禪社 重創記에 의하면, 지눌이 '명리를 버리고 입산하여 처음 公山 淸凉堀에 들어가 禪觀을 전수하자 좇아서 배우는 사람이 成市를 이루게 되어 사람은 많고 자리는 좁아 거처할 수 없었다. 이에 門弟 守愚로 하여

---

19) 김호동, 「12・13세기 농민항쟁의 전개와 성격」『한국사』6, 한길사, 1994
   ;『고려 무신정권시대 文人知識層의 현실대응』, 경인문화사, 2003.

금 강남을 편력하여 結社安禪의 땅을 찾게 하여 길상사를 발견, 1197년(명종 27)부터 공사를 시작하였다고 하였다'고 기록되어 있다.[20] 이를 통해서 볼 때 지눌이 상무주암으로의 길을 나서기 이전에 이미 결사를 길상사로 옮기기로 작정하였음을 알 수 있다. 명리를 떠나고자 하였던 지눌, 그리고 이에 호응하여 결사에 가담하였던 사람들은 더 이상 농민항쟁의 진원지에 머물 수 없었던 것이다. 어쩌면 이의민정권에서 최충헌정권으로의 정권 교체가 지눌이 상무주암행의 한 요인이었을는지 모른다. 이에 관해서는 후술하기로 한다.

지눌이 당시 사회와 불교계의 모순을 극복하기 위한 방편으로 정토관을 배제하지는 않았지만 계층적으로는 기층사회의 농민·천민층을 적극적으로 포용하고 계몽하기 보다는, 적어도 지식대중을 대상으로 하고 있었다는 점[21]에서 지눌의 상무주행은 어쩌면 당연한 귀결이었는지 모른다. 따라서 결코 崔詵의 말대로 사람은 많고 자리는 좁아 거처할 수 없었기 때문에 결사를 옮기게 된 것은 그 근본원인이라고 할 수 없었을 것이다. 물론 변혁지향의 일부 지식인과 농민층이 주축이 된 농민항쟁이 계속 경상도지역에서 거듭되자 일부 명리를 벗어나고자하는 인물들이 지눌의 정혜결사에 모여듦으로써 표면적으로는 정혜결사가 융성하였을런지는 모른다. 그러나 지역사회의 움직임과 유리된 정혜결사는 결코 성공할 수 없었고, 이에 지눌은 정혜결사를 유지해나가기 위해 다른 지역을 찾지 않으면 안되었을 것이다.

결국 정혜결사가 경상도지역에서 농민항쟁으로 인해 위기에 봉착하자 지리산 상무주암에서의 지눌은 깊은 번민의 나날을 보낼 수밖에 없었다. 그가 마침내 大慧普覺禪師의 語錄에서 '제일 조용한 곳, 분주한 곳, 날마다 수응하는 곳, 생각하여 분별하는 곳을 버리고 참선하지 않아야만 홀연히 눈이 열리어서 이것이 다 집안의 일임을 알 수 있느니라'

---

20) 崔詵, 「大乘禪宗曹溪山修禪社重創記」『曹溪山松廣寺史庫』 1979.
21) 高翊晋, 「圓妙國師 了世의 白蓮結社」『韓國天台思想研究』 1983, 213~219쪽.

한 것을 발견했을 때 그간 그가 추구해온 결사의 방향이 잘못되었음을 자각하지 않을 수 없었다. 이제 그는 명리를 버리려는 생각에서 벗어나 현실과 직면하여 현실사회에 대한 적극적 대응자세로의 전환이 가능하였다.22) 그의 「勸修定慧結社文」의 첫머리에서,

> 내 들으니 '땅으로 인하여 넘어진 사람은 땅으로 인하여 일어난다' 하였다. 그러므로 땅을 떠나 일어나려는 것은 될 수 없는 일이다.

라고 한 것은 바로 이를 말해주는 것이다.23)

이미 경상도지역의 급박한 정세 변화는 그의 능력 밖의 문제로 확대되었고, 결사의 구성원들은 뿔뿔이 흩어진 상태에서, 그 일부가 길상사로 옮겨간 상태에 있었다. 이제 지눌은 경상도지역을 등지지 않을 수 없었다. 정혜사를 공산서 松廣山 吉祥寺로 옮기지 않을 수 없었던 이유는 바로 여기에 있었다. 거조사에서의 결사 실패의 경험은 지눌의 수선

---

22) 韓基斗는 「定慧結社의 本質과 그 變遷」(『普照思想』 1, 보조사상연구원, 1987)에서 '지눌은 상무주암에서의 체험을 계기로 하여 좁은 곳에서 더 넓은 방향으로, 현실을 떠나지 않는 방향으로 결사가 지향하는 문이 열리게 되었다'(32쪽)고 하면서, 그 이전의 결사를 求道結社, 그 이후의 것을 行道結社로 구분하였다. 그리고 崔柄憲은 「定慧結社의 趣旨와 創立過程」(『普照思想』 5·6합집, 1992)에서 '상무주암에서 은거하던 중 『大慧語錄』을 통하여 禪의 현실에 대한 적극적인 면을 발견하고 현실사회와 새로운 관계를 정립하게 되었던 것이 아닌가 한다. 다시 말하면 속세를 떠나는 방향에서 추진되었던 정혜결사가 속세의 방향으로 돌아오면서 그 속세에 영향받거나 물들지 않는 단계로 발전한 것으로 보고자 한다'(87∼88쪽)라고 하였다.

23) 「勸修定慧結社文」의 끝에서 '때는 명창 원년 경술(1190)년 늦봄에 公山에 은거한 牧牛子 知訥이 삼가 쓴다'라고 하였고, 이어서 추기하여 '승안 5년 경신년(신종 3, 1200)에 이르러 公山으로부터 결사를 江南의 曹溪山에 옮겼다. 그런데 이곳의 이웃에 定慧寺가 있어 명칭이 서로 혼동되기 때문에 朝旨를 받들어 定慧社를 고쳐 修禪社라 했다. 그러나 勸修文은 이미 유포되었기 때문에 이미 그 옛 이름대로 조판 인쇄하여 널리 반포한다'고 하였지만 여기에는 얼마간의 가필이 있었을 것이다.

사에서의 정혜결사조직에 귀중한 경험으로 작용하였다.

폐사된 길상사의 터에 정혜사를 건립하여 낙성하는 데에는 인근 장성현에 소재한 백암사의 승려로서 梓匠이었던 性富, 錦城(현 전남 나주)의 호장인 陳直升과 그의 妻, 또 인근 州府의 '富者施財 貧者盡力'으로 이루어지게 되었다.[24] 이와 같이 토호층과 지방민을 단결하여 수선사가 이루어졌다는 것은 거조사에서의 경험, 즉 현실을 벗어나 '세상을 싫어하는 高人으로서 티끌세상을 벗어나 物外에 높이 노닐면서 마음 닦는 道를 오로지하고자 하는 자'들과의 결합만으로는 결사가 성공할 수 없다는 자각에서 나온 대처방안이었을 것이다. 수선결사가 부분적으로 정토공덕신앙을 수용한 흔적이 보이는 것은[25] 바로 이 때문이었고, 그로 인해 토호층과 일반민들의 지지를 획득할 수 있었던 것이다.

이러한 과정에서 확립된 지눌의 불교사상은 정혜쌍수와 돈오점수를 일관된 선법을 펼치면서 세계는 오직 하나의 '眞心'에 지나지 않는다고 하였다. 그리하여 "眞心의 본체는 인과를 초월하고 고금을 통하여 평범하고 신성한 차별을 둘 것도 못되며 서로 대치하는 것도 없어 마치 큰 허공과도 같이 모든 곳에 펼쳐져 있다. 진심의 본체는 고요하여 모든 것을 초월한다. 그것은 발생하지도 않고 소멸되지도 않으며 있지도 않고 또 없지도 않으며 움직이지도 않고 흔들리지도 않으며 순수하게 영원히 존재한다. 그것은 평범한 것으로서 자그마한 티와 그늘도 없다. 모든 산과 강, 땅과 물, 나무와 수풀 등 삼라만상과 더럽거나 깨끗한 여러 현상들이 다 이 가운데서 나온다"[26]고 하였다. 결국 이를 통해 禪敎 대립을 지양하고, 나아가 계층간의 갈등을 없애고자 하였다. 이는 결국 불교교단의 갈등을 해소하여 이들을 우익세력으로 구축하고자 하는 최씨정권의 목적과 부합하는 것이었다. 특히 진주지역에 그 세력을 부식하

---

24) 崔詵, 「大乘禪宗曹溪山修禪社重創記」, 『曹溪山松廣寺史庫』, 1979.
25) 蔡尙植, 『高麗後期佛敎史硏究』, 일조각, 1991, 26쪽.
26) 知訥, 「眞心直說 眞心妙體」, 『普照法語』.

는 과정에서 재지세력의 조직적 반발과 대규모의 농민항쟁을 경험하였
던 최충헌으로서는 전라도지역의 경제적 기반의 부식과정에서 재지토
호층에서부터 일반민에 이르기까지 단월들을 확보해 공고한 기반을 구
축해가고 있었던 수선사를 주목하지 않을 수 없었을 것이다. 바로 여기
에 지눌의 수선사와 최충헌과의 결합이 이루어질 수 있었던 것이다. 이
는 결국 수선사 및 지눌의 변화를 말해주는 것이다. 지눌이 강조한 선
법이 13세기 전후의 혼란상에 처해 있던 대다수의 농민이나 천민을 대
상으로 한 것이 아니라 적어도 지식대중이상이었다는 지적은 이후의 수
선사가 지배계층과 공동의 이익권계를 추구히면서 정권에 예속될 가능
성을 말해주는 것이다. 바로 국자감시에 합격한 혜심이 지눌을 이어 수
선사의 2대 법주가 되었다는 것은 바로 이를 예고해주는 것이다.

　한편 백련결사를 결성한 了世(1163~1245)는 俗姓이 徐氏로서, 毅宗 17
년 10월에 新繁縣(陜川郡)에서 戶長인 必中과 同姓인 母에게서 출생하였
다. 1174년(12세)에 출신지인 天樂寺에서 均定을 스승으로 하여 출가하
고 天台敎觀을 수학하였다. 1185년(23세)에는 僧選에 합격하고, 1198년
(신종 원년) 봄에 천태종 사찰인 개경의 高峰寺에서 법회를 열었을 때 "以
天性好山水 雖跡名敎 非其志也"라고 한 최자의 료세비명으로 보아 당
시 개경을 중심으로 한 불교계에 대해 크게 실망을 한 것 같다. 그 해
가을에 동지 10여명과 더불어 명산을 遊歷하다가 靈洞山 長淵寺에서
開堂하고 法席을 열었다. 이때에 지눌이 公山의 염불암에 있으면서 了
世에게 詩를 보내어 修禪하기를 권하므로 法友가 되어 지눌의 道의 교
화를 돕게 되었다고 한다.[27] 지눌이 료세에게 偈를 보낸 것은 료세의

---

27) 崔滋 撰,「萬德山白蓮社圓妙國師碑銘幷序」『東文選』권117. 최자의 료세
　　비명에는 承安 3년 무오년(1198) 봄에 개경의 고봉사 법회에 참가한 후 이
　　해 가을에 명산을 유력하다가 장연사에 머물렀을 때 공산 회불갑의 지눌
　　의 偈를 받았다고 하였다. 그러나 閔泳珪氏가「高麗雲默和尙無寄輯佚」
　　(『崇山朴吉眞博士華甲紀念 韓國佛敎思想史』, 1975)에서 1198년 봄에 지눌이 공산

"以天性好山水 雖跡名敎 非其志也"에 주목하였기 때문일 것이다. 이
때 지눌이 료세에게 보낸 시에서,

> 물결이 어지러우니 달 드러나기 어렵고
> 밤이 깊으니 등불 더욱 빛난다
> 권하노니 그대는 마음 그릇을 바로 놓아
> 甘露漿이 쏟아지게 하지 마라[28]

라고 한 것 중 '물결이 어지러우니 달 드러나기 어렵고'라고 한 귀절은
무신정권 성립 이후의 혼란한 사회상황과 개경을 중심한 불교계에 대한
지적[29]임과 동시에 지눌의 당시의 심정, 즉 농민항쟁의 와중에서 명리
를 벗어나지 못하여 '情見을 잊지 못하고 무엇이 마음에 걸리어 원수가
오는 것' 같은 심정을 토로한 것이라고 볼 수 있다.

공산의 정혜결사에 가담한 료세는 지눌이 공산을 떠나 길상사로 향
할 때 그를 따라가다가 南原 歸正寺의 주지 玄恪을 만나면서 그와 길
을 달리하게 된다. 그 후 료세는 修禪 이전의 天台敎觀으로 방향을 전
환했으며, 천태교관을 이루기 위한 실천방향을 수참(懺悔法)과 彌陀淨土
로 인식하고 그 이론적 근거를 『法華經』에 바탕한 天台智者의 『天台
止觀』, 『法華三昧懺儀』와 知禮의 『觀無量壽經妙宗鈔』에서 찾았다.[30]

의 회불갑에 거주한 것이 아니라 지리산 무주암에 주석한 것으로 밝히면
서 료세와 지눌이 함께 주석한 곳은 상무주암으로 고증하고 있다. 이에 대
해 蔡尙植氏는 「高麗後期 天台宗의 白蓮社 結社」(『韓國史論』 5, 서울대 국사
학회, 1979;『高麗後期佛敎展開史硏究』, 불교사학회편, 민족사, 1986)에서 최자의 료세
비명 뿐만이 아니라 閔仁鈞 撰의 「官誥」에도 "卽投身於靈洞 冬安夏安 當
息影於公山 晝懺夜懺"이라 하여 공산에 거주한 기록으로 미루어 공산에서
지눌과 함께 주석한 것으로 추측되는데 아마 최자 찬의 비명에 보이는
1198년이라는 연대가 잘못된 것 같다고 하였다.

28) 崔詵, 「大乘禪宗曹溪山修禪社重創記」『曹溪山松廣寺史庫』, 1979.

29) 蔡尙植, 앞의 백련사에 관한 글 참조.

30) 高翊晋, 「圓妙國師 了世의 白蓮結社」『韓國天台思想硏究』, 1983, 213～219쪽.

지눌은 당시 사회와 불교계의 모순을 극복하기 위한 방편으로 정토관을 배제하지는 않았지만 계층적으로는 기층사회의 농민·천민층을 적극적으로 포용하고 계몽하기보다 적어도 '有智者'·'大心衆生'의 지식대중을 대상으로 '頓悟'와 '定慧'를 강조하고 있다. 그와는 달리 참회행과 미타정토신앙을 실천방향으로 강조한 료세의 불교사상은 13세기 전후의 혼란상에 처해 있던 피지배층, 즉 대다수의 농·천민층을 대상으로 한 것이었으며, 정토신앙이 민중에 정착할 수 있는 계기를 마련한 것이었다. 이러한 사상적 전환을 계기로 하여 료세는 1216년(고종 3) 전남 강진의 토호세력인 崔彪, 崔弘, 李仁闡 등의 지원에 의해 강진 만덕산에서 본격적 白蓮結社를 결성하게 되었다.31) 이러한 료세의 사상적 전환의 계기는 지눌이 있었던 공산에 가서 수선을 하는 과정에서 지눌과 다른 농민항쟁에 대한 시각, 즉 지눌이 지식인의 입장, 지주적인 시각에서 농민항쟁을 본 데 반해, 그러한 사고로서는 결사를 성공할 수 없다는 입장을 갖게 되었기 때문일 것이다. 이러한 입장의 차이로 말미암아 지눌이 농민항쟁을 피해 길상사로 결사를 옮기고자 할 무렵에 지눌과의 결별의 조짐이 예견되었을 것이다.

지금까지 '결사운동이 남기고 있는 역사적인 의미는, 첫째 사회계층적인 측면에서 볼 때 보수적인 소수의 문벌귀족체제에 의해 장악되고 있던 불교계의 제반 모순를 지방의 토호층과 독서층들이 대두하여 자각, 비판하고 이에 대한 개혁을 주도했다는 사실이다. 둘째, 사상사적 측면에서 볼 때 결사운동을 주도한 지도자들이 표방하고 있는 이념은 내용상 차이는 있을지라도 수행과 교화라는 두 방향으로 점철되어 있었다는 사실이다. 수행은 선사상이든 천태사상이든 간에 출가인들의 본분이기 때문에 더 말할 나위도 없지만, 특히 실천적인 교화는 자기가 몸담고 있는 사회의 모순과 갈등을 풀어나갈 수 있는 실마리를 제공한 것

---

31) 蔡尙植, 『高麗後期佛敎史硏究』, 일조각, 1991, 26～27쪽 참조.

이었다'[32]고 하였지만 공산 거조사에서 지눌 정혜결사를 통해 추구했던 것은 '명리를 벗어나고자 함'이었다. 여기에는 경상도지역의 토호층과 독서층들이 참가하여 불교계의 제반 모순을 자각, 비판하여 개혁을 주도한 모습이 보이지 않으며, 결사를 주도한 지눌이나 득재의 수행은 있을지언정 자기가 몸담고 있는 사회의 모순과 갈등을 풀어나간 수 있는 실천적인 교화 역시 보이지 않는다. 경상도지역에서의 정혜결사의 실패의 경험에 따른 자기반성이 정혜결사의 수선결사와 백련결사로의 전환을 가능하게 하였다는 인식을 우리는 할 필요가 있다.

또, 1188년(명종 18)에 거조사에서 정혜결사를 결성하였던 지눌이 1198년(신종 1)에 그 거처를 지리산 上無住庵(현 경남 咸陽郡 馬川面)으로 옮긴 시점이 1197년 9월, 경상도 출신의 이의민정권이 최충헌에 의해 붕괴된 다음 해라는 것을 주목하지 않으면 안된다. 더욱이 1200년(신종 3)에는 정혜결사마저 공산서 松廣山 吉祥寺로 그 근거지를 옮긴 시점이 경주지역에서 이의민족인과 州吏의 갈등이 일어나 안찰사가 제어하지 못할 정도로 경주를 둘러싼 경상도지역 민심이 심상치 않았던 점[33]에 주목하지 않을 수 없다. 이를 감안하면 공산 거조사의 정혜결사의 성립에 이의민정권의 지원은 없었을까 하는 의문을 한번쯤 가져볼만하다. 앞에서 언급한 바와 같이 정혜결사가 처음으로 결성된 그 해, 1188년 3월은 당시 대권을 장악하고 있었던 영남 출신의 이의민이 문신 문극겸을 전면에 내세워 국왕의 교서를 통해 사회경제적 모순의 척결을 위한 대대적 개혁조처를 선포한 시기이다. 그 일환의 하나로서 이의민은 자신의 복심인 경상도지역의 불교계에 대한 일련의 조처가 필요하였을 것이다. 경상도지역 주민의 대민통제책의 하나로서 결사불교의 결성을 꾀하고자 하였고, 그 선봉에 선 자가 공산 거조사의 득재가 아닐까? 결사불교

32) 蔡尙植,「고려・조선시기 불교사 연구현황과 과제」『韓國史論』28, 국사편찬위원회, 1999.
33) 拙稿,「李義旼政權의 再照明」『慶大史論』, 40~41쪽 참조.

를 결성하기 위해서는 결사를 지탱하기 위한 인적 물적 동원능력을 지
녀야 한다. 그러한 자금력은 단월인 국왕이나 지방관 및 지방토호들의
뒷받침에 의해 마련되기 마련인데, 공산 거조사에서의 정혜결사의 결성
에 관한 지눌의 결사문에는 단월에 관한 언급이 없다. 그 자금은 이의
민 정권, 그리고 그와 관련된 재지세력의 지원에 의해 이루어진 것이기
때문에 기록에 남기지 않았던 것이 아닐까? 우리는 최충헌이 이의민을
제거하고 정권을 장악한 직후 불교계에 대한 일련의 조처를 취하고 있
음을 주목하지 않을 수 없다. 최충헌이 행한 일련의 불교관련조처를 살
펴보면, 1197년 이의민을 제거하고 올린 봉사문 가운데 원당의 폐단을
열거하고 비보사찰 외의 사찰을 모두 제거할 것을 청하고, 또 왕자로
중이 된 洪機 등의 소군들을 축출하였고,[34] 이듬해 9월에 "홍왕사의 중
廖一이 두경승과 더불어 충헌을 해치려 한다"는 익명서를 빌미로 하여
두경승 등 조신 12명과 淵·湛 등 10여명의 중을 영남으로, 소군 洪機
등 10여명을 섬으로 귀양보내고 새로이 신종을 왕으로 옹립하였다.[35]
이러한 사실과 결부시켜 볼 때 중앙정계의 불교계에 대한 재편 뿐 아니
라 경상도지역의 불교계에 대한 재편도 기도하였을 것이다. 그것은 이
시기 이 지역의 이의민의 족당에 대한 광범위한 숙청이 행해졌으므로
이들과 연결된 불교계에 대해서도 같은 시책이 행해졌을 것이다.

최충헌에 의해 영남으로 유배된 홍왕사의 중 廖一은 13세기 초엽경
에 고령에서 盤龍社를 창건하고 있다. 명종으로부터 두터운 신임을 얻
어 조정에 자유로이 출입할 수 있었던[36] 廖一이 화엄결사인 반룡사를
개창한 것이 '佛學者들이 自暴自棄하는데 그치는 것을 민망히 여겨 策
礪를 가하기 위하여 마련된 것'[37]이라고 한 것으로 보아 이의민 정권에

---

34) 『高麗史節要』 권13, 명종 26년 5월.
35) 『高麗史節要』 권13, 명종 27년 9월.
36) 『破閑集』 권中, "明皇時 大叔僧統 廖一 出入禁于閣 不問左右二十餘年."
37) 崔瀣, 「送盤龍如大師序」『拙稿千百』 권1 ; 『東文選』 권84.

서 최충헌 정권으로 교체되면서 경상도지역의 승려들이 자포자기에 빠질 정도로 동요하고 있었음을 알 수 있다. 그런 점에서 지눌이 결사의 중심을 공산에서 송광산으로 옮긴 것 역시 이와 무관하지 않음을 알 수 있다. 최충헌정권의 불교계에 대한 대대적 개편은 특히 그가 정치적으로 제거한 이의민정권과 연결되었던 불교계의 숙청작업의 일환이었다. 이의민의 복심인 경상도지역의 불교계가 이로 인해 크게 동요하자 그에 대한 대응의 하나로서 지눌이 정혜결사의 중심을 공산에서 송광산으로 옮겨가게 되었고, 또 한 측에서는 반룡사를 중심으로 한 결사를 조직하게 되었을 것이다. 결사의 중심을 송광산으로 옮긴 지눌이 「勸修定慧結社文」에서 '승안 5년 경신년(신종 3, 1200)에 이르러 公山으로부터 결사를 江南의 曹溪山에 옮겼다. 그런데 이곳의 이웃에 定慧寺가 있어 명칭이 서로 혼동되기 때문에 朝旨를 받들어 定慧社를 고쳐 修禪社라 했다'고 하였지만 명칭의 변경 이면에는 정혜결사가 이의민정권과 연루되어 있다는 그림자를 지우고자 하는 의도가 반영된 것이라고 볼 수 있다.

이제 이규보의 「水嵓寺華嚴結社文」을 통해 결사불교의 의미를 다시 한번 짚어보기로 한다.

大孤는 말씀드립니다. 빈도는 일찍이 화엄에 몸을 바쳐 그릇 佛場에 선발되어 올랐는데, 얼마 뒤에 명예에 얽매여서 뜻대로 할 수 없는 것을 생각하여 드디어 名利를 팽개치고 사방을 다니면서 진리를 닦고 학문을 강론할 장소를 구한 지 이미 오래였습니다.

대저 浮屠를 福田이라고 하는 것은 대개 衆生의 복을 마치 좋은 밭에 곡식을 심듯이 심기 때문입니다. 소승은 자신의 어리석음을 헤아리지 않고서, 복을 심을 마음을 가졌으나 복을 심을 장소가 없으므로 정처없이 떠돌아다녔을 뿐입니다. 항시 이것을 자탄한 끝에 뜻을 같이해서 도를 닦을 벗들과 함께 山庵에 기거하여 매일 華嚴을 강론하고 普賢行을 닦은 지 얼마 안되어 이 소식을 듣고 모인 자가 무려 50여명이나 되었습니다.

그러나 일정하게 거처할 장소가 없어서 모두 산곡에 흩어져 거처하게 되었고, 때로는 혹 施主의 청에 따라서 한 데 모여 冬安居와 夏安居만 했을 뿐이었습니다. 나는 동지들에게 이르기를, "우리 2~3명이 거처할 곳이면 8척의 방도 족하지만 50여명이 한 데 모여서 학문을 강론할 것 같으면 넓은 사찰이 아니고서는 마땅치 않은데 어떻게 해야 좋겠는가?" 하였습니다. 이때 마침 들으매, 樞密相國 朴公文備가 일찍이 固城의 원으로 나가 있을 때 창건한 水嵓寺가 그 고을의 동북쪽에 있어, 앞으로는 맑은 시내가 흐르고 뒤로는 높은 산을 등져 수림이 우거졌으므로 薪水가 풍족하니, 중들이 살기에 알맞은 곳인데, 상국이 田地로 삼을 수 있는 넓은 땅을 그 절에 들여놓고, 거기다가 또 私奴婢 10여명과 약간의 곡식을 들여놓아 子母의 法을 써서 그 비용이 영영 끊어지지 않기를 기약한다 하니, 우리들이 모일 곳이 이만한 땅이면 족합니다. 이것을 상국에게 청해야 마땅할 것이나 상국을 평소에 뵌 적이 없으므로 직접 찾아가기가 어려울 것 같았습니다. 소승은 이에 부끄러움을 무릅쓰고 곧장 상국의 집에 찾아가서 그 의견을 다 말씀드렸더니, 공은 말하기를, "내가 이 절을 창건한 것은 志願한 바가 얕지 않았네. 그러나 능히 香火를 주관할 만한 眞人과 精侶를 만나지 못했었는데, 이제 자네가 와서 나의 마음과 딱 맞는 의견을 이야기하니, 이는 어찌 宿世의 소원이 같은 소치가 아니겠는가?" 하였습니다. 이날로 임금에게 아뢰어서 制可를 얻은 다음에 드디어 우리 道伴 중의 惠資라는 사람을 社主로 삼았으니, 이 조사도 역시 일찍이 華嚴業門에서 선불장에 오른 사람인데, 이제 명리를 버리고 遊方하는 것이 이와 같습니다. 따라서 함께 약속하기를 '해마다 동안거와 하안거를 하되, 평상시에는 초저녁에 經을 강하고 밤중에는 좌선하고, 낮에는 章疏를 강하여 깊은 뜻을 열심히 연구하는 것으로 일정한 규식을 삼기로 하였습니다. 따라서 聖壽를 축수하고 …(志願이 많았는데 이제 다 기록하지 않는다).'

비록 우리들이 還鄕曲을 부른 이후라도 도를 닦으려는 자들이 계속 와서 항시 法輪을 전하기를 바랍니다. 諸佛多天은 살피소서.38)

박문비가 고성지방의 책임자로 부임한 것은 대략 신종-강종년간으로 추정되고 있음을 감안할 때39) 수암사의 창건과 그곳에서의 화엄결

---

38) 李奎報, 「水嵓寺華嚴結社文」 『東國李相國後集』 권12.

사는 박문비가 고성지방 책임자로 부임했을 때인 신종에서 강종때로 볼수 있다. 이 시기 수암사 화엄결사를 통해 첫째, 화엄을 익힌 대고, 혜자 등의 화엄승려들이 佛場에 오른 것을 '그릇되었다'고 한 것과 '명리를 버리고' 遊方하다가 '華嚴을 강론하고 普賢行'[40]을 닦는 화엄결사를 결성하였다는 점을 주목할 수 있다. 대고, 혜자 등의 화엄승려들이 불장, 승과에 나아감을 그릇되었다고 한 것은 지눌이 승과에 합격하여 명리에 연연하다가 결국 명리를 버리고 결사를 결성하였던 것과 같다. 이런 점에서 선종에만 지나친 비중을 두고 결사불교를 강조하는 기존의 시각은 문제가 있음을 지적하지 않을 수 없다. 둘째로 주목되는 사실은 대고가 화엄결사의 결성을 위해 박문비라는 지방관과 결탁하고, 그를 통해 국왕의 제가를 받는다는 점이다. 이것을 통해 마치 화엄종의 교종사원 결사는 귀족, 지방관을 단위로 하여 결성되었고, 선종의 결사는 지방의 토호와 독서층, 일반민들의 지원을 받아 결성되었다고 보는 시각은 문제가 있다. 결사불교를 결성하기 위해서는 결사를 지탱하기 위한 인적 물적 동원능력을 지녀야 한다. 앞에서 살펴본 바와 같이 공산 거조암에서의 정혜결사를 제외하고는 길상사에서 이루어진 수선결사를 포함한 대다수의 결사는 잔파된 사찰 터에 사원의 창건과 더불어 진행되고 있다. 따라서 그러한 자금력은 단월인 국왕이나 지방관 및 지방토호들의 뒷받침에 의해 마련될 수밖에 없다. 그리고 이 경우 사원의 주지임명도 국가, 그리고 그 대행자인 지방관에 있었기 때문에 주지선임을 위해 국가권력의 제가를 받을 수밖에 없다. 따라서 교종사원의 결사는 국왕 및 지방관의 후원, 선종결사는 독서층 및 일반민들의 지원을

---

39) 崔柄憲, 1992, 앞의 논문, 56쪽 註 6 참조.

40) 보현행은 『화엄경』(권49) 보현행품에 그 내용이 자세히 기록되어 있다. 그에 의하면, 깨달음의 경지에 든 보살이 자기 혼자만의 법을 즐기는 것이 아니고, 중생을 위해 끝없는 행원을 세우고 닦고 회향한다고 한다. 따라서 수암사의 화엄결사는 보현보살의 합원사상을 실천에 옮기려는 의지를 밑바탕에 깔고 있다고 볼 수 있다.

받아 이루어졌다는 도식적 시각은 문제가 있다고 보겠다. 셋째, 그런 점에서 결사를 행하는 무리들의 결사문에 나오는 결사의 동기, 즉 '명리를 버리겠다'는 표방은 다분히 허위적인 문식에 불과하다는 점을 지적하지 않을 수 없다.

수암사 화엄결사나 료세의 백련결사를 통해 마지막으로 지적할 수 있는 또 하나의 사실은 지눌의 수선결사 등이 당시 불교계의 대안으로 그 기능을 발휘하지 못하고 있었다는 점이다. 따라서 수선결사에 지나친 의미 확대는 재고되어야 할 것이다.

Ⅳ. 맺음말

고려시기의 결사불교는 주로 경상도를 중심으로 전개되었다. 경상도지역은 신라이래 오랜 전통의 불교문화가 축적되어 있었던 곳으로, 권력의 소용돌이에서도 멀리 떨어져 있었다. 그리고 한반도의 주도권이 경주를 중심으로 한 경상도지역에서 개경을 중심으로 한 중부지역으로 옮겨감으로써 단월을 확보하지 못하여 퇴락하거나 폐사되어 무주공산의 사찰이 많았기 때문일 것이다. '道詵秘記'를 빙자하여 사원의 창건을 규제한 고려왕조에서 佛宇의 건립과 住持의 差定 등은 국왕의 배려나 최소한 지방관의 승인이 없으면 안되었기 때문에 기왕의 폐사지 등은 사원의 중창이라는 점에서 비교적 용이하였을 것이다.

결사불교의 시작은 대개 '명리를 벗어나고자 함'이거나 '자포자기를 위로하고자' 결성되었다는 점에서 사상적인 표방과는 달리 사회변혁을 추구하지 못하고 기존 사회체제를 탈각하는 데 한계성을 드러낼 수밖에 없었다. 특히 공산 거조사에서의 지눌의 정혜결사는 그 자신이나 결사의 대상이 추구했던 것은 '명리를 벗어나고자 함'이었다. 여기에는 경상도지역의 토호층과 독서층들이 참가하여 불교계의 제반 모순을 자각, 비판하여 개혁을 주도한 모습이 보이지 않으며, 결사를 주도한 지눌이나 득재의 수행은 있을지언정 자기가 몸담고 있는 사회의 모순과 갈등을 풀어나갈 수 있는 실천적인 교화 역시 보이지 않는다. 경상도지역에서의 정혜결사의 실패의 경험에 따른 자기반성이 정혜결사의 수선결사로의 전환, 백련결사의 결성을 가능하게 하였다는 인식을 우리는 할 필요가 있다. 그러나 지눌이 강조한 선법이 13세기 전후의 혼란상에 처해 있던 대다수의 농민이나 천민을 대상으로 한 것이 아니라 적어도 지식대중이상이었다는 사실은 이후의 수선사가 지배계층과 공동의 이익관계를 추구하면서 정권에 예속될 가능성을 말해주는 것이다. 바로 국자감시에 합격한 혜심이 지눌을 이어 수선사의 2대 법주가 되었다는 것은 바로 이를 예고해주는 것이다.

제2장 원간섭기 유불계의 동향과 영남지역

Ⅰ. 머리말

1170년에 성립된 고려 무신정권은 이민족 몽고의 침입으로 말미암아 더욱더 오랫동안 지속될 수 있었다. 그러나 1270년, 몽고의 침입에 결국 굴복하여 항복함으로써 무신정권은 종식되고 왕정복고가 이루어지게 되었다. 원간섭기는 사상적으로 불교의 대사회적 기능이 약화되고 대신 주자학이 들어오면서 유불교체가 이루어지는 시기이다. 이러한 측면에서 이 시대 사상사 연구는 불교계의 입장에 서서 보거나 아니면 주자학의 보급이라는 측면에 초점을 맞추어 많은 연구가 되어 왔다. 그 결과 전자의 입장에서는 13세기 후반 이후 대내외적으로 대몽항전기를 거치고 무신정권이 붕괴되면서 원간섭기로 접어들게 됨에 따라 불교계는 대대적인 개편이 이루어지게 되었다고 한다. 이러한 개편의 결과 원지배라는 정치현실 속에서 타협하고 온존하려는 경향과 13세기 전후의 신앙결사를 계승하면서 당시의 보수적인 성격을 비판하려는 경향으로 대별할 수 있다고 하면서, 전반적인 불교계의 추세는 보수적 경향과 타력신앙적인 요소가 풍미하였다는 지적을 하고 있다.[1]

---

1) 蔡尙植, 「교선의 문제와 신앙결사운동」 『한국역사입문』 ②―중세편, 한국역사연구회, 풀빛, 1995.

그에 반해 성리학의 경우, 성리학을 신진사대부의 성장과 관련시켜 파악했던 연구를 비롯해서, 성리학을 수용함으로써 理氣·心性을 논의하게 되고 불교계에 대한 비판적 인식이 고조되는 사상적 변화에 주목한 연구, 고려후기에 수용된 성리학이 元代에 官學化한 성리학이었기 때문에 당시 조성된 성리학이 思辨的이기 보다는 修身과 儒家의 경세적 역할을 강조하는 실천적 성격이 컸다는 지적이 제기되었다. 또 성리학의 수용 배경에 대한 검토에서 고려전기 이래 송의 선진적 문물에 대한 고려 유학자들의 관심이 컸던 바, 그들은 송대 신유학의 사조나 동향을 잘 알고 있었다는 지적이 있었고, 불교 특히 禪佛敎가 발전됨으로써 심성에 대한 심도있는 철학적 이해를 이룬 문화적 전통이 있었기 때문에 성리학을 용이하게 수용할 수 있었다는 지적도 있다.

그런데 이상의 원간섭기의 유불계의 동향에 관해서는 거개가 중앙의 시각에서 다루어진 한계를 갖고 있다. 과연 그러한 연구성과들이 지방사회에 어떻게 투영되어 나타나는가에 대한 관심은 별반 없었다. 물론 이것은 일차적으로 자료의 한계에 의한 것이지만 원간섭기에 해당하는 시기가 지방세력들이 대거 중앙으로 진출하여 신흥사대부라는 세력을 형성하고, 이들이 주자학에 훈도되어 불교적인 고려사회를 무너뜨리고 주자학을 치국의 이념으로 삼는 조선왕조를 건국하였다는 점에서 지방사회에서 유불계의 동향이 어떻게 전개되는가를 살펴볼 필요가 있다. 본고는 이러한 시각을 갖고 원간섭기 유불계의 동향이 영남지역에서 어떻게 전개되고 있었던가를 살펴보기로 한다.

II. 몽고침입기의 사상계의 변화와 영남지역

중국유학은 이민족의 침입으로 북송에서 남송으로 교체되는 과정에

서 북송성리학에서 주자성리학으로 바뀌어가게 되면서, 존왕양이ㆍ대의
명분ㆍ이단배척ㆍ척불골표를 내세우면서 사상적 전환을 이루었다. 고려
의 경우는 주자성리학 수용의 토양이 중국과 크게 다르다. 고려중기에
북송성리학이 전래됨과 더불어 예종ㆍ인종대『書經』ㆍ『禮記』ㆍ『周易』
등 經學을 중심으로 활발하게 전개되었던 고려 유학2)이 인종조 이후
금의 흥기에 따른 송과의 교류 단절로 인해 주자성리학과의 사상적 교
류가 여의치 않고, 또 대내적으로 무신정권의 성립에 따른 문신들에 대
한 대대적 숙청으로 인해 침체의 국면에 접어들 수밖에 없었다. 무신정
권 이후 유학적 문풍은 교종사원에 숨어든 문벌자제들에 의하여 계승,
유지되었지만 이들과 연결된 교종사원들이 무신정권에 도전과 반발을
하였기 때문에 사원에 숨어든 문인들이 큰 타격을 받았으며, 이로 인해
유학은 더욱 침체의 국면에 접어들 수밖에 없었다. 대개 이때 타격을
받은 사원들은 정치적 소용돌이 속에 위치한 개경과 그 주변의 사찰이
었기 때문에 유학과 불교의 중심이 중앙에서, 지방으로 확산되어 불교
에서의 결사운동의 전개, 유학에서의 지방의 학문적 발흥의 초석이 마
련될 수 있었다.

　　최씨정권 이후 정치적 소강상태와 더불어 정치적 여유를 과시하고
민심을 무마할 필요성, 그리고 국내의 제도운영과 외교상 문한관 확보
를 위한 필요성 등에 의해 과거를 계속하고 문한관을 등용함으로써 유
학이 흥기될 가능성은 가졌지만 인적 학통은 형성될 정도는 아니었다.
이 시기 최씨정권에 등용된 이규보가 유학자를 경제의 방책을 펴기 위
하여 정치에 나아가며, 문학적 능력을 통해 행정적 업무를 원만히 수행
하고, 경학에 대한 식견을 통해 왕정을 보필하는 존재로 파악하면서3)

---

2) 李源明,『高麗時代 性理學收容硏究』, 국학자료원, 19～58쪽.

3) 李奎報,『東國李相國集』권26,「上崔相國讀書」, "士가 筮仕하는 까닭은
　　구차히 일신의 榮宦을 도모하고자 해서가 아닙니다. 대개 마음에 배운 바
　　로써 정치를 통해 시행하여 經濟의 방책을 떨치고 힘써 왕실을 폄으로써

그들이 권력을 주체적으로 관장한다는 의식을 별반 갖지 못하고 권력을
보좌하는 것으로 그들의 지위를 한정한 것[4]은 관인층의 공통적 속성으
로 보아도 무방할 것이다. 관인층의 정치적 역량이 이처럼 제한된 상황
하에서 과거를 통해 출사의 길을 택했던 유학자 가운데에는 혜심처럼
머리 깎고 승려가 되는 경우가 적지 않았다. 지금까지 이러한 현상에
대해 사상적으로 불교는 유학·도교 등 다른 사상과의 관계가 좀더 밀
착되고 혼합되는 경향이 두드러졌고, 유학의 수준은 佛僧에 의하여 명
맥이 유지되면서 불교에 예속성이 강하게 되었음이 지적되었다.[5] 혜심
이 최홍윤에게 보낸 서신에서 "공자와 노자도 석가의 미숙한 단계이거
나 제자에 불과하다"[6]고 한 것이나 天頙이 동사생이었던 閔頃에게 보
낸 글에서 유학에 대한 불교의 사상적 우위를 주장한 것에 주목한 것이
다. 그러나 登科儒臣의 길을 지향하던 이들이 불승의 길을 걷게 되었던
그 자체는 유학의 불교에 대한 종속의 측면 못잖게 불교의 정치화, 정
치에의 종속화를 초래했음이 지금까지 간과되지 않았는가 한다. 이러한
저간의 사정은 다음의 자료를 통해 알 수 있다.

> 아, 세상이 저하되어 풍속이 야박하자, 公卿·宰輔가 된 이들은 순
> 수한 仁義禮樂만으로는 민속을 교화시킬 수가 없어서, 반드시 불법을
> 참용하여 사심을 끊게 되므로, 그 膏澤이 나라를 鎭定하고 성벽을 튼
> 튼하게 한 데에서 나게 되니, 이것은 또한 집정자가 사용하는 하나의
> 奇策인 것이다.[7]

당시의 유학이 정치력을 잃어버렸음을 '인의예악만으로 민속을 교화

　백세토록 이름을 드리워 不朽할 것을 기대하기 때문입니다."
4) 馬宗樂, 「高麗後期 登科儒臣의 儒學思想 硏究－李奎報·李齊賢·李穡을
　중심으로－」, 1999, 44~45쪽.
5) 許興植, 『高麗佛敎史硏究』, 일조각, 1986, 448~450쪽.
6) 慧諶, 「答崔參政洪胤」『眞覺國師語錄』.
7) 李奎報, 「大安寺同前」『東國李相國集』 권25.

할 수 없다'는 구절을 통해 알 수 있고 상대적으로 그간 유학이 갖고 있었던 정치적 교화력의 한 분면을 불교에 기대하고 있음을 알 수 있다. 유학과 그것을 익힌 유학자들이 권력을 주체적으로 관장한다는 의식을 별반 갖지 못하고 권력을 보좌하는 것으로 그들의 지위를 한정한 상황하에서 대민교화의 정치적 기능을 불교에서 찾아내고자 하는 움직임이 반영된 것이다. 또 그것은 무신정권 이래 유학자들이 불교사원에 숨어들고, 무신정권과 원간섭기에 등과유신들이 승려가 됨으로써 불교가 그 본령을 벗어나 유학의 논리, 치국제민의 정치학의 논리에 그만큼 꺼둘리게 됨으로써 나타난 결과이다. 그것을 유학에 깊은 관심을 보인 당시의 승려들을 통해 알 수 있다.

(1) 又於禪悅之餘 再閱藏經 窮究諸家章疎 旁涉儒書 兼貫百家(『조선금석총람(上)』「普覺國尊碑幷書」).
(2) 旣主宗盟 諸方盡傾 旁涉書史 硏精究理 奮筆爲文 秋濤春雲(『益齋亂藁』 권7,「寶鑑國師碑銘幷序」).
(3) 嘗見神孝寺堂頭正文 年八十 善說語孟詩書(『櫟翁稗說』 前集 2,「嘗見神孝寺堂頭」).
(4) 一日有一生 來問魯論中山梁之語 解說之(釋無畏,「庵居日月記」『東文選』 권68).

일연이 불경 외에 널리 儒書를 섭렵하였고, 그를 계승한 寶鑑國師 混丘 역시 두루 書史를 연구하였다고 한 것이나 신효사의 노승 정문이 『論語』·『孟子』·『詩經』·『尙書』 등을 잘 강설하고, 무외국사 정오도 『論語』의 구절을 해설해주었다는 기록 등을 볼 때 승려들의 유학에 대한 해박한 지식을 알 수 있다. 특히 유학에 해박한 이들이 국사 등의 지위에 오른 것으로 보아 원간섭기 승려들에게 필수적으로 요구된 것의 하나가 유학에 대한 일정한 지식이었음을 알 수 있다. 그렇기 때문에 불교는 종교적 신앙의 대상만이 아니라 이규보가 '仁義禮樂만으로는 민속을 교화시킬 수가 없어서, 반드시 불법을 참용하여 사심을 끊게 된다'고 한 데서 보다시피 정치적 교화의 한 방편으로 간주되었던 것이다. 겉으로 이것은 불교의 유학에 대한 사상적 우위로 간주될 수 있지만 불교 본연의 길에서 그만큼 멀어지는 결과를 초래하여 불교가 스러지는 요인으로 미구에 작용하게 된 것이다. 물론 당시의 불교의 수준이 유학을 견인해내고, 유학이 갖고 있었던 대민교화력을 능가할 정도의 건전성을 가졌다면 문제가 다르겠지만 혜심이나 천책의 경우처럼 유학에 대한 일방적 우위를 주장하고, 거기에 자족하는 상황하에서 그런 단계로 나아갈 길을 찾아낼 수는 없었다. 불교의 승려들은 유학자들에게 사장지학을 가르치면서 유학에 대한 사상적 우위를 강조함으로써 자기만족에 그칠 뿐이었다.

고종 18년(1231)에 몽고가 이 땅을 침입해오자 무신정권은 주전론의 고수를 통해 위기를 극복하고자 하였다. 몽고와의 1차전쟁으로 인해 국경지방의 군사적 기능이 크게 약화된 상황하에서 몽고군으로부터 개경을 고수하기 어렵다는 판단을 한 최우정권은 이듬해인 고종 19년에 강화천도를 하였다. 이후 강화도는 원종 11년(1270)까지 전시수도로서, 몽고로부터 안전했던 거의 유일한 지역이었다.

전란의 와중에 수도 개경을 버리고 바다의 한 귀퉁이인 강화도로 천도한 최씨정권은 그들의 세속적 권력만으로는 더 이상 항전을 독려하기 어려운 상황이었다. 치국제민의 정치학인 유학은 지배층에게 국가의식을 심어줄 수는 있었지만 戰禍 속에서 몽고군에게 짓밟히고 있었던 민중들에겐 아무런 역할을 할 수 없었다. 여기에 바로 왕실과 귀족에서부터 일반 백성에 이르기까지 정신적 지주로서 군림하고 있었던 불교의 힘을 빌어 항전의 에너르기를 얻어내고자 하기 위한 기제로서 대장경 판각이 필요하였다. 당시 전장에서 삶과 죽음을 넘나드는 순간순간을 겪고 있었던 병사들이나 몽고군의 침입으로 인해 자신과 가족들의 목숨과 삶의 터전 와해의 위기에 직면한 민들은 消災의 염원을 불교에 찾고 있었다. 그러한 자료를 검토해보기로 한다.

'江華京板 高麗大藏經'의 각성이 시작될 무렵에 해당하는 1235년(고종 22년)~1236년 사이에 제작된 것으로 추정되는 '五百羅漢圖'[8]의 畫記를 보면 "國土大平"을 염원하고 있는데, 그 가운데 '三百七十九圓上周尊者'의 畫記를 살펴보면,

> 伏惟 隣兵速滅 中外咸□ 聖壽等□ 令壽齊北□ 已身延壽□ 室內
> 得椿齡之願 都兵馬錄事李奕膽 乙未十月日 棟梁 隊正 金義(仁)

을미년(1235) 10월에 도병마녹사인 李奕膽이 隣兵, 즉 몽골군을 속히 물리쳐 中外가 모두 편안하고 국왕이 만수무강하기를 北에 제사지내며 아울러 자신과 家內가 번창하기를 기원하는 것을 대정 金義仁이 주관하고 있다. 1236년 鄭晏이 판각한 『妙法蓮華經』의 발원문에서도 '隣兵瓦解'를 기원하고 있는 것에서[9] 외적의 침략에 직면한 고려민들이 消災의 염원을 불교에서 구하고자 하였음을 알 수 있다. 1245년, 仁福寺에서 주조한 金鼓의 주조 동기가 "전쟁이 일어나지 않고, 조야가 태평하고, 불법이 넓게 펼쳐지기를"[10] 염원한 것에서도 그것은 확인된다. 또 1245년(고종 32)에 사신으로 몽골에 갔다가 4년동안 억류되었다가 1249년 2월에 귀국한 新安公이 바로 그 해 12월 法華塔圖를 발원하여 무사귀환의 섭리에 대한 감사의 심정을 표하면서 그 願記에 "國戚康寧 隣兵永寢 國泰民安 時和歲稔"이라고 하여 전쟁의 종식과 평화를 갈구

---

8) 이 불화들에 대한 해설은 松本榮一, 「高麗時代の五百羅漢圖」『美術資料』 175 ; 吉田宏志·菊竹淳一編, 「高麗佛畫の紀年作品」『高麗佛畫』 ; 文明大, 「羅漢圖」『高麗佛畫』; 柳麻理, 「高麗時代 五百羅漢圖의 硏究」『韓國佛教美術史論』(黃壽永 編, 민족사, 1987) 등이 있다. 아울러 畫記는 李基白, 『韓國上代古文書資料集成』(「五百羅漢圖」, 일지사, 1987, 67~71쪽)에 실려있다.

9) 藤田亮策, 「海印寺雜板攷」『朝鮮學報』138, 1991, 43쪽 참조.

10) 黃壽永, 『韓國金石遺文』, 일지사, 1976, 399~400쪽.

하는 심정을 佛力에 바라고 있었던 것[11])도 마찬가지일 것이다.

이러한 불력을 통한 消災의 염원을 최씨정권은 수렴하여 대장경의
판각에 나섬으로써 抗蒙의 에너르기를 이끌어내고, 나아가 '江華京板
高麗大藏經'의 각성을 통해 흩어진 민심을 추스리고자 하였을 것이다.[12])

이규보가 쓴 '대장경을 판각하면서 군신이 기고하는 글'에 그 일단의
모습이 잘 드러나고 있다.

> 심하도다. 達旦(蒙兵)이 환란을 일으킴이여! 그 잔인하고 흉포한 성품
> 은 이미 말로 다할 수 없고, 심지어 어리석고 昏暗함도 또한 금수보다
> 심하니, 어찌 천하에서 공경하는 비 佛法이란 것을 알겠습니까? (중략)
> 가만히 생각하건대, 弟子 등이 지혜가 어둡고 식견이 얕아서 일찍이
> 오랑캐를 방어할 계책을 못하고, 힘이 능히 佛乘을 보호하지 못했기
> 때문에 이런 큰 보배가 상실되는 재화를 보게 되었으니 실은 제자 등
> 이 무상한 소치입니다. (중략) 이 일로 인하여 맨처음 (대장경을) 草創
> 한 동기를 살폈더니 옛적 顯宗 2년에 契丹主가 크게 군사를 일으켜
> 쳐오자, 현종은 남쪽으로 피난하였는데, 契丹 군사는 오히려 松岳城에
> 주둔하고 물러가지 않았습니다. 그러나 현종은 이에 여러 신하들과 함

---

11) 權熹耕,「高麗寫經의 發願文에 관한 研究(Ⅱ)」『考古美術』168, 1985, 24
쪽 및 李基白,『韓國上代古文書資料集成』, 1987, 75∼79쪽 참조.
12) 이런 점에서 "八萬大藏經의 조판은 崔氏政權의 政治的 目的에 의해 기도
되고, 實踐에 옮겨질 수 있었다. 武臣執權期라는 특정한 여건 아래에서 前
에 없던 강력한 權力을 장악한 崔氏政權은 蒙古의 침입을 받자 그에 대한
對應을 政權維持의 차원에서 해나갔고, 그 대신 大藏經의 彫板을 내세워
佛敎라는 共通의 基盤을 통한 일반 백성들의 團合을 꾀하여 그들 中心의
抗爭을 지속시키면서 現實을 기만하려 했던 것이다. 崔氏政權의 필요성에
의해 그 막중한 政治的 權力과 經濟的 富力이 행사되지 않았다면, 이 亂
中의 大事業은 계획될 수도, 착수될 수도 없었으리라 말할 수 있다"(閔賢九,
「高麗의 對蒙抗爭과 大藏經」『韓國學論叢』1, 국민대 한국학연구소, 1979, 51쪽 ;『高麗
中後期佛教史論』불교사학회편, 민족사, 1986)라고 한 견해는 제고되어야 할 것이
다. 대장경 藏板들이 崔氏政權의 私財를 바탕으로 이루어졌다는 데에 대
한 비판은 金潤坤,「高麗國 分司大藏都監과 布施階層」『民族文化論叢』
16, 영남대 민족문화연구소, 1996을 참조 바람.

께 서원을 발하여 大藏經板本을 板刻해 이루었는데, 그 뒤에 契丹 군사는 스스로 물러 갔습니다. 그렇다면 大藏經도 한 가지이고 誓願한 것도 또한 한 가지인데 어찌 그때에만 契丹 군사가 스스로 물러가고 지금의 달단은 그렇지 않겠습니까. 다만 諸佛多天이 어느 정도 보살펴 주시느냐에 달려있습니다.[13]

최씨정권은 위로 국왕과 왕실 및 귀족·관료층으로부터 아래로 서민 대중들에 이르기까지 전 계층이 갖고 있었던 '불력을 통한 消災의 염원'을 대장경 각성으로 이끌어내고자 하였다. 그것을 이끌어내기 위해 대장경판의 조성을 위한 문필활동과 경판의 판각행위의 身布施, 혹은 경판조성의 경비조달의 財布施를 포함한 일체의 활동을 두드러지게 한 자들이 그 활동의 댓가로 경전에 이름을 남길 수 있는 특혜를 부여함으로써 이들의 자발적 참여를 유도하였다. 이를 위해 그 자신이 솔선수범하여 거금의 '金一封'을 내놓았을 것이다.

또 대장경 각성사업을 내세워 불교라는 공통의 기반을 통한 일반 백성들의 단합을 꾀하여 대몽항전의 에너르기를 이끌어내기 위해서는 왕명에 의한 국가적 사업임을 천명할 필요성이 있었다. 『高麗大藏經』각 권 말의 刊記에 '高麗國 (중략) 奉勅雕造'라고 刻하게 된 것은 이를 단적으로 말해준다. 그렇기 때문에 이규보의 군신기고문에서는 최씨정권을 전혀 내세우지 않고 君臣의 誓願에 의해 판각이 이루어졌음을 밝히고 있다.

이제 귀족·관료층 및 서민대중들은 대장경의 판각에 그 이름을 남겨 자신의 誓願을 기구하고, 이를 매개로 불력을 통한 이민족의 격퇴를 믿어 의심하지 않고 항전의 의지를 불태울 수 있었다. 이를 金坵의 시를 통해 살펴보기로 한다.

---

13) 李奎報, 「大藏刻板君臣祈告文」『東國李相國集』卷25.

한 藏이 전혀 백만 군사보다 나으니
魔軍·外道가 제 감히 못 엿보네
龍象들을 골라 왔으니 두려움 없어
의심 마소 豺狼을 휩쓸어 낼 줄을
낮 講設은 공이머리로 옥가루를 찧고
밤 經論은 북 속에서 근심을 토하듯
願王이 천가지 祥瑞를 몰고 오니
어버이 나라 태평을 스스로 알리로다

장엄한 이 모임이 바로 취봉이 아닌가
일백 화로에 향 오르고 瑞煙이 무르녹네
설법은 옥 굴리듯 三藏을 꿰고
講舌은 구슬 날리듯 五宗을 연설하네
부처님의 내리시는 힘을 믿으면
兵騎가 저절로 자취를 감추리
우리 임금 정성을 龍과 하늘이 느끼어서
서늘한 비를 뿌려서 나라의 얼굴 씻어주네[14]

　　대장경의 한 경판이 백만 군사보다 나아 豺狼, 즉 몽고군을 휩쓸어
내주리라고 믿었던 귀족과 관료층, 그리고 서민대중들은 서슴없이 대장
경의 각성에 보시하지 않을 수 없었다. 앞의 이규보의 '군신기고문'에서
보다시피 대구 팔공산 부인사에 보관된 대장경이 몽고의 병화로 인해
불타 버렸기 때문에 경상도지역민들의 대장경 각성 참여는 더욱 적극적
이었을 것이다. 그런 점에서 경상도의 안찰사 全光宰에 의해 조성된
『南明泉和尙頌證道歌事實』의 '後序'를 살펴보기로 한다.

　　나는 평소에 불전[內典]을 믿어, 특히 『南明泉和尙頌證道歌』 1부에
마음을 두고 있었다. … 지난 丁未歲에 金城에 출진하여 禪侶들을 모
아 瑞龍(寺)의 禪老 連公을 청하여 主法默示로 蒙寇가 물러가도록 하

───────────────

14) 金坵, 「宣慶殿行大藏經道場音讚詩」 『東文選』 卷14.

게 하였다. 초본을 얻어 … 상자 속에 간직하여 珍寶로 여기고 새겨서 學人들에게 나눠주고자 하였으나, 머뭇거리다가 여태 수행하지 못하였다. 戊申歲에 (전광재는) 按行卞韓道 兼 分司大藏都監의 직임을 띠니 개인적으로 기뻐하고 다행으로 생각한다. 그러나 草本이 잘못되고 소략하여 즉시 판각을 시작하지 못하였다. 때문에 幹事 比丘 天旦에게 촉탁하고, 禪伯인 擧上人으로 하여금 讎校를 맡도록 하였으며, 훌륭한 필사자를 모집하여 淨書케하고 능숙한 각수를 선발하여 새기게 하였다. … (戊申歲) 9월 상순 慶尙晉安東道 按察副使 都官郎中 全光宰 誌.[15)]

위의 내용에서 우선 주목되는 것은 全光宰가 정미세(고종 34, 1247)에 金城에 출진하여 禪侶들을 모아 瑞龍寺[16)]의 禪老 連公(禪伯 擧上人)을 청하여 主法默示로 蒙寇가 물러가도록 하였다는 사실이다. 이것은 전광재 개인의 불법에의 심취 탓만이 아니다. 몽고군과의 생사를 건 일전에 동원된 경상도지역민들이 불법의 가호를 통해 勝戰을 염원하고 있었기 때문이다. 승전의 원동력이 불법에 있음을 의심치 않았던 경상도지역민들의 고려대장경의 각성 참여는 적극적이었을 것이다.

위 사료에서 또 주목해야 할 사실은 『남명천화상송증도가사실』의 각성은 전광재가 按行卞韓道, 즉 경상도 안찰사의 직임과 함께 분사대장도감의 직임을 겸임함으로써 비로소 간행되었다는 사실이다. 『남명천화

15) 『高麗大藏經』 45冊, 『南明泉和尙頌證道歌事實』 卷3 跋尾文, “予素信內典 而南明泉和尙頌證道歌一部 尤所留心 然涉事有根帶 不能無疑 越精米歲 出鎭金城 裒集禪侶 請瑞龍禪老連公 注法默示 以禳蒙寇 因得草本 指南於連公 藏篋寶之 庶慾鏤板 施於學者 因循未遂 歲戊申 按行卞韓道 兼任大藏分司 私心喜幸 然草本訛略 未卽下刀 因囑幹事比丘天旦 俾禪伯擧上人讎校 募工筆而書之 簡善手而鐫之 所冀 我晉陽公 壽增岳峙 福畜淵深 새소랑화(大) 天掃攙槍 時和歲稔 使祖燈永耀於無窮耳 九月上旬 慶尙晉安東道按擦副使都官郎中全光宰誌.”

16) 瑞龍寺는 강원도의 瑞龍庵으로 비정하고 있으나(高翊晋, 「高麗大藏經 補遺板所在 ‘證道家事實’의 著者에 대하여」 『韓國佛敎學』 1, 1975, 83~84쪽) 金城은 경주를 가리키는 것으로 해석된다(尹龍赫, 『高麗對蒙抗爭史研究』, 一志社, 1991, 95쪽). 따라서 강원도에 비정하는 것은 무리이다.

상송증도가사실』은 강화경판의 외장인 보유판에 입장되어 있는데, 경상
도 안찰사와 분사대장도감의 직을 겸임하고 있던 전광재가 "幹事 比丘
天旦에게 촉탁하고, 禪伯인 擧上人으로 하여금 讎校를 맡도록 하였으
며, 훌륭한 필사자를 모집하여 淨書케하고 능숙한 각수를 선발하여 새
기게 할 수 있었다"고 한다. 강화경판의 조성과정에 있어 아직까지 풀
리지 않은 의문들 중의 하나가 바로 경판의 판각 장소와 대장도감 및
분사도감의 설치 지역에 관한 문제일 것이다. 현존하는 고려대장경의
판각처로 유일하게 명시된 자료는 『宗鏡錄』 권27의 간기에 "丁未歲 高
麗國 分司南海大藏都監 開板"[17]이라고 한 것이다. 지금까지 '대장도
감'은 강화에, '분사도감'은 남해 등지에 설치되어 있었다는 것이 거의
정설처럼 되어있다. 다만 本司 즉 대장도감은 진주에, 분사도감은 남해
에 각각 위치한 것으로 보는 반론이 있을 정도였다.[18] 이후 1990년대에
들어와서 대장경 조성에 대한 새로운 연구방법이 도입되면서 대장도감
과 분사도감에 대해서도 전면적인 재검토가 이루어졌다. 그중 강화도에
있었던 대장도감은 대장경 판각을 위해 최우가 설치한 중앙의 지원기구
로 이해하고 "고려대장경 전체가 모두 남해의 분사도감에서 판각되어졌
다"[19]고도 한 주장이 제기되었고, 이러한 견해를 전면 부정하면서 분사
도감에서의 작업을 각수들의 이동과 보충으로 설명하면서 그 구체적인
위치를 정안의 사제였던 남해의 定林社(江月菴)를 들기도 한다.[20] 한편
대장도감의 조직에 대해서는 고려시대에 존치된 56여개의 도감 조직을
참고하여 그 조직계통을 언급키도 하였다.[21] 그러나 강화경판의 조성을

---

17) 『宗鏡錄』 권27의 刊記(『高麗大藏經』 제44책, 157쪽).
18) 閔泳珪, 「一然重編 曹洞五位 重印序」 『學林』 6, 1984.
19) 朴相國, 「大藏都監의 板刻性格과 禪源社 問題」 『韓國佛敎文化思想史』 上,
    가산이지관스님화갑기념논총, 1992.
20) 金光植, 「鄭晏의 定林社 創建과 南海分司都監」 『建大史學』 8, 1993 ; 『高
    麗武人政權과 佛敎界』 民族社, 1995.
21) 金甲周, 「高麗大藏都監 研究」 『佛闐闐』 창간호, 1990. 이에 따르면 남해

위해 설치된 대장도감은 다른 기타 도감의 조직처럼 새로이 조직을 구성하였던 것이 아니라, 당시 정부 통치조직 전체를 경판의 조성기구로 전환하여 구성되어진 것이었다. 그리고 대장도감의 상층부는 무인최씨 정권의 최고 통치부가 그 직무를 수행하였고, 하부구조인 실무자급은 새로운 전담요원으로 조직하였다. 그 산하기구로 분사도감이 설치되어 있었다. 분사도감과 조조처 역시 남해 등 어느 한 곳에 위치하고 있었던 것이 아니라, 여러 곳에 분산되어 위치하고 있었다.[22] 경상도 안찰사인 전광재가 분사대장도감의 직임을 겸임하였다는 사실에서 분사도감과 조조처는 오직 한 곳만이 아니라, 몽고의 침략으로 경판조성이 곤란한 지역을 제외하고 각 계수관이 분사대장도감의 직임을 띠고 경판의 각성을 주도하였음을 알 수 있다. 그와 함께 전국 유명 사원도 경판의 판각장소로 활용되었을 것이다. 고려시대의 서적 출간 및 판각 조성 등은 거의 대부분 각 계수관의 幕府와 또 사원 등지에서 이루어져 왔었다. 그 가운데에서 상대적으로 몽고의 병화를 덜 입은 영남지역에서 대장경 상당수가 각성되었을 것이다. 우선 판각처가 명시된 유일한 자료인 『종경록』 권27의 간기에 "丁未歲 高麗國 分司南海大藏都監 開板"[23]의 기록과 전광재가 按行卞韓道 즉 경상도 안찰사의 직임과 함께 분사대장도감의 직임을 겸임한 예를 통해 영남지역에서 대장경 각성이 실제 행해졌음을 알 수 있다. 그 외 영남지역의 사찰 가운데 해인사에

분사의 구성은 使는 晉州牧使가 겸직하였고, 副使는 晉州牧副使 全光宰가 겸직하였으며, 그 아래 錄事 및 數人의 校勘과 實務를 담당하는 吏屬들이 있었다고 한다. 또 本司는 使 위에 判官 數人과 使, 副使, 錄事, 校勘 등이 각각 수인, 그리고 실무담당의 吏屬 수인이 있었던 것으로 보고 있다.

22) 金潤坤,「高麗大藏經의 造成機構와 刻手의 成分」『民族史의 展開와 그 文化』上, 벽사이우성교수 정년기념논총, 1990 ;「高麗大藏經의 東亞大本과 彫成主體에 대한 考察」『石堂論叢』24, 1997 ;『고려대장경의 새로운 이해』, 불교시대사, 2002.

23) 『宗鏡錄』 권27의 刊記(『高麗大藏經』 제44책, 157쪽).

서 각성이 이루어진 예를 살펴보기로 한다.

> 聖壽無彊 隣兵永息 時和歲稔 國泰民安之願 丙申六月日誌 刻手
> 大升 海印寺彫造

이 자료는 해인사의 東板殿에 소장되어 있는 『佛說梵釋四天王陀羅
尼經』의 말미 誌文이다. 이 자료의 병신년은 1236년(고종 23)으로 파악되
는데,[24] 이 해는 강화경판 고려대장경이 산출되기 시작한 1년전에 해당
한다. 위 자료의 각수인 大升이 1238년과 1239년, 2년 동안에 강화경판
고려대장경의 『摩詞般若波羅蜜經』 권11 第11∼18장을, 『摩詞般若鈔
經』 권5 第2∼10장을 판각하고 있다. 그리고 해인사 西板殿에 소장되
어 있는 大字 『金剛般若波羅蜜經』은 당시의 집권자인 崔瑀의 '特發弘
願'에 의하여 정유년, 즉 고종 24년(1237)에 조성된 것인데 이것 역시 해
인사에서 조성된 것일 것이다. 그 외 『大乘大敎王經』과 『金光明經』의
두 경전 역시 해인사에서 판각되었음이 밝혀진 바가 있다.[25] 따라서 이
제까지 조조처는 오직 '남해분사'만이 담당했던 것처럼 인식되어 왔던
것이 부정되게 되었다. 이러한 견해는 현재 해인사의 동서재에 보관되
어 있는 사간판 중 『大方廣佛華嚴經疏』·『大方廣佛華嚴經隨疏演義
鈔』의 각성자 분석을 통해 해인사 주변의 가야산 下鉅寺가 대장도감과
인적·물적 교류 장소였음이 밝혀지고 있다.[26] 오늘날 경남 산청군 단
성면 운리의 단속사에서도 경판의 조성이 이루어졌을 것이다. 『世宗實
錄』 地理志 晉州牧 斷俗寺條를 살펴보면

---

24) 藤田亮策, 「海印寺雜板考」 『朝鮮學報』 138, 1991, 59쪽 참조.
25) 金潤坤, 「高麗大藏經의 東亞大本과 彫成主體에 대한 考察」 『石堂論叢』
   24, 동아대학교 석당전통문화연구원, 1996.
26) 김윤곤, 앞의 논문 ; 崔永好, 「海印寺 所藏 『大方廣佛華嚴經疏』·『大方廣
   佛華嚴經隨疏演義鈔』의 판각성격」 『한국중세사연구』 4, 1997.

> 단속사는 진주 서쪽 42리에 있다. 선종에 속해 있으며 전답은 150결
> 을 지급받았다. 寺에 韓昌黎集과 高麗 李相國集板이 있다.[27]

라 하여 이규보의 『東國李相國集』이 보관되어 있음을 알 수 있다. 그
러면 이규보의 『東國李相國集』이 단속사에 보관된 이유가 무엇 때문인
가를 알아보기 위해 다음의 자료를 검토해보기로 한다.

> 嗣孫 益培는 말하기를 조부이신 文順公의 全集 41권과 後集 12권,
> 年譜 1軸이 세간에 퍼진 것이 오래되어 그릇되고 脫漏된 곳이 많이
> 있었다. 이제 分司都監에서 海藏의 雕造를 마친 여가에 칙명을 받들
> 어 이를 조판하였는데, 내가 다행히 比郡에 수령으로 나와 있어서 家
> 藏 1本으로서 讐校하여 유통케 하였다. 辛亥歲 高麗國 分司大藏都監
> 奉勅雕造.[28]

晉州牧 河東郡 監務인 李益培의 校勘에 의해 간행된 이규보 문집은
위 자료에서 보다시피 분사도감에서 대장경의 각성 여가에 만들어진 것
이다. 그런데 단속사는 晉州牧 속읍인 江東郡에 위치하고 있다. 이곳은
이익배가 감무로 와 있던 하동군과는 '比郡'에 해당한다. 훗날 金馹孫
이 쓴 「續頭流錄」에 의하면 당시 단속사에는 '藏經板閣이 높게 솟아
있고 담장이 주위를 둘러싸고 있다'[29]고 한 것과 연관시켜볼 때 강화경
판 고려대장경과 『東國李相國集』이 여기에서 판각되었다고 볼 수밖에
없다.[30] 그것을 방증하는 자료로서 단속사에서 『선문염송집』이 각성되
었다는 사실이다.

『선문염송집』 각성 과정에 대해 쓰여진 정안(?~1251)의 발문을 살펴

---

27) 『世宗實錄』 地理志 慶尙道 晉州牧 斷俗寺.

28) 李奎報, 『東國李相國集』 後集卷終 跋尾.

29) 金馹孫, 「續頭流錄」 『濯纓全集』 권5.

30) 金潤坤, 「『高麗大藏經』조성의 참여계층과 雕造處」 『인문과학』 12, 경북대
    학교 인문과학연구소, 1998, 116~128쪽 참조.

보면 아래와 같다.

> 먼저 眞覺國師(慧諶)께서 門人 등으로 하여금 古話 1125則과 아울
> 러 拈頌 등 語要를 채집케 하여 30권으로 편집하고 목판에 새겨 세상
> 에 流行토록 하였다. … 강화경으로 천도할 때 가져올 겨를이 없어 마
> 침내 그 저본을 잃어 버리고 말았다. 오늘의 曹溪 老師翁인 淸眞國師
> 는 … 이전에 발견하지 못한 諸方의 公案을 모으고, 또한 447則을 첨
> 가하여 다시 새기고자 하였으나 因緣이 닿지 않았는데, 禪師 萬宗 즉
> 斷俗寺 住持는 般若의 정신과 돈독한 원력으로 海藏分司에 폐백을 보
> 냈고 工匠을 모집하여 각판할 수 있었다. … 高麗 高宗 30년 癸卯 仲
> 秋에 逸庵居士 鄭晏이 跋하다(『韓國佛敎全書』 제5책 『禪門拈頌說話』 卷30,
> 「增補拈頌跋」, 923쪽).

위에서 특히 주목되는 점은 선사 만종이 단속사 주지였다는 것과 또
그가 '輸賄于海藏分司 募工彫鏤' 즉 海藏分司－'대장분사도감'에 폐백
을 보냈고, 工匠을 모집케 하여 각판할 수 있었다는 것 등을 밝혀 놓은
점이다. 여기 전자는 만종이 단속사의 주지로서 역할을 했다는 것을 시
사하고 있는 것이라 한다면, 후자는 '대장분사도감'이 단속사에서 공장
－목수·각수 등을 모집하여 각판을 할 수 있도록 했다는 의미가 함축
되어 있다고 볼 수 있다. 요약하면, 단속사 주지인 만종이 폐백을 보내
는 등 작용에 의하여 '대장분사도감'이 단속사에서 목수·각수 등을 모
집하여 『선문염송집』의 각판을 할 수 있게 했다는 것이다. 그러나 선사
만종이 폐백을 보내는 등 작용에 의해서 마치 단속사에서 『선문염송집』
을 각판할 수 있게 된 것처럼 주장한 것은 정안이 만종의 공적을 찬미
하기 위한 수사적인 표현에 불과한 것일 것이다. 『선문염송집』판이 조
성된 고종 30년(1243)은 '분사도감'의 경판이 처음으로 산출되기 시작하였
던 초창기였으며, 이 해에 '분사도감'의 경판으로 산출된 6,095장[31] 중에

---

31) 金潤坤, 「高麗國 分司大藏都監과 布施階層」 『民族文化論叢』 16, 1996.

『선문염송집』판도 포함되어 있으므로 '분사도감'에서 『선문염송집』이 판각된 것은 강화경판의 전체 조성계획안에 의해서 이루어진 것이다.

이상에서 살펴본 바와 같이 강화경판 고려대장경의 판각처로서 자료상 확인되는 지역은 경상도지역에 분포하고 있다. 따라서 강화경판 고려대장경은 경상도지역의 계수관 조직과 사찰들이 중심이 되어 각성하였다고 볼 수밖에 없다. 그것은 우선 이 지역이 태백산맥과 소백산맥의 준령에 가로놓여 있어서 몽고군의 병화를 비교적 덜 입었기 때문이다. 경상도의 경우 몽고군의 침입으로 인해 1232년(고종 19) 부인사의 대장경이 불타버렸다. 1235년에는 몽고군이 통도사까지 침입하였고, 1237년에는 황룡사가 소실되었다. 1247년에는 경상도 안찰사 全光宰가 金城에 출진하여 禪侶들을 모아 瑞龍(寺)의 禪老 연공(禪伯 擧上人)을 청하여 主法黙示로 蒙寇가 물러가도록 하였다는 등의 단편적 자료가 전하는 것으로 보아 비교적 몽고의 병화를 다른 지역보다 적게 입었다고 볼 수 있다. 그러므로 대장경 각성의 중심지였다고 볼 수 있다.

경상도지역은 신라이래 사찰이 많이 건립되어 불교에 대한 신심이 어느 지역보다도 높았을 것이기 때문에 불력을 통한 몽고군의 격퇴를 내세운 대장경 각성사업에 적극적이었을 것이다.

그러나 일면 경상도지역은 강화경판 고려대장경의 주된 각성처였지만 몽고의 병화를 비교적 덜 입었기 때문에 최씨정권의 주된 수탈 대상지역이기도 하였다. 단속사의 주지 만종은 『선문염송집』의 판각이 이루어진 그 이전부터 그리고 그 이후에 이르기까지, 즉 고종 27(1240)~34년(1247)의 시기에 경상도지역에서 갖은 악행을 저질러서 원성이 자자하였음을 다음의 자료를 통해 알 수 있다.

① (고종 27년 12월) 최우의 서자인 중 만종·만전은 모두 無賴惡僧을 모아서 문도로 삼고, 오직 殖貨로 業을 삼았으므로 金銀穀帛이 鉅萬으로 계산할 정도이며, 문도를 나누어 名寺를 점거하고 권세에 의

지하여 위세를 부리면서 원근을 행횡하니 (중략) 민이 다 원망하였
다. 慶尙州道에 축적하여 놓은 미곡 五十餘 萬碩으로 민에게 대여
하여 利息을 거두어 들여, 가을 곡식이 겨우 익으면 문도를 나누어
보내어 징수를 가혹하게 하니, 민이 가진 것을 모두 수납해도 조세
를 여러 차례 바치지 못하게 되었다(『高麗史節要』卷16, 고종 27년 12월).

② (고종 34년) 6월에 刑部尙書 朴暄이 최이에게 말하기를 "이제 북쪽
군사가 해마다 쳐들어와 민심이 불안하여 비록 은덕으로 어루만진
다 할지라도 오히려 변이 생길까 두려운데, 지금 만종·만전의 문도
들이 민의 재산을 빼앗으니 원망이 실로 대단하여 南方이 소요합니
다. 만약 적병이 이르면 모두 반역하여 투항할까 두렵습니다." 이가
그 말을 듣고 망설이고 결단하지 못하였다. 마침 慶尙州道 巡問使
宋國瞻이 같은 말로 상서하니 최가 훤에게 말하기를 "어떻게 할
까?" 하였다. 훤이 말하기를 "공이 만약 두 선사를 소환하고 순문안
찰사를 시켜 무뢰배인 僧徒를 잡아 가두어 민심을 위로하면 변이
일어나지 않을 것입니다" 하였다. 최이가 그렇게 여겨서 곧 御史 吳
贊과 行首 周永珪를 나누어 보내어 축적해 놓은 錢穀을 풀어 모두
농민들에게 돌려주었다. (중략) 만종 등이 서울로 올라와 그 누이와
함께 하소연하기를 (중략) 최이가 뉘우쳐 도리어 훤이 부자간을 이
간하였다고 하여 흑산도로 귀양보내고 국첨을 폄하여 동경부유수로
삼고 만전에게 귀속하여 이름을 沆이라 고치게 하였다(『高麗史節要』
卷16, 고종 34년 6월).

고종 27년(1240)에 만종이 단속사에 머물면서 "미곡 50여만석으로 민
에게 대여하여 이식을 거두어 들였기 때문에 농민들은 소유하고 있는
것을 모두 납입해도 매양 조세를 수납하지 못할 지경에 이르렀다"고 한
다. 만종의 그러한 행위는 고종 27년에서 그치는 것이 아니라 고종 34
년(1247)에 이르기까지의 8년 동안에도 지속되어 지탄의 대상이 되고 있
음을 알 수 있다. 앞에서 본 바와 같이 만종은 단속사에서 고종 30년을
전후한 시기에 『선문염송집』을 조성하고 있다. 정안은 이에 대해 만종
이 반야의 정신과 돈독한 원력으로 『선문염송집』을 조성할 수 있었다
고 칭송하였다. 그러나 그는 당시 민중의 원성과 지탄의 대상이었다. 이

것을 어떻게 해석할 것인가? 이의 해명을 위해 대장경 각성의 시기별 추이와 고종 30년 전후의 시대적 상황을 살펴보기로 한다.

1239년(고종 26) 몽고 3차 침략군의 철수가 이루어진 이후 약 8년간 몽고의 재침이 없었다.[32)]

〈표 1〉『강화경판 고려대장경』의 都監別 각성년대와 經板의 數量

| 番號 | 年度 | 都監別의 張數 | | | 張數合計 |
		大藏	分司	未詳	
ⓐ	1237	2,931장		26장	2,957장
ⓑ	1238	12,583		24	12,607
ⓒ	1239	6,411			6,411
ⓓ	1240	7,241			7,241
ⓔ	1241	7,047			7,047
ⓕ	1242	8,964			8,964
ⓖ	1243	25,480	6,095장	262	31,837
ⓗ	1244	31,911	7,543	159	39,613
ⓘ	1245	15,293	1,310		16,603
ⓙ	1246	9,732	844	60	10,636
ⓚ	1247	2,335	609		2,944
ⓛ	1248	38	723		761
ⓜ	1250			30	30
ⓝ	1251			22	22
ⓞ	未詳			12,810	12,810
합계	14년	129,966	17,124	13,393	160,483

<표 1>에 의하면 1238년에 조성된 경판의 숫자가 12,607장이던 것이 몽고군이 철수한 1239년에는 그 절반 수준인 6,411장만이 판각되었을 뿐이다. 그 이후 1240년 7,241장, 1241년 7,047장, 1242년 8,964장의 경판이 각성되다가 1243년에 와서 갑자기 31,837장으로 늘어남과 동시에 분사도감에서도 각성이 시작된다.

1239년(고종 26) 몽고 3차 침략군의 철수 이후 몽고와의 전쟁이 휴지

---

32) 尹龍爀, 『高麗對蒙抗爭史研究』, 일지사, 1991, 80~92쪽 참조.

기에 접어들면서 체제의 이완과 정치적 분란이 일어나자 최우정권의 존립이 위태로워졌고 대몽항전의 표상이었던 대장경의 각성도 지지부진하게 되었을 것이다. 그간 최우의 후계자로 지목된 金若先이 최우에 의해 살해된 이후 후계자 문제는 잠복되어 있다가 1243년 정월 밖으로 표출되었다. 김약선의 아들인 金敉를 중심으로 인물들이 모여들면서 김치를 후계자로 추진하려던 움직임이 일어난 것은 그 단적인 예이다.[33] 이러한 사태에 직면한 최우정권은 후계자 논의를 잠재워 정권의 안정화를 기하고 국가재정의 확보를 기하기 위해 체제의 내적 통합의 필요성을 느끼게 되었다. 순문사와 산성권농별감을 전국에 파견하여 전쟁에 대한 위기감을 고조시키며 산성 수축을 독려하는 한편 그간 강화경의 대장도감에서만 각성되던 『강화경판 고려대장경』을 전국의 분사도감에서도 각성하기로 하였을 것이다. 다음의 자료는 그것을 뒷받침해주는 의식의 일단을 보여주고 있다.

> 아, 세상이 저하되어 풍속이 야박하자, 公卿·宰輔가 된 이들은 순수한 仁義禮樂만으로는 민속을 교화시킬 수가 없어서, 반드시 불법을 참용하여 사심을 끊게 되므로, 그 膏澤이 나라를 鎭定하고 성벽을 튼튼하게 한 데에서 나게 되니, 이것은 또한 집정자가 사용하는 하나의 奇策인 것이다.[34]

불법을 참용하여 체제의 내적 통합을 기하기 위해서 그간 강화경의 대장도감에서만 판각되던 대장경판을 전국에 산재한 분사도감에서도 각성토록 하였다. 이를 위해 재조관료들을 사심관으로 있는 지역, 즉 그

---

33) 『高麗史節要』 권16, 高宗 30年 春正月, "어떤 사람이 將軍 金敉를 참소하니 瑀가 敉를 불러 꾸짖기를 '네가 무뢰배를 모아 무엇을 하고자 하느냐' 하고 머리를 깎아 河東縣으로 유배를 보내고 敉와 친하게 지내던 장군 金正曦·平虜鎭副使 孫仲秀·茶房 安琦 등 35명을 江에 던졌다. 敉는 곧 瑀의 외손 敭이었다."

34) 李奎報, 「大安寺同前」 『東國李相國集』 권25.

들의 本鄕·妻鄕·外鄕으로 내려 보내 전쟁에 대한 위기의식을 고취시키고『강화경판 고려대장경』의 각성에의 참여를 독려하였을 것이다. 이로써 지방민들의 적극적 참여를 유도하여 국민적 성금을 이끌어내고 원활한 조세 수입원을 확보하고자 하였을 것이다. 이러한 최씨정권의 의도는 재조관료들의 입장과 부합하였다. 그들은 자신의 本鄕·妻鄕·外鄕 등지에 일정한 지주적 기반을 갖고 있었다. 그러나 몽고의 침략으로 인해 도읍을 강화로 옮기게 되면서 재조관료들은 지주로서의 소작료 징수가 그만큼 어려워지게 되었을 것이다. 이런 상황하에서 분사대장도감에서도 대장경판 각성이 이루어지게 되자 이를 명분으로 하여 합법적으로 강화경을 벗어나 자신의 本鄕·妻鄕·外鄕으로 내려가 소작료 징수를 챙길 수가 있게 되었을 것이다. 이런 점에서 1243년 이후의『강화경판 고려대장경』각성사업의 활성화는 재조관료들의 이해관계와 맞아떨어짐으로써 그들의 적극적 참여가 뒷받침되었기 때문에 가능한 것이었다.[35] 그것은 자료 ①, ②의 예에서 나타나듯이 만종이 경상도지역을 횡행하면서 고종 27년에 경상도에서 50여만석을 비축하고 고종 34년까지 민의 재산을 빼앗을 수 있었던 것은 이 기간동안 경상도지역을 중심으로 전개되고 있었던 대장경의 각성의 선두에 서서 이 사업에 매진하는 한편 그것을 기화로 하여 재화를 불렸다고 볼 수 있다. 그가 재화를 불린 이유는 만전과의 연대를 통해 그들의 형제 한쪽이 최우의 후계자가 되고 한쪽은 불교계에 남아서 교권을 장악하고자 하는 정치적 의도에서 비롯되었을 것이다. 이러한 움직임은 사료 ②에서 보다시피 박훤과 경상주도 순문사 송국첨 등에 의해 제동이 걸리게 되었으나 극적 반전으로 인해 만전이 환속하여 최이의 후계자가 됨으로써 최이-최항(만전) 부자의 권력세습으로 이어지게 되었다. 최항이 환속한 그 해, 1243

---

35) 金潤坤·金晧東,「『江華京板 高麗大藏經』刻成活動의 參與階層」『한국중세사연구』3, 1996.

년(고종 34)에 오면 <표 1>에서 보다시피 대장경 각성의 숫자가 현저히 줄어들게 된다는 점은 이 무렵 고려대장경의 각성의 계획에 따른 판각이 거의 마무리되었다는 점과 함께 생각해야 할 것은 그간 만종－만전 형제가 경상 전라도의 사찰에 분거하면서 대장경 각성을 얼마만큼 열심히 독려하였는가를 보여주는 것이기도 하다. 그 단적인 예가 고종 30년 만종이 단속사에서 『선문염송집』을 각성한 것이라고 볼 수 있다. 만종은 진각국사 혜심이 지은 『선문염송집』을 각성하고, 이를 고려대장경 외장에 입장시킴으로써 당시 교계를 주도하고 있던 조계종의 위치를 확고히 함과 동시에 자신의 교계에서의 위치를 확인함으로써 불교계를 좌지우지할 수가 있었을 것이다. 『선문염송집』의 각성에 대해 만종·만전 형제와 후계자 다툼의 반대편에 있었던 김약선－김치 부자를 지지하고 있었던 鄭晏이 만종이 주도한 『선문염송집』의 발문을 쓰고, 거기서 만종을 칭찬하고 있음이 주목된다. 아마 이것과 남해에서 대장경의 각성에 큰 힘을 보탠 공로 등으로 인해 후일 최항이 집권한 뒤 1251년에 지문하성사로 발탁되고, 뒤이어 참지정사가 될 수 있었을 것이다. 만종이 단속사를 중심으로 수선사와 불교계 전체를 주도해나가면서 대장경 각성을 주도하자 수선사는 전라도 뿐만 아니라 경상도에서도 다시 그 뿌리를 내릴 수 있었다. 이와 동시에 만종은 대장경 각성을 통해 명실공히 고려 불교계를 주도해나가면서 후계자 구도의 반대쪽에 있는 사람들마저도 끌어들일 수 있게 되었다. 이러한 노력의 결과 그들 형제의 하나인 만전이 최이의 후계자로 낙점되었다고 볼 수 있다.

지눌이 공산 거조사에서 정혜결사를 일으켰다가 최충헌의 집권을 전후한 시기에 그 중심을 전라도로 옮겨갔다. 만종이 수선사주 혜심에게 머리 깎고 들어가 단속사 주지로 있으면서 대장경 사업을 주도해나가자 경상도지역의 불교계는 수선사와 깊은 관계를 맺고, 나아가 최씨정권과 연결될 수 있었다고 보아야 할 것이다. 결국 경상도 불교계는 체제내로 급격한 편입이 이루어졌고, 정치권과 밀착이 이루어지게 되었다. 이것은 상대적으로 경상도지역민과의 유리를 뜻하는 것이기도 하다.

몽고와의 화평교섭으로 인해 출륙환도와 왕정복고가 이루어졌지만 고려는 원의 부마국으로 전락하였다. 전쟁의 참화 속에서 불교에 의탁하여 염불과 대장경을 각성함으로써 정토와 소재의 염원을 빌면서 항몽전선에 참여하였던 사람들은 허탈감에 빠져들었을 것이고, 결국 불교에 대한 깊은 회의를 하게 되었을 것이다. 그런 점에서 대장경 각성은 고려 불교 발전의 한 정점인 동시에 쇠퇴의 나락으로 빠져드는 직접적인 계기로 작용하였다고 볼 수 있다.

특히 만종의 식리행위로 인한 어려움 속에서도 대장경 각성의 상당 부분을 담당하면서 항몽전선 구축의 보루였던 경상도지역의 경우 더 이상 대민교화의 방편을 불교에서 찾아낼 수 없었다. 이미 불교는 사회일각에서 외면 받을 수밖에 없었다. 이제 새로운 사상적 대안을 찾아 고민하지 않을 수 없었다.

III. 원간섭기 불교계의 동향과 영남지역

몽고와의 화평교섭이 이루어져 출륙환도와 더불어 왕정복고가 이루어짐으로써 100년간 지속되었던 무신정권이 붕괴되고 원간섭기로 접어들게 되었다. 이에 따라 불교계는 대대적인 개편이 이루어지게 되었다.[36] 이러한 개편 결과 지금까지 불교계는 원지배라는 정치적 현실 속에 타협하고 온존하려는 경향과 13세기 전후의 신앙결사를 계승하면서 당시의 보수적인 성격을 비판하려는 경향으로 대별할 수 있지만 전반적인 불교계의 추세는 보수적 경향과 타력신앙적인 요소가 풍미하였음이

---

36) 兪瑩淑, 『高麗後期 禪宗史 硏究』, 동국대 박사학위논문, 1993 및 박영제, 「원간섭기 초기 불교계의 변화」 『14세기 고려의 정치와 사회』, 민음사, 1994.

지적되고 있다.[37] 그 가운데 수선사의 경우 비록 沖止가 출현하여 그
명맥을 유지하려 하였으나[38] 그의 계승을 표방하면서 부각되는 가지산
문, 백련사의 성격을 변질시키면서 그 계승을 표방한 妙蓮寺 계통, 또
주로 원에 寫經僧을 파견함으로써 부각된 법상종 등이 부각되었다. 이
러한 연구성과와 결부시켜 경상도지역의 불교계의 변화를 살펴보기로
한다.

몽고와의 화평교섭이 이루어져 출륙환도가 이루어지면서 왕정복고가
이루어졌지만 그로 인해 고려는 엄청난 댓가를 치루지 않으면 안되었
나. 元朝는 고려에 대한 간섭을 본격화함과 동시에 일본원정, 즉 東征
을 추진하면서 그 인적 물적 재원을 고려에 부담시켰다. 이의 원활한
수행을 위해 고려 왕실의 후원, 지배세력의 친원화 정책으로 인해 고려
의 왕실은 부마국으로 전락하였고, 지배세력은 친원세력으로 상징되는
권문세족으로 급격히 재편되었다. 아울러 대민시책에 있어서 일련의 개
혁정책을 추진토록 고려조정에 압박을 가함으로써 원간섭기에 표면적
으로 농민항쟁의 감소 현상이 일어났다. 이와 더불어 원은 대몽항쟁기
대장경의 간행과 담선법회 등을 통해 항몽의식의 고취에 앞장섰던 불교
계의 회유와 포섭을 목적으로 기존 사원체제를 유지하면서 수행과 불사
에 전념할 수 있도록 보호책을 구사하였다.[39]

불교계에 대한 보호와 통제라는 이중적인 불교정책을 구사하였던 원

---

37) 蔡尙植,「고려·조선시기 불교사 연구현황과 과제」『한국사론』. 이후 원
    간섭기 고려불교계의 연구사적 정리는 채상식씨의 글을 거의 그대로 전재
    하였음을 밝혀둔다.
38) 秦星圭,「圓鑑錄을 통해서 본 圓鑑國師 沖止의 國家觀」『歷史學報』94·
    95, 1982 ; 박영제, 앞의 논문. 특히 후자의 글에서는 원간섭기에 수선사가
    퇴조하는 측면과 친원의식과 현실인식 속에 갈등하는 沖止의 이중성을 잘
    밝히고 있다.
39)『高麗史』권27, 元宗 14년 2월 乙酉, "黃鳳州經略使 差人賚元詔來 令僧
    徒出迎 其詔云 禁軍士騷擾僧舍 損毀經像 使之安心作法."

은 일본원정을 위해서 그간 항몽의식을 고취하는 데 앞장선 불교계에 대해 '東征'에 대한 당위성을 홍보하는 데 앞장서 주기를 기대하였을 것이다. 그 예를 제1차 동정이 단행된 충렬왕 즉위년(1274) 10월 직후 元帝의 지시를 받아 行中書省이 고려에 보낸 공문을 게시한 高靈 盤龍社에 관한 기록을 통해 살펴보기로 한다.

> 원나라 세조 때의 榜文이 있는데, 이르기를 "황제의 聖旨로 裏行中書省에서 조사하여 받들어 軍馬가 合浦에 모두 도착하여 이미 배에 올라 출정하였다. 그 외에 뒤떨어져 머물러 있는 正軍 闊端赤人 등이 義安의 上下 丹城村 木寨에서 마소를 놓아 기르는데, 진실로 염려되는 것은 여러 곳의 절을 짓밟고 시끄럽게 굴어 성수를 축원하는 좋은 일에 방해가 되는 일이 있을까 하여, 방을 내어 유시하여 금지한다. 만일 공법을 두려워하지 않는 자가 있어 절 안을 짓밟고 시끄럽게 굴어 불안하게 하면, 소재의 관청에 청하여 잡아들여서 법에 의하여 처단할 것이다. 그러므로 마땅히 방을 붙여 보게 하는 것이다. 이 방을 盤龍社에 주어 붙여서 여러 사람에게 유시하게 하여 각각 알게 한다" 하였다 (『新增東國輿地勝覽』卷29, 高靈縣 盤龍社 佛宇條).

일본동정으로 인해 사원을 짓밟는 행위가 없도록 당부하는 내용을 담고 있는 원 세조의 방문을 일본동정의 전진기지였던 영남지역의 고령 반룡사에 게시한 것은 사원의 성수 축원에 방해가 되지 않도록 하기 위함이다. 그 이면엔 사원이 동정에 따른 영남지역민의 어려움에 가탁하여 영남지역민과 함께 반동행위에 나설까를 염려한 때문이기도 할 것이다. 동정으로 인해 원제의 성수를 방해하는 일이 없도록 한 이 방문의 이면에는 동정의 행위에 대한 어떠한 도전도 용납하지 않고 응징하겠다는 의지의 표명이기도 하다. 이러한 일면을 영남지역의 사원에 거주하고, 또 동정으로 인해 어려움을 겪고 있었던 영남지역민의 고달픈 삶의 모습을 표현한 시를 지었던 수선사의 충지를 통해 살펴보기로 한다.

무신정권하에서 최씨정권과 밀착하여 불교계를 주도해나가던 수선사는 대몽항전기에 만종을 중심으로 경상도지역에서 고려대장경의 각성을 주도하였다. 그러나 그것을 기화로 만종이 탈법적으로 최씨정권의 경제적 기반을 부식하였다. 이로 인해 최씨정권이 붕괴되고, 뒤이어 몽고에 항복을 하자 수선사의 기반은 경상도지역에서 위축되었을 것이다. 수선사와 관련된 자료는 원간섭기에 경상도지역에서 별반 보이지 않는다. 다만 수선사 제5세 사주였던 천영이 최씨가의 원찰인 禪源社의 법주로 있을 당시에 이곳으로 출가하여 구족계를 받은 沖止(고종 13, 1226~충렬왕 19, 1293)가 원종 7년(1266)에 金海縣 甘露寺의 주지가 되어 원종 13년까지 6년 동안 그곳에 머물렀을 뿐이다. 감로사는 고려 후기 선종 교단에서 두드러지지 않은 사찰이며 수선사와도 관련이 없는 사찰이라고 하나[40) ‘重違慈忍之敎且有朝旨始住金海縣之甘露社’[41]라고 한 것으로 보아 늦어도 만종이 단속사에 있을 무렵 수선사 계열로 자리잡았다고 볼 수 있을 것이다.[42) 충지비문에 의하면 충지가 감로사에 주석한 후부터 ‘法朋과 道侶들이 와서 叢林을 이루어 法席이 우뚝하여 특별한 하나의 사찰이 되었다’고 한 것으로 보아 감로사는 충지 이후 한동안 경상도지역의 수선사의 명맥을 잇는 중심사찰로 부상되었다고 볼 수 있다.

충지는 원종 13년(1272)에 감로사를 떠나 平陽(順天) 鷄足山의 定慧社

---

40) 박영재, 「원 간섭기 초기 불교계의 변화－沖止(1226~1293)의 현실인식과 불교사상을 중심으로－」『14세기 고려의 정치와 사회』, 한국역사연구회, 민음사, 1994, 518쪽.

41) 許興植, 『高麗佛敎史硏究』, 일조각, 1986, 698쪽 및 아세아문화사, 「圓鑑國師碑銘原本」『曹溪山松廣寺史庫』, 1977.

42) 수선사 계열의 사찰이었던 감로사는 조선 태종대의 88 資福寺院에 慈恩宗으로 기록되어 있고(『太宗實錄』권14, 태종 7년 12월 辛巳),『慶尙道續撰地理志』에는 禪宗으로 정리되어 있는 것으로 보아 그간에 종파의 변화가 몇번 있었음을 알 수 있다. 경상도에 위치한 사찰 가운데 梁山 通度寺의 경우도 고려시대 律宗이었지만 조선 태종 7년 자복사원에 조계종으로 나오는 것으로 보아 경상도지역에서 여말 선초의 사회 변혁기에 종파의 변화가 많이 있었을 것으로 추측된다.

주지로 옮겨가서 14여년 동안 그곳에 머물게 된다. 그 기간동안 자신의 得度師인 수선사주 천영을 대신하여 원 황제에게 수선사에 부과된 田稅를 면세해달라는 표문을 올렸다.[43] 허락을 받자 감사의 표문을 올리고, 나아가 수선사를 元帝의 원찰로 삼아달라고 청하였으며,[44] 여러 차례 祝聖儀式을 치르고 있다.[45] 그로 인해 충지는 元帝의 초청으로 원에 다녀오게 되었고(충렬왕 1, 1275), 그 후 일본원정을 칭송하는 장문의 '東征頌'을 지었다.[46] 이러한 일련의 과정을 통해 원은 대몽항쟁기 대장경의 간행과 담선법회를 통해 항몽의식에 앞장섰던 수선사를 원의 지배하에 두게 되었다. 이제 수선사는 원-고려 부마국 체제에 순응하는 국가불교적·체제지향적 성향을 드러내게 되었다.[47]

'東征頌'을 통해 원제의 치덕과 德化를 칭송한 충지는 일면 전쟁으로 인한 민의 고달픔을 읊고 있다.[48] 그 가운데 1280년(충렬왕 6)에 지은

---

43) 『圓鑑錄』「上大元皇帝表-曹溪山修禪社復田表」『韓國佛教全書』6, 408~409쪽.
44) 『圓鑑錄』「上大元皇帝謝賜復土田表-代本寺作(一), (二)」『韓國佛教全書』 6, 409쪽.
45) 『圓鑑錄』「大元皇帝祝壽表-曹溪山修禪社復田表」『韓國佛教全書』 6, 408~409쪽.
46) 『圓鑑錄』'東征頌'『韓國佛教全書』6, 379~380쪽. 이 작품을 쓴 연대는 알 수 없다. 다만 제1차 일본원정이 충렬왕 즉위년(1274), 제2차 일본원정이 충렬왕 7년(1281)에 있었고, 충지가 충렬왕 1년에 원에 다녀온 것으로 보아 제2차 원정 전후 가까운 시기로 볼 수 있다.
47) 박영제, 앞의 글 참조.
48) 『圓鑑錄』「重九日對花有感」『韓國佛教全書』6, 379쪽.
　　"干戈匝地起 전쟁이 이곳저곳에서 일어나니
　　四海皆煙塵 사해가 온통 戰煙과 티끌이네
　　烝民困煎熬 백성들은 찌고 볶이어 괴롭거니
　　觸目吁可哀 눈에 보이는 것마다 슬픔이라
　　悒悒度晨暝 시름에 잠겨 아침저녁 지내니
　　那知佳節來 어찌 아름다운 계절 온 줄 알리
　　珍重東籬菊 진중한 동쪽 울타리 국화는
　　殷勤及時開 때가 되니 은근히 피어나네(하략)"

시에서 동정으로 인해 고통받는 영남지역의 민의 참상을 다음과 같이
읊고 있다.

嶺南艱苦狀	영남지방의 쓰라린 모습
欲說涕將先	말로 하려니 눈물이 먼저 흐르네
兩道供軍料	두 도에서 군량을 준비하고
三山造戰船	세 곳의 산에서 전선을 만드네
征徭曾百倍	정동의 요역은 백배나 되고
力役亘三年	역역은 삼년에 뻗쳤네
星火徵求急	징구는 성화같이 급하고
雷霆號令傳	호령은 우레처럼 전하네
使臣恒絡繹	사신은 항상 줄을 잇고
京將又聯翩	서울의 장수도 잇달아 날아드네
有臂皆遭縛	팔은 있어도 모두 묶임을 당하고
無胳不受鞭	채찍 받지 않은 등심은 없네
尋常迎送慣	맞이하고 보냄이 보통으로 익숙해졌고
日夜轉輸連	밤낮으로 수송이 이어졌네
牛馬無完脊	우마의 등은 다 부르텄고
人民鮮息肩	인민들 어깨는 쉴 새 없네
凌晨採葛去	새벽같이 칡 캐러 가서
踏月刈茅還	달빛 밟고 띠풀 베어 돌아오네
水手駒農畝	어부들은 밭이랑으로 몰리고
梢工卷海堧	목수들은 해변으로 돌려지네
推丁獧甲冑	일꾼 뽑아 갑옷 입히고
選壯荷戎鋋	장사 뽑아 창 메게 하네
但促尋時去	단지 시간이 촉박하니
寧容寸刻延	어찌 촌각이라도 지연이 용납되랴
妻孥啼覽地	처자식은 땅에 주저앉아 울고
父母哭號天	부모는 하늘 보고 울부짖네
自分幽冥隔	유명이야 다르지만
那期性命全	성명 온전함을 어찌 기약하랴
子遺唯老幼	남은 사람은 노인과 어린이뿐
强活尙焦煎	억지로 살려니 얼마나 고달프랴

邑邑半逃戶	고을마다 반은 도망간 집이요
村村皆廢田	마을마다 모두 전지가 황폐했네
誰家非索爾	어느 집인들 수색하지 않으며
何處不騷然	어느 곳인들 시끄럽지 않으랴
官稅竟難免	관세도 면하기 어려운데
軍租安可蠲	군조를 어찌 덜겠는가
瘡痍唯日甚	백성의 질고가 날로 심하니
疲瘵曷由痊	피곤과 병이 어찌 회복되랴
觸事悉堪慟	접하는 일마다 모두 슬픔을 견디려니
爲生誠可憐	삶이란 진정 가련하구나
誰知勢難保	형세가 견디기 어려움 알고 있지만
爭奈所無緣	하소연할 곳 없음을 어찌 하리오
帝德靑天覆	황제의 덕은 푸른 하늘처럼 덮었고
皇明白日懸	황제의 밝음은 백일 같구나
愚民姑且待	어리석은 백성이 잠시 기다린다면
聖澤必當宣	성택이 반드시 베풀어지리라
行見三韓內	삼한 안에서 볼 수 있으리
家家奠枕眠	집집마다 베개 높이 베고 잠잘 수 있기를[49]

위 시를 통해 충지는 영남지방에서 군량을 준비하고 전함건조를 위해 征徭와 역역에 동원된 민이 가혹한 고통을 이기지 못하여 유망하고 따라서 田地가 황폐화된 사실을 사실적으로 읊고 있다. 이러한 시는 여기에 그치는 것이 아니라 1283년(충렬왕 9)에 征東의 일로 農時를 잃고 고통받는 농민의 실상을 읊은 다음의 시에도 잘 나타나고 있다.

農事須及時	농사는 모름지기 때를 맞춰야 하나니
失時無復爲	때를 놓치면 다시 하지 못하네
農時苦無幾	농사 때란 얼마 안되니
春夏交爲期	봄 여름 바뀔 때가 가장 좋네

---

49) 『圓鑑錄』「嶺南艱苦狀二十四韻－庚辰年造東征戰艦時作－」『韓國佛敎全書』 6, 379쪽.

春盡夏已生	봄이 다하고 여름이 이미 되니
農事不可遲	농사일 늦출 수 없네
上天解時節	上天이 시절을 알아
膏澤方屢施	은택을 사방으로 자주 베풀지만
征東事甚急	정동의 일이 심히 급하여
農事誰復思	농사일은 뉘라서 다시 생각하랴
使者恒絡繹	사자는 항상 끊이지 않고
東馳復西馳	동으로 달리다가 다시 서로 달리네
卷民空巷閭	백성들은 전역에 가니 고을은 비었고
馬驅向江湄	말은 달려 강가로 가네
日夜伐山木	밤낮으로 벌목하여
造艦役已疲	전함 만들다 이미 힘은 나했고
尺地不墾闢	한 자의 땅도 개간하지 못하였으니
民命可以資	백성들은 어떻게 목숨을 이어가나
民戶無宿糧	집집마다 묵은 양식은 없고
太半早蹄飢	태반은 벌써 굶주려 우는데
況復失農業	게다가 하물며 농업마저 잃었으니
當觀死無遺	당연히 죽음만 보겠네
嗟予亦何者	슬프다! 나란 무엇하는 사람인가
有淚空漣洏	공연히 눈물만 내리네
哀哉東土民	슬프다! 동토의 백성이여
上天能不悲	上天도 슬퍼하지 못하나니
安得長風來	어찌 장풍이 불어와서
吹我泣血詞	나의 읍혈사를 불어가려나
一吹到天上	한번 부니 천상에 이르러
披向白玉墀	白玉殿에서 펴 보시겠지
詞中所未盡	詞에 못다한 말들
盡使上帝知[50]	上帝로 하여금 다 알게 하리

이 시에서 정동의 일로 농업에 종사할 수 없어 고통을 당하는 농민의
실상이 잘 표현되어 있다. 감독관리의 독려, 인력 동원으로 인한 空巷

---

50)『圓鑑錄』「憫農黑羊四月旦日雨中作」『韓國佛敎全書』6, 380쪽.

閻化 현상, 戰艦 건조의 피로, 토지 불개간과 실농으로 인한 굶주림과 餓死 등이 그려져 있는데 이것은 앞의 시와 마찬가지로 동정으로 인해 가장 많은 피해를 입고 있는 영남지역의 실상이라고 할 수 있다. 이 두 편의 시를 '愛民詩'로 명명하면서 충지가 이를 통해 승려신분으로서 일본원정으로 고통 받고 있는 민을 인식하고, 그 실상을 시로 표현한 점은 높게 평가할 만하다고 한 일반적 견해는 수긍할 만하다. 그러나 그가 '동정송'에서 일본원정을 칭송하고 있는 것과 결부시켜보면 충지의 현실인식은 양면적이라는 한계성을 갖고 있다. 즉 애민시에서 원정의 주도국인 원과 주도자인 원제를 직접적으로 비판하지 못하고, 오히려 원제의 聖澤에서 참상의 해결을 기대하고 있다는 것이다. 이는 충지의 시가 단지 애민시에 머무를 뿐 현실의 모순구조를 정확히 인식하고 적극적으로 비판 개선하려는 사회시로서는 한계를 보여주는 것이다. 이러한 한계는 그의 친원의식에서 나온 것이며, 궁극적으로는 원의 간섭이라는 시대적 제약에서 기인한 것이다. 당시 고려의 어느 정치세력도 일본원정에 반대하지 못하고 반원적이지 못하였다는 입장과 맥락을 같이하며, 당시 유학자들 역시 반원적이지 않았던 사실과도 궤를 같이한다.[51]

이제 한 걸음 더 나아가 위의 두 편의 시가 과연 그나마 '애민시'의 성격을 갖고 있었는가를 되짚어 볼 필요가 있다. 정동의 역으로 인한 영남지역민들의 참상을 그려낸 충지의 시를 살펴보면 그 시의 초점은 '민들의 참상'을 드러낸 애민의 지적에 있는 것이 아니라 '황제의 덕은 푸른 하늘처럼 덮었고, 황제의 밝음은 백일 같구나, 어리석은 백성이 잠시 기다린다면, 성택이 반드시 베풀어지리라'에 그 중심이 있다. 그런 점에서 이 시는 동정의 역으로 인해 고통받는 영남지역민들의 불만이 고조되자 이에 대한 무마의 차원에서 영남지역에 온 충지가 애써 민의

---

51) 박영제, 「원간섭기 초기 불교계의 변화—沖止(1226~1293)의 현실인식과 불교사상을 중심으로—」『14세기 고려의 정치와 사회』, 민음사, 1994, 532~539쪽.

고통을 외면하고 '민에게 인내를 요구하며 정동의 역을 충실히 수행한
다면 원제의 성택이 내릴 것'이라는 것을 열변하고 있다고 보아야 할
것이다. 그런 점에서 이 시는 애민시의 성격을 갖는 것이 아니라 정동
의 역을 독려하고자 한 것이다. 애써 민의 고통을 외면하고 고통의 감
내를 강요하였던 충지로서는 정동의 역이 계속되고 민들의 고통이 계속
되자 자기모순에 빠져들었고, 결국 충렬왕 9년의 시를 통해 자신의 무
력감을 토로할 뿐이었다. 이런 입장의 충지로서는 미타정토신앙과 관음
신앙을 강조하면서 현실사회와 불교교단의 제반 문제점을 날카롭게 제
기하고 이를 근본적으로 해결하려는 철학적 노력보다는 단지 현세이익
을 목적으로 하는 공덕신앙적 의식불교의 차원에서 머물고 말 수밖에
없었다.[52] 동정과 그에 따른 인적물적 자원의 조달에 찌든 영남지역민
에게 지눌의 유심정토와 정혜쌍수를 위주로 하는 결사불교는 더 이상
먹혀들 수 없었으므로 충지는 타력적인 정토신앙을 적극 수용할 수밖에
없었을 것이다. 이러한 충지의 태도를 尙州 功德山 東白蓮社를 결성하
였던 천책과 비교해보기로 한다.

　동백련사는 1241년 崔滋가 상주목사에 부임하여 眞靜國師 天頭을
초청하여 이루어진 것이다. 천책은 상주의 산양현을 기반으로 한 三韓
功臣 大匡 申厭達의 11세손이다. 그의 부계는 비록 지방토호였지만 무
신집권 이전에 개경의 문벌로 성장하였으며,[53] 신염달의 10세손인 曦
陽山門의 圓眞國師 承逈,[54] 화엄종 승통인 貫玄, 법상종의 승통인 融
玝 등을 배출한 것으로 보아 불교계와도 밀접한 관련이 있었던 것 같
다. 이러한 신씨가문의 분위기에 성장한 천책은 국자감시에 합격한 뒤

---

52) 박영제, 앞의 논문 참조.
53) 許興植,「眞靜國師의 生涯와 時代認識」『東方學志』35, 연세대 국학연구
　　원, 1983 ;『高麗佛敎史硏究』, 일조각, 1986, 838～840쪽.
54)「寶鏡寺圓眞國師碑」『朝鮮金石總覽』上, 450쪽, '師諱承逈 字永廻 俗姓
　　申氏 上洛山陽人也.'

성균관에 들어갔으며 春官(예부시)에 합격한 유학자였다. 그러나 세상을
등지고 백련사의 요세에게 삭발하였는데, 삭발동기는 최씨정권에 부용
적인 기존의 유학에 대한 회의와 당시 혼란한 사회에 대한 좌절감이 작
용한 것이 아닌가 한다.[55] 그의 「遊四佛山記」[56]에 의하면, 1241년 상
주의 사불산을 돌아보고 결사의 입지조건을 타진함과 동시에 그곳의 지
방관인 최자의 후원과 토착성씨이면서 同姓인 申敏恕의 도움을 받아
大乘寺를 중수하였고, 1244년 동백련사의 주법이 되었다. 이와 같이 지
방관·승려·토착세력이 협력하여 사원을 중수하면서 결사가 이루어진
배경에는 몽고와의 항전을 위해서 국가에서 권장한 일면을 보여준다고
하겠다.[57] 천책은 출가시 민중과 유리된 항몽자세에 상당히 분개하고
있었지만[58] 무신집권자들과의 접촉이 거의 없으며, 왕정복고의 분위기
가 팽배한 戊午政變 이후 문신들과의 교류를 활발하게 하다가 원간섭
이 시작된 이후 현실을 거부하고 침묵하였다.[59] 이런 점에서 그는 몽고
와의 야합에 의해 이루어진 왕정복고에 대해 비판적 시각을 갖고 있었
고 원에 의한 고려 불교계에 대한 보호와 간섭에 대해서도 거부하였다
고 볼 수 있다.

천책은 1247년 몽고의 4차 침입때 南海 一庵에 피신하였던 것 같
다.[60] 그가 피난에서 돌아온 후 "兵火가 거쳐간 뒤에 檀那의 공급이 끊
어졌다"[61]고 한 것으로 보아 상주 공덕산의 동백련사는 돌이킬 수 없는

---

55) 채상식, 앞의 책, 91쪽.
56) 天頙, 「遊四佛山記」『湖山錄』.
57) 許興植, 앞의 책, 844쪽.
58) 天頙, 「答藝臺亞監閔昊書」『湖山錄』.
59) 허흥식, 앞의 책, 872～874쪽 참조.
60) 天頙, 「讀大藏住庵請田表」『湖山錄』, "適因胡寇 得避地於南海一庵." 高翊
    晉은 이 시기를 1247년 몽고의 4차 침입 때로 보고 있다(「白蓮社의 思想傳
    統과 천책의 著述問題」『佛敎學報』 16, 1979).
61) 天頙, 「讀大藏住庵請田表」『湖山錄』.

피해를 입은 것 같다.[62] 천책은 그 후 시기는 알 수 없지만 백련사 3세 천인이 입적한 후 南白蓮으로 돌아가 4세 주법이 된다. 결국 천책의 활동은 천혐의 요새지인 강진의 만덕산 백련사에 국한되고 말았다. 몽고의 침입 후 1240년대 초 일시적 소강상태를 맞아 영남의 상주 공덕산까지 확대되었던 백련사는 남부 일원에 머물고 만다.[63] 그가 애써 이룩한 동백련사가 몽고의 침입으로 인해 무참하게 무너진 것을 경험한 천책은 몽고와의 야합을 통해 이룩된 왕정복고에 대해 비판적 시각을 갖고 원간섭이 시작된 이후 현실을 거부하고 침묵하였다고 볼 수 있다.

이상에서 보다시피 무신정권에 결사불교를 이룩하여 고려불교계를 주도하던 수선사와 백련사는 경상도지역에 그 세를 몰아 확장하였지만 원간섭기에 접어들어 위축되면서 경상도지역에서의 기반을 크게 잃게 된다. 이에 반해 경상도지역에서는 일연이 주도하는 가지산문이 크게 흥기하여 원간섭기 충렬왕대 이후 고려 불교계를 이끄는 중심 교단이 된다. 이것이 갖는 의미를 영남지역과 관련시켜 살펴보기로 한다.

가지산문은 신라 말에 九山門 중의 하나로 道義가 당에 유학하여 馬祖道一의 제자인 西堂智藏에게서 心印을 받고 821년(헌덕왕 13)에 귀국함으로써 받아들여진 禪法에 기초한 종파이다. 그러나 당시 불교계에 수용되지 못하였다. 도의는 강원도 설악산 陳田寺에 은거하였다. 그를 계승한 廉居를 거쳐 體澄이 전남 장흥 가지산에서 머물면서 861년(경문왕 원년)에 가지산파를 형성하였다.[64] 체징의 문도로는 英惠, 淸奐, 義車 등 800여명과 先覺大師 逈徽(864~917)가 있었으며, 이들은 고려 태조가 여러 갈래의 선종세력을 정비하는 과정에서 세운 五百禪院에 대거 참여하였을 것으로 추측된다.

---

62) 韓基汶,「高麗 後期 尙州 功德山 東白蓮社의 成立」『尙州文化研究』3, 상주산업대, 1993.
63) 한기문, 앞의 글, 182쪽 참조.
64) 崔炳憲,「新羅下代 禪宗九山派의 성립」.

후삼국의 쟁패기에 왕건을 지원한 寶壤은 청도의 운문사를 중심으로 활약한 가지산문의 소속인 것으로 추측된다. 운문사와 인접한 石南寺(경남 언양 소재)에 신라말에 조성된 八角圓堂型의 道義國師 浮圖(보물 369호)가 남아 있고, 석남사가 소재한 산명이 迦智山으로 불리고 있는 것으로 보아 운문사 일대가 나말려초 가지산문의 근거지가 되어 고려 태조 왕건과 밀착되어 있었음을 알 수 있다. 그러나 고려사회가 집권적 통치체제를 구축한 중기에 이르면 가지산문은 그 구체적인 활동상을 찾기 힘들 정도이다.

그러다가 인종 즉위년에 왕사로 책봉된 學一(1052~1144)이 출현함으로써 가지산문의 세력이 불교계에 서서히 부각되었다. 학일이 1129년(인종 7) 이후에 청도의 운문사로 은퇴하자 이곳에 많은 승려들이 운집하였다. 학일이 말년까지 운문사에 주석한 사실은 가지산문의 중심지가 경상도로 옮겨가게 된 중요한 계기를 마련한 것으로 평가되며, 일연의 출현과 관련시켜 볼 때 대단히 중요한 시사를 던지는 것이라는 지적이 있다.[65] 그와 더불어 생각하여야 할 사실은 이 시기 인주이씨의 일원인 李津億이 1123년(인종 원년)에 진주 지방 智異山에 있던 五臺寺의 폐사 위에 水精社를 짓기 시작하여 1129년(인종 7)에 준공하여 수정사결사를 결성하고 있다는 점이다. 이진억이 터를 닦기 시작하자 海印寺 住持 僧統 翼乘과 功倍寺 住持 僧錄 瑩碩이 크게 사재를 희사하여 그 경비를 원조하고, 禪院과 講院의 높은 중으로부터 일반 신도로써 社에 들어오기를 희망하는 사람이 무려 3천명이나 되었다는 사실[66]과 학일의 운문사 주석은 이 시기 중앙의 왕실이나 문벌귀족, 그리고 일면 중앙의 승려층들이 그 기반을 지방, 특히 그 가운데에서 영남지역으로 확대시키고 있다는 점이 주목된다. 이를 통해 불교의 중심이 지방으로 확대되고 있다는 점에서 주목할 수도 있지만 상대적으로 지방의 불교세력이 중앙

---

65) 蔡尙植, 『高麗後期佛敎史硏究』, 일조각, 1991, 113쪽.
66) 權適, 「智異山水精社記」『東文選』 권64.

에 예속되는 일면을 보여주는 것이기도 하다.[67] 이런 점에서 학일의 운문사 주석은 가지산문의 중심지가 경상도로 옮겨가게 된 중요한 계기가 된 것으로 볼 수 있지만 운문사가 중앙불교계의 변화의 소용돌이에 휩싸이게 되는 한 측면도 생각해봄직하다.

표면상 운문사에서 말년을 보낸 학일 이후의 가지산문에 대한 기록은 거의 보이지 않는다. 그러다가 무신정권기의 이의민 집권 당시인 명종 23년 김사미·효심의 난을 '운문적'으로 표현하고 있다는 점이 주목된다. 雲門賊의 괴수인 김사미의 경우 무신쿠데타 이후 경주로 낙향한 문신세력, 혹은 이와 연결된 재지세력으로서 의종복위운동에 가담했다가 운문사로 망명하여 이름을 숨겼던 자가 아닐까 한다.[68] 그런 점에서

---

67) 金晧東,「고려중기 결사불교에 대한 재음미」『荷谷金南奎敎授停年紀念史學論叢』, 2000.

68) 金晧東,「高麗武臣政權下에서의 慶州民의 動態와 新羅復興運動」『民族文化論叢』2·3합집, 영남대 민족문화연구소, 1982 및 「12·13세기 농민항쟁의 전개와 성격」『한국사』6, 한길사, 1994. 그런데 김광식씨는 김사미의 봉기를 운문사 및 청도지방의 지방세력과의 상호 연관성에서 보았으면서 김사미를 운문사의 재가승이며 청도지방의 향호적 성격으로 보고 있다(『韓國學報』54, 일지사, 1989). 그러나 이 견해는 이때의 농민봉기를 청도일원에만 국한시킴으로써 당시 농민항쟁의 실체를 과소평가하는 결과를 초래하였다. 운문산이 비록 청도에 속해 있지만 경주와 청도, 밀양, 영천, 울산, 언양 등은 운문산을 끼고 있다. 옛부터 慶州-西之-買田-淸道-密陽-黃山(梁山)-金海를 연결하는 교통로가 운문산을 끼고 돌면서 지나가고 있었다. 또한 蔚山-彦陽-楮田-密陽을 연결하는 間道 역시 운문산을 경유하고 있다. 따라서 이때의 농민항쟁은 동경관내의 상기지역의 유망농민층이 이런 지형적 특색을 지닌 운문산에 모여 웅거한 것일 뿐이다. 특히 운문산과 경주를 연결하는 도로는 운문산을 끼고 동창천을 따라 이루어져 있기 때문에 지금도 小路로서 험준하다. 그리고 운문산의 꼭대기에 올라서서 경주를 내려다보면 경주시가 한눈에 내려다보이는 천험의 요새이다. 따라서 김사미가 의종복위운동의 실패 후 운문사로 몸을 피해 이름을 숨겼다가 명종 23년을 전후해 유망농민층 및 망명자를 이끌고 운문산에 웅거해 경주로 파견된 토벌군과 대치하였다고 볼 수 있다.

운문사는 명종 23년의 농민항쟁과 뒤이은 최씨정권하에서의 신라부흥운동으로 인해 태조이래 구축해왔던 경제적 기반을 옳게 행사하지 못하게 되었을 것이다. 일연이 『三國遺事』의 보양이목조 등 곳곳에서 고려 태조 왕건으로부터 받은 500결의 토지에 대해 언급한 것은 무신정권 이래의 농민항쟁의 거점이 운문산이었다는 점 등을 고려할 때 농민항쟁기, 뒤이은 몽고와의 전란의 와중에서 운문사가 이에 대한 소유권을 행사하지 못함으로써, 일연대에 와서 이를 되찾고 그것을 항구화하기 위한 노력에서 나온 것이라고 볼 수 있다. 이의 이해를 위해 일연의 가지산문의 활동을 좀더 살펴보기로 한다.

1206년(희종 2)에 慶州의 속현인 章山郡에서 출생한 일연은 1214년(고종 1)에 출가하여 海陽(현 光州) 無量寺에서 취학하였다. 그 후 1219년(고종 6)에 설악산 陳田寺의 大雄長老에게서 삭발하고 구족계를 받고, 승과 시험에서 上上科에 등제하였다. 그 후 包山(현풍 비슬산)의 寶幢庵에 머물면서 '心存禪觀' 하였다.

일연은 1236년(고종 23)에는 포산의 無住庵으로 옮기게 된다. 이에 관한 '일연비문'은 여러 가지 측면에서 음미할 필요가 있다.

> 병신년(1236) 가을에 병란이 있자 師는 이를 피하고자 '文殊五字呪'를 마음속으로 염송하면서 감응이 있기를 기대하였다. 갑자기 벽에서 文殊의 현신이 나타나서 이르기를 '無住(庵)에 거처하라'고 하였다.[69]

위 기록은 1236년(고종 23)에 몽고병이 침입해왔을 때 일연이 避地하면서 남긴 靈驗談이다. 이에 관해 일연이 주로 경상도 세력의 중심지인 경주와 인접한 지역인 玄風 毗瑟山에서 약 22년간 보내면서 대몽항쟁 기간 동안 뚜렷한 행적을 남기지 않았다는 점은, 당시 사회정세와 불교계를 관련시켜 볼 때, 소극적으로 잠적한 것으로 볼 수밖에 없다는 지

---

69) 閔漬, 「一然碑文」.

적이 있다. 즉 수선사와 백련사가 주축이 된 당시의 불교계가 최우와 밀착되어 소극적이기는 하지만 대몽항쟁의 차원에서 활동한 점, 그리고 1236년에 대장도감이 설치되고 강진의 백련사에서는 백련결사문을 채택하여 반포한 것과 비교한다면 일연의 소극적인 면모를 시사해주는 것이라는 지적이다.[70] 1237년에 일연은 비슬산 妙門庵에 주석하고 三重大師가 되었고, 1246년에는 선사가 되었다.

이 시기의 가지산문의 구체적인 동향은 알 수 없다. 그러나 인종조에 원응국사 학일이 말년을 운문사에 보내면서 구축하였을 것으로 추정되는 가지산문의 세력은 무신정권성립 이후 계속되는 경상도지역의 무신정권에 대한 항쟁으로 인하여 위축되었을 것이다. 이러한 분위기는 일연 당시까지 존속되었던 것 같다.

일연은 1249년(고종 36), 鄭晏의 초청으로 南海 定林社로 가게 되었다. 이것은 정안이 崔怡가 專權하는 것을 싫어하여 남해로 간 것과 결부시켜 볼 때 정안이 최이와 연결된 수선사 계통을 기피한 결과 수선사와는 별개의 출신인 일연을 초청한 것일 수도 있다. 또 수선사 3세인 清眞國師 夢如가 최씨정권에 협력을 거부하자 이를 대신할 인물로서 일연을 등장시킨 것이라고도 볼 수 있다.[71] 정안이 남해에서 사재를 희사하여 대장경 간행에 깊이 참여했음을 감안하면 후자일 가능성이 높다. 이것으로 인해 일연이 속한 가지산문이 대장경 조판에 참여하고, 수선사와 사상적 교류를 가지게 되고, 마침내 최씨정권 말기에 이들과 연결되어 중앙의 정치권과 연결되는 계기를 만들게 되었다고 볼 수 있다.

일연이 남해의 정림사를 중심으로 활약하면서 수선사와 사상적 교류를 하고, 1259년(고종 46)에 大禪師가 되고 1261년(원종 2)에 원종의 명에 의해 강화도에 초청되어 수선사의 별원인 禪源社, 즉 禪月社에 주석하게 되었다. 「일연비문」에 '멀리 牧牛和尙 知訥의 법맥을 계승했다'고

---

70) 채상식, 앞의 책, 120쪽.
71) 채상식, 앞의 책, 121쪽.

표현한 것은 이러한 연유에서 가능했을 것이다.

　일연이 대선사가 된 1259년을 전후한 시기는 崔竩가 金俊, 柳璥 등에 의해 주살됨으로써 최씨정권이 붕괴되었다. 강화정부가 몽고에 항복함으로써 몽고와 화해하는 분위기로 접어드는 시기였음을 감안할 때 원종을 옹립한 세력이 정치적인 차원에서 불교계를 통솔하기 위해 일연을 선원사로 초청하였을 것이다. 이것은 곧 일연이 수선사를 대신하여 교단의 중심축으로 부상되었음을 의미하는 것이다.

　일연은 중앙정계와 관련을 맺게 된 이후 가지산문의 근거지인 경상도지역의 여러 사찰에 주석하면서 가지산문의 재건과, 불교교단의 교권을 장악하기 위해 힘썼던 것 같다. 1264년 南還하여 雲梯山(迎日) 吾漁社에 있다가 비슬산 仁弘社로 옮겨갔을 때 많은 승려들이 모여들었고, 1268년에는 왕명에 의해 선·교종의 名僧들을 모아 大藏落成會를 主盟하였고, 1274년에는 비슬산 仁弘社를 충렬왕의 사액에 의해 仁興社로 개명하고, 또 같은 해에 비슬산 湧泉寺를 중수하여 佛日社로 삼는 등의 일련의 활약을 펼친다.

　1277년(충렬왕 3)에 왕명에 의해 운문사에 주석하였던 일연은 『三國遺事』의 집필에 착수하였다. 1281년(충렬왕 7) 6월에 충렬왕이 東征軍의 격려차 경주에 갔을 때 일연을 行在所로 불렀고, 그는 다음해에 개경의 廣明寺에 주석하게 되고, 그 다음해에는 國尊으로 책봉되어 승려로서 최고 僧職의 길을 걷게 된다. 일연이 충렬왕의 부름으로 경주에 갔을 때의 영남지역 불교계의 현황은 승려들이 뇌물로써 승직을 얻어 '羅禪師', '綾首座'로 불렸으며 娶妻한 승려가 거의 반이나 될 지경이었다.[72] 이러한 현상은 비단 영남지역에 국한된 현상이 아니고 전국적인 현상이겠지만 충지의 이른바 '愛民詩'에 그려진 영남지역민들의 東征의 役에 따른 참상과 비교해볼 때 너무나 유리된 모습이다. 일연에게만 국한시

---

72) 『高麗史』 권29, 忠烈王 7년 6월 癸未.

켜보더라도 충렬왕의 경주행차가 동정군을 격려하기 위해 온 것임을 감
안할 때 일연이 경상도지역의 일반민들의 고통을 덜어주기 위한 직언을
하기 보다는 충렬왕의 의도에 영합하여 경상도지역민들에 대한 東征의
독려에 앞장서 행동했다고 볼 수 있다. 일연이 『三國遺事』의 보양이목
조 등 곳곳에서 고려 태조 왕건으로부터 받은 500결의 토지에 대해 집
요할 정도로 집착하여 언급한 것은 무신정권 이래의 농민항쟁의 거점이
운문산이었다는 점 등을 고려할 때 농민항쟁기, 뒤이은 몽고와의 전란
의 와중에서 운문사가 이에 대한 소유권을 행사하지 못함으로써, 일연
내에 와서 이를 되찾고 그것을 항구화하기 위한 노력이라고 볼 수 있
다. 그에게는 민들의 고통이 결코 안중에 없었다. 그런 점에서 충렬왕은
동정 격려차 경주에 와서 영남지역의 교권을 장악하고 있었던 일연이
충지처럼 '황제의 덕은 푸른 하늘처럼 덮었고, 황제의 밝음은 백일 같
구나, 어리석은 백성이 잠시 기다린다면, 성택이 반드시 베풀어지리라'
고 홍보하면서 영남지역민이 전쟁의 고통을 감내하고 동정을 완수하는
데 협력할 것을 독려해주기를 바랐고, 일연은 그 역할을 충실히 수행하
였다고 볼 수 있다. 일연은 가지산문을 중심으로 동정에 대한 독려를
한 공로로 개경으로 가게 되고, 국존에 책봉될 수 있었을 것이다. 이러
한 행위로 인해 일연은 수선사·백련사를 대신하여, 원간섭기에 경상도
지역의 가지산문을 기반으로 하여 불교교단을 장악하는 지위에까지 이
를 수 있었던 것이다.

　『三國遺事』의 찬술동기를 여러 가지 측면에서 검토할 수 있지만 위
에서 살펴본 일연의 행적과 비교해볼 때 일연은 경주를 중심으로 한 신
라불교, 즉 영남지역의 불교계가 전국적으로 확산되어 교계를 지배하고
있다는 것을 확인하는 작업이라고 볼 수 있다. 국존의 지위에 이르고
고려불교교단의 교권을 장악함으로써 그는 자신에 의해 신라불교의 중
홍이 이루어졌다는 자부심을 가졌을는지 모른다. 그러나 경상도지역은
동정에 따른 여·원 양국의 이중적 수탈에 의해 파탄의 지경에 이르러

그러한 문화적 자존의식을 생각할 겨를이 없었다. 일연의 비음기에 수록된 단월 8명, 朴松庇, 金砥, 閔萱, 貢文伯, 羅裕, 金頑, 李德孫 등의 행적을 영남지역과 관련시켜 살펴보면 박송비는 본래 德原(경북 寧海)의 향리출신이었고, 나유는 동정군에 종군하였는데, 특히 2차 동정 때에 충렬왕이 1281년 6월 격려차 경주에 행차하였을 때 知兵馬事였고,[73] 閔萱은 1280~1281년간에 慶尙道按廉使, 1283년에 慶州府尹을 역임하였다.[74] 그리고 언양김씨로 김취려의 손자인 김석은 1281년에 충렬왕이 경주로 행차했을 때 安東府使로 있으면서 충렬왕을 환대하였고,[75] 그의 가계에서 가지산문의 승려를 배출하였다.[76] 이덕손은 陜川李氏로서 1278년에 慶尙道按察使, 1280~1281년에 慶州府尹을 역임했는데,[77] 충렬왕이 동정군을 격려하기 위해 경주에 행차했을 때 東京留守로 있으면서 能辯과 뇌물로 왕의 환심을 얻어 府尹이 되었으며, 후에 慶尙道王旨使用別監이 되어 민의 고혈을 착취하였다고 한다.[78] 그리고 공분백은 1287년 8월에 경주부윤이었다는 기록이 있다.[79] 이처럼 단월의 대다수가 충렬왕이 동정군을 격려하기 위해 경주에 행차한 전후에 경상도지역과 경주의 지방관을 역임하였다. 바로 이들은 원의 일본동정을 위한 인적물적 자원의 조달 책임자들이다. 따라서 이들을 단월로 삼은 일연은 경상도민에게 동정에 대한 지원을 독려하는 역할을 하였다고 규정하더라도 별 무리가 없을 것이다. 전쟁에 민을 내모는 역할

---

73) 『高麗史』 권104, 羅裕傳.
74) 『高麗史』 권29, 충렬왕 7년 8월 丙子條 및 『慶州先生案』 「道先生案」, 33쪽, 「府尹先生案」, 아세아문화사, 1982, 217~218쪽.
75) 『高麗史』 권29, 충렬왕 7년 8월 정축.
76) 金開物, 「眞慧大師行陽川郡夫人許氏墓誌銘」 『雜同散異』에 의하면 金碩의 동생인 金跰의 넷째 아들 如賛이 가지산문의 승려임을 알 수 있다.
77) 『慶州先生案』 「道先生案」·「府尹先生案」, 아세아문화사, 1982.
78) 『高麗史』 권123, 權宣 附 李德孫傳.
79) 『慶州先生案』 「府尹先生案」, 아세아문화사, 1982.

을 담당한 일연으로서 그들에게 제시할 수 있는 것은 他力的인 관음신
앙을 통한 功德과 밀교의 타라니 신앙에 바탕한 현세구원적 성격을 띤
불교를 표방할 수밖에 없다.[80]

원간섭기의 경우 일연에 의해 가지산문이 불교계의 중심세력으로 부
각되어 교권을 장악하였다. 그와 더불어 백련사의 변질된 성격을 띤 묘
련사 계통이 불교세력의 주요세력으로 등장하면서 가지산문과 묘련사
계통이 서로 교권 장악을 둘러싸고 대립하는 양상을 띠었다. 역대 국사
의 하산소인 밀양의 瑩源寺를 두고 일연의 문도로 자처한 선종 가지산
파의 寶鑑國師 混丘와 妙蓮寺 계통의 無畏國統 丁午 사이에 교권 장
악으로 인하여 영원사 주법이 바뀐 적이 있다. 정오가 국통으로 봉해질
당시 왕사에 책봉된 混丘(1251~1322)의 비명에 '영원사는 본래 선종 사
찰이었으나 元貞(1295~1297)년간에 智者宗, 즉 천태종의 소유가 되었다
가 혼구에 의해 다시 선종의 소속이 되었다'는 기록이 있다.[81] 가지산

---

80) 일연의 사상적 경향은 '현실적 차원에서의 구원과 희망을 갖게 하기 위한
관음신앙이나 밀교의 타라니 신앙에 바탕한 실천적·현세구원적 성격을
띤 불교'라고 한다(채상식, 앞의 책, 131~148쪽 및 178~179쪽 참조). 그러나 과
연 그가 실천적 신앙의 실천자인가는 의문이다. 그리고 "왕정복고를 주도
한 세력의 지원을 받게 된 일연으로서는 최씨정권을 비롯한 무신세력에
대해서 비판적 입장을 표방하였을 것이다. 이러한 맥락에서 이들과 몽고군
에 의해 가장 많은 고통과 피해를 입었다고 판단된 民들의 처지를 깊이 인
식하였을 것이며, 한편으로는 이들 농민층들을 왕정복고의 절대적인 지지
세력으로 인식하였는지도 모른다. 따라서 농민·천민층으로 하여금 현실
적 차원에서의 구원과 희망을 갖게 하기 위한 신앙적 노력의 일환으로 실
천적·현세구원적 성격을 띤 불교를 표방하였던 것은 아닌가 한다"(채상식,
앞의 책, 176~177쪽)라고 한 것이나 이의 연장선상에서 "아마 일반 民들에게
커다란 고통을 가져다 줌으로써 이들의 기반을 앗아간 이민족의 침략에
대해서도 무신세력과 마찬가지로 취급하여 비판적이었을 것이다"(177쪽)라
고 한 견해는 지나친 해석이 아닌가 한다.
81) 李齊賢, 「有元高麗國曹溪宗慈氏山瑩源寺寶鑑國師碑銘並序」, 『益齋亂藁』
권7, "因命住瑩源寺 寺本禪院 元貞中爲智者宗所有 以故師始復其舊焉."

문의 혼구가 영원사에 주법한 시기는 정오가 영원사에서 진주의 班城
의 龍岩寺로 옮긴[82] 후인 1314년경으로 추정된다.

　그런데 영원사는 '前代 國統下山所'라는 표현으로 볼 때 교권의 주
도권을 장악하는 데 있어 상당히 중요한 위치를 점한 사찰이었던 모양
이다. 혼구가 1322년 松林寺로 옮긴 이후에는 다시 묘련사의 義旋이
이곳에 주지하였다.[83] 이러한 현상은 경상도지역의 불교계를 둘러싸고
선종의 가지산문과 천태종 계열의 묘련사가 벌인 첨예한 대립이었다.
이것은 불교 교단의 주도권을 두고 양자의 대립이 오랫동안 선종과 천
태종 사이의 분쟁이 있었던 영원사를 빌미로 한판 승부를 벌인 것에 불
과하였다.[84]

　고려불교에서 화엄종 내지 유가종이 차지하는 비중은 대단히 크지만
무신정권 이후 선종의 대두로 인해 그 위세는 축소되었다. 그러나 무신
정권기에 경상도지역에는 화엄결사를 통한 결사운동이 일어나고 있었
다. 그 가운데 하나가 반룡사를 중심으로 한 화엄결사이다. 반룡사는 李
仁老의 大叔인 승통 寥一에 의해 창건된 사원이었다. 명종으로부터 두
터운 신임을 얻어 조정에 자유로이 출입할 수 있었던[85] 홍왕사의 중 승
통 요일이 명종 27년 최충헌에 의해 개경에서 축출되면서 경상도 고령
으로 내려와 반룡사를 창건하면서 '佛學者들이 自暴自棄하는 데 그치
는 것을 민망히 여겨 策礪를 가하기 위하여 마련된 것'[86]이라고 한 것

---

82) 朴全之, 「靈鳳山龍岩寺重創記」『東文選』권68.

83) 李穀, 「趙貞肅公祠堂記」『稼亭集』권3.

84) "時譽言 瑩原者 禪家古刹 □事紛擾 不□"(「寧國寺圓覺國師碑」『朝鮮金石總覽』
　상, 400쪽)이란 기록에서 12세기의 천태종 인물인 德素(1107~1174)가 활동하
　면서 영원사가 천태종으로 바뀌었다가 다시 선종으로 되돌려진 일이 있었
　던 것에서 선종의 사찰이었던 영원사의 소속을 둘러싸고 선종계통과 천태
　종간에 분쟁이 이미 해묵은 것이었음을 알 수 있다.

85) 『破閑集』권中, "明皇時 大叔僧統 寥一 出入禁于閣 不問左右二十餘年."

86) 崔瀣, 「送盤龍如大師序」『拙稿千百』권1 ;『東文選』권84.

으로 보아 이의민 정권에서 최충헌 정권으로 교체되면서 화엄종 등의
교종사원의 승려와, 경상도지역의 승려들이 자포자기에 빠질 정도로 동
요하고 있었음을 알 수 있다. 또 박문비가 고성지방의 책임자로 부임한
신종·강종년간에 박문비의 지원하에 대고 등의 화엄승려들이 수암사
결사를 결성하고 있다. 이 시기 수암사 화엄결사를 통해 첫째, 화엄을 익
힌 대고, 혜자 등의 화엄승려들이 選佛場에 오른 것을 '그릇되었다'고
한 것과 '명리를 버리고' 遊方하다가 '華嚴을 강론하고 普賢行'을 닦는
화엄결사를 결성87)하였다는 점을 주목할 수 있다. 수암사 화엄결사를 통
해 지적할 수 있는 또 하나의 사실은 지눌의 수선결사 등이 당시 불교계
의 대안으로 그 기능을 발휘하지 못하고 있었다는 점이다. 이런 점에서
화엄결사가 경상도지역에서 일어나고 있다는 점이 주목된다.

경상도지역에선 무신정권기에 선종이 풍미하는 가운데에서도 반룡사
와 수암사 등에서 화엄결사가 결성되어 화엄승려들이 새로운 길을 나름
대로 모색하고 있었다. 그 후 이들의 역량은 몽고침입기 대장경의 각성
이 이루어졌을 때 커다란 역할을 하게 하는 동인으로 작용하였을 것이
다. 대장경의 각성은 경상도지역을 중심으로 이루어졌다. 특히 남해 정
림사나 합천 해인사의 활동이 두드러진 점으로 보아 경상도지역의 화엄
승려들이 대거 가담하였을 것이다. 고려대장경 보유판에 남아 있는 균
여 저술의 발문에 의하면 경상도지역의 반룡사, 해인사, 법수사, 동천사
등의 사찰이 보이는 것으로 보아 義湘→均如→天其·守其 계통의
화엄종 사찰이 적극적으로 가담하였음을 알 수 있다. 이러한 그들의 활
동은 충숙왕-충혜왕대에 활약한 화엄종 승려 體元(1313~1344)의 활동으
로 이어진다.

체원은 본관이 경주인 李瑱(1244~1321)의 둘째 아들이며 李齊賢(1287~
1367)의 家兄이다. 그는 20세 전후에 균여를 계승한 해인사 계통의 화엄

87) 李奎報, 「水嵓寺華嚴結社文」『東國李相國後集』 권12.

종 승려로 출가하여 한때 太尉上王, 즉 충선왕의 총애를 받아 승질이 높아지고 명찰의 주지를 제수받기도 하였다. 그러나 노부모를 공양하기 위해 거절하기도 하였던 인물인데, 주로 해인사를 중심으로 하여 인근의 法水寺, 盤龍社, 경주의 東泉寺 등에서 활동하였다. 그는 충선왕의 배려를 기반으로 하여 한때 중앙의 교권을 장악할 수 있는 계기를 마련하였지만 원지배기의 교권이 화엄종과는 거리가 있었다.

체원은 해인사에서 몇 종의 註解書와 『功德疏經』을 간행하고, 1330년대 후반에는 여러 차례 『華嚴經』의 사경을 주도하였다. 1338년, 그가 주도하여 寫經한 『大方廣佛華嚴經』 권21의 발문88)에 의하면 그가 1338년 兩街都僧統의 지위에 있었음을 알 수 있으나 발문에 보이는 단월들은 개경의 권문세족이라기보다 체원이 주로 활약하던 해인사, 반룡사, 법수사 등지의 승려와 인근에 거주하던 은퇴한 관료라는 점이 주목된다.89) 그리고 그가 1328년(충숙왕 15) 10월에 저술한 『略解』의 발문의 다음 부분을 살펴보면

元統二年甲戌七月 日 鷄林府開板
同願刻手 僧甫英
色記官 崔㳻
別色前副戶長 李奇
同願秀才 金神器書
同願東泉社道人 善珣
鷄林府權知尹承奉郎都官佐郎知蔚州事兼勸農使 盧□□

간행에 관련된 인물들은 지방관과 승려를 제외하면 모두 경주의 향

---

88) 본 자료는 權熹耕, 『高麗寫經의 硏究』, 1986, 423쪽 및 李基白 編, 『韓國上代古文書資料集成』 1987, 166~167쪽에 수록되어 있으나 전자의 경우 誤字가 많다.
89) 蔡尙植, 『高麗後期佛敎史硏究』, 200~201쪽.

리들임이 주목된다. 이것은 1334년(충숙왕 복위 3) 7월 계림부에서 개판되었다.

체원의 저술들을 분석한 기존의 연구성과에 의하면, 『別行疏』는 40華嚴 중 관음보살의 법문을 통해서 관음신앙에 대한 이론적인 바탕을 정리하고 아울러 靈驗과 神異를 통한 실천신앙을 강조한 것이고, 『略解』는 의상을 통하여 실천신앙의 예를 구한 것이며, 『知識品』은 指誦用으로서 일반민들에게 실천신앙을 정착시키려는 노력의 일환으로 저작된 것이다. 『功德疏經』은 僞經으로서 영험과 공덕을 강조한 내용을 담고 있는데 기층사회의 독자적인 형태의 전통적 민간신앙을 화엄종의 염불신앙에 수용 또는 결합시키려 한 의도에서 저작된 것이다. 14세기 전반기의 체원을 중심으로 한 경상도지역의 화엄종은 현실구원의 방편에서 민간신앙을 수용하여 신비적인 영험과 공덕을 강조하는 단계로까지 나아갔지만, 이와 병행하여 한 단계 진전된 화엄사상을 표방하지는 못한 셈이다. 당시 사회와 불교계가 안고 있던 여러 문제들을 본질적으로 해결하려는 노력을 보이지 못했다고 할 수 있다. 이것은 바로 해인사를 중심한 14세기 화엄종이 갖는 한계점이라고 하지 않을 수 있다.[90] 이상과 같은 화엄종의 한계성의 극복은 경상도지역의 재향세력, 그리고 일반민, 나아가 고려사회가 불교교단에 바라는 것이라는 점에서 그것은 곧 고려사회의 한계성이라고 할 수 있다. 1302년 阿彌陀佛腹藏의 발원문과 1322년 주성된 천수관음상의 복장문서를 통해서도 그것을 확인할 수 있다.

1302년 阿彌陀佛腹藏에 의하면 불상을 조성하고 복장물을 마련하였던 주관자는 화엄종 출신의 法英과 창녕군부인 장씨, 고급관인이었던 金瑠와 兪弘愼 등이고, 이를 지원한 참가자도 당시에 쟁쟁한 정치세력을 배출하였던 광산김씨·안동김씨·문화유씨·동주최씨 등이다. 이

---

90) 蔡尙植, 앞의 책, 212～219쪽 참조.

가운데 동주최씨를 제외하면 모두 오늘날의 경상도 북부인 안동지역에서 몽고의 침입기간을 피하면서 세력을 키웠던 가문들이다. 제1 발원문에는 창녕군부인 張氏의 기원이 잘 나타나 있는데, 그녀는 중국에서 남자로 태어나 어려서 출가하여 독실한 고승이 되고자 염원하였다. 현세에 대해서는 돌아간 어머니 曺氏, 돌아간 長兄 曺氏, 부모와 姑姨, 伯叔父와 親姻, 형제자매, 그리고 원근의 親疏와 노비와 眷屬에 이르는 가족과 인척을 열거하였다. 제3 발원문에는 의지할 데 없고 돌아갈 곳 없고 구호받을 수 없는 중생의 구원을 염원하고 있다. 제4 발원문에는 김도의 돌아가신 부와 처부모, 처조부의 명복을 빌면서 가문의 제례와 관련된 靈駕를 위한 명복을 빌고, 제5 발원문에서 안동김씨와 그 인척의 영가를 위한 발원문을 담고 있다. 그 외 이 발원문에는 兪弘愼과 그 부인 이씨의 施主를 볼 수 있으며, 李氏靈駕가 있다. 이 발원문에는 貢女와 質子로 자녀를 원나라에 보내고 이를 이용하여 권세를 누리던 고려 상층신분의 참회와 기원이 담겨 있다고 보인다. 그런데 발원문에는 원의 황제와 왕실을 위한 아무런 기원도 없다. 또한 지방민이나 민중이 겪는 天災와 疾病의 消災, 또는 풍년을 염원하는 내용도 없다. 국가나 사회를 인식한 거대한 인간의 공동체의 공익을 위한 기원이라기보다, 인척을 포함한 가문과 개인의 내세를 위한 명복과 해탈을 추구하는 범위를 벗어나지 못하고 있다. 이 복장물을 통하여 당시의 불교가 점차 公共을 위한 위치에서 私的 下手人으로 전락하는 과정을 보여준다고 확대해서 해석될 수 있지 않을까 한다. 이 무렵 불교는 世族의 세속적 욕구와 영합하였고, 인간공동체인 사회와 국가를 위한 본래의 기능을 외면하면서 성리학이 대두할 수 있는 구실을 불교 스스로가 마련해주고 있다는 해석도 가능하지 않을까 한다.[91] 그리고 1322년 오늘날 대구의

---

91) 許興植,「1302년 阿彌陀佛腹藏의 造成과 思想性」『韓國中世佛敎史研究』, 일조각, 1994, 229~249쪽.

부근에 주성된 천수관음상의 복장문서는 밀교적 경행이 강했던 몽고 압제하의 충숙왕 때 조성된 것이다. 천수관음은 현존하는 사례가 거의 없으나 몽고 압제 아래서 밀교적 신비주의와 결부된 이러한 불상이 널리 만들어졌을 가능성이 있다.[92] 이를 통해 영남지역의 사원세력이나 승려, 이들의 단월들이었던 재향세력들이 고려사회가 갖고 있었던 사회경제적 모순의 지적이나 개혁을 통한 사회성을 확보하기 보다는 자신과 자신을 둘러싼 인척을 포함한 가문과 개인의 내세를 위한 명복과 해탈을 추구하면서 공덕신앙과 신비주의를 벗어나지 못하고 있음을 알 수 있다.

IV. 원간섭기 유학계의 동향과 영남지역

고려시대의 불교는 관혼상제의 일상생활을 규제하면서 국왕에서부터 일반민에 이르기까지 불교적 삶을 영위하게 하였다. 그러나 치국제민의 정치학의 성격을 갖고 있었던 유학은 정치의 분면에서 일정한 기능을 갖고 있었다. 그리하여 이 시대의 지배층들은 과거급제와 정치적 진출을 목적으로 유학을 공부하였다. 비록 이 시기의 儒者들이 修己治人에 대한 나름대로의 이해를 하고 있었지만 불교와 도교의 영향 속에서 내세와 윤회, 그리고 인연의 논리를 부정하지 못하였다.

고려중기에 북송성리학의 전래와 더불어 예종·인종대 『書經』·『禮記』·『周易』등 經學을 중심으로 고려 유학이 활발하게 전개되었다.[93] 그러나 인종조 이후 금의 흥기에 따른 송과의 교류 단절로 인해 주자성리학과의 사상적 교류가 여의치 않고, 또 대내적으로 무신정권의 성립에 따른 문신들에 대한 대대적 숙청으로 인해 유학은 침체의 국면에 접

---

92) 許興植, 『韓國中世佛敎史硏究』, 일조각, 1994, 251~269쪽.
93) 李源明, 『高麗時代 性理學收容硏究』, 국학자료원, 19~58쪽.

어들 수밖에 없었다. 이처럼 무신정권 이후 유학적 문풍은 크게 침체되
었지만 유학의 중심이 중앙에서, 지방으로 확산되어 지방의 학문적 발
흥의 초석이 마련될 수 있었던 것만은 지적되어야 할 것이다.

　최씨정권은 정치적 소강상태와 더불어 정치적 여유를 과시하고 민심
을 무마할 필요성, 그리고 국내의 제도운영과 외교상 문한관 확부를 위
한 필요성 등에 의해 과거를 계속하고 문한관을 등용하였다. 이로 인해
유학이 흥기될 가능성은 가졌지만 그들만의 학통을 형성할 정도는 아니
었다. 이 시기 최씨정권에 등용된 이규보가 유학자를 경제의 방책을 펴
기 위하여 정치에 나아가며, 문학적 능력을 통해 행정적 업무를 원만히
수행하고, 경학에 대한 식견을 통해 왕정을 보필하는 존재로 파악하였
지만[94] 그들이 권력을 주체적으로 관장한다는 의식을 별반 갖지 못하
고 권력을 보좌하는 것으로 그들의 지위를 스스로 한정하고 있다는데서
유학자, 나아가 관인층의 독자적 정치세력화는 기대하기 어려웠다.[95] 관인
층의 정치적 역량이 이처럼 제한된 상황하에서 과거를 통해 출사의 길
을 택했던 유학자 가운데에는 혜심처럼 머리 깎고 승려가 되는 경우가
적지 않았다. 그 결과 유학의 수준은 佛僧에 의하여 명맥이 유지되면서
불교에 예속성이 강하였다.[96] 이규보가 "아, 세상이 저하되어 풍속이
야박하자, 公卿·宰輔가 된 이들은 순수한 仁義禮樂만으로는 민속을
교화시킬 수가 없어서, 반드시 불법을 참용하여 사심을 끊게 되므로, 그
膏澤이 나라를 鎭定하고 성벽을 튼튼하게 한 데에서 나게 되니, 이것은
또한 집정자가 사용하는 하나의 奇策"[97]이라고 한 것에서 그간 유학이

---

94) 李奎報, 『東國李相國集』 권26, 「上崔相國詵書」, "士가 筮仕하는 까닭은
　　구차히 일신의 榮宦을 도모하고자 해서가 아닙니다. 대개 마음에 배운 바
　　로써 정치를 통해 시행하여 經濟의 방책을 떨치고 힘써 왕실을 폄으로써
　　백세토록 이름을 드리워 不朽할 것을 기대하기 때문입니다."
95) 馬宗樂, 「高麗後期 登科儒臣의 儒學思想 硏究－李奎報·李齊賢·李穡을
　　중심으로－」, 1999, 44～45쪽.
96) 許興植, 『高麗佛敎史硏究』, 일조각, 1986, 448～450쪽.

갖고 있었던 정치적 교화력의 한 분면을 불교에 기대하고 있음을 알 수 있다. 그러나 고려 후기에 성리학이 수용되면서 유학의 면모는 크게 달라지고 있었다.

성리학은 '爲己之學'과 '爲人之學'을 구분하고 유학이 단순히 利祿의 학문이 되어서는 안된다는 것을 가르쳤다. 유학자들은 도덕적 修身과 사회교화를 학문의 목적으로 삼게 되었고, 이로 인해 주로 정치의 영역에 한정되었던 유학의 사상적 영향력이 사회영역으로 확대되는 변화를 가져 왔다. 지금까지 성리학을 신진사대부의 성장과 관련시켜 파악했던 연구를 비롯해서, 성리학을 수용함으로써 理氣·心性을 논의하게 되고 불교계에 대한 비판적 인식이 고조되는 사상적 변화에 주목한 연구, 고려후기에 수용된 성리학이 元代에 官學化한 성리학이었기 때문에 당시 조성된 성리학이 思辨的이기 보다는 修身과 儒家의 경세적 역할을 강조하는 실천적 성격이 컸다는 지적이 있었다. 또 성리학의 수용 배경에 대한 검토에서 고려전기 이래 송의 선진적 문물에 대한 고려 유학자들의 관심이 컸던 바, 그들은 송대 신유학의 사조나 동향을 잘 알고 있었다는 지적이 있었고, 불교 특히 禪佛敎가 발전됨으로써 심성에 대한 심도있는 철학적 이해를 이룬 문화적 전통이 있었기 때문에 성리학을 용이하게 수용할 수 있었다는 지적도 있다. 그러나 성리학이 지방사회로 보급되어가는 과정에 관한 연구는 거의 없다. 영남지역의 경우 다른 지역보다 일찍 성리학이 보급되었으므로 그것이 가능했던 배경을 그나마 추적할 수가 있다. 이를 중심으로 본절을 전개하고자 한다.

주자학이 전래되기 이전 경상도 지방에는 이미 문풍이 진흥되고 있었다. 무신집권 후반기내지 원의 지배시기로 내려오면서 집권세력의 교체가 활발해지자 강인한 재지적 기반을 갖고 있던 경상도지역의 각 읍 토성이 대거 중앙정계로 등장할 수 있었다. 경상도는 타도에 비해 강력

---

97) 李奎報, 「大安寺同前」『東國李相國集』 권25.

한 土姓이 많은 동시에 亡姓은 가장 적으며, 來姓과 續姓은 가장 많다. 이러한 현상은 토성의 토착성이 강인하고 타도 토성의 유입이 많았다는 사실을 반영한 것이다. 더욱이 기성관료가 무신쿠데타를 계기로 이 지역에 많이 낙향함으로서 문풍이 크게 발달하여 신흥사대부가 나올 수 있는 학문 기초를 제공해 주었다. 즉 죽림칠현의 일원인 오세재, 임춘 등이 경주 및 상주 등에 한때 우거하였고, 안강출신의 재야지식인인 안치민이 이규보, 박인석, 진화, 최자 등에게 학문적 영향을 끼치면서 당시의 현실안주적인 학풍을 비판함으로써 새로운 학문의 길을 모색할 수 있는 길을 열어 놓았다.[98] 뒤따라 김부식의 가계를 이은 金君綏와 崔滋(慶州)·李承休(嘉利)·金敞(安東)·金之垈·金晅 등이 나와 詩賦詞章으로 당대를 풍미하였다. 이들은 경향간을 왕래하면서 또는 지방 수령으로 재직하면서 지방교육 진흥에 공헌하였다. 이러한 영남출신의 문사들이 크게 중앙에 진출하여 고시관과 文翰을 맡게 됨에 따라 그들을 매개로 재지의 吏族子弟가 계속 진출하였다. 『高麗史』 권73·74의 選擧一과 二에 의거하여 고려후기에서 고려말기까지 각종 고시(進士試, 國子試, 升補試 등)의 考試官과 銓注者를 출신지역별로 살펴보면 영남출신이 가장 많다. 특히 고려말에 올수록 더욱 많아진다. 한편 원의 지배시기에 入元登第者 가운데는 崔滋·李仁復·安軸·安輔·李穀·李穡 父子 등 영남출신이 대부분을 차지하였다. 바로 이들에 의해 원으로부터 주자학의 수용이 이루어졌던 것이다.[99]

영남지방은 몽고 침구시에는 피해가 적은 반면 농업생산력이 가장 높았기 때문에 재지 사족이 가장 많았다. 이러한 시대적 사회적 배경에서 주자학을 쉽게 수용하고 그것을 받아들인 주체가 대개 이 지방에서

---

98) 김호동, 『고려 무신정권시대 文人知識層의 현실대응』, 경인문화사, 2003.
99) 李樹健, 『嶺南士林派의 形成』, 영남대학교 민족문화연구소, 1979. 이하의 내용 역시 본 책에 정리된 내용을 위주로 정리하였으므로 일일이 전거를 밝히지 않는다.

나올 수 있었다. 『東文選』 소재 시문 가운데 주자학 수입이전의 것을 대상으로 그 작자를 출신지역별로 살펴보면 영남출신이 거의 절반을 차지하고 있다. 이것은 바로 영남지방이 주자학 수입이전에 이미 그것을 받아들일 수 있는 문화적 내지 학문적 전통을 지니고 있었다고 할 수 있다. 다른 지방과는 달리 영남은 각읍마다 토성이족이 온존하여 군현을 실질적으로 지배하는 동시에 그들의 자제를 열심히 학문에 정진하도록 시켰기 때문에 문사가 계속 배출되었다. 安珦·安軸 등 順興安氏, 李兆年家門, 李齊賢 父子와 金方慶·權溥 등 가문이 처음 출사할 때에는 바로 이러한 토성이족의 家學을 배경으로 출발하였다.

원간섭기에 김방경·권부(안동) 양 가문이 먼저 진출함에 따라 金晅·安珦·李瑱·李兆年 등이 차례로 상경종사하였다. 이제현의 부 이진은 김훤의 제자였고 최해는 김훤의 자 金開物과 친우인 동시에 김개물의 子 金銚은 최해의 문인이었다.[100] 순흥출신인 안향을 비롯하여 당시 麗元間을 왕래하던 사대부들에 의해 주자학이 수용되었는데, 이들은 시기적으로 동시대인 동시에 학문적인 사제관계였고 또 중첩적인 인척관계에 있었다. 이들은 대개 고려후기 내지 고려말에 토성이족에서 상경종사한 지가 오래되지 않았고 또 경향간을 왕래하기도 하였으며 初年에는 在京仕宦하다가 만년에 辭官鄕居하는 자도 많았다. 그들은 상경종사하면서도 본관지를 완전히 떠나지 않고 田宅을 본관지에 둔 채 仕宦하였기 때문에 언제나 벼슬을 그만두면 낙향생활할 수 있었다. 또한 그들은 비록 재경사환하더라도 본관의식이 강하였다. 바로 이러한 성향으로 인해 영남지역에는 일찍이 주자학이 수용 보급될 수 있었다.

주자학이 전래된 뒤부터 영남출신의 인사가 文翰·敎授之任에 포열해 있었다. 安珦을 선두로 安軸·安輔 형제·安積 등과 그들의 子壻와 門生에 학자가 배출하였다. 鄭良生(東萊人)은 安軸의 女壻이며 李穀은

---

100) 『韓國金石文追補』, 216~218쪽 및 『東文選』 권123, 金開物墓誌.

그에게 수업하였고 鄭習仁은 그의 門生이었다. 이제현은 권부의 여서인 동시에 그의 학통을 이었고, 白頤正과는 사돈간이었으며 그 일문에 李存吾·李達遵·李達衷·李寶林 등이 배출하였다. 특히 李存吾는 辛旽을 탄핵하는 데 선봉에 나섰고 鄭夢周·李崇仁·鄭道傳·金九容 등 영남출신 인사와 교분이 두터웠다.[101]

李兆年은 鄭允宜(草溪)의 女壻이며 그의 손자 李仁復은 薛文遇(경주인, 大司成)의 외손이었다. 鄭夢周는 金得培(尙州人)의 문생이었고 趙云仡은 그의 女壻였다. 金得培·金先致 형제가 文武兼才로 고려말에 등용되자 그 일문에서 仕宦者가 배출하였고, 趙云仡·盧嵩(光州人)·鄭應斗(押海人)·李德馨(廣州人) 등은 그의 外裔였다.[102] 李嵒은 李尊庇의 손자인 동시에 白文節의 외손이며 그 자손에는 家學이 전승되어 갔다. 진주지방에는 河允源·河崙·河演 등과 姜氏·鄭氏 및 草溪·河東鄭氏가 여말선초에 걸쳐 크게 두각을 나타내었다. 朴忠佐와 朴宜中은 각기 咸陽과 密陽출신으로 성리학 보급에 이바지하였다.[103]

李穀·李穡 父子와 權近이 寧海와 盈德에 인연을 맺게 됨에 따라 영남지방에 문풍을 진흥시키는 데 크게 기여하였다. 寧海는 李穀의 妻鄕으로 한때 그곳에 우거하였고, 이색은 외가인 영해에서 생장하였다.[104] 권근은 고려말에 영덕에 謫居한 적이 있었다. 그들을 매개로 寧海朴氏·興海裵氏 등이 크게 중앙으로 진출하였다.[105]

신흥사대부에 의해 수용된 주자학은 고려말의 成均館과 지방의 鄕校敎育를 통해 보급되었다. 공민왕 16년에 성균관을 重營하고 이색으로

101) 『高麗史』 권112, 李存吾傳.
102) 『東文選』 권126, 李仁復墓誌銘, 『高麗史』 권113, 金得培傳 ; 권114, 金先致傳 및 『國朝人物考』 下1272, 金先致 墓誌 참조.
103) 『高麗史』 권112, 河允源傳, 鄭習仁傳, 朴宜中傳 ; 同書 권109, 朴忠佐傳.
104) 『慶尙道地理志』 寧海府條 및 『新增東國輿地勝覽』 권24, 寧海府 樓亭條.
105) 『東文選』 권101, 司宰少監朴强 및 儒生裵尙謙傳 및 『高麗史』 권107, 權近傳 참조.

하여금 성균대사성을 겸하게 하여 生員을 增置하는 한편 金九容·정몽
주·박상충·박의중·이숭인 등 經術之士를 敎官에 겸직하게 하였다.
이에 이색이 學式을 개정하고 매양 명륜당에서 分經授業을 한 다음에
는 相互講論하자 학자들이 운집함으로써 마침내 程朱性理學이 진흥하
게 되었다.106) 당시 대사성을 비롯하여 성균관의 교관들은 앞에서 언급
한 바와 같이 대개 영남출신이거나 영남지방과 관련이 있는 인사다. 공
민왕의 배원친명정책 표방과 주자학의 보급이란 정세변화에 편승하여
재경의 신흥사대부들은 대개 성균관을 중심으로 성리학을 전수받았기
때문에 영남지역의 인사들로부터 주자성리학을 전수받았다고 할 수 있
었다. 그리고 공민왕 10년 홍건적의 침입으로 국왕이 한때 안동에서 피
난한 적이 있었다. 이것은 상주·안동지방의 재향세력이 중앙에 진출하
는 커다란 계기가 되었다. 『國朝榜目』소재 고려말의 과거사적을 살펴
보면 공민왕대에 영남출신 士類가 과거를 통해 대거 진출하고 있었다.

　　중앙의 성균관을 중심으로 새로운 유학, 즉 주자학이 진흥되어 在京
官人이 그것에 훈도되어나갔듯이 지방 군현에서는 향교가 많이 수축되
고 文科 및 성균관 출신의 문신들이 수령으로 나가서 지방교육을 장려
하였다. 진주지방에는 고려말에 인재가 배출되고 문풍이 진작되었는데,
그것은 바로 鄕校가 중심이 되었다. 河演의 晉州牧 鄕校記에 의하면
여말선초의 姜君寶·河楫·河允源·河乙沚·鄭乙輔·河崙·鄭以吾·
河敬復 등은 모두 향교출신이었다.107) 鄭道傳 부자도 安東 또는 榮州
의 향교에서 수학하였다.108)

　　고려말에 신흥사대부의 대거 등장과 국가의 문교정책의 장려로 수령
의 직무에 '興學校'란 조항을 중시하였고 또 성리학에 훈도된 登科士
類들이 수령으로 부임하는 예가 많았기 때문에 지방교육이 발전할 수

---

106) 『高麗史』권115, 李穡傳.
107) 『新增東國輿地勝覽』권30, 晉州牧 學校條.
108) 『高麗史』권121, 良吏 鄭云敬傳.

있었다. 그러한 움직임은 영남지역 출신의 유학자들에 의해 이미 원간
섭기에 주장되었다.

> 지금 전하께서 진실로 학교를 넓히고 庠序를 근실히 하며 六藝를
> 받들고 五敎를 밝혀 선왕의 도를 천명한다면, 누가 眞儒에 등돌리고
> 釋子를 따를 것이며 實學을 버리고 章句를 익히는 자가 있겠습니까?
> 장차 彫蟲篆刻의 무리들이 모두 經明行修하는 선비가 되겠습니까?109)

이 글은 충선왕이 詞章學에 경도된 당시 유학풍의 문제점을 지적한
것에 대하여 이제현이 답변한 것이다. 이제현은 선왕의 도와 경명행수
를 위한 학문을 實學이라 지칭하여 유학의 이념형을 제시하고 새로이
수용한 성리학을 통한 학풍의 쇄신을 추구하였다. 그 방법으로 제시한
것이 '학교를 넓히고 庠序를 근실히 하는' 것이었다. 그렇게 된다면 누
가 眞儒에 등돌리고 釋子를 따를 것이며 實學을 버리겠느냐고 반문하
고 있다. 후일 공민왕 16년에 성균관을 重營하고 학식을 개정한 조처나
지방의 향교교육이 진흥된 것은 이미 원간섭기에서부터 주장되어온 것
이 결실을 맺은 것이다. 영남출신의 이제현의 주장을 통해서 볼 때 영
남지역은 다른 지역보다 향교교육을 통해 주자학의 빠른 수용이 이루어
졌기 때문에 14세기 이후 중앙정계에 많은 인물들을 배출할 수 있었을
것이다. 그들은 이제현이 언급한 것처럼 주자학의 이해를 통해 釋子를
버리고 眞儒의 길로 나서게 되었을 것이다.

성리학 수용자들은 眞儒의 길을 이상으로 삼게 되면서 불교에 대한
비판적 입장을 견지하기 시작하였다. 영남지역 출신의 이제현과 최해를
통해 이를 살펴보기로 한다. 이들의 견해는 불교세력의 세속적인 팽창
으로 인해 야기된 사회경제적인 폐단을 비판하는 데는 입장을 같이 하
고 있다. 성리학적 경세론에 입각하여 개혁을 주장하던 이들은 당시 각

---

109)『櫟翁稗說』前集1, 又問.

종 폐단을 일으키는 원흉으로 지목되었던 권세가들과 불교세력을 동류로 파악하면서 양자가 합작하여 자행하는 폐단을 강력하게 비난하면서 불교세력을 권세가와 동일한 개혁의 대상으로 간주하였다.110)

그러나 불교의 폐해를 비판하는 데는 공동의 보조를 취하였지만 불교의 사회적 기능에 대한 평가에서는 입장을 달리하고 있다. 이제현은 작위적인 방법으로 功德을 기원하는 행위에는 비판적이었으나 진심에서 우러나온 것일 경우에는 공덕사상에 대해서도 긍정적으로 이해하려고 하였다.111)

그에 반해 李齊賢과 同年生인 崔瀣(1287, 忠烈王 13~1340, 忠惠王 복위 원년)는 성리학적인 실천윤리에 입각하여 불교를 反人倫的이라고 공격하는 등 불교의 사회적 기능에 대하여 부정적인 시각을 보이고 있어 주목된다. 그는 '人道'는 '親親'에 바탕을 두고 있으며 또한 그것은 하늘이 부여한 바 인간의 本性인데도, 불교에서는 그것을 버려 관계를 끊도록 가르친다는 것이다. 그리하여 人倫(綱常)을 땅에 떨어뜨리고, 이 세상에서 인간이 사라지도록 만든다고 비판하고 있다.112) 그리고 승려들을 無爲徒食하는 避役의 무리로 강력하게 비난하고 있기도 하다.113) 그리하여 불교의 功德思想에 대해서도 부정적 시각을 보이면서, 표나지 않게 은밀히 주어지는 福은 알 수가 없는 일이라고 하면서 회의적인 시선을 보내기도 하였다.114) 그는 불교에서 말하는 '明心見性'의 說을 유교,

---

110) 邊東明, 『高麗後期性理學受容研究』, 일조각, 1995.

111) 李齊賢, 「衆修乾洞禪寺記」·「白華禪院政堂樓記」『益齋亂藁』6.

112) "(前略) 世之說佛者曰 爲佛先須棄絶親愛 夫人道原於親親 滅親無人 誰爲佛者 以是求佛 竊所未喩 (下略)."(『拙藁千百』1, 「送盤龍如大師序」)
"惟天生民 民有秉彝 天下之理 一而已矣 岐而求道 寔曰異端 今夫以道教人於東方者 謂儒爲外 盍共捨諸 (中略) 然而將學其所以爲內者 則綱常墜地 天下無民矣 (下略)."(위의 책,「問擧業諸生策二道」)

113) "(前略) 其僧 大抵不隸逃其役 民避其徭 常有數千萬人 安坐待哺 (下略)." (『拙藁千百』1, 「送僧禪智遊金剛山序」)

114) "(前略) 敬菩薩者 爲能福人於冥冥也 其冥冥之福 旣不可識 (下略)."(『拙藁千

구체적으로는 性理學의 心性論으로부터 본받아 배운 것으로 간주한다 든지[115] 불교를 모르더라도 유교만은 알아야 진정한 佛者가 될 수가 있다고 하였다.[116]

아마도 이들로부터 주자학을 배웠던 영남지역의 유학자들은 이제현과 최해의 사이를 넘나들면서 자신의 입장에서 이를 용해하여 불교에 대한 나름대로의 입장을 개진하였을 것이며, 주자학에 대한 이해가 깊어지면 질수록 불교에 대한 비판적 입장을 견지하였을 것이다.[117] 그러나 당시 영남지역의 불교계는 물론 고려 불교계의 일반적인 분위기는 성리학 신봉자들의 그와 같은 공세에 위기를 느끼며 그에 대응할 태세를 갖추는 것과는 거리가 먼 것이었다. 사상적으로도 신비적인 영험과 공덕을 앞세우면서 기복신앙과 타력신앙에 빠져들고 있었다. 그들은 자력신앙에 입각하여 자신의 깨침은 물론 불교의 대사회적 기능에 대한 진지한 고민이 없었다.

V. 맺음말

무신정권 이후 원간섭기에 이르는 동안 유학자들이 머리 깎고 승려가 되는 현상에 대해 불교는 유학·도교 등 다른 사상과의 관계가 좀더

百』 1, 「送僧禪智遊金剛山序」)

115) "(前略) 僕竊見 天下奉佛大過 舟車所至 塔廟相望 其徒皆拊權擅富 蠹毒斯民 而奴視士夫 故爲吾儒所不取焉 是豈佛之過歟 夫佛好爲善 不好爲不善 就其明心見性之說而觀之 似亦祖吾儒而爲者 (下略)."(『拙藁千百』 1, 「頭陀山看藏庵重營記」)

116) "(前略) 予嘗謂 知儒而不知佛 不害爲佛 知佛而不知儒 則不能爲佛 (下略)."(위의 책, 「送盤龍如大師序」)

117) 고려후기 성리학의 수용자들인 유학자들에 불교의 비판에 대해서는 邊東明, 『高麗後期性理學受容硏究』, 일조각, 1995에 잘 정리되어 있다.

밀착되고 혼합되는 경향이 두드러졌고, 유학의 수준은 佛僧에 의하여 명맥이 유지되면서 불교에 예속성이 강하게 되었음이 지적되었다. 그러나 登科儒臣의 길을 지향하던 이들이 불승의 길을 걷게 되었던 그 자체는 유학의 불교에 대한 종속의 측면 못지않게 불교의 정치화, 정치에의 종속화를 초래했음이 지금까지 간과되지 않았는가 한다. 특히 몽고의 침입이 이 땅을 휩쓸게 되자 유학이 그 기능을 더욱 상실하게 되었고, 결국 불력을 통한 몽고군의 격퇴를 위한 대장경의 각성이 이루어지게 되었다. 대장경의 각성은 몽고군의 침입이 상대적으로 적은 경상도 지역을 중심으로 이루어졌다. 그 과정에서 만종이 수선사주 혜심에게 머리 깎고 들어가 단속사 주지로 있으면서 대장경 사업을 주도하였다. 이로 인해 경상도지역의 불교계는 수선사와 깊은 관계를 맺고, 나아가 최씨정권과 연결될 수 있었다고 보아야 할 것이다. 결국 경상도 불교계는 체제내로 급격한 편입이 이루어졌고, 정치권과 밀착이 이루어지게 되었다. 이것은 상대적으로 경상도지역민과의 유리를 뜻하는 것이기도 하다.

지리한 몽고와의 전쟁은 결국 화평교섭이 이루어져 출륙환도가 이루어졌다. 왕정복고가 이루어졌지만 고려는 원의 부마국으로 전락한 채 원의 간섭을 한동안 받지 않을 수 없었다. 전쟁의 참화 속에서 불교에 의탁하여 염불과 대장경을 각성함으로써 정토와 소재의 염원을 빌면서 항몽전선에 참여하였던 사람들은 허탈감에 빠져들었을 것이고, 결국 불교에 대한 깊은 회의를 하게 되었을 것이다. 그런 점에서 대장경 각성은 고려 불교 발전의 한 정점인 동시에 쇠퇴의 나락으로 빠져드는 직접적인 계기로 작용하였다고 볼 수 있다.

특히 만종의 식리행위로 인한 어려움 속에서도 대장경 각성의 상당부분을 담당하면서 항몽전선 구축의 보루였던 경상도지역의 경우 더 이상 대민교화의 방편을 불교에서 찾아낼 수는 없었다. 이미 불교는 사회 일각에서 외면받을 수밖에 없었다. 이제 새로운 사상적 대안을 찾아 고

민하지 않을 수 없었다.

수선사와 관련된 자료는 원간섭기에 경상도지역에서 별반 보이지 않다가 沖止가 원종 7년(1266)에 金海縣 甘露寺의 주지가 되어 원종 13년까지 6년 동안 머물게 되면서 다시 연결이 된다. 충지비문에 의하면 충지가 감로사에 주석한 후부터 '法朋과 道侶들이 와서 叢林을 이루어 法席이 우뚝하여 특별한 하나의 사찰이 되었다'고 한 것으로 보아 감로사는 충지 이후 한동안 경상도지역의 수선사의 명맥을 잇는 중심사찰로 부상되었다고 볼 수 있다.

충지는 원종 13년(1272)에 감로사를 떠나 平陽(順天) 鷄足山의 定慧社 주지로 옮겨가서 14여년 동안 그곳에 머물면서 수선사를 元帝의 원찰로 삼아달라고 요구하기도 하고 여러 차례 祝聖儀式을 치르기도 하고 일본원정을 칭송하는 장문의 '東征頌'을 짓기도 하였다. 그런 반면 정동의 역으로 인한 영남지역민들의 참상을 그려낸 이른바 '愛民詩'를 짓기도 한다. 이에 대한 긍정적 평가가 내려지고 있지만 그 시의 초점은 '민들의 참상'을 드러낸 애민의 지적에 있는 것이 아니라 '황제의 덕은 푸른 하늘처럼 덮었고, 황제의 밝음은 백일 같구나, 어리석은 백성이 잠시 기다린다면, 성택이 반드시 베풀어지리라'에 그 중심이 있다. 그런 점에서 그 시는 동정의 역으로 인해 고통받는 영남지역민들의 불만이 고조되자 이에 대한 무마의 차원에서 나온 것이다. 영남지역에 온 충지가 애써 민의 고통을 외면하고 '민에게 인내를 요구하며 정동의 역을 충실히 수행한다면 원제의 성택이 내릴 것'이라는 것을 열변하고 있다고 보아야 할 것이다.

결사불교를 이룩하여 고려불교계를 주도하던 수선사와 백련사는 경상도지역에 교세를 크게 확장하였지만 원간섭기에 접어들어 위축되어 경상도지역에서의 기반을 크게 잃게 된다. 이에 반해 경상도지역에서는 일연이 주도하는 가지산문이 크게 홍기하여 원간섭기 충렬왕대 이후 고려 불교계를 이끄는 중심 교단이 된다.

일연의 비음기에 수록된 단월 8명의 대다수가 충렬왕이 동정군을 격려하기 위해 경주에 행차한 전후에 경상도지역과 경주의 지방관을 역임하였다. 바로 이들은 원의 일본동정을 위한 인적 물적 자원의 조달 책임자들이다. 따라서 이들을 단월로 삼은 일연은 경상도민에게 동정에 대한 지원을 독려하는 역할을 하였다고 규정하더라도 별 무리가 없을 것이다. 전쟁에 민을 내모는 역할을 담당한 일연으로서 그들에게 제시할 수 있는 것은 他力的인 관음신앙을 통한 功德과 밀교의 타라니 신앙에 바탕한 현세구원적 성격을 띤 불교를 표방할 수밖에 없을 것이다. 원간십기의 경우 일연에 의해 가지산문이 불교계의 중심세력으로 부각되어 교권을 장악한 것과 더불어 백련사의 변질된 성격을 띤 묘련사 계통이 불교세력의 주요세력으로 등장하면서 가지산문과 묘련사 계통이 서로 교권 장악을 둘러싸고 대립하는 양상을 띠었다.

경상도지역에선 무신정권기에 선종이 풍미하는 가운데에서도 반룡사와 수암사 등에서 화엄결사가 결성되어 화엄승려들이 새로운 길을 나름대로 모색하고 있었다. 그 후 이들의 역량은 몽고침입기 대장경의 각성이 이루어졌을 때 커다란 역할을 하게 하는 결과를 가져다주었을 것이다. 이러한 그들의 활동은 충숙왕－충혜왕대에 활약한 화엄종 승려 體元(1313~1344)의 활동으로 이어진다.

체원은 해인사에서 몇 종의 註解書와 『功德疏經』을 간행하고, 1330년대 후반에는 여러 차례 『華嚴經』의 사경을 주도하고 있지만 신비적인 영험과 공덕을 강조하여 한 단계 진전된 화엄사상을 표방하지는 못한 셈이다.

1302년 阿彌陀佛腹藏의 발원문과 1322년 주성된 천수관음상의 복장문서를 통해서도 영남지역의 사원세력이나 승려, 이들의 단월들이었던 재향세력들이 고려사회가 갖고 있었던 사회경제적 모순의 지적이나 개혁을 통한 사회성을 확보하기 보다는 자신과 자신을 둘러싼 인척을 포함한 가문과 개인의 내세를 위한 명복과 해탈을 추구하면서 공덕신앙과 신비주의를 벗어나지 못하고 있음을 알 수 있다.

영남출신의 문사들은 무신정권 이후 특히 원간섭기에 중앙에 진출하여 고시관과 文翰을 맡게 됨에 따라 그들을 매개로 재지의 吏族子弟가 계속 진출하였다. 한편 원의 지배시기에 入元登第者 가운데는 崔瀣·李仁復·安軸·安輔·李穀·李穡父子 등 영남출신이 대부분을 차지하였다. 바로 이들에 의해 원으로부터 주자학의 수용이 이루어졌던 것이다.『東文選』소재 시문 가운데 주자학 수입이전의 것을 대상으로 그 작자를 출신지역별로 살펴보면 영남출신이 거의 절반을 차지하고 있다. 이것은 바로 영남지방이 주자학 수입이전에 이미 그것을 받아 들일 수 있는 문화적 내지 학문적 전통을 지니고 있었다고 할 수 있다. 그것은 다른 지방과는 달리 영남은 각 읍마다 토성이족이 온존하여 군현을 실질적으로 지배하는 동시에 家學을 통해 그들의 자제를 열심히 교육 시켰기 때문에 문사가 계속 배출되었다. 安珦·安軸 등 順興安氏, 李兆年家門, 李齊賢 父子와 金方慶·權溥 등 가문이 처음 출사할 때에는 바로 이러한 토성이족의 家學을 배경으로 출발하였다.

신흥사대부에 의해 수용된 주자학은 고려말의 成均館과 지방의 鄕校 敎育에서 보급되었다. 영남지역은 다른 지역보다 향교교육을 통해 주자학 수용이 빨리 이루어졌기 때문에 14세기 이후 중앙정계에 많은 인물들을 배출할 수 있었다. 그들은 이제현이 언급한 것처럼 주자학의 이해를 통해 釋子를 버리고 眞儒의 길로 나서게 되었을 것이다.

따라서 성리학 수용자들은 眞儒의 길을 이상으로 삼게 되면서 불교에 대한 비판적 입장을 견지하기 시작하였다. 영남지역 출신의 이제현과 최해를 살펴보면 두 사람은 불교세력의 세속적인 팽창으로 인해 야기된 사회경제적인 폐단을 비판하는 데는 입장을 같이 하고 있다. 그러나 불교의 폐해를 비판하는 데는 공동의 보조를 취하였지만 불교의 사회적 기능에 대한 평가에서는 입장을 달리하고 있다. 이제현은 작위적인 방법으로 功德을 기원하는 행위에는 비판적이었으나 진심에서 우러

나온 것일 경우에는 공덕사상에 대해서도 긍정적으로 이해하려고 하였다. 그에 반해 崔瀣는 성리학적인 실천윤리에 입각하여 불교를 反人倫的이라고 공격하는 등 불교의 사회적 기능에 대하여 부정적인 시각을 보이고 있다. 이들로부터 주자학을 배웠던 영남지역의 유학자들은 이제현과 최해의 사이를 넘나들면서 자신의 입장에서 이를 용해하여 불교에 대한 나름대로의 입장을 개진하였을 것이다. 그들은 주자학에 대한 이해가 깊어지면 질수록 불교에 대한 비판적 입장을 견지하였을 것이다. 그러나 당시 영남지역의 불교계는 사상적으로 신비적인 영험과 공덕을 앞세우면서 기복신앙과 타력신앙에 빠져들고 있었다.

제3장 고려말 유학자의 회화관

Ⅰ. 머리말

고려사회에서의 불교는 교속양권을 장악하면서 관혼상제의 일상예절에 이르기까지 사회전반을 규제하고 있었던 반면 유학은 치국제민의 정치학의 성격을 띠면서 정치의 분면과 관인 및 문인들의 교양으로서의 성격을 갖고 있었다. 이러한 측면에서 불교는 정치 경제 사회 문화활동의 전 분면에 그 짙은 음영을 드리우고 있었다. 한국미술사를 개관할 때 고려시대의 경우 난숙한 불교미술의 발전을 그 특징으로 예외없이 거론하고 있다. 특히 회화의 경우 佛畵의 설명으로 그치고 있는 경우도 허다하다. 그러나 회화의 경우 고려중기의 난숙한 귀족문화의 발전에 짝하여 문인화가들의 성장이 고려시대 회화의 한 특징으로 거론될 수 있을 것이다. 이들에 관해서 필자는 일찍이 한국미술사가들의 연구성과를 바탕으로 하여[1] 고려 무신정권시대의 畵論을 중심으로 문인지식인들의 회화관과, 나아가 당대의 대표적인 비판적 지식인이면서 화가로서의 명

---

1) 고려시대 회화의 전반적 경향과 문인화의 성립에 관해서는 安輝濬,『韓國 繪畵史』, 일지사 ; 洪善杓,「고려시대의 미술 : 일반회화」『韓國美術史』, 대한민국 예술원, 1980, 271~287쪽 ; 鄭柄模,「東文選과 高麗時代의 美術: 一般繪畵」『講座 美術史』1, 1988, 85~113쪽 참조.

성을 얻은 安置民의 회화관을 나름대로 정리한 바 있다.[2] 본고는 이에
이은 후속작업으로서 고려말 유학자들의 회화관을 밝혀보고자 한다.

　　고려말기는 신유학인 성리학이 수용되면서 커다란 변화를 겪게 되었
다. 지금까지 이에 관한 연구는 유불 교체 문제에 대한 종합적인 연구
와 아울러 유학자들의 사상적 분화와 대립의 실상에 초점이 두어지면서
이 분야에 대한 괄목할 만한 성과가 이루어졌다.[3] 그러나 일면 유학자
들 내부의 사상적 대립이 강조됨으로써 개혁파와 수구파의 대립의 측면
이 지나치게 강조된 반면 그들이 성리학자로서 갖고 있었던 공동의 문
화적 기반이나 정치적 결속력에 대해서는 상대적으로 간과된 측면이 있
는가 하면 유불 교체의 시대적 대세 속에 불교계의 대응이 어떻게 이루
어졌는가에 대한 연구가 거의 이루어지지 못하였다.[4]

　　본고는 이러한 연구성과에 주목하면서 고려말 성리학의 수용자들인
유학자들의 회화관이 전대의 유학자들의 그것과 어떤 차이를 보이고 있
는가를 살펴보고자 한다.

II. 고려시대 문인화의 전개과정

　　고려전기의 회화는 현존하는 작품이 없으므로 구체적인 모습을 알

---

2) 金晧東, 「高麗武臣政權時代 繪畵에 나타난 文人知識層의 現實認識論」
　『慶大史論』2, 경남대사학회, 1986 ; 「高麗武臣政權時代 文人知識人 安置
　民의 현실인식」『嶠南史學』5, 영남대학교 국사학회, 1990 ; 『고려 무신정
　권시대 文人知識層의 현실대응』, 경인문화사, 2003.
3) 韓㳓劤, 『儒敎政治와 佛敎』一潮閣, 1993 ; 邊東明, 『高麗後期性理學受容
　硏究』, 一潮閣, 1995 ; 都賢喆, 『高麗末 士大夫의 政治思想硏究』, 一潮閣,
　1999 ; 金仁昊, 『高麗後期 士大夫의 經世論 硏究』, 혜안, 1991.
4) 마종락, 「고려후기 성리학의 수용과 사대부의 정치적 성장」『社會科學論
　評』20, 2000.

수 없으나 직업적인 畫員들에 의한 畫院風의 그림이 유행하였다. 그러나 당시 사회가 문벌귀족사회이고, 사상적으로 불교가 敎俗 兩權을 장악하면서 왕실에서부터 일반 서민의 생활에 이르기까지 깊은 영향을 끼치고 있었기 때문에 畫員들에 의해 그려진 미술은 귀족 내지 불교취향의 색채를 지닐 수밖에 없었다. 따라서 사원건립에 따른 벽화의 제작과 부처의 그림이 성행하였고, 역대 왕들의 眞影을 비롯한 공신의 圖形과 문벌귀족들의 초상이 주로 제작되었다. 이것들은 대개가 사원에 봉안되어 불교적인 의식에서 예교적이며 의례적인 기념이나 향사용으로 사용되었다. 이처럼 고려전기에는 순수 감상용의 그림보다는 실용적 회화가 크게 유행하였다.5)

고려중기에 접어들면서 문벌귀족사회가 확립되고, 생산력의 발전에 따른 상부구조의 발달에 힘입어 난숙한 귀족문화가 꽃을 피우자 문종대 이후 북송회화 사조의 적극적 도입과 문신귀족들의 翰墨風流 경향 등에 힘입어 순수 감상화의 본격적 대두가 가능하였다. 특히 북송화단과의 지속적 교류를 통하여 文人畫論에 바탕을 둔 詩畫一致論의 회화론과 餘技的 회화관이 유행하기 시작하였다. 그 결과 회화는 화원들만의 전유물에서 벗어나 왕공·귀족들 사이에서도 餘技畵로서 널리 그려지게 되었다.6)

일면 고려중기는 표면적으로는 문신귀족정치의 발달에 따른 난숙한 문화가 꽃을 피우고 있었지만 내면적으로는 문신귀족정치의 장기화에 따른 모순이 노정됨에 따라 대립과 갈등이 확대되어 생산력 발전의 저해현상이 두드러지게 나타나게 되었다. 결국 지배층 내부에서 위기의식이 팽배해지면서 개혁과 수구, 지역간의 대립과 문무의 갈등이 뒤섞여 혼란이 거듭되는 가운데 무신들의 쿠데타가 일어남으로써 문신귀족정

---

5) 高裕燮, 「高麗畵跡에 대하여」 『朝鮮美術文化史論叢』, 서울신문사간, 1949 ; 李東洲, 『韓國繪畵小史』, 서문문고, 1972 ; 洪善杓, 앞의 논문 참조.

6) 안휘준, 『한국회화사연구』, 시공사, 2000, 215~224쪽 참조.

치는 종막을 고하였다. 무신쿠데타로 인한 기존의 문벌귀족의 몰락은
문화적 욕구와 활동을 크게 위축시켰다. 특히 왕실 및 문신귀족의 전유
물로서 사원과 관련된, 초상화 위주의 실용적 회화와, 중기이래 대두하
기 시작한 문인화론이 큰 타격을 입게 되었다.

　그 후 무신정권이 점차 안정기에 접어들면서 문인들의 활동이 다시
활발해져 문화적 욕구가 일어나게 되자 회화 역시 관심의 대상으로 떠
오르게 되어 문인화론이 부흥되기에 이르렀다. 이규보가 정홍진이 보내
온 묵죽화에 대하여

　　　그림은 기예입니다. 기예의 작품은 반드시 세상 사람들이 즐겨하기
　　마련이라서 기예의 명성이 시명을 앗아온지 오래입니다. … 묵죽과 초
　　상화는 이것이 사대부의 일이요, 또 타고난 천성이니 공이 아무리 그
　　만두려고 해도 되지 않을 겁니다.[7]

라고 한 것에서 무신정권하의 문인들이 그림을 즐겨 그리고, 이를 완상
하였음을 알 수 있다.

　당시의 문인지식인들은 그림을 취미와 餘技로 간주하면서 그림을 그
리고 완상하는 것을 갖추어야할 교양의 하나로 여겼다. 이 당시 활약한
문인들의 문집에 題畵文學 작품이 비교적 풍부하게 나타나고, 전에 볼
수 없었던 대나무, 소나무, 전나무 등 문인 취향의 화목의 유행이 눈에
크게 띄면서 순수한 餘技와 감상의 대상이 되는 작품들이 활발하게 제
작된 것은 바로 이를 말해주는 것이다. 그 결과 그들이 항상 지니고 있
는 먹으로 그린 墨畵들이 크게 증가하였다.

　무신정권시대의 정홍진이나 안치민 같은 문인화가들의 그림은 畵工
의 그림과는 달리 북송대 문인화의 영향, 특히 文同과 蘇軾으로 이어진

---

7) 李奎報, 『東國李相國後集』 卷5, 「次韻丁秘監而安和前所寄詩以墨竹影子
　　親訪見贈」.

화풍의 영향을 크게 받았다. 문동에게 묵죽을 배워 일가를 이루었던 소식은 특히 문인화론을 체계화하고 강조하여 후대에까지 지속적으로 이어질 수 있도록 한 기반을 닦았다고 할 수 있다. 文人畵論에 바탕을 둔 詩畵一致의 藝術一元論과 形似를 초월한 정신표현의 강조, 胸竹成竹論의 예술론이 소식에 의해 고취되면서 회화의 문학화와 더불어 문학에 있어서 題畵詩文이 성행하게 되었다. 그리하여 畵法에 있어서 '內外合一'과 '心手相應'의 바탕위에서 작가로서의 체험을 통한 세심한 관찰과 주의의 기교적 표현이 강조되었다.[8]

소식의 화풍 숭상의 당연한 결과로서 시화일치론은 무신정권하에서 널리 유행하였다. 이인로가 "시와 그림이 묘한 곳에서 서로 도와주는 것이 한결같다 하여 옛 사람이 그림을 소리없는 시라 이르고, 시를 운이 있는 그림이라고 일렀으니"[9]라고 한 것이나, 이규보가 "그대와 함께 완상할 적에 한번 보고는 곧 시 지었으니"[10]라고 한 것은 바로 시화일치론에 입각한 것이다. 이를 가장 잘 보여주는 것은 다음의 자료이다.

> 秘監 丁而安은 문장에 조예가 깊고 대나무의 묵화에 매우 뛰어났다. 일찍이 진양후의 집에 한 폭의 그림족자가 있었는데 여러 문필을 맡은 사람들이 다 그림의 근본을 알지 못하였다. 監이 보고 말하기를 "이것은 유빈객의 시를 그림으로 그린 것이다" 하고 그 시를 외우니 터럭만한 차이도 없었다. 이에 말하기를 "사대부의 휘소는 시를 근본으로 하는 것이 상례이다. 만약 그림에만 탐닉하면 그것은 화공이다"라고 하였다.[11]

---

8) 소식의 회화론 및 송대의 문인화에 관한 연구로는 靑木正兒, 「題畵文學の 發展」 『支那文學藝術考』, 弘文堂, 1942 ; 鈴木敬, 『中國繪畵史』 上卷, 吉川弘文館, 1981 ; 權德周, 「蘇東坡의 畵論」 『淑大論文集』 15, 1975 ; 洪瑀欽, 「蘇東坡畵論賞述」 『民族文化論叢』 9, 영남대학교 민족문화연구소, 1988 등이 있다.

9) 李仁老, 『東文選』 卷102, 「題李佺海東耆老圖後」.

10) 李奎報, 『東國李相國後集』 卷11, 「竹齋記」.

그 결과 이인로의 『破閑集』, 최자의 『補閑集』, 이규보의 『東國李相國集』 등에 전대와 달리 비교적 풍부한 제화문학 작품이 수록되기에 이르렀다. 이러한 작품들을 그려낸 당대의 문인들은 위 자료에서 보다시피 시화일치론에 입각해 시를 근본으로 한 그림을 그리고자 하였다.

무신정권시대의 회화는 전대의 단순한 실용위주의 회화와는 달리 문학에 있어서의 崇蘇熱의 영향하에서 소식의 문인화의 기법을 받아들여 시화일치론에 근거를 둔 形似를 초월한 정신표현을 강조하는 문인화론과 제화문학이 널리 성행하였다. 그러나 이 시대의 회화가 무신정권에 참여한 문인들에 의해 주도될 수밖에 없는 상황하에서 어쩔 수 없이 취미와 여기의 수단으로 널리 성행하였다. 그 가운데서도 소식 등의 문인화의 기법을 받아들였지만 그 작품의 形似에만 치중하는 계열과 소식의 정신표현을 강조하는 시화일치사상에 보다 충실하여 작가의 정신세계를 화폭에 담고자 하는 계열이 존재하였다. 전자는 회화의 기교적인 측면을 중시하고 그때그때의 감흥을 표현하여 그림을 단순한 감상과 흥취의 대상으로 여긴 데 반해 후자는 비록 감상위주의 회화관을 바탕으로 하고 있지만 시대와 사회의 교화를 목적으로 하는 그림을 그리고자 하였다. 무신정권에 타협하기를 거부하는 재야문인들이나 내용위주의 문학론을 펼치고자 하는 문인들의 그림에 후자의 성향을 띤 것이 많다.

기교적이며 그때그때의 감흥을 표현한 감상위주의 작품과는 달리 재야문인의 작품이나 작가의 정신세계를 표현하고자 하는 계도적인 목적을 지닌 그림에는 작가의 시대적 안목, 즉 현실인식이 강하게 내포되어 있다. 다시 말하면 이러한 작품에는 무신정권의 성립을 전후한 시기의 문인들의 현실인식, 혹은 무신정권하의 문인들의 어용화에 대한 비판, 그러한 비판에 대한 참여문신들의 고뇌가 어우러져 있다. 어떤 점에서는 문자로 표현되어 그 뜻이 직접 드러난 시 등의 작품보다는 현

---

11) 崔滋, 『補閑集』 卷中.

실에 대한 착잡한 감정을 추상화시켜 화폭 속에 담아 숨길 수 있는 회화가 당시의 시대적 상황 속에서 자기 심정을 표현하기에 나았을런지 모른다.

특히 이 시기 묵죽화에 뛰어난 안치민의 묵죽에 관한 이규보의 찬을 통해 이를 확인할 수 있다.

> 기암거사는 대를 그리는데 기술이 절정에 달하였네. 한번 그 실물을 그리면 은연중 자연과 합치되네. 손은 마음의 심부름꾼되어 언제나 마음 전해주니, 마음이 지시하고 손이 따르면 물건이 어떻게 도망하겠는가? 대를 일부로 주시하고 있으니, 그 천연스러운 본색을 숨기지 않아 마디 하나 잎 하나 그 모습 완전히 다 나타났네.[12)]

이규보가 그림에서 작가의 뜻을 찾고자함을 고려할 때[13)] 위의 자료는 안치민의 화법이 이규보에게 투영되어 나타난 것이라고 할 수 있다. 여기에서 말하는 '一掃其眞 暗契自然 手爲心使 嘗以心傳 心指手應'은 곧 소식의 '內外合一', '心手相應'과 일치하는 것이다.

안치민의 문학론이 뜻을 중요시하면서 시대와 사회의 교화에 도움이 되고, 도의 실현을 위한 것이었음을 고려할때 '心指手應', '手爲心使'에 의거해 그려진 그의 그림은 당시의 역사적 상황 속에서 강한 현실비판적 내용을 담을 수밖에 없었다. 안치민은 더 이상 협소한 체험에 주의를 집중하거나 논쟁하고 이의를 제기하는 성격이 매우 약화되어있는 美를 찾는 작업, 즉 형식주의적 매력에 이끌리는 회화에 머물 수 없었다. 취미와 감상위주의 회화론의 주조적 흐름 속에서나마 안치민의 이러

---

12) 李奎報, 『東國李相國集』 卷19, 「安處士墨竹贊」.

13) 이규보가 그림에서 작가의 뜻을 찾고자함은 「雙馬圖」에 대한 글에서 "화공이 이 그림 뜻없이 그렸을까? 그 속의 묘한 뜻 뉘라서 알리요, 천한 가축만이 이러하랴. 사나이의 궁달도 이와 똑같네"(李奎報, 『東國李相國集』 卷9, 「閔常侍令賦雙馬圖」)라고 한 데서 잘 알 수 있다.

한 회화관은 내용위주의 문학론자에게 계승 발현되어 나타나기에 이르렀다. 이규보가 「雙馬圖」에서 "화공이 이 그림 뜻없이 그렸을까? 그 속의 묘한 뜻 뉘라서 알리요"[14]라고 한 것이나 정홍진이 "사대부의 휘소는 시를 근본으로 하는 것이 상례이다. 만약 그림에만 탐닉하면 그것은 화공이다"고 한 것에서 이들이 비록 감상위주의 회화관을 바탕으로 하고 있지만 작품 속에 정신세계를 표현하고, 또 그림에서 그 뜻을 찾아내고자 하였음을 알 수 있다. 이들 내용위주의 문학론자들은 시화일치론에 입각하여 문학에서처럼 인륜대도를 표현하며 풍자, 권선, 교화의 기능을 가진 그림, 즉 시대와 사회의 교화에 도움이 되고, 도를 실현할 수 있는 의식 있는 그림을 그리고자 하였다.

III. 고려말 유학자의 회화관

고려말 주자성리학의 수용자들 가운데 그림에 관한 글을 남긴 인물과 그 작품을 우선 일독해보기로 한다.

고려말 주자성리학의 수용자들 가운데 대표적인 문인화가로 들 수 있는 인물은 李齊賢이다. 이제현(1287, 충렬왕 13~1367, 공민왕 16)은 국립중앙박물관에 소장되어 있는 「騎馬渡江圖」를 그렸다.

「기마도강도」는 胡服을 입은 다섯 사람이 말을 타고 얼어붙은 강을 건너는 장면을 소재로 그린 것이다. 이 그림의 오른쪽 상단부에 보이는 懸崖의 한편에 '益齋'라는 款署와 '李齊賢印'이라는 白文方印이 있다. 비단바탕에 수묵과 담채를 주로 썼고, 인물들의 복장과 말의 몸과 안장만은 약간 농도가 높은 채색으로 처리되어 있다.

---

14) 上同.

〈그림 1〉 이제현, 「騎馬渡江圖」
(28.8×43.9cm, 비단에 담채, 국립중앙박물관소장)

얼어붙은 강줄기가 화면의 중앙을 굽이쳐 멀어지고, 이 강줄기를 따라 눈 덮인 산줄기들이 교차하듯 뻗어있다. 근경의 언덕 위에 우람한 절벽이 내리 덮힐 듯 걸쳐 있고 그 허리를 구부러진 소나무가 휘감고 있다. 이러한 자연을 배경으로 胡服을 입고 벙거지를 쓴 다섯 명의 인물들이 각각 백·흑·갈·황색의 말들을 타고 왼편을 향하여 강을 건너거나 건너려고 하고 있다. 강에 이미 들어선 앞의 두 인물들은 천천히 말을 몰면서 몸을 뒤로 틀어 뒤편에 처진 세 명의 일행을 돌아보고 있다. 아마 이들 사이에 강의 결빙의 정도에 따른 안전성에 관한 대화가 오감직하다. 뒤에 처져 강둑 위에 있는 세 명은 웃는 모습이지만 몸짓은 어딘가 불안해 보이며 말들은 가파른 언덕길을 내려가기 위해 잔뜩 긴장된 모습을 보이고 있다. 이 다섯 명의 인물들은 대체로 몸이 가늘고 허리가 약간 길며 눈들은 비교적 큰 편이다. 인물들은 주변의 산수와 마찬가지로 섬약하게 묘사되어 있지만 그들의 동작은 자연스러운 모습을 띠고 있다는 평을 받고 있다. 전반적으로 볼 때 인물들보다는 말의 표현이 더 정확하고 세련되어 있다는 평을 듣고 있다. 이 점에 관해 이제현이 연경의 萬卷堂에서 충선왕을 모시고 있으면서 당시 중국의 대표적 詩書畵 3節이자 말 그림에 뛰어났던 趙孟頫와 친교하였던 것과 관계가 있을 것으로 보고 있다.[15]

충선왕은 원에 의해 瀋陽王에 봉해졌는데, 북경에 만권당을 짓고 시서화에 능한 이제현을 데려다 놓아 원의 조맹부 등의 名儒들과 교류케 하였다.[16] 이곳에서 이제현이 북경에서 활약하던 조맹부 등의 중국 화가들과 많은 화적을 접하였음을 愚谷 鄭以吾가 장언보의 雲山圖에 붙인 題詞에 화답하여 지은 시를 통해 확인할 수 있다.

> 옛날 고소 주덕윤과
> 연경시 동편에 屛障 구경하였지
> 鐵關의 산수는 중의 기상 있건만
> 王公儼의 草花圖에는 士風도 없구나
> 月山은 말을 그렸지 뼈 못 그리고
> 다만 息齋와 松雪을 사랑하노니
> 그들의 단청 솜씨 세상을 휩쓸었네
> 백운 청산 張道士는
> 늦게 나와도 정교한 솜씨 자랑하려 하였네
> 만학과 천봉이 지척에 있어도
> 안력으론 세밀하게 다 그리기 어려운데
> 아 삼라만상이 내 곁에 와 있다니
> 어떻게 변화하여 그 가운데 놀면서
> 맑은 내에 발 씻으며 달 희롱하고
> 정상에서 옷 흔들어 하늘을 둘러볼까[17]

이제현은 주덕윤과 함께 중국명화를 같이 감상하였고, 감상한 작품에 대한 나름대로의 평을 하고 있다. 그 외 劉道權의 山水畵에도 찬문을 쓴 것이 있다.[18]

15) 안휘준, 『한국회화사연구』, 시공사, 2000, 233～234쪽 참조.
16) 『高麗史』 卷34, 世家 忠宣王條 및 같은 책, 卷110, 李齊賢傳.
17) 李齊賢, 『益齋亂藁』 卷4, 「和鄭愚谷題張彦甫雲山圖」.

위 시에 나오는 松雪 조맹부는 明代 중엽 元四代家의 수장으로 추앙받을 정도로 원대 초기의 문인화의 거장이었다. 그는 창작상의 '古意'의 중요성을 제창하였는데, 그의 글자와 그림이 고려에 다수 전하여져 여말선초에 많은 영향을 미쳤을 것이다. 특히 그의 松雪體는 고려말에서 조선초에 걸쳐 가장 인기있는 서체였다. 주덕윤은 조맹부의 측근으로 25세 되던 해인 1319년에 충선왕을 만나게 되었고, 그 후 충선왕의 추천으로 征東行省의 儒學提擧에 봉해졌으나 병 때문에 귀향해야만 했다. 그는 만권당을 드나들면서 충선왕이나 이제현과 친밀한 사이를 유지하면서 앞 자료에서 보다시피 많은 수의 중국화를 함께 감상하기도 하였다. 이제현이 품평한 위 화가들 가운데 철관은 원의 수도인 연경에서 활동했던 畵僧으로 동시대의 화가들과 함께 고려에 알려졌으며,19) 식재 李衎은 이곽파 전통의 목석과 묵죽을 잘 그렸다. 산수화가인 장언보와 유도권은 지정(1341~1367) 연간 이래로 고려에 잘 알려져 있으나 유도권은 그 내력을 알 수 없으나 道士로 궁중화가였으며 원체화와 문인화풍을 모두 그렸고, 또한 말 그림을 전문적으로 그리기도 한 인물이었다.

앞의 인용문에서 조맹부의 화풍에 대해 남다르게 높이 평가한 이제현임을 볼 때 조맹부의 말 그림에 대한 영향을 짙게 받음직하였을 것이므로 「騎馬渡江圖」에서 무엇보다도 말에 대한 정확하고 세련된 묘사가 이루어졌음은 당연할 것이다. 이제현은 말 그림에 대한 재능을 보인 장언보에 대한 글과 그의 산수에 대한 평을 남긴 것으로 보아 장언보가 그린 말 그림도 많이 보았을 것이다. 그렇기 때문에 그는 앞의 인용문에서 보다시피 '月山 畵馬圖는 骨을 그리지 않았다'고 한 평을 할 정도

---

18) 李齊賢, 『益齋亂藁』 卷4, 「劉道權山水」, "옥 귀고리 옥팔찌 백옥같은 아이가, 霞月을 그리는 모습 기이하여라, 蓬壺의 골상과 청운의 기국을, 사람 관찰 많이 한 그대만이 알겠지."

19) 高裕燮, 『韓國美術史及美學論攷』, 通文館, 1972.

로 말 그림에 대한 나름대로의 안목을 갖고 있었다. 이제현이 奇參政, 즉 奇轍의 집에 있는 月山이 그린 雙馬圖를 보고,

> 월산의 붓 솜씨 龍眠[20]에 가까워
> 의젓한 화류마를 뛰어나게 그렸네
> 虞阪에서 슬피 우는 그런 꼴이 아니라
> 渭川에서 즐겁게 노니는 모습일세[21]
> 황제의 은혜가 어찌 천금 뿐이랴
> 가보로 반드시 만세에 전하리라
> 언제나 그대와 이런 말을 타고
> 옥채찍 금굴레로 천자에게 소회할까[22]

라고 읊은 것이나 『역옹패설』(後集)에서 蘇東坡가 韓幹의 '十四馬圖'를 두고 지은 다음의 시를 주목한 것도 말 그림에 대한 이제현의 지대한 관심의 표현일 것이다.

> 韓生의 그린 말이 참 말이로구나
> 蘇子가 지은 시는 그림을 보는 것 같네
> 세상에는 참 말을 알아보는 伯樂도 없고 또한 韓生도 없으니
> 이 시와 그림을 누가 볼 수 있으랴

이제현은 이 시에 부쳐 李奎報가 '鷺鷥圖'를 두고 지은 다음의 시,

---

20) 龍眠은 송대의 유명한 화가인 李公麟의 호이다.
21) 虞阪은 지명으로 어떤 준마가 소금 수레를 끌고 우판에 오르다가 자신을 알아줄 伯樂을 만나자 슬피 울었다는 고사이고, 渭川은 渭水를 말하는데, 周孝王이 秦나라 非子를 시켜 위수와 汧水 사이에서 말을 기르게 하여 말이 크게 번식되었으므로 이른 말이다(『국역익재집』 I, 민족문화추진회, 1979, 128쪽 참조).
22) 『益齋亂藁』 卷4, 「奇參政宅月山雙馬手卷」.

　그림은 사람마다 간직하기 어렵지마는
　시는 곳곳마다 펼 수 있다
　시를 볼 때 그림 보는 것 같다면
　그 시는 또한 萬古에 전할 수 있으리라

　라고 한 시를 인용하고 '이상 두 편의 시는 말이 서로 같지 않으나 그 의사는 서로 같은 것이다'고 하였다. 이러한 견해 속에 이제현의 화풍에는 소동파의 시화일치론에 입각한 화풍이 영향을 끼치고 있음을 알 수 있다. 소식은 특히 문인화론을 체계화하고 강조하여 후대에까지 지속적으로 이어질 수 있도록 한 기반을 닦았다고 할 수 있다. 文人畵論에 바탕을 둔 詩畵一致의 藝術一元論과 形似를 초월한 정신표현의 강조, 匈竹成竹論의 예술론이 소식에 의해 고취되면서 회화의 문학화와 더불어 문학에 있어서 題畵詩文이 성행하게 되었다. 그리하여 畵法에 있어서 '內外合一'과 '心手相應'의 바탕위에서 작가로서의 체험을 통한 세심한 관찰과 주의의 기교적 표현이 강조되었다. 이규보는 비록 그림을 그리지는 않았지만 정홍진, 혹은 안치민 등의 문인화가들과의 교류를 하였고, 그 결과 『東國李相國集』에는 풍부한 제화시문이 수록되어 있고, 그 제화시문을 통해 이규보는 작가의 정신세계를 엿보고, 이를 드러내고자 하였다. 이러한 무신정권시대 이래의 고려 화단의 흐름을 이어받은 이제현이기에 蘇東坡가 韓幹의 '十四馬圖'를 두고 지은 시와 李奎報가 '鷺鷥圖'를 두고 지은 시를 비교하면서 '이상 두 편의 시는 말은 서로 같지 않으나 그 의사는 서로 같은 것이다'라고 할 수 있었을 것이다. 그리고 "鐵關의 산수는 중의 기상 있건만, 王公儼의 草花圖에는 士風도 없구나, 月山은 말을 그렸지 뼈 못 그리고"[23]라 한 바와 같이 草花圖에서 士風을 찾고 畵馬圖에서 骨을 찾고자 할 수 있었던 것이다.

---

23) 李齊賢, 『益齋亂藁』卷4, 「和鄭愚谷題張彦甫雲山圖」.

『역옹패설』(후집)에는 오생과 소동파의 시를 그림에 비유하여 평한 다음의 글이 있다.

> 山人 悟生의 黃山江樓詩의 끝 귀에 말하기를,
>
> "누워서 漁父의 노 저으며 하는 말 들어보니
> 먼지 휘날리며 말달리는 사람들 우리 무리 아니라 하네"
>
> 라고 하였다.
> 소동파의 漁父詞에는 말하기를,
>
> "강둑에 말타고 온 벼슬아치가
> 나와 함께 작은 배로 남쪽 언덕 건너가네"
>
> 라고 하였다. 소동파의 이 글귀는 마치 龍의 잠자는 것을 그린 그림에서, 李廣이 胡兒의 활을 빼앗아 가득히 당겼으나 아직 살이 발사되지 않은 모습과 같다. 그러나 오생의 글귀는 마치 달리는 말을 뒤따라가면서 활을 쏘아 맞힌 것을 그린 것 같다.

이제현이 이처럼 시를 그림으로 그려 평한 것은 李奎報가 '鷺鷥圖'를 두고 지은 시에서 '시를 볼 때 그림 보는 것 같다면, 그 시는 또한 萬古에 전할 수 있으리라'고 한 것을 체득한 것으로 볼 수 있다.

이제현의 「騎馬渡江圖」에서 말 그림과 함께 주목되는 것은 소나무이다. 오른쪽 전경처럼 가까이 보이는 절벽에는 암벽을 뚫고 나온 구부러진 소나무가 추운 겨울과는 아랑곳없이 그 위용을 떨치고 있어서 모진 인내 끝에 반드시 희망이 있다는 암시인 것 같기도 하다는 해석이 내려지기도 한다.[24] 이 경우 이제현이 여기저기 약간의 미점을 찍어서 눈덮인 차가운 겨울 경치를 그리고, 비교적 여유 있는 공간에 앙상한 나뭇

---

24) 박용숙, 『한국미술사 이야기』, 예경, 1999, 324~327쪽 참조.

가지를 그려 그림 속에 인내의 의지가 있음을 보여주고 있다는 것이다. 더욱이 이 그림은 구도상으로 절강성에서 유행하였던 절파의 영향이어서 이런 해석이 가능하다는 것이다. 금나라에 의해 황하유역에서 양자강 유역으로 그 중심을 옮겨간 남송도 여진족의 위협에 있었기 때문에 절파에서 높고 위엄있는 암각산은 송(북송)대의 주권을 반영하며 붓질에서 구체적인 것과 희미한 것은 송대 신유학의 우주관을 이해하는 핵심적인 주제라는 것이다. 이제현의 그림에서 소나무가 우리의 시선 앞에 가까이 있다. 말 탄 세 인물과 소나무가 등거리에 있다고 보면 소나무가 인물들에 비해 얼마나 구체적으로 묘사되었는가를 알 수 있는데, 바로 이 점이 이제현이 구체적인 것과 희미한 것에 대한 신유학적 주제를 이해한다는 증거가 된다는 것이다.

이상과 같은 소나무에 대한 미술사적 해석에 대해 그 방면에 문외한인 필자로서는 논할 입장이 아니다. 다만 이제현이 28세 되던 해, 왕위에서 물러나 원에 머물고 있던 충선왕이 연경의 사저에 만권당을 짓고 조맹부 등 중국의 이름난 학자들을 초청하여 학문을 강구하도록 하면서, 이제현을 불러들여 이들과 교유할 기회를 마련해줌에 따라 이제현이 원나라의 대표적인 성리학자들에게 성리학을 배우게 되어, 한국 유학사상 중요한 자리를 차지하였음을 감안하면 일리있는 견해이다. 이제현은 이 무렵 성리학을 '實學'이라 하고, 성리학을 익힌 유학자를 '眞儒'라 표현하였고, 또 그를 '儒宗'으로 추앙하였음을 염두에 둘 때 그러한 해석은 가능한 일이다. 그러나 이 문제는 필자의 범위 밖의 일이므로 논하지 않고, 필자는 이제현의 소나무에 대한 다음의 글을 주목해보기로 한다.

> 韋偃의 솔 그림을 희롱하여 지은 시[戱題韋偃畵松詩]라고 한 시에서 희롱하는 말이 있는 것을 찾아볼 수 없었다.
> 姑蘇 朱德潤은 그림을 썩 잘 그리는 사람이다. 그가 나에게 말하기

를, "대체로 소나무나 잣나무를 그릴 때에 나무의 꺾이고 굽은 것, 바위너설이나 돌서덜은 비교적 그리기 쉬우나 하늘을 향하여 구렁에서 높이 치솟은 형상이 가장 그리기가 어렵다"고 하였다. 이 시 후반의 四句를 보면,

> 나에게 좋은 동쪽 나라의 絹織 한 필이 있어서
> 소중하기가 채색비단에 못지 않다네.
> 이미 혼란한 광택을 닦아 버리게 하였으니
> 청컨대 그대는 畵筆을 휘둘러 곧은 줄기를 그리게나.

라고 하였다. 이것이 바로 偃을 희롱한 것이다(즉 偃은 누울 언이라는 글자이다. 위언에게 누운 소나무를 그리지 말고 곧은 솔을 그리라고 희롱해 말한 것이다).

이제현과 더불어 중국화를 감상하였던 주덕윤은 소나무 그림 가운데 하늘을 향하여 구렁에서 높이 치솟은 형상이 가장 그리기가 어렵다고 하였다. 이것으로 보아 이제현이 「騎馬渡江圖」를 그리면서 허리 구부러진 소나무가 휘감아있는 모습을 그린 것은 무엇 때문일까? 이제현의 이 작품이 전반적으로 아마추어적인 어설픔을 보여준다는 평[25]을 감안한다면 하늘을 향해 구렁에서 높이 치솟은 곧은 솔을 그릴 정도의 수준에 미치지 못하기 때문이라고도 볼 수 있을 것이다. 그러나 그보다는 이제현이 고려 무신정권이래 내려오는 시화일치론에 입각해 화가의 정신세계를 화폭에 담고자 함을 추구했다고 볼 때 이 그림에서 가장 부각되어 있는 굽은 소나무에 의미를 부여하여 이제현의 참뜻을 찾아보는 것이 도리어 낫지 않을까 한다. 그런 점에서 우선 이 그림에서 나오는 인물들의 복식이 胡服임을 주목하고, 이제현의 이력을 살펴보고자 한다. 이제현은 28세 되던 해 충선왕이 연경에 만든 만권당에 들어간 후 원에 머무는 동안 충선왕을 시종하여 멀리 서촉 지방과 강남 지방을 여행하면서 견문을 넓혔고, 충선왕의 정치활동을 지켜보면서 국제적인 정

---

25) 안휘준, 앞의 책, 233쪽 참조.

치감각도 익힐 수 있었다. 1320년 충선왕이 정쟁에서 패배하여 토번으로 유배되고, 잇달아 부원배들이 입성책동을 벌이자 관직에서 물러난 상태에서 연경의 충선왕 사저를 지키며 입성책동을 저지하고 충선왕을 소환하기 위해 백방으로 노력하였다. 4년간의 어려운 시절은 다행히 원에서 정변이 일어나 황제가 바뀜에 따라 충선왕이 소환됨으로써 해소되었지만 충선왕이 그 해에 세상을 떠남으로써 가장 큰 후원자를 잃어버리게 되었다. 그동안의 공로로 공신에 책봉되고 순조로운 관직생활을 계속할 수 있었지만 충숙왕과 충혜왕의 왕위다툼의 속에서 충혜왕의 즉위와 동시에 파직되어 14년 동안이나 재야에 머물게 된다. 그 후 충목왕이 8세의 어린 나이로 즉위하자 정계에 복귀하여 측근정치의 폐단을 없애고 성리학의 실천윤리를 강화하여 민생을 회복시켜야 한다는 상소문을 올려 개혁의 방향을 제시하였다. 그 후 충목왕이 즉위한 지 4년만에 세상을 뜨고 반개혁세력이 지지하는 충정왕이 즉위하자 또다시 관직에서 물러나게 되었고, 공민왕의 즉위로 말미암아 다시 관계에 복귀하지만 공민왕의 반원운동의 전개와 신돈에게 배척을 받는 상황하에서 1367년, 81세의 나이로 세상을 떠나게 된다. 이러한 그의 이력을 감안할 때 「기마도강도」에서 등장하는 인물 5명이 모두 胡服을 입은 것으로 보아 그가 국내에서 있었을 적 상황보다는 국외에 있었을 적 상황에 그려진 것일 가능성이 더 많다. 이제현은 원에 있으면서 앞에서 언급한 바와 같이 조맹부, 주덕윤 등의 당대의 유명한 문인화가들과 교류하면서 때로는 그들과 함께 많은 그림들을 접하면서 그에 대한 나름대로의 평을 할 정도이다. 그러한 과정에서 「기마도강도」가 그려졌을 것이다. 만권당 시절 충선왕과 어울리면서 때론 그를 수행하여 사냥길에 나서기도 하였을 것이고, 그 과정에서 호복을 입고 사냥길에 나서는 「기마도강도」가 그려질 수 있었을 것이다. 그러나 연경에서의 생활이 마냥 여유자적한 것일리는 없었고, 그러한 과정에서 그려진 「기마도강도」의 경우 가파른 강둑에 서서 잔뜩 긴장한 말의 모습을 형상화하고 상대적으로 얼어붙은 강에 먼저 들어선 두 인물이 강둑에 남아 있는 인물을 돌아보며 안전하다고 말하고, 이에 웃음짓는 인물들을 묘사함으로써 앞날에 대한 염원을 표하면서 인내를 형상화한 소나무를 그려낸 것이 아닌가 한다. 아니면 이 작품이 충선왕이 토번에 유배당할 전후 시절 등의 어려운 시기에 그려졌다면 눈 내리는 추운 겨울을 배경으로 하고, 고난의 세월을 상징하는 구불구불한 소나무를 그림직하다. 곧은 소나무를 그린 작품이 최상의 품등임을 알고 있음에도 불구하고 위태로운 암벽에 깊이 뿌리를 내리고 이리저리 풍상을 겪으면서 굽어진 소나무를 근경으로 형상화시켜 부각시킴으로써 고난에 찬 어려움을 되돌아보며 강한 생명력과 인내를 담아내어 앞날을 헤쳐나가고자 하는 염원을 담고 있다고도 볼 수 있을 것이다.

이제현이 초상화를 그린 흔적은 남아 전하지 않는다. 다만 그가 초상화에 관한 6편의 贊을 지은 것이 『익재난고』권9에 전한다. 6편 가운데 「白樂天眞贊」과 「蘇東坡眞贊」이 포함되어 있는데 그 내용을 살펴보면 다음과 같다.

> 白樂天眞贊
> 幅巾과 野服으로 지팡이를 짚고 홀로 걷는 모양
> 낙타는 벌써 팔아버렸으나, 그림에는 그것도 나타나지 않았다
> 용문산 천석 사이에 표연히 홀로 다니네

> 蘇東坡眞贊
> 黃冠에 지팡이를 옆에 끼고 돌 위에 앉아서 휘파람 불고 있다
> 대궐에 출입하는 것이 영광이 아니거니 장기 어린 해변인들 무엇이 두려우랴
> 야인의 차림새에 누른 빛 갓을 쓰고 천고를 굽어보며 긴 휘파람 불었네

이 두 편의 초상화를 그가 원에 있으면서 보고 지은 찬인지, 아니면

국내에 유포된 초상화를 보고 지은 것인지는 알 수 없다. 다만 둘 다 야인의 차림새에 대한 감흥이 일어 쓴 찬이므로 그가 관직에서 물러나 있을 시절에 지은 것이라고 볼 수 있으며, 이 경우 국내에 유포된 그들의 초상화를 보고 지은 찬이라고 할 수 있다. 그 외 왕명을 받아 쓴 「松廣李國師眞賛」을 비롯하여 「竹軒金政丞眞賛」, 「安齋謙眞賛 並序」 등이 있고, 특히 자신의 자화상에 대한 자찬인 「益齋眞自賛」이 있다. 자신의 자찬을 살펴보면 다음과 같다.

> 홀로 공부하여 고루하니 道를 들은 것은 자연 늦었도다. 불행은 모두가 자신이 만든 것이라 어찌 스스로 반성하지 않으랴. 백성에게 덕을 보인 것이 무엇이기에 네 번이나 대신이 되었단 말인가. 요행으로 그렇게 된 일이기에 모든 비난을 불러들였다. 못생긴 내 얼굴 그려두면 무엇하랴만 나의 후손에게 알리기 위함이니, 한 번 쳐다보고 세 번씩 생각하여 그런 불행이 있을까 경계하며 아침저녁으로 꾸준히 노력하라. 만일 그런 요행 바라지 않는다면 행여 불행을 면하게 되리라.

이제현은 자신의 초상화에 대한 자찬을 통해 자신의 초상이 후손에게 감계의 뜻이 되기를 바라고 있다.

이제현의 『익재난고』와 『역옹패설』에는 중국의 화가와 중국의 화적에 대한 언급이 대부분이고 국내의 화가 및 작품에 대한 언급은 거의 없다. 그가 혹 국내에서 그림을 접하고 제화시문을 남긴 경우도 중국작품이 고려에 유입되어 소장된 것을 보고 남긴 것이 대부분이다. 다만 앞에서 본 바와 같이 초상화에 관한 찬 가운데의 일부가 국내 인물의 초상화에 대한 글일 뿐이다.[26]

이로써 보건대 원간섭기 회화의 특징은 원에 대한 문화적 종속국으로서의 면이 강하다. 전대인 고려 무신정권 시대의 경우 崇蘇熱의 영향

---

26) 『益齋亂藁』卷4에 실린 「月潭長老二畵」의 경우, 필자의 과문으로 인해 월담장로가 어느 나라 사람인지 알 수 없다.

이 강하게 작용하면서도 고려 자신의 회화 활동이 나름대로 활발하게
전개된 반면에 원간섭기에 가면 고려인들의 원에의 출입이 잦아지면서
이제현처럼 중국화가와 직접 교류하고 많은 화적을 접함에 따라 다양한
화단의 흐름이 고려에 유입되어 다양성을 갖고는 있지만 自國의 회화
에 대한 관심은 그만큼 희박해지는 문화적 종속국의 모습을 드러내고
있다. 그런 면에서 이제현이 앞에서 본 바와 같이 奇轍의 집에 있는 月
山이 그린 雙馬圖를 보고 "황제의 은혜가 어찌 천금 뿐이랴 … 언제나
그대와 이런 말을 타고 옥채찍 금굴레로 천자에게 조회할까"라고 읊을
수밖에 없을 것이다. 비록 그가 입성책동을 반대했지만 그는 원에 대한
적개심을 가져본 적이 없을 뿐 아니라 성리학적 명분론에 입각하여 원
에 대한 사대를 당연한 것으로 받아들이고 있었다. 이런 그가 공민왕대
에 전개되는 반원운동에 능동적인 대처를 못하고 결국 개혁해야할 대상
으로 전락하고 말았던 것이다. 그러나 문제는 이후 전개되는 반원친명,
친원반명 역시 외세를 등에 업은 정치적 놀음에 불과하다는 점을 생각
할 때 주자학의 수용자들이 건립하게 되는 조선이 고려보다 비자주국으
로의 모습을 보여주는 것이 주자학 본령의 華夷論에 의한 결과로서도
볼 수 있지만, 그보다는 오랜 기간의 원간섭기의 경험에 따른 문화적
종속국으로서의 면모에서 비롯된 면이 간과되고 있다는 점을 생각할 필
요가 있다. 그러한 일 면모가 이제현의 「기마도강도」 및 그의 제화시문
에 드러나 있다고 할 수 있다.

이제현과 더불어 대표적인 주자학 수용자로 거론할 수 있는 인물이
李穡이다. 이색의 경우 그림을 남긴 경우는 없으므로 화가는 아니지만
그의 『牧隱集』에는 「歲畵十長生」·「賜龜谷書畵讚幷序」·「金畵蘭讚
幷序」 등의 제화시문이 남아 있다. 그 가운데 주목되는 것이 「金畵蘭
讚幷序」이기 때문에 그 내용을 살펴보면 다음과 같다.

　　　金榮祿 光秀가 至正皇帝를 가까이 모시고 있었다. 황제는 금으로

그린 난초를 그에게 주었다. 이것은 孟堅이 그린 그림이다. 영록이 늙었다고 은퇴하여 그 그림을 가지고 우리나라로 와서 公山壽翁侍中公에게 주었다. 그래서 공은 나에게 그 위에 글을 써 달라고 청한 것이다.

> 난초의 향기로움이여! 중국 조정에까지 전파되었네
> 사랑하는 가까운 신하에게 주시니 우리나라에 빛이 나도다
> 오직 시중공은 황제의 궁전을 호위했었네
> 은혜에 감격하며 옛일 생각하니 그 마음은 한 가지일세
> 물건이 돌아갈 곳을 얻었으니 하늘의 돌봄 묘하기도 해라
> 신이 여기에 찬사를 쓰니 눈물 흘러 옷깃 적시네

원을 다녀온 이색의 경우 역시 이제현과 마찬가지로 문화적 자존의식은 별반 없으며, 그러한 면모가「金畵蘭讚幷序」에 잘 드러나 있다.

IV. 맺음말

원간섭기 회화의 특징은 원에 대한 문화적 종속국으로서의 면모를 강하게 보여주고 있다. 전대인 무신정권 시대의 경우 崇蘇熱의 영향이 강하게 작용하면서도 고려 자신의 회화 활동이 나름대로 활발하게 전개되었다. 반면에 원간섭기에 오면 고려인들의 원에의 출입이 잦아지면서 이제현처럼 중국화가와 직접 교류하고 많은 화적을 접함에 따라 다양한 화단의 흐름이 고려에 유입됨으로써 다양성을 얻고는 있지만 自國의 회화에 대한 관심은 그만큼 희박해지는 문화적 종속국의 모습을 드러내고 있다. 주자학의 수용자들이 건립하게 되는 조선이 고려보다 비자주국으로의 모습을 보여주는 것이 주자학 본령의 華夷論에 의한 결과로서도 볼 수 있지만, 그보다는 오랜 기간의 원간섭기의 경험에 따른 문화적 종속국으로서의 면모에서 비롯된 면이 간과되고 있다는 점을 생각

할 필요가 있다. 그러한 일 면모가 이제현의 「騎馬渡江圖」 및 그의 제화시문, 그리고 이색의 「金畵蘭讚幷序」에 잘 드러나 있다. 그런 점에서 무신정권시대 詩僧 元湛과 崔滋가 주고 받은 다음의 대화는 음미해볼 필요가 있다.

> 詩僧 元湛이 나에게 말하기를 "지금의 사대부는 시를 지을 때에 멀리 타국의 인물이나 지명에 의탁하여 우리나라 일처럼 하고 있으니 우스운 일이다." … 내가 대답하기를 "대체로 시인이 사물을 인용하는 것은 반드시 그 근본에 구애될 것이 없다. 다만 뜻을 거기에 부쳐서 말할 뿐이다. 더군다나 천하는 한 집안이며 문필은 글이 같다. 어찌 저 나라 땅이니 이 나라 땅이니 하는 긴격이 있겠는가"라고 하니 중이 그 말을 듣고 승복하였다.[27]

무신정권시대의 경우 문화적 자존의식에 대한 나름대로의 토론도 있었지만 원간섭기의 유학자들은 그나마의 최소한의 문화적 자존의식도 별반 보여주지 못하고 있음을 제화시문을 통해 확인할 수 있다.

그리고 무신정권시대의 경우 문인화가들이 시화일치론에 입각하여 문학에서처럼 인륜대도를 표현하며 풍자, 권선, 교화의 기능을 가진 그림, 즉 시대와 사회의 교화에 도움이 되고, 도를 실현할 수 있는 의식 있는 그림을 그리고자 하였음에 비해 원간섭기에 오면 작가의 시대정신이 표출되는 의식있는 그림이 별반 보이지 않는다. 그런 면에서 원간섭기의 회화의 경우 표면적으로 원과 활발한 교류가 있으며, 이로 인해 다양한 화풍이 고려에 유입되지만 내면적으로는 퇴영성을 보여주고 있다고 하겠다.

---

27) 崔滋, 『補閑集』 卷中.

제4장 麗末鮮初 鄕校敎育의 강화와
그 경제적 기반의 확보과정

I. 머리말

향교는 원래 京學 또는 國學에 대칭되는 지방 鄕邑의 학교라는 의미로 우리나라에서는 고려중기에 창설되어 조선초기에 '一邑一校'로 확충·정비되어 서울의 成均館(太學·國學)과 함께 국가의 양대 官學으로서 외방의 교육기관의 역할을 담당하였다.

우리나라의 향교는 종래의 漢唐儒學보다는 新儒學, 문벌귀족이나 권문세족보다는 신흥사대부 또는 사림세력과 깊은 관련을 가지면서 보급, 발전해왔다고 한다. 특히 元代에 官學化한 성리학이 고려 후기에 신흥사대부에 의해 수용되면서 이들에 의한 '興學運動'이 전개되면서 외방의 향교가 크게 발흥된 것으로 간주되고 있다. 그러나 고려말 조선초 문집이나 『新增東國輿地勝覽』에 나오는 향교기문을 살펴보면 고려말 퇴락되어 있던 향교의 재건은 별반 피부로 느껴지지 않는다. 그것은 고려말 주자학의 보급이 아직 중앙무대에 국한되어 있었고, 주자학의 수용, 보급이 주로 家學 및 혈연·지연적인 유대에 바탕한 사적 인간관계를 통해 이루어지고 있었고, 또한 고려말의 국가재정의 파탄으로 인해 향교 건립의 물적 기반 확보가 쉽지 않았기 때문이다. 이러한 물적 기반의 확보는 신유학, 즉 성리학을 치국의 이념으로 하는 조선왕조의 성립과 더불어 '一邑一校'의 천명과 함께 불교의 물적 기반을 향교의 기반으로 흡수하고자하는 정책이 실시됨으로써 향교가 확충·정비될 수 있었다. 본고는 이러한 시각을 갖고 향교를 통해 불교적인 고려사회의 물적 기반이 주자학적인 조선사회에서 어떻게 전화되어가는가를 살펴보고자 한다.[1] 따라서 향교의 제도적 정비과정과 교수관 및 생도에 관한 문제는 본고에서 언급하지 않기로 한다.

II. 고려말 興學運動과 外方鄕校

고려의 경우 관혼상제의 일상예절이 불교의식에 따라 행해진 반면 유학은 치국제민의 정치학 내지 관인의 교양의 하나로 간주되면서 주로 정치영역에서 적용되었다. 그러나 고려 후기에 성리학이 수용되자 유학자들은 유학이 단순히 利祿의 학문이 되어서는 안된다는 것을 가르치면서 도덕적 修身과 사회교화를 학문의 목적으로 삼게 되었다. 이제 정치의 영역에 한정되고 있었던 유학의 사상적 영향이 사회영역으로 확대되는 변화가 나타나게 되었다. 특히 고려 후기에 수용된 성리학이 元代에 官學化한 성리학이었기 때문에 당시에 성리학풍이 사변적이기보다는 修身과 儒家의 경세적 역할을 강조하는 실천적 성격이 컸다.[2] 이로

---

1) 이에 관해서는 李樹健, 『嶺南士林派의 形成』, 영남대 출판부, 1979 ; 「嶺南 士林派의 在地的 基盤－朝鮮前期 安東地方을 중심으로－」『新羅伽倻文化』 12, 1981 그리고 『慶北鄕校誌』, 경상북도·영남대학교 민족문화연구소편, 1991 등에서 부분적으로 언급된 바 있다. 따라서 본고는 이러한 연구성과를 바탕으로 이루어진 것이다.
2) 文喆永, 「麗末 新興士大夫들의 新儒學 수용과 그 특징」『韓國文化』 3,

인해 그간 敎俗兩權을 장악하면서 왕실에서부터 일반민들의 관혼상제의 일상예절의 주재자였던 불교와 충돌하기 시작하였다. 이러한 양자의 충돌은 신돈 등의 경우에서 단적으로 드러나듯이 불교의 정치세력화에 따라 더욱 첨예한 대립으로 번져나가게 되었다.

불교는 사찰과 교단을 중심으로 확고한 사회경제적 기반을 비탕으로 국사와 왕사를 종으로 하고 각 사찰의 주지를 횡으로 하여 종횡으로 연결되어 교속양권을 장악하면서 정치의 전면에 나선 데 반해[3] 고려말 주자학을 수용한 신흥사대부들은 과거를 매개로 한 登科儒臣들을 중심으로 형성되었다. 등과유신이 중심이 된 고려 후기 유학자들의 사상활동은 성리학의 보편주의 이념의 수용을 통해 유학의 학문적 권위를 절대적인 것으로 정립해나가면서 學者 官人社會의 구현을 추구하여 감으로써 정돈된 의리학의 체계를 통해 사상적 결속을 다져나갔다.[4] 학자 관인사회의 구현을 위해서는 학교의 건립을 통한 새로운 유형의 관료층, 즉 經明行修한 士를 확보할 필요가 있었다. 만권당에서 충선왕이 이제현에게 현재 장구나 익힐 뿐 경명행수한 선비가 적어지는 이유에 대한 질문을 하자 이제현은 태조대 이래 학교 설립이 활발했으나 무신정권 이후 학교제가 붕괴하기 시작하였다고 전제하고, 이후 유자들이 산 속에서 승려처럼 지내게 되고, 그에 따라 현재는 승려에게 장구만 배우게 되었다는 설명을 하면서 다음과 같이 역설하였다.

1982 ; 張東翼, 「麗・元 文人의 交遊」『高麗後期外交史硏究』, 일조각, 1994.

3) 신돈이 정치의 전면에 나설 수 있었던 것은 고려 후기 불교의 정치화가 꾸준히 진행되었기 때문에 가능한 것이다. 최근 무신정권 이후의 고려 불교의 정치화에 관해서는 金晧東, 「고려 중기 결사불교의 재음미」『하곡 김남규 교수 정년퇴직 기념논총』, 논총간행위원회, 2000 및 「원간섭기 유불계의 동향과 영남지역」『민족문화논총』 21, 2000 등에서 언급되었다(본책 수록).

4) 馬宗樂, 『高麗後期 登科儒臣의 儒學思想 硏究－李奎報・李齊賢・李穡을 중심으로－』, 계명대학교 박사학위논문, 1999.

> 지금 전하께서 진실로 학교를 넓히고 庠序를 일으키며, 六藝를 높이고 五教를 밝혀 先王의 道를 천명한다면 누가 참선비를 배반하고 중을 따를 것이며, 실학을 버리고 장구만 익히는 자가 있겠습니까? 앞으로 자질구레하게 글귀나 다듬는 무리가 經明行修之士로 변하는 것을 볼 수 있을 것입니다.[5]

이제현은 태조의 학교부흥정책을 원칙으로 학교를 건립하여 실학인 성리학을 실천하는 경명행수한 士를 양성해야만 한다고 하였다. 여기서 한 가지 주목되는 것은 사찰이 갖고 있던 교육기능을 학교로 되돌려야만 한다는 논리를 제기하고 있다는 것이다. 이러한 논리는 여말선초 성리학의 수용자들에 의해 끊임없이 추구되었다. 그러나 그의 학교부흥론이 실제로 정책에 반영되었다는 증거는 별반 없다. 단지 충렬왕 30년 5월에 安珦이 각 品 관원들에게 비용을 거두어 國學의 贍學錢에 충당시킴으로써 학교를 부흥시키자는 주장이 제기되었고,[6] 충선왕이 국왕이 되어 養賢庫에 銀을 내리고 예문관에게 명령해 군현의 秀才를 모아 직첩을 주어 訓導에 임명한 일이 있을 정도였다.[7]

이제현을 위시한 당시의 유학자들이 학교 부흥의 당위성을 설파하고 있지만 이들의 학문 전수는 학교라는 공적 기구를 통해 이루어지기보다는 아직 혈연과 지연을 기반으로 이루어지고 있었다. 이를 영남지역의 경우를 통해 살펴보기로 한다.

安珦·安軸 등 順興安氏, 李兆年家門, 李齊賢 父子와 金方慶·權溥 등 가문이 처음 출사할 때에는 바로 이러한 토성이족의 家學을 배경으로 출발하였다. 원간섭기에 김방경·권부(안동) 양 가문이 먼저 진출함에 따라 金暄·安珦·李瑱·李兆年 등이 차례로 상경종사하였다. 이제현의 부 이진은 김훤의 제자였고 최해는 김훤의 자 金開物과 親友인

---

5) 李齊賢, 『櫟翁稗說』, 前集1.
6) 『高麗史』 권74, 지28 選擧2 科目2 忠烈王 30년 5월.
7) 『高麗史節要』 권23, 충렬왕 34년 9월.

동시에 김개물의 子 金銛은 최해의 문인이었다.[8] 순흥출신인 안향을
비롯하여 당시 麗元間을 왕래하던 사대부들에 의해 주자학이 수용되었
는데 이들은 시기적으로 동시대인 동시에 학문적인 사제관계였고 또 중
첩적인 인척관계에 있었다. 이들은 대개 고려후기 내지 여말에 토성이
족에서 상경종사한 지가 오래되지 않았고 또 경향간을 왕래하기도 하였
으며 初年에는 在京仕宦하다가 만년에 辭官鄉居하는 자도 많았다. 그
들은 상경종사하면서도 본관지를 완전히 떠나지 않고 田宅을 본관지에
둔 채 仕宦하였기 때문에 언제나 벼슬을 그만두면 낙향생활할 수 있었
던 것이다. 또한 그들은 비록 재경사환하더라도 본관의식이 강하였다.
바로 이러한 성향으로 인해 영남지역에는 일찍이 주자학이 수용 보급될
수 있었다.[9]

주자학이 전래된 뒤부터 영남출신의 인사가 文翰・敎授之任에 포열
해 있었다. 安珦을 선두로 安軸・安輔 형제・安積 등과 그들의 子壻와
門生에 학자가 배출하였다. 鄭良生(東萊人)은 安軸의 女壻이며 李穀은
그에게 수업하였고 鄭習仁은 그의 門生이었다. 이제현은 권부의 여서
인 동시에 그의 학통을 이었고, 白頤正과는 사돈간이었으며 그 일문에
李存吾・李達遵・李達衷・李寶林 등이 배출하였다. 특히 李存吾는 辛
旽을 탄핵하는 데 선봉에 나섰고 鄭夢周・李崇仁・鄭道傳・金九容 등
영남출신 인사와 교분이 두터웠다.[10]

李兆年은 鄭允宜(草溪)의 女壻이며 그의 손자 李仁復은 薛文遇(경주인,
大司成)의 외손이었다. 鄭夢周는 金得培(尙州人)의 문생이었고 趙云仡은
그의 女壻였다. 金得培・金先致 형제가 文武兼才로 고려말에 등용되

---

8)『韓國金石文追補』, 216～218쪽 및『東文選』권123, 金開物墓誌.

9) 李樹健,『嶺南士林派의 形成』, 영남대학교 민족문화연구소, 1979 ;『嶺南
學派의 形成과 展開』, 일조각, 275～281쪽 참조. 이하의 고려말 영남 출신
의 성리학자들의 학문적 연원에 관한 글은 이 두 책의 내용을 요약 정리한
것이기 때문에 그 전거를 일일이 들지 않았다.

10)『高麗史』권112, 李存吾傳.

자 그 일문에서 仕宦者가 배출하였고, 趙云仡・盧嵩(光州人)・鄭應斗(押海人)・李德馨(廣州人) 등은 그의 外裔였다.[11] 李嵒은 李尊庇의 손자인 동시에 白文節의 외손이며 그 자손에는 家學이 전승되어 갔다. 진주지방에는 河允源・河崙・河演 등과 姜氏・鄭氏 및 草溪・河東鄭氏가 여말선초에 걸쳐 크게 두각을 나타내었다. 朴忠佐와 朴宜中은 각기 咸陽과 密陽출신으로 성리학 보급에 이바지하였다.[12]

李穀・李穡 父子와 權近이 寧海와 盈德에 인연을 맺게 됨에 따라 영남지방에 문풍을 진흥시키는 데 크게 기여하였다. 寧海는 李穀의 妻鄕으로 한때 그곳에 우거하였고 이색은 외가인 영해에서 생장하였다.[13] 권근은 고려말에 영덕에 謫居한 적이 있었다. 그들을 매개로 寧海朴氏・興海裵氏 등이 크게 중앙으로 진출하였다.[14]

이상에서 보다시피 주자학의 수용자가 많았던 영남지역의 학문적 수수가 家學과 중첩적인 인척관계를 바탕으로 한 사제지간을 통해 이루어졌기 때문에 강한 혈연성과 지연성을 벗어나지 못하고 있었다. 이들은 일단 학문이 성취된 다음에도 경향간을 왕래하는 과정에서, 혹은 좌주와 문생관계에서, 혹은 사환상의 교유나 학문적인 토론과 질의와 같은 접촉을 갖고 사우관계로 규정하는 경우가 많았다. 성균관에 출입하는 유생도 기초적인 교육은 가학이 중심이었다. 『國朝榜目』에 의거해 여말선초의 과거합격자를 조사해 보면 특정가문에 집중되어 있고, 특히 單寒한 시골선비의 합격자는 부자・형제・숙질 등에서 나왔다는 사실은 이를 웅변해준다. 15세기 영남사림파의 학문적인 전수관계와 사우관계를 살펴보면 바로 가정적인 학문의 전통이 기초가 되었고, 거기에다

가 혈연적인 관계와 지연적인 유대가 서로 얽히어 있었다. 당시까지만
하더라도 성리학의 수용범위는 극히 한정되어 있었으며, 서울을 중심으
로 각지의 사류가 모여들어 학문세계를 형성하였다. 그들은 또한 경향
간을 왕래하면서 상호 교유하였기 때문에 학문의 세계와 사림간의 접촉
범위는 아주 좁았다.[15] 이것을 고려할 때 고려말의 상황은 더욱더 가정
적인 학문의 전통과 혈연적인 관계, 지연적인 유대가 서로 얽히어 있었
다고 보아야 할 것이다. 이를 바탕으로 한 등과유신들의 정치적 결합은
과거를 매개로 한 좌주와 문생의 관계를 바탕으로 하고 있다. 이것은
역시 家學 및 혈연·지연적인 유대에 바탕한 사적 인간관계의 결합과
연결되는 것이기 때문에 비판의 대상이 될 수밖에 없었다. 신돈이 공민
왕에게

> A) 儒者들은 座主·門生을 칭하면서 서로 간청하는데, 이제현의 경우는
> 문생 문하에 문생을 보아서 마침내 나라를 가득 메운 도둑이 되었습니다.
> 과거의 폐해가 이와 같습니다.[16]

라고 하여 당대의 儒宗으로 일컬어지는 이제현을 지목하면서 좌주 문
생의 관계에서 비롯된 과거의 폐단과, 그 사상적 결속을 격렬히 비판하
고 있는 것은 이 때문이라고 할 수 있다. 좌주와 문생의 관계가 과거라
는 공적인 천거로써 사적인 은혜로 삼는 것으로 비쳐지기 때문에[17] 성
리학자들은 그들의 학문적, 정치적 기반을 공적 기반을 통해 확충하지

---

15) 李樹健, 『嶺南學派의 形成과 展開』, 일조각, 1995, 279~280쪽 참조.
16) 『高麗史』 권132, 列傳45, 辛旽.
17) 신흥사대부의 추대로 신왕조를 개창한 태조 이성계의 즉위교서에서마저
    "科擧의 법은 본디 나라를 위하여 인재를 뽑았던 것인데, 그들이 座主니
    門生이니 일컬으면서 공적인 천거로써 사적인 은혜로 삼으니, 매우 법을
    제정한 뜻이 아니다"(『太祖實錄』 권1, 太祖元年 7월 丁未)라고 밝힌 것은 신흥
    사대부들의 기반의 구축이 사적 관계의 청산으로부터 공적 관계로의 전환
    으로 나아갈 수밖에 없는 당위성으로 볼 수 있을 것이다.

않으면 안되었다. 공민왕 즉위 이후의 학교 부흥론과 李穡의 학교 및 과거 개선론은 이러한 맥락에서 찾을 수 있다. 그에 관한 기록이 다음과 같다.

B-① 공민왕 원년 2월에 敎하기를, "學校와 庠序는 風化의 근원인데 國學은 유명무실하고 12徒와 東西學堂은 퇴폐하여도 수리하지 않으니 마땅히 수리하여 先徒를 양육하고 그 1經에 능통한 자가 있으면 錄名하여 아뢰라"고 하였다.

② 4월에 진사 李穡이 상소하여 청하기를, "지방에서는 鄕校와 중앙에서는 학당에서 그 재능을 考查하여 12徒에 올리고 12徒에서는 또 모아서 이를 考查하여 成均館에 이를 올리고 日月을 한정하여 그 德藝를 등급을 매겨 禮部에 이를 바치면 합격한 자는 에에 의히여 관직을 수여하고 합격하지 못한 자도 또한 出身의 階를 주고 官에 재직하며 赴擧를 구하는 자를 제외한 그 나머지는 國學生이 아니면 시험에 참여치 못하게 하소서"라고 하였다.

③ 6년 正月에 命하여 中外의 학교를 수리하였다.

④ 12년 5월에 敎하기를, "근년에 于戈(전쟁)로 인하여 교양이 자못 해이하여졌다. 지금부터는 成均館 12徒 東西學堂과 諸州郡의 鄕校에 엄하게 敎誨를 가하여 인재를 양성하고 그 土田과 人口를 혹은 豪强의 兼倂한 바가 된 것은 官에서 분별하여 贍學用으로 하라"고 하였다.

⑤ 16년에 成均祭酒 林樸이 上言하여 성균관을 다시 지을 것을 청하니 명하여 崇文館의 옛터에 국학을 다시 짓게 하였는데 中外의 儒官으로 하여금 품계에 따라 布를 내어 그 비용을 보조하게 하고 生員을 늘려 두고 常時로 100명을 양성케 하였으며 비로소 五經과 四書齋가 나뉘었다.

⑥ 20년 12월에 敎하기를, "文武의 채용은 가히 한쪽을 폐할 수 없으니 중앙에서는 성균관으로부터 지방에서는 향교에 이르기까지 文武 2학을 개설하고 인재를 양성하여 탁용에 대비하라"고 하였다.[18]

위 공민왕대의 일련의 학교 교육 강화의 정책을 일별하면 지방의 향

18) 『高麗史』 권74, 선거2 科目2 學校條.

교 교육 강화에 대한 언급이 없는 것은 아니지만 그 중심은 중앙의 성
균관 강화에 그 초점이 주어진 것이다. 앞에서 본 바와 같이 15세기 사
림파의 성리학 수용범위가 극히 한정되어 있었으며, 서울을 중심으로
각지의 사류가 모여들어 학문세계를 형성하였던 점을 감안한다면 그것
은 당연하다고 하겠다. 이 점을 염두에 두고 학교부흥을 강력하게 주장
하였던 이색의 견해를 검토해보기로 한다.

우선 이색이 14세 때에 成均試에 합격하였던 적이 있음을 감안하고
사료 B-②를 살펴보기로 한다. 이때의 이색의 건의는 학교문제만을
언급한 것이 아니라 공민왕의 즉위에 즈음하여 服中임에도 불구하고
사회 전반에 대한 자신의 입장을 개진한 것의 일부이다. 그 가운데 학
교에 관한 언급을 사료 ②와 중복되는 것을 빼고 살펴보면 이색은 사료
①의 공민왕의 향교 修葺의 명을 높이 평가한 다음 유림이 해산되고
齋舍가 傾頹한 이유에 대해 첫째, "官祿을 구하려 하여 詩를 외우고 글
을 읽음에 道를 嗜好함이 아직 깊지도 못한데 繁華의 싸움에 이미 이
기고 彫章, 琢句에 마음씀이 크게 지나치다"는 점과, 둘째, "벼슬에 오
른 자 반드시 及第가 아니며 급제한 자 반드시 國學을 경유한 것이 아
니니 누가 즐거이 捷徑을 버리고 岐路를 가겠는가?"라고 하면서[19] "官

---

19) 『高麗史』 권115, 열전28, 李穡, "孔子의 도는 크고 넓어서 신이 능히 찬양
할 바 아니며 古今에 崇奉하는 廟(文廟), 학(學校)의 규모도 또한 신의 능히
상세하게 논의할 바 아니로되 국가가 안으로 成均 12徒와 東西 學堂을 세
우고 밖으로 州郡에 이르기까지 각각 학교가 있어서 규모가 宏遠하고 節
目이 치밀하니 祖宗의 뜻을 살피건대 儒道를 崇重함이 깊고 또한 간절한
까닭입니다. 대개 國學은 이에 風化의 근원이요 인재는 이에 政敎의 근본
이니 이로써 이를 배양함이 있지 않으면 그 근본이 반드시 견고하지 못할
것이며, 이로써 이를 깨끗이 치우지 않으면 그 근원이 반드시 맑지 못하리
니 옛적 帝王으로서 숙名이 천하에 있는 이가 또한 뜻을 여기에 다하였나
이다. 전하께서는 生而知之의 자질로써 일찍이 聖人의 도를 사모하시고
학교의 퇴폐함을 痛切히 여기사 드디어 修葺의 명령을 내리셨음은 다만
우리 儒道의 다행일 뿐만 아니라 실로 生民의 복이로소이다. 그러하오나

에 재직하며 赴擧를 구하는 자를 제외한 그 나머지는 國學生이 아니면 시험에 참여치 못하도록 할 것"을 건의하였다(사료 B-②). 바로 이러한 건의는 권문세족의 강한 반발에 부딪히게 되었고, 앞 사료에서 보다시피 신돈 역시 儒宗의 지위에 있는 이제현을 지목하여 좌주 문생관계를 강력하게 비판하면서 이들의 정치세력 결집에 제동을 걸었다고 볼 수 있다(A).

그러나 이에 대한 공민왕의 시책은 곧바로 가시화되지는 않았다. 단지 6년 정월에 中外의 학교를 수리토록 하고(③), 12년 5월에 成均館 12徒 東西學堂과 諸州郡의 鄕校에 엄하게 敎誨를 가하여 인재를 양성하고 그 土田과 人口를 혹은 豪强의 兼倂한 바가 된 것을 官에서 분별하여 贍學用으로 하라는 조처만이 내려졌을 뿐이다(④).

그 후 학교에 대한 가시적 조처는 공민왕 16년에 가서야 이루어진다. 成均祭酒 林樸의 건의에 의해 崇文館의 옛터에 국학을 다시 짓게 하고, 中外의 儒官으로 하여금 품계에 따라 布를 내어 그 비용을 보조하게 하고 生員을 늘려 두고 常時로 100명을 양성케 하였으며 五經과 四書齋로 나누었다(⑥). 그리고 이색으로 하여금 성균대사성을 겸하게 하

그 유림이 해산되고 齋舍가 傾頹함은 이유가 있어 그러하오니 신이 청컨대 이를 말하오리다. 옛날 학자는 聖人이 되고자 하였으나 지금 학자는 官祿을 구하려 하여 詩를 외우고 글을 읽음에 道를 嗜好함이 아직 깊지도 못한데 繁華의 싸움에 이미 이기고 彫章, 琢句 마음씀이 크게 지나치니 誠正의 功이 어데 있겠습니까? 혹 변해 다른 길을 걸어도 그 投筆을 자랑하고 혹 늙어도 성취함이 없이 그 誤身을 탄식하나니 그중에서 英邁하고 傑出하여 儒의 宗匠이 되고 나라의 柱石이 될 자 몇 사람이겠습니까? 『詩經』에 이르기를, '愷悌한 君子여! 어찌하여 사람을 作興치 아니하는가' 하였으니 사람을 作興시키는 妙法은 실로 왕의 교화에 있나니 士流의 폐가 이와 같은즉 위에 있는 사람이 어찌 그 책임을 辭避하겠나이까. 또한 더구나 벼슬에 오른 자 반드시 及第가 아니며 급제한 자 반드시 國學을 경유한 것이 아니니 누가 즐거이 捷徑을 버리고 岐路를 가리까. 儒林의 解散과 齋舍의 傾頹는 진실로 이로 말미암음이로소이다(하략, 이하 사료②와 同)."

여 生員을 增置하는 한편 金九容·정몽주·박상충·박의중·이숭인 등 經術之士를 敎官에 겸직하게 하였다. 이에 이색이 學式을 개정하고 매양 명륜당에서 分經授業을 한 다음에는 相互講論하자 학자들이 운집함으로써 마침내 程朱性理學이 비로소 흥기하게 되었다고 평을 듣게 되었다.[20] 이처럼 중앙의 성균관에 대한 가시적 조처는 단계적으로 이루어지고 있지만 지방의 향교에 대한 배려는 성균관의 조처에 곁가지처 나오는 등 지극히 의례적이고 고답적인 것이었다.

고려말 향교에 관한 가장 구체적인 방안의 제시는 공양왕대 조준에 의해 다음과 같이 제기되었다.

C) 恭讓王 元年 12월에 대사헌 趙浚 등이 상소하기를, "학교는 풍화의 근원이니 국가의 치난과 정치의 득실이 이에 말미암지 않은 것이 없습니다. 근래에 전쟁이 일어남으로써 학교가 廢弛하여 무성한 풀밭이 되었는데 鄕愿들이 儒名을 稱託하고 軍役을 피하는 자들이 5, 6월 사이에 이르면 童子를 모아 唐宋의 絶句를 읽고 50일이 되면 이를 파하고서 이를 夏課라고 합니다. 守令된 자가 이를 보고도 범연히 여겨 일찍이 마음에 두지도 않으니 이와 같이 하고서 經義에 밝고 행실을 닦은 선비를 얻어서 국가를 盛히 다스리는 데 도움을 주고자 한들 가히 되겠습니까. 원컨대 지금부터는 勤敏 博學한 자를 敎授官으로 삼아 5道에 각각 1명씩 나누어 보내어 군현을 두루 다니게 하고 그 馬匹과 供億은 모두 향교에 맡겨서 이를 주관케 하소서. 또 지방에 한가로이 살면서 유학을 업으로 하는 사람을 本官 本邑의 敎導로 삼고 子弟로 하여금 항상 四書五經을 읽게 하여 祠章을 읽는 것은 허락하지 말고 敎授官은 돌아다

---

20) 『高麗史』권115, 列傳28, 李穡, "(공민왕) 16년에 成均館을 重營할 때 李穡으로 判開城府事 兼 成均大司成을 삼고 生員을 더 두매 經術의 선비인 金九容, 鄭夢周, 朴尙衷, 朴宜中, 李崇仁을 擇하여 모두 他官으로써 敎官을 겸하였다. 이에 앞서서는 館生이 수십에 불과하더니 李穡이 다시 學式을 정하고 매일 明倫堂에 앉아 經을 나누어 수업하고 講을 畢하매 서로 論難하여 倦怠를 잊게 되니 이에 있어서 학자가 많이 모여 서로 觀感하니 程朱性理의 學이 비로소 興起하였다."

니면서 과정을 엄격히 세우고 몸소 논란하며 그 통하고 통하지 못한 것
을 고찰하여 名籍에 等書하고 教導하고 권장하여 재능을 이루도록 하
고 그 인재를 얻음이 많은 자는 次序를 거치지 않고 탁용할 것이며 만
약 능히 教誨하지 못하여 成效가 없는 자는 또한 벌을 논하도록 하소
서"라고 하였다.

　조준은 고려말 잦은 전란으로 인해 향교가 황폐해졌음을 지적하고
있다. 그러나 향교의 황폐는 북로남왜와 같은 전란 때문에 야기된 측면
이 크지만 앞에서 살펴본 바와 같이 고려말 학교정책의 초점이 중앙의
성균관에 두어진 반면 지방의 향교에 가시적인 정책이 시행되지 못하였
기 때문이기도 하다. 일반적으로 주자학의 수용 보급과 더불어 상기 B-
①~⑥에서 보이는 문교장려정책을 예로 들면서 고려말 향교가 확충되
었다고들 하지만 고려말 조선초 문집이나 『新增東國輿地勝覽』에 나오
는 향교기문에 의하면 고려말 퇴락되어 있던 향교의 재건은 별반 피부
로 느껴지지 않는다. 여말선초에 걸쳐 확충, 정비된 각읍 향교의 기문을
살펴보면 향교의 설립은 수령, 교수관, 재향세력의 3자 협력이 이루어
질 때 그 가시적 효과가 드러난다. 고려말 주자학의 보급이 아직 중앙
무대에 국한되어 있는 상황하에서 지방 향교의 정비는 아직 쉽지는 않
았던 것이다. 그런 점에서 위 조준의 상소는 교수관에 관한 구체적 방
책의 제시라는 점에서 진일보한 것이다. 즉 조준은 향교가 황폐함에도
불구하고 鄕愿들이 儒名을 稱託하고 軍役을 피하는 자들이 교수관 행
세를 하고 있었음을 지적하고, 그 대안으로서 勤敏 博學한 자를 教授
官으로 삼아 5道에 각각 1명씩 나누어 보내어 군현을 두루 다니게 하
고, 또 지방에 한가로이 살면서 유학을 업으로 하는 사람을 본관 본읍
의 教導로 삼도록 할 것을 건의하였다.
　향교의 설립이 수령, 교수관, 재향세력의 3자 협력이 이루어질 때 그
가시적 효과가 드러날 수 있는 것이지만 무엇보다도 중요한 것은 재정
확보문제이다. 고려말 공전의 사전화, 공민의 사민화에 따른 국가재정

의 파탄 상황하에서 중앙정부는 물론 지방의 수령들이 향교 수즙의 재
정 지원을 마련한다는 것은 쉬운 일이 아니다. 그나마 명맥을 유지하던
향교마저 북로남왜로 인한 전란의 와중에 잔파될 정도에 이른 지경에서
敎授官의 馬匹과 供億은 모두 향교에 맡겨서 이를 주관케 하라는 조준
의 주장은 탁상공론에 불과한 것이다.

고을에 따라서는 주자학에 훈도된 지방수령들이 임지에 이르러 향교
를 일으켰다는 기문에 의하면 그들이 부임할 당시 향교는 옛 자취를 겨
우 찾을 수 있는 상황이었고, 그리하여 생도를 精舍에 모아 가르치거
나[21] 관아나 사찰을 빌어 쓰는 경우도 있었다. 이곡의 「水軒記」에 의하
면 "여러 고을을 지나며 보니 문묘와 학교가 무너지고 헐었으며, 생도
가 학업을 게을리하는 것이 왕왕히 그러하였다"고 밝히고 김해의 경우,
學舍는 비좁아서 빈객이 오면 건너편 정자로 학생들이 옮겨가 공부할
정도임을 전하고 있다.[22] 또 延安鄕校記文에 의하면 연안향교는 1391

---

21) 『利川邑誌』에 나오는 權近의 鄕校誌에 의하면 이천향교의 경우 이천읍이
　　복현된 1388년 이듬해에 監務 李愚가 安興精舍에 학생을 모아 學長을 두
　　어 가르쳤다.

22) 『新增東國輿地勝覽』 권32, 金海都護府 學校, "이곡의 水軒記에 慶源 李
　　國香 군이 都官正郎으로써 梁州 원이 되었는데, 청렴하고 유능하다는 명
　　망이 있었다. (중략) 이군도 이 府(金海都護府)를 임시로 맡게 되었다. 정사
　　를 보게 됨에 文廟에 가서 先聖을 배알하고 물러나서 여러 학생에게, '무
　　릇 임금 섬김과 어버이 섬김, 몸을 닦음과 남을 다스림은 모두 배워서 아
　　는 것이다. 배움이란 농부와 같은 것이어서 진실로 그 일에 태만하던가 그
　　시기를 잃으면 후회하여도 미치지 못한다. 여러 학생은 힘쓰는데 이 學舍
　　는 비좁고 더러우니 넓히는 것이 마땅하다' 하였다. 예전에는 학사 동쪽
　　시내 너머에 작은 정자가 있어서 매년 여름 공부 때에 빈객이 오면 여러
　　학생을 그 밑에 앉게 하고, 초에 금을 그어 놓고 그 촛불이 금에까지 타는
　　것으로 시간을 한정하여 시를 지었다. 그러나 혹 여름에 비가 오던지 하면
　　사람이 모두 고통스러워하였다. 이 군이 그 까닭을 듣고, 고을 아전에게
　　부탁하여 농사 틈에 역사하게 하였다. 재목을 크게 터를 장하게 하여 넓히
　　고 새롭게 하였다. 전일에 겨우 무릎을 용납하던 것이 지금은 函丈과 빈객

년 敎授 鄭達夢이 부임하여 학교건물이 퇴락하였기에 절을 빌어 학생들을 가르쳤다고 하였고, 1485년에 金馹孫이 쓴 重修 淸道學記에 의하면 고려에서 조선초까지 學宮이 따로 없었고 절 같은 큰 건물을 빌려 향교의 구실을 하였다고 한다. 따라서 고려시대의 경우 향교의 배치형태는 아직 정연성을 갖지 못하였으며, 그나마 문묘와 강당이 한 건물에 있는 것이 일반적이다.[23)]

그럼에도 불구하고 고려말 유학자들의 끊임없는 학교교육 강화의 주장과 성균관 중영이 이루어짐과 더불어 지방 향촌사회에서 부분적이나마 향교가 확충, 정비될 수 있었던 것은 신흥사대부의 정치적 기반의 확보와 관련된 정치적 사활의 문제이기 때문이다. 고려말 권문세족이 국정을 농단하는 상황하에서 신흥유신의 선봉에 서서 개혁의 기치를 들었던 정도전이 "때로는 정치의 득실이 학교의 흥폐에 좌우된다"고 한 것이나 C)에서 보다시피 조준 등이 "학교는 풍화의 근원이니 국가의 치난과 정치의 득실이 이에 말미암지 않은 것이 없다" 한 것은 그만큼 학교 교육을 중시하였기 때문이다. 그렇기 때문에 어려운 여건하에서도 성리학의 보급과 학교정책의 강화로 인해 성리학을 익힌 유학자들이 지방 수령으로 파견되면서 지역에 따라 향교의 정비가 전대에 비해 확충된 곳이 적지 않다. 앞에서 본 바와 같이 김해의 경우 李國香이란 수령

의 位次와 스승·학생의 자리가 넉넉하고 여유있게 되었다. (중략) 공역을 겨우 마쳤을 무렵에 내가 마침 왔더니, 이군은 여러 학생을 거느리고 그 사실을 갖추어서 나에게 기문을 구하였다. 나는 생각하니, 성스러운 원나라가 文治를 크게 흡족하게 하였고, 또 천하에 조서하여 새 학교를 지었다. 나는 외람되이 天朝 신하의 반열에 참여하여, 이 조서를 받들고 동방에 와서 반포하게 되었다. 그리하여 여러 고을을 지나며 보니 문묘와 학교가 무너지고 헐었으며, 생도가 학업을 게을리하는 것이 왕왕히 그러하였으니 누가 성스러운 원나라의 儒術을 높이는 아름다운 뜻을 아는 것이냐. 지금 이 부만은 어진 원을 만나서 문풍을 진작시키니 내 비록 배운 바 없으나 감히 그 사실을 기록하여 여러 후진에게 보이지 않으리요."
23)『稼亭集』권5, 寧海府「新作小學記」, "本國鄕校之制 廟學同宮."

에 의해 향교가 확충되었고, 연안의 경우도 敎授 鄭達夢이 부임하여 학교건물이 퇴락하였기에 절을 빌어 학생들을 가르칠 정도로 홍학운동에 열의를 보이고 있다. 또 충선왕대에 강릉존무사 金承印이 향교를 복구하였고, 충목왕 3년(1347)에 禮州(영해) 掌書記 李天年이 예주향교의 대성전과 左右廡를 지어 학생을 가르친 사실[24]등에서 지방 홍학운동이 어려운 여건하에서도 확산되고 있음을 알 수 있다. 이러한 홍학운동의 결과 향교출신이 가시적으로 나타나기 시작하였다. 河演의 晋州牧 '鄕校記'에 의하면 여말선초의 姜君寶・河楫・河允源・河乙沚・鄭乙輔・河崙・鄭以吾・河敬復 등은 모두 향교출신이었다.[25] 鄭道傳 부자도 安東 또는 榮州의 향교에서 수학하였다.[26] 그러나 그 비중은 전체 가운데 아직 미미한 수준이었다.

III. 조선초기 향교제도의 확립과
그 물적 기반의 확보

신왕조는 '새 술은 새 부대'의 기치를 들고 성리학을 치국의 이념으로 삼았다. 따라서 신왕조의 통치이념인 성리학을 민간에 보급시키고 유교적인 교양을 갖춘 관리를 양성할 필요성이 있었다. 敎化의 근본이 學校에 있으며 학교를 통해 인륜을 밝히고 인재를 양성하게 된다고 여겼던 신왕조 개창의 주역들은[27] 불교적인 향촌질서가 자리잡고 있었던 향촌사회를 주자학적인 향촌질서로 바꾸는 것이 급선무의 하나였다.

---

24) 李穀, 「寧海府新作小學記」『稼亭集』권5.
25) 『新增東國輿地勝覽』권30, 晋州牧 學校條.
26) 『高麗史』권121, 良吏 鄭云敬傳.
27) 鄭道傳,『朝鮮徑國典』上 禮典 學校, "學校敎化之本也 于以明人倫 于以成人材."

지배사상인 주자학의 이념을 전국에 보급시키기 위해 군현제를 강화하고 군현마다 향교를 세우도록 하였다. 따라서 향교는 협의의 교육기관이 아니라 교육, 교화의 양면성을 띠고 있으며, 특히 유불교체의 과정에서 유교의식과 유교문화의 정착과 보급을 위한 지방교화의 중심기관이었다.

교육과 지방교화의 중심인 향교를 제도적으로 정착시키기 위한 조선왕조 초기의 정책 방향은 다음의 몇 가지로 요약할 수 있다. 첫째, 인재의 선발을 위한 제도적 장치와 연관시켜 향교교육을 강화시키는 정책을 폈다. 대조 이성계는 신왕조의 개창에 즈음한 즉위교서에서 '중앙에는 國學과 지방에는 鄕校에 生徒를 더 두고 講學을 힘쓰게 하여 인재를 양육하게 하고' '중앙에는 成均正錄所와 지방에는 각도의 按廉使가 그 학교에서 經義에 밝고 덕행을 닦은 사람을 뽑아 단계적으로 선발, 탁용케 함으로써'[28] 외방 향교의 출신이 과거가 아니더라도 관료로 진출할 수 있는 길을 열어두었다. 신왕조의 개창으로 인해 향배를 정하지 못하고 부유하고 있던 재향세력을 달래고 그들을 신왕조에서 끌어안기 위한 정책의 하나이기도 하다.

둘째, 수령으로 하여금 향교의 설립과 수즙을 독려하였다. 태종이 '修明學校'를 守令七事의 하나로 넣어 그 성과여부를 가지고 수령포폄의

---

28) 『太祖實錄』 권1, 太祖元年 7월 丁未, "중앙에는 成均正錄所와 지방에는 각도의 按廉使가 그 학교에서 經義에 밝고 덕행을 닦은 사람을 뽑아 연령·本貫, 三代와 통한 바 經書를 갖추어 기록하여 成均館長에게 올려, 둘째 시험장에서 통한 바 경서를 試講하되 『四書』로부터 『五經』과 『통감』 이상을 통달한 사람을, 그 통달한 경서의 많고 적은 것과 알아낸 事理의 정밀하고 소략한 것으로써 그 높고 낮은 등급을 정하여 第一場으로 하고, 入格한 사람은 禮曹로 보내면, 예조에서 表文·章奏·古賦를 시험하여 中場으로 하고, 策問을 시험하여 終場으로 할 것이며, 三場을 통하여 入格한 사람 33명을 상고하여 吏曹로 보내면, 이조에서 재주를 헤아려 擢用하게 하고, 監試는 폐지할 것이다."

기준으로 삼거나[29] 수령을 褒貶할 때 생도를 인재로 성취시킨 有無와 多少를 수령의 이름 아래 아울러 기재토록 하자[30] 외방에 파견된 수령들이 임지에 도착하여 향교의 설치 및 수즙에 적극적이었다. 흔히 조선 태조조에 오면 1읍1교가 확립된 것으로 보지만 태종, 세종, 세조를 거쳐 성종대의 문교 장려책과 군현제의 정비에 따라 완비되어 갔다.[31] 그 결과 성종조에 편찬된 『東國輿地勝覽』에서는 각읍마다 '學校'條를 두어 향교를 각 군현별로 언급하고 있다. 이처럼 군현제의 정비와 표리관계를 갖고 향교의 건립이 이루어졌으므로 수령들의 향교 건립의 열의는 무엇보다도 컸다. 그러나 15세기말 이후의 수령들은 이 점에 매우 소홀하였다.[32]

셋째, 우수한 교수관의 확보를 통한 학교 교육을 강화하였다. 수령이 정치적인 면에서 향교 설립에 관심을 가진 데 반해 교관은 교육적인 면에서 향교설립과 향교교육에 기여하였다. 교수관은 '經典에 능통하고 老成한 선비를 골라 敎授에 충당하고 수령으로 하여금 그 부지런하고 태만한 것을 고찰토록 하였다.'[33] 그러나 고려말 조선초의 상황은 공교육보다 사교육 위주의 교육이 전개되고 있었기 때문에 공교육의 강화는 또 다른 면에서의 부작용을 낳기도 하였음을 다음의 사료를 통해 알 수 있다.

> 吉昌君 權近이 上書하였는데, 1. 前朝 때에는 외방에 있는 閑良儒臣이 사사로이 書齋를 두어서 후진을 교훈하여, 스승과 생도가 각기 편안함을 얻어서 그 학업을 이루었다. 지금에는 師儒가 간혹 다른 고을의 교수가 되어, 가족과 떨어지게 되고 생업을 폐하게 되므로, 모

---

29) 『太宗實錄』권12, 太宗 6년 12월 乙巳.
30) 『太宗實錄』권8, 太宗 4년 8월 己丑.
31) 경상북도·영남대학교 편, 『慶北鄕校誌』, 1991, 31쪽.
32) 앞 『慶北鄕校誌』참조.
33) 『太宗實錄』권8, 太宗 4년 8월 己丑.

두 구차히 면하려 하고, 생도는 강제로 鄕校에 나오게 하여 편안히 공부를 하지 못하고, 수령이 혹은 書寫의 일로써 사역을 시키니, 이름은 勸學이라 하나 실지는 廢弛됨이 많습니다. 이제부터는 외방에 있는 儒臣이 사사로이 書齋를 두고 교훈하는 자는 감히 다른 고을의 교수로 정하지 말도록 하고, 생도도 강제로 향학에 나오게 하지 말도록 하며, 감사와 수령이 勸勉을 가하여, 각기 편안히 살면서 講學하여 風化를 돕게 하소서.[34]

권근은 사교육인 書齋 교수방법의 이점을 들어 공교육인 향교교육의 교수 제도 및 강제성에 비판을 가하면서 양자의 보완을 통한 문교정책을 제시하고 있다. 공교육의 강화는 어떤 점에서 서재를 통한 후진양성을 통해 살 길을 모색하고 있었던 閑良儒臣의 지위를 불안하게 하는 것이기 때문에 권근이 그 보완책을 제시한 것이다. 권근이 前朝 때에는 외방에 있는 閑良儒臣이 사사로이 書齋를 두어서 후진을 교훈하여, 스승과 생도가 각기 편안함을 얻어서 그 학업을 이루었다고 하였지만 조선조에서도 尹祥이 '78세에 이르러 고향에 退老하니 배우는 자가 구름처럼 모여 들었다'[35]고 한 기록은 조선조에서도 공교육과 사교육이 병존하면서 상호보완적임을 알 수 있다.

넷째, 조선조 일읍일교의 원칙은 향교의 물적 기반을 어떻게 확보할 것인가가 가장 중요한 문제이다. 아무리 향교 교육에 열의를 갖고 있는 수령과 교수관이 확보된다 하더라도 향교의 건립과 수즙 및 그 유지에 필요한 제반 경비를 확보하지 못하면 향교교육이 제대로 이루어질 수 없는 것이다. 조선왕조에서는 학교교육의 강화와 더불어 태종 6년에 그 물적 기반의 확보를 위해 향교전과 노비를 지급하였는데 그것을 도표화하면 다음과 같다.

---

34) 『太宗實錄』 권13, 太宗 7년 3월 戊寅.
35) 『新增東國輿地勝覽』 권24, 醴泉郡 人物條.

〈표 1〉 군현등급별 향교 생도수 및 향교전

	생도수(명)	향교전	
		祭田(결)	름전(결)
유수관	50	6	50
대도호부/목관	40	6	40
지관	30	4	15
현령관/감무	15	2	10

(『太宗實錄』 권12, 太宗 6년 윤7월 정축)[36]

그 후 외방향교의 전토가 적다고 하여 軍資屬田을 덜어 府官에 한하여 원래의 전 15결에다 15결을 더하여 30결로 하였다.[37] 향교전이 지급되기 이전에는 지방관아에서 약간의 米穀을 가지고 存本取植하여 향교의 경비를 마련하는 방법을 취하고 있었음을 감안할 때 각 읍 향교에 학전이 지급됨으로써 향교 발전을 기할 수 있었다. 그런데 위 군자속전은 어디에서 온 토지인가를 한번 살펴볼 필요가 있다. 이 조처가 있기 직전의 태종 6년 3월, 사원에 대한 대대적인 정비를 실시하면서 사원의 전지와 노비를 모두 속공하여 軍資田과 典農寺의 관할로 이속시킨 적이 있었는데, 그 군자전의 일부를 이때 향교에 속하게 하였던 것이다.

---

36) "의정부에서 啓達하여, 각 고을의 향교 생도의 액수와 田地를 차등 있게 정하였다. 留守官에는 생도가 50명이고, 대도호부와 牧官에는 40명인데, 祭田이 모두 6결이었다. 도호부에는 생도가 40명이고, 知官에는 30명인데, 祭田이 모두 4결씩이었다. 縣令과 監務에는 생도가 15명이고, 제전이 모두 2결씩이었다. 그 가운데 教授官을 差遣하는 留守官에는 늠전이 50결이고, 대도호부·목관에는 40결이고, 府官과 지관에는 15결씩이며, 교수관이 없는 府官이하의 각 관에도 10결을 주었다."

37) 『太宗實錄』 권12, 太宗 6년 윤7월 丁丑, "외방 향교에 전토를 더 주도록 명하였다. 호조에 하교하기를, '외방 향교의 전토는 그 수가 매우 적으니, 軍資屬田을 덜어서 줌이 옳겠다' 하니, 정부에서 의논하여 말하기를, '留守官·大都護府·牧官은 전례를 좇고, 府官에 한하여 그 전 15결에다 이제 15결을 더하여 30결로 하되, 水田으로 2分을, 旱田으로 1분을 折給하게 하소서' 하였다."

寺院田民의 유교적인 교육기관으로의 이속은 국가정책의 일환으로서
이후 계속 추진되었다. 세종 6년에는 僧錄司奴婢 및 各 寺社奴婢를 革
去하여 東西部學堂에 각 30戶를 지급하였는가 하면[38] 중종 5년에는
各道 廢寺社田을 혁거하여 향교에 소속시켜 諸生을 稟養하도록 하였
고,[39] 12, 13년에는 福泉寺 소속 전답 100결, 노비 80구가 성균관에 이
속되는 등의 조치가 있었다.[40]

　사원의 인적 물적 자원이 향교 등 유교적 시설의 경제적 기반으로 이
속되었던 시대적 상황을 억불정책과 관련하여 살펴보면 다음과 같다.
사원은 조선초기까지만 하더라도 각지에 산재해 있으면서 지방민중의
정신적 귀의처로서 거대한 물력을 지니고 있었기 때문에 조선왕조 집권
세력 및 재지사족들의 관심이 집중되고 있었다. 고려말 새로이 중앙정
계에 진출한 신흥사대부는 사상적으로 주자성리학을 표방하면서 불교
교단의 비생산성과 비도덕성을 비판하면서 체제비판에 나섰고, 마침내
고려왕조를 무너뜨리고 신왕조인 조선을 창건하였다. 이들은 치국의 이
념을 성리학에 두고 그간 고려를 지배한 불교를 개혁의 대상으로 설정
하여 철저히 타파하고자 하였고, 관혼상제의 일상예절을 불교적 의식에
서 주자학적 의식으로 바꾸어 성리학적 이상사회를 건설하고자 하였다.
이를 위해서는 무엇보다도 주자학을 보급시킬 교육기관의 확충이 급선
무였다. 그러나 전국적으로 향교 건립과 수즙을 위해서는 막대한 인적
물적 자원이 필요하였다. 새 왕조의 건립에 따른 재정수요는 민의 인력
과 물력을 통해 확보할 수 있지만 일반농민층에게 일정한 경제적 양보
를 약속하면서 신왕조를 개창한 상황 하에서 조세의 증액 등의 조처는
여의치 않은 실정이었다. 따라서 여말선초 거대한 물적 자원을 확보하
면서 지방사회를 장악하고 있었던 사원의 경제력에 관심을 돌릴 수밖에

---

38) 『世宗實錄』 권24, 世宗 6년 5월 癸巳.
39) 『中宗實錄』 권10, 中宗 5년 3월 壬申.
40) 『中宗實錄』 권31, 中宗 12년 12월 己丑條 및 권32, 13년 3월 甲辰條.

없었다. 고려말의 불교계는 지배층의 경쟁적인 농장 확대에 편승하여 사원경제를 비대화시킴으로써 사회의 모순을 심화시켰다. 사회가 요구하는 미래에 대한 발전 전망을 제시하지 못함으로써 비판의 대상이 되었기에 이에 대한 칼을 휘두르는 것은 개혁을 염원하는 민의 요구에 부응하는 일 측면이 있었다. 이로써 조선초기의 유불교체는 치국이념의 교체인 동시에 종래의 불교시설과 사원소유 전민이 유교적인 시설 내지 사족의 경제적 기반으로 바뀌게 되었던 것이다.

태조 이성계가 즉위한 지 불과 3일 후에 사헌부에서 올린 時弊 척결에 관한 10조의 건의 가운데 佛神을 섬기는 불급한 내용을 모두 없앨 것, 나라를 좀먹고 백성을 병들게 하는 僧尼를 도태 배척할 것이 포함되었고,[41] 그와 비슷한 내용의 건의는 수도 없이 제기되었다.

태종이 즉위하면서 유교국가의 기초를 확립하기 위한 일련의 불교정비 작업이 진행되었다. 태종은 즉위하자마자 환관들의 願佛이었던 궁중의 仁王像을 대궐 밖으로 들어내고, 다음달에는 중외의 사원에서 행해오던 道場·法席 등의 모든 불사를 폐지시켜 배불의 의지를 천명하고 寺社整備作業에 착수하였다. 태종 2년 4월에 「道詵密記」에 적힌 70개 裨補寺社와 常住僧 100명 이상 되는 사원을 제외하고 모든 사원전을 혁파하여 軍資田으로 永屬시키고, 노비는 各司와 一郡에 분속토록 하는 조처를 시발로 하여[42] 5년 8월, 廢寺田의 屬公조처[43] 등의 일련의 조처를 거쳐 6년에는 본격적인 寺社整備 작업을 단행하였다. 이에 일정 기준 미달 寺社의 田地·奴婢를 屬公하고 잔류한 12宗 242寺의 各寺 巨僧·田地·奴婢數를 제한하였다.[44]

이후 조선왕조는 세종·성종·연산군·중종 등을 거치면서 계속적으

---

41) 『太祖實錄』 권1, 太祖 원년 7월 己亥.
42) 『太宗實錄』 권4, 太宗 2년 8월 乙卯.
43) 『太宗實錄』 권10, 太宗 5년 8월 壬辰.
44) 『太宗實錄』 권11, 太宗 6년 3월 丁巳.

로 잔여 사원전을 혁거하는 조치를 취해 나갔다. 그러나 이 시기의 숭유억불은 국가정책선에서 양반사회에서는 먹혀 들어가지만 왕실이나 민간사회에 있어서는 아직도 불교가 그대로 자리잡고 있었다. 이는 태종・세종대의 寺社田 정비 논의에서 사사전 혁거조치가 제대로 시행되지 못했다던가, 그 이후에도 잔여 사원전 완전혁거, 면세지 완전정비라는 논의가 계속적으로 제기되었다는 것에서도 알 수 있다. 이렇게 볼 때 조선왕조의 불교정책은 국가재정의 인적・물적인 기반을 사원에서 확보하여 왕권을 확립하려는 현실적인 요구에 의한 억압정책이 시행되었지만 한편으로는 고려조이래 민중 또는 집권사대부들 사이에 젖어있는 불교에 대한 오랜 인습과 그 종교적 기능으로 인해 治國의 차원에서 불교를 부분적으로 허용할 수밖에 없었다.

조선왕조의 불교에 대한 부분적인 용인은 경제적인 측면에서도 동일하게 반영되었다. 이 당시 억불정책은 국가공인사찰외 모두 혁거한 것이 아니었고 寺社田民을 점진적으로 삭감 정리하는 방향으로 나아갔다. 따라서 당시 국가공인에서 제외된 대부분의 사찰도 완전히 혁거된 것은 아니었다. 이들 또한 私有로서의 田民을 소유하고 있었고, 또한 폐사되더라도 그 田民은 그대로 간직하고 있었다. 그러나 억불숭유의 역사적 대세 속에서 흔들리고 있던 사원의 사회경제적 기반을 흡수하기 위한 집권세력 및 관공서, 재지사족들의 각축이 계속되어가고 있었다.[45]

15세기 중반 이후부터 寺社에 대한 대대적인 정비작업이 착수되어 향촌사회의 지배세력이 불교적이고 淫祀的인 吏族에서 유교적인 재지사족으로 넘어가자 佛寺는 황폐일로를 걷게 되었다. 따라서 당시 대부분 국가의 보호로부터 벗어난 小刹들은 폐사의 길을 걷거나 각 지방 재지사족들의 수탈의 대상이 되었다. 유불교체기에 각 읍 소재 사원 또는 廢寺所屬 田民이 재지세력에 의해 勒占되는 예는 당시 일반적인 상황

---

45) 경상북도・영남대학교 민족문화연구소, 『慶北鄕校誌』, 1991, 73~75쪽 참조.

이었다. 당시 재지사족의 齋舍·精舍·書堂 등은 폐사의 기반위에서
설립되는 예가 많았으며, 또한 어느 가문을 막론하고 先塋의 齋舍, 別
業의 개설 등에는 인근의 佛寺 내지 승려와 직접·간접으로 관련을 맺
고 있었다. 심지어 재지사족의 경제기반 구축의 한 수단이 되는 '卜居'
의 경우에서도 廢寺가 이용되기도 했다.[46] 향교의 건립과 수즙이 사원
의 경제적 기반으로부터 이루어질 수 있었던 것은 바로 이러한 추세의
일환이다.

  사원의 경제력을 향교의 경제적 기반으로 대체시키고자 하는 국가정
책에 따라 실제 외방 일선의 향교는 그 설립과 운영에 있어서 사원과
불가분의 관계에 있었다. 당시 숭유억불의 상황하에서 廢寺社田民은
대체로 지방관의 주관하에 屬公되는 것이 일반적이었으며, 속공된 전민
중에는 향교로 이속되는 경우가 많았다. 따라서 조선조 태조에서 성종
조에 이르기까지 일읍일교 제도가 확립되면서 향교의 설립은 무엇보다
도 중앙정부나 지방관의 도움으로 폐사의 기반위에서 설립된다든지 所
屬寺刹을 가지는 등, 廢寺 또는 국가의 보호로부터 벗어난 사원의 인
적·물적 기반을 흡수하였다. 이러한 향교와 사원의 관계는 조선초 억
불정책의 일환으로 혁파대상 폐사와 폐사 직전에 놓인 사원의 유휴시설
및 閑遊한 처지에 놓인 승려들을 활용하고자 한 국가의 정책에 힘입은
바가 크다. 이를 자료를 통해 살펴보기로 한다.

  D-① 경상도 감사가 아뢰기를, "仁同縣監이 보고하기를, '고을에 加林寺
      라는 절이 있는데 오랫동안 廢寺가 되어서 살고 있는 중도 없으므
      로, 그 재목과 기와를 가져다가 창고와 향교를 수리하고 지붕을 덮
      게 해주기를 원합니다' 하였고, 晋州에서도 또한 보고하기를, '管內

─────────

46) 李樹健, 『嶺南士林派의 形成』, 영남대 출판부, 1979 ;「嶺南士林派의 在
    地的 基盤－朝鮮前期 安東地方을 중심으로－」『新羅伽倻文化』 12,
    1981, 11∼12쪽 참조. 예를 들면 金宗直은 密陽의 月影寺古基에 가서 복
    거할 만한 곳을 둘러보기도 하였다(『佔畢齋詩集』 권4, 五言古詩條).

의 永善縣에는 公館이 황폐하여 대소 使臣들이 혹은 아전의 집에서 숙박하는 일이 있습니다. 고을에 新寺라는 절이 있는데 중이 살지 아니한 지 여러 해 되었으니, 그곳의 재목과 기와를 撤去하여 공관을 짓게 해 주기를 청합니다' 하였사오니 청컨대 두 고을의 보고에 따라 시행하게 하소서" 하니, 그대로 따랐다(『世宗實錄』 권45, 세종 11년 8월 甲申).

② 鄭以吾의 기문에, (중략) 連山明府 朴侯가 고을에 부임한 이듬해에, 고을 사람들에게 말하기를 "학교는 왕정의 근본이다. (중략) 방금 聖明이 위에 계시어 유학이 쓰여져서 안으로는 성균관과 밖으로는 州郡에 학교가 없는 곳이 없다. 이 고을을 말하면 前朝의 태조와 우리 太上王께서 모두 도읍을 정하시려던 곳이다. 산천의 웅장·수려함을 보건대, 인재가 일어날 것을 가히 알 수 있기늘, 홀로 학교가 없다면 되겠는가" 하고 인하여 옛 터를 찾았다. (중략) 바로 그 옛 터에다가 새로 지을 것을 꾀하니, 고을 사람들이 기뻐하고 다행하게 여겨, 분주히 명령에 따라 혹시라도 남에게 뒤지지나 않을까 염려하였다. 이리하여 산에서 재목을 취하고, 폐사에서 기와를 가져다가 모년 모월에 연산의 향교가 이루어졌는데, 그 뒤를 개척하여 문묘를 짓고, 그 가운데를 넓게 틔어 堂과 筵의 처소로 삼았다. 석전을 거행하면서 오르고 내린 이곳은 곧 전날에 푸른 연기 흰 이슬이 엉기던 가시밭이요, 학문을 토론하고 예법을 익히는 이곳은 전날에 무너진 담과 끊어진 구덩이로 황폐했던 터였다. 이에 노비 몇 호를 요역을 면제해주어 儒生들의 심부름을 전담하게 하고, 經書를 모아서 간직하여 유생들을 익히고 읽는데 편리하도록 하고는, 고을의 사무를 다스리고 백성들의 송사를 결단하고 나서, 남는 시간이 있으면 매양 학교로 와서 자제들을 데리고 강론하기를 게을리 하지 않았으니, 박후는 근본되는 바를 안다고 하겠다(『新增東國輿地勝覽』 권18, 連山縣 學校).

③ 鄭麟趾의 기문에 "(중략) 우리 조정의 문치가 빛나고 성하여 주와 부, 군과 현에 학교 없는 곳이 없다. 해평은 선산에 딸린 현이므로 규례에 따라 향교를 설치하지 아니하였더니 부에 있는 학교까지는 큰 내를 건너 20리 길이나 되므로 학도들이 다니기에 고통스러웠다. 지금의 부사 李吉培 공이 정치에 임한 지 1년에 (중략) 어느 날 鄕先生 張贇 등 일백여명이 부사를 찾아보고 廢寺의 재목과 기와로

현에 향교를 지을 것을 청하였더니, 부사가 기뻐하여 곧 감사 李繩
直 공에게 보고하여 마침내 임금께 하락을 얻었다"고 하였다(『新增
東國輿地勝覽』권29, 善山都護府 學校).

④ 전에는 현의 서쪽에 있는 獅子寺를 학교로 하였는데 지금은 현의
북쪽 1리로 옮기었다(『新增東國輿地勝覽』권29, 開寧縣 學校).

⑤ 현에 옛날에는 학교가 없었으므로 生徒가 官衙에 우거하였는데, 成
化 9년(1473, 성종 4)에 현감 崔榮이 厚岩寺 옛 터에 지었다(『新增東國
輿地勝覽』권31, 安陰縣 學校).

⑥ 陜川郡 任內 冶爐縣의 月光寺는 오랫동안 그 터를 묵혀 두었고 절
에 속했던 土田은 鄕校의 學田에 귀속된 지 오래 되었다. 僧 學祖
가 海印寺의 板堂을 重修하는 일로 인하여 月光寺에 왔다가 그 터
와 土田이 비옥한 것을 보고 욕심이 나서 同郡에 사는 중 道仁을
사주하여 本寺에 살면서 그 땅에 농사짓도록 하였다. 教生들이 금
지시키자 또 해인사의 중으로 하여금 觀察使에게 狀告하게 하여 말
하기를, "訓導가 儒生들을 거느리고 몽둥이를 들고서 큰소리로 떠
들며 本寺에 들어와 침해하니, 청컨대 국문하여 죄주소서" 하였으므
로, 관찰사가 그 告狀을 草溪에 회부하여 국문하였다. 訓導 南季明
이 司憲府에 가서 호소하니, 本府에서 移文하여 중을 국문하게 하
였다. 그런데 草溪郡守가 學祖는 국문하지 않고 단지 道仁만 국문
하였으며, 또한 경지를 빼앗은 정상을 끝까지 추국하지도 않았다.
이때에 이르러 持平 崔浩가, 學祖가 學田을 억눌러 빼앗은 연유를
국문하도록 청하였으나, 국문하지 말고 그 땅을 月光寺에 도로 귀속
시키도록 명하였다(『成宗實錄』권239, 成宗 21년 4월 乙未).

仁同향교는 加林寺 廢寺의 재목과 기와로 수리하였고, 連山鄕校는
폐사의 기와로 건립되었고, 해평향교는 폐사의 재목과 기와로 건립되었
고, 개령현 옛 향교는 獅子寺로 하였고, 安陰향교는 厚岩寺 옛 터에 지
었다. 陜川 冶爐縣 月光寺의 土田은 향교의 學田에 속해 있었다. 그리
고 중종 9년 司經 李淸은 훼철된 사사전답을 향교에 속하게 하는 것이
좋겠다고 하였다.[47] 그 외 興德縣 향교는 葛山寺基에 세워졌다.[48]

---

47) 『中宗實錄』권20, 中宗 9년 2월 癸卯.

폐사전민이 향교에 이속된 것만이 아니라 향교는 속사를 갖기도 하였다.

E-① 環城寺는 河陽의 유일한 寺刹로서 宮家나 學宮所用의 紙地 등을 담당하고 있었습니다. '(중략) 임고서원의 四寺刹 內賜位田이라고 하는 근거인 圃隱文集을 상고해보면 舊集에는 四寺刹名이 나오지 않고 新集中에 나옵니다. 이는 永川儒林의 조작입니다. (중략) 書院에는 四寺刹이 소속되어 있고 향교는 하나의 사찰도 소속되어 있지 않다는 것은 잘못입니다. 環城寺를 하양향교에 소속시켜 주십시오.'
(하양향교소장, 『河陽環城寺決訟』 壬午 4월)

② 會講寺 : 箭竹과 柿木이 있는데 鄕校에 속하였다(『嶺南邑誌』 晋州(上) 寺刹).

E-①의 사료는 하양향교의 교생이었던 朴瑞鳳이 環城寺가 당초 하양향교의 속사였던 것을 지적하면서 그 소속을 임고서원에서 하양향교로 바꾸어줄 것을 上書한 내용이다. 이후 하양유림과 임고서원을 중심으로 한 영천유림 사이에 성균관·道會 등의 통문을 통한 치열한 공방전이 계속되어 임고서원의 승리로 일단락되었다. 그러나 위 자료에 의하면 환성사는 이 사건이 있기전부터 學宮所用의 紙地를 담당해왔음을 알 수 있다. 그리고 ②에 의하면 진주의 會講寺의 箭竹과 柿木은 진주향교에 속하였음을 알 수 있다. 『嶺南邑誌』 安東府 寺刹條에 따르면 안동부에는 고래로부터 사찰이 20개소가 있었는데 안동부 소속이 4개소이고 향교소속이 2개소, 鄕廳·作廳 소속이 각 1개소, 廟守護寺가 3개소, 安奇驛 소속이 2개소, 書院·亭子守護寺가 각 1개소로 나타난다. 그 가운데 鳳棲寺는 『鄕廳事例謄錄』(1766년경)에 鄕廳屬寺로 나타나다가 『安東府邑誌』(19세기 후반)에는 향교속사로 나타난다. 環城寺나 鳳棲寺의 쟁탈전을 통해 屬寺를 둘러싼 향촌세력간의 이권대립이 있음을

---

48) 『全羅道邑誌』 興德縣 學校.

알 수 있다. 이상의 자료들은 대개 조선후기의 자료들이지만 향교의 속
사는 조선초기부터 존재하였음을 성균관에 속한 多率寺의 자료를 통해
미루어 짐작할 수 있다.

경상도 昆陽에 多率寺가 있는데 국초부터 本館에 속하였음이 太學
成典에 실려 있습니다. 매년 紙束을 바쳤으며 그로서 尊經閣의 책을
만드는 데 사용하였습니다. 庚午年 陵墓外 願堂을 혁파할 때에 이 사
원만은 혁파되지 않았는데 그 후 同邑의 棲鳳寺 僧徒들이 비변사에
呈訴하여 혁파시켰습니다. 허다한 寺役이 移徵되었으므로 이를 감당
하지 못하여 本館에 와서 호소하기를 전과 같이 屬寺가 되어 役을 바
치기를 원합니다. 本館은 紙物의 수요가 가장 많으며 이미 300년간 이
사원은 속사였습니다. 그런즉 오늘에 이르러 혁파한다는 것은 경오년
에 혁파하지 않은 본뜻과 어긋납니다.[49)]

조선초이래 숭유억불의 추세 속에 향교의 건립과 수즙에 사원의 물
적 기반이 이용되고, 심지어 사원이 향교의 속사로 존재하게 됨에 따라
향교 생도들의 사원의 침탈이 문제가 되기도 하였음을 다음의 자료는
보여준다.

예조에 전지하기를, "서울의 성균관・五部學堂과 지방 鄕校의 생도
들이 대개 모두 나이가 젊고 기운이 괄괄하여, 狂妄한 행동을 좋아하
여 학문을 폐지하고 떼를 지어 자주 절에 올라가서 중들을 침해하되,
마음대로 행동하여 꺼림이 없어, 배우는 사람의 마음을 삼가고 행실을
단속하는 뜻에 어긋남이 있으니, 금후로는 서울과 지방의 관원으로 하
여금 금지하게 하라. 또 학문을 폐지하고 떼지어 노는 것은 오로지 師
長이 고찰을 엄격히 하지 아니한 까닭이니, 지금부터는 사장된 사람이
엄격히 그들을 검찰하게 하라" 하였다.[50)]

---

49) 『備邊司謄錄』 128, 英祖 31년 4월 초9일, 成均館 大司成 徐命臣 狀啓.
50) 『世宗實錄』 권70, 世宗 17년 10월 丁卯.

물론 향교의 경제적 기반은 사원의 물적 기반에만 의존한 것은 아니다. 다음의 成俔의 '光山學記'를 통해 이상적인 향교의 경제적 기반의 확보의 한 예를 볼 수 있다.

成俔의 記에 "경신년 11월 表弟 上舍 朴以溫이 와서 光山學記를 써달라고 한다. 현감 權守平이 부임한 이래 (중략) 매양 공무를 보는 틈을 타서 친히 儒生들을 이끌고 經學을 담론하여 이끌어 주고 깨우쳐주며, 도와주고 인도해주는 것이 모두 합당했다. 학교가 전에는 성안에 있었는데, 낮고 습하여 좁고 퇴락하여 허물어 졌었다. 현감이 부로들을 불러들여, '先聖의 居所로는 맞지 않는데 어찌 새로 지을 것을 생각하지 않는가' 하니 모든 부로들이 모두 '좋습니다' 했다. 그리하여 성의 서쪽 2리쯤에 터를 잡고 모든 현민들이 줄을 이어 모여드는데, 마치 자식이 어버이를 좇아 일하는 것 같이 몇 달만에 일이 바로 끝났다. (중략) 이에 神과 사람이 모두 편안하고 스승과 학생이 집이 있으며, 堂과 창고와 부엌과 목욕탕이 각각 있을 곳에 있어 무려 60여간이 되었다. 학교 앞에 있는 백성의 밭 수백 畝를 현감이 돈을 내어 사들여, 혹은 논을 만들고 혹은 채마전을 만들고 혹은 종들의 있을 집을 만들었으며, 또 옛 향교의 터를 모두 학교에 예속시켜 밭을 만들었다. 또 백성의 밭을 사서 반을 학교로 들여보내고 반은 司馬齋로 들여보냈으며, 또 무명 백필과 조세로 들어오는 곡식 백석, 콩 20석으로써 학생의 이용에 충당시켰다. 또 무명 20필, 조세 곡식 20석은 上舍人들의 소용으로 쓰게 했다. 또 四書·五經·諸子·韻書를 갖추어 책장에 비장해 놓아 열람에 이바지하게 했다. 이때 監司 李叔珹과 都事 鄭鐸이 그 뜻을 가상히 여겨 감영 중에 있는 무명 30여필, 조세 곡식 70여석을 내주어 비용을 도움으로써 儒風이 크게 떨치고 문화의 교화가 더욱 밝아, 고을 사람 중에 준수한 인물이 여기에 와서 놀고 배우면서 깊이 탐구하고 애써 찾는 뜻을 가져 정진하고 수련하는 공이 그치지 않으며, 제사를 지내면 모시는 정성을 다하여 나쁘고 편벽된 마음이 들어오지 못했다. 그런 뒤에는 광산의 학교가 다른 읍보다 성하고 인재가 찬연하게 배출되었다(하략)"고 하였다.[51]

---

51) 『新增東國興地勝覽』 권35, 光山縣 學校條.

이처럼 외방 향교제도의 확립은 일읍 수령의 노력 여하와 재향세력의 협조가 이루어질 때 효과적으로 이루어질 수 있는 것이다. 광산향교의 경우 현감 權守平의 물심양면의 헌신적인 노력에 의해 향교의 경제적 기반이 확보될 수 있었지만 여타의 외방향교의 경우 이와 같은 수령의 헌신적 노력이 수반되지 않을 경우 숭유억불의 분위기 속에서 외방수령들은 불교의 물적 기반을 향교의 기반으로 흡수함으로써 향교의 물적 기반 문제를 해결하고자 하였을 것이다. 그러나 조선 후기 성리학에 깊이 경도됨으로써 성리학 일변도의 사회가 되자 유학교육기관인 향교는 그러한 불교적 기반위에서 구축된 자료들을 가급적 드러내지 않음으로써 지금 남아 전하는 자료는 별반 없다고 보아야 할 것이다.

IV. 맺음말

우리나라의 향교는 종래의 漢唐儒學보다는 新儒學, 문벌귀족이나 권문세족보다는 신흥사대부 또는 사림세력과 깊은 관련을 가지면서 보급, 발전해왔다고 한다. 특히 元代에 官學化한 성리학이 고려 후기에 신흥사대부에 의해 수용되면서 이들에 의한 '興學運動'이 전개되면서 외방의 향교가 크게 발홍된 것으로 간주되고 있다. 그러나 고려말 조선초 문집이나 『新增東國輿地勝覽』에 나오는 향교기문을 살펴보면 고려말 퇴락되어 있던 향교의 재건은 별반 피부로 느껴지지 않는다. 그것은 고려말 주자학의 보급이 아직 중앙무대에 국한되어 있었고, 주자학의 수용, 보급이 주로 家學 및 혈연·지연적인 유대에 바탕한 사적 인간관계를 통해 이루어지고 있었고, 또한 고려말의 국가재정의 파탄으로 인해 향교 건립의 물적 기반의 확보가 쉽지 않았기 때문이다. 이러한 물적 기반의 확보는 신유학, 즉 성리학을 치국의 이념으로 하는 조선왕조의 성립과 더불어 '一邑一校'의 천명과 함께 불교의 물적 기반을 향교의 기반으로 흡수하고자하는 정책이 실시됨으로써 향교가 확충·정비될 수 있었다.

사원의 경제력을 향교의 경제적 기반으로 대체시키고자 하는 국가정책에 따라 실제 외방 향교는 그 설립과 운영에 있어서 사원과 불가분의 관계에 있었다. 당시 숭유억불의 상황하에서 廢寺社田民은 대체로 지방관의 주관하에 屬公되는 것이 일반적이었으며, 속공된 전민 중에는 향교로 이속되는 경우가 많았다. 따라서 조선조 태조에서 성종조에 이르기까지 일읍일교 제도가 확립되면서 향교의 설립은 무엇보다도 중앙정부나 지방관의 도움으로 폐사의 기반위에서 설립된다든지 所屬寺刹을 가지는 등, 廢寺 또는 국가의 보호로부터 벗어난 사원의 인적·물적 기반을 흡수하였다. 이러한 향교와 사원의 관계는 조선초 억불정책의 일환으로 혁파대상 폐사와 폐사 직전에 놓인 사원의 유휴시설 및 閑遊한 처지에 놓인 승려들을 활용하고자 한 국가의 정책에 힘입은 바가 크다. 향교는 廢寺址와 廢寺社田民을 바탕으로 건립과 수즙이 이루어진 것 뿐만 아니라 향교는 屬寺를 갖기까지 하였다.

이상의 논의를 통해 고려시대의 사원의 물적 기반이 조선왕조에 들어와 향교의 물적 기반 확보의 주요한 자원이 되었음을 확인할 수 있다. 그것은 곧 불교적인 고려사회가 주자학적인 조선사회로 어떻게 변모되어가는가를 보여주는 한 예이다. 그러나 조선 후기 성리학에 깊이 경도됨으로써 유학교육기관인 향교는 그러한 불교적 기반 위에서 구축된 자료들을 드러내지 않음으로써 지금 남아 전하는 자료는 별반 없다고 보아야 할 것이다.

제5장 성리학의 보급에 따른 풍수도참사상의 변용

I. 머리말

고려시대 풍수지리사상의 특징은 裨補思想, 地德衰旺說, 圖讖說과 결합, 國都風水, 延基說, 불교와 유교와의 결합 등을 들 수 있다. 특히 도참설과 결합하여 遷都의 논의가 두드러지게 전개되면서 풍수도참사상으로 불리기도 했다.

흔히들 풍수도참사상은 고려말 성리학이 보급되면서 성리학자들에게 부정된 것으로 말해지고 있다. 그러나 여말선초의 왕조교체기에 풍수도참사상은 더욱 극성하였고, 성리학자들마저도 풍수도참에 기대어 정치적 헤게모니를 장악하고자 한 면이 적지 않았다. 특히 신왕조 개창과 한양으로의 定都 과정에서 풍수도참사상은 생명력을 갖고 있었고, 그 과정 속에서 성리학 속에 자리잡아 그 생명력을 유지하여 지금에까지 이르고 있다. 본고는 地德衰旺說과 延基說을 특징으로 하는 고려시대의 풍수도참사상이 고려말 주자성리학이 도입, 보급되면서 어떻게 변용되었는가를 살펴보고자 한다.[1]

---

1) 본고는 한국중세사학회가 2006년 기획한 전국학술대회 '한국중세 풍수도

II. 고려말 성리학 수용기의 풍수도참사상

1. 성리학 수용 이전의 풍수도참사상의 전개

고려 태조 왕건의 탄생과 건국 및 후삼국통일은 도선의 풍수도참 및 고경참에 힘입은 바가 컸기 때문에 태조의 훈요십조 가운데 3개 조항이 풍수도참사상과 관련되어 있다. 그 결과 고려 일대에 걸쳐 풍수도참사상은 태조의 유훈과 도선에 기대어 불교 및 유교, 도교 등과 습합되어 그 영향력을 지녔다.

현종 때의 『三韓會土記』, 문종 때의 『松岳明堂記』, 숙종 때의 『道詵秘記』, 『道詵踏山歌』, 『삼각산명당기』, 『신지비사』, 예종 때의 『해동비록』, 충렬왕 때의 『도선밀기』, 공민왕 때의 『옥룡기』 등의 풍수서들은 대개 후세의 풍수가가 도선의 풍수론에 덧붙여 만든 것들이다. 이들에 나타난 풍수사상은 신라말까지의 고대 한국의 풍수사상이 우리 전통의 地母思想·산악숭배사상과 습합되어 나타나는 것에 더하여 도참 및 점복사상과 습합이 강하게 드러난다. 거기에 국업을 연장하기 위한 國都風水와 마을과 고을의 입지 선정을 위한 都邑風水 등 陽基風水가 크게 발달하였다. 延基說과 관련되어서는 국내 여러 지역에 대해 반란이 일

참사상의 재조명'(2006년 4월 21~22일 동아대학교에서 개최)의 세부주제의 하나로서 「성리학의 보급에 따른 풍수도참사상의 변용」을 다루기로 한 데서 집필이 이루어진 것이다. '한국중세 풍수도참사상의 재조명'의 세부주제는 「한국 중세사회에 있어서의 풍수도참사상의 전개과정」, 「고려시대 도읍경영과 국왕순행」, 「고려시대 비보사사의 성립과 운용」, 「고려시대 도참 속에 나타난 불교적 화소」, 「고려시대 유학자들의 풍수지리와 도참에 대한 인식」, 「성리학의 보급에 따른 풍수도참사상의 변용」 등으로 이루어져 있다. 따라서 본고는 다른 주제와의 중복된 부분을 가급적 피하면서 성리학 수용 이후의 풍수도참사상의 변용에 초점을 두고 논의를 전개하였다.

어난 逆鄕이니 혹은 山水地勢가 本主에 背逆하느니 하여 그 지역 주민
의 기질까지도 그에 맞추어 해석해버리는 '地理人性說'이 난무하였으
며 또 延基를 위한 각종의 裨補壓勝風水策도 행해졌다.

고려 풍수의 큰 특징의 하나는 地德衰旺說이다. 지덕쇠왕설이란 땅
의 地氣는 일정기간이 지나면 그 기운이 쇠하고, 또 일정기간이 지나면
쇠했던 기운이 되살아난다는 것이다. 송도의 지덕이 쇠하는 시기에 대
해 숙종조의 金謂磾가 인용한 『도선비기』에 "건국한 후 1백 60여년에
목멱벌에 도읍한다"고 하였고[2] 『도선답산가』에서도 아래 사료에서 보
다시피

> 송악산 진한과 마한의 주인이 되었으니
> 아아! 어느 시기에 가서 그 운맥이 약해질 것인가?
> 뿌리가 가늘고 약하며 枝葉도 역시 그러하니,
> 겨우 백 년 기간 지나면 어찌 시들지 않으랴?
> 만약 새로운 꽃 다시 한번 피려거든
> 서울을 떠나 陽江을 건너 국왕이 왔다 갔다 하라
> 그러면 四海의 魚龍이 모두 한강으로 모여들 것이요
> 나라와 백성이 편안하여
> 태평 세상 이룩되리라

100년 내지 160년에 그친다는 것이다. 따라서 고려의 왕업을 연장시키
기 위해서는 개경의 지기를 쉬게 해야하는 것이다. 그 延基의 방안은
수도를 옮겨야 한다는 것이다. 김위제가 인용한 도선비기에는

> 고려의 땅에 세 곳의 서울이 있다. 松嶽을 中京으로, 木覓壤을 南
> 京으로, 平壤을 西京으로 하여 11, 12, 1, 2월을 중경에서 지내고 3, 4,
> 5, 6월을 남경에서 지내며 7, 8, 9, 10월을 서경에서 지내면 36개국이
> 와서 조공할 것이다.

---

2) 『고려사』 권122, 열전35, 方技 金謂磾.

라고 하여 중경, 남경, 서경을 서울로 하여 계절별로 巡住하면 36개국이 조공할 것이라고 하였다. 서경은 태조 이래 일찍이 중시되어 개경과 함께 양경으로 존재하였고,[3] 이곳에 도읍을 옮기고자 한 것도 여러 차례 있었다. 문종 21년(1067)에 양주를 남경으로 하고, 숙종 원년 김위제의 건의에 의해 남경 건설을 시작한 것은 지덕쇠왕설에 의한 延基를 위한 방안에서 나온 것이다.[4] 개경의 白馬山 長源亭 역시 개경의 지기가

---

3) 훈요십조 가운데 풍수도참사상과 관련된 내용은 다음과 같다.
  ◦ 제2조 "새로 개창한 모든 사원은 道詵이 점쳐 놓은 山水順逆說에 의거한 것이니, 절을 함부로 지어서 왕업을 단축시키는 일이 없도록 하라."
  ◦ 제5조 "西京(지금의 평양)은 水德이 순조로워 우리나라 지맥의 근본인 까닭에 萬代의 대업을 누릴 만한 곳이니 四仲(봄·여름·가을·겨울의 중간 달)마다 巡駐하여 100일 동안 머물도록 하라."
  ◦ 제8조 "차령산맥 이남과 금강 바깥쪽의 지세와 산형은 모두 거꾸로 뻗었으니, 이곳의 사람이 조정에 참여하면 정사를 어지럽히거나 국가에 변란을 일으킬 터이니 등용하지 말라."
  이 가운데 5조는 서경에 관한 언급이다. 그러나 훈요십조에는 남경에 관한 언급이 없다.
4) 김위제는 숙종 원년에 『도선비기』·『도선답산가』·『신지비사』 등을 거론하면서 "지금 우리나라에는 중경과 서경은 있으나 남경이 없습니다. 그러므로 삼각산 남쪽 목멱산 북쪽 평지에 都城을 건설하고 때를 맞추어 순행하시기를 바랍니다. 이 문제는 진실로 나라의 흥망과 성쇠에 관련되는 일이기 때문에 저는 당돌함을 무릅쓰고 이에 기록하여 삼가 올립니다"(『고려사』 권122, 열전35, 方技 金謂磾)라고 하여 남경 천도 및 순행을 주장하였다. 그 내용은 『고려사』 권56, 양광도 남경유수관 양주조에도 다음과 같이 전한다. "숙종 원년(1096)에 衛尉丞同正 김위제가 『道詵密記』에 근거하여 왕에게 수도를 남경으로 옮길 것을 요청하면서 말하기를 '양주에 木覓壤이 있는데 수도로 정할 만하다'고 하였으며 천문을 맡은 관리인 文象이 그의 의견에 동의하였으므로 4년(1099) 가을에 왕이 친히 그곳에 가서 터를 잡고 평장사 崔思諏와 지주사 尹瓘에게 명령하여 남경 건설 공사를 감독하게 하였다. 5년만에 공사가 끝나자 왕은 드디어 친히 그곳에 가서 건설 정형을 시찰하였다. 현종 21년(1030)에 경주, 안동대도호부를 동경으로 고친 것 역시 도선의 3경제와 관련된 것이다."(『고려사』 권57, 지리2, 경상도 동경유수관 경주) "銳方이 왕에게 바친 『三韓會土記』에 '고려의 3개 京'이란 문구가 있

쇠해지는 120년에 이곳에 정자를 지으면 고려왕조가 오래 유지될 수 있다는 도선의 『송악명당기』에 의해 궁궐을 지었던 곳이다.[5]

개경의 지기가 쇠한다고 예언된 100년~160년에 해당하는 시점에 그간 소외되었던 삼경의 하나인 남경의 건설이 본격적으로 이루어져 삼경이 만들어졌다. 묘청에 의해 서경천도운동이 일어난 것 역시 지덕쇠왕설에 의한 연기를 통한 왕업의 유지를 위한 방안으로 강구된 것이다. 이러한 풍수도참사상이 정치의 전면에 부상하자 예종은 유신들을 시켜 음양, 지리 등 諸家書를 정리한 다음 한 책으로 편찬하여 올리게 하고, 책 이름을 『海東秘錄』이라고 명명하였고, 이 정본을 대궐 서고에 두고 부본을 중서성, 司天臺, 太史局들에 나누어 주었다.[6]

문종조 이후 지덕쇠왕설에 의한 연기의 방안이 적극 제시되었지만 일면 개경의 지기가 쇠하였다는 데 편승하여 왕조교체를 바라는 도참이 나타나기 시작하였다. 인종조에 일어난 이자겸의 난에는 '十八子之讖'의 도참이 나타났다.[7] 십팔자, 즉 이씨가 왕이 된다는 도참은 무신정권기에 '十八子'라는 말에 '龍孫十二盡'이라는 古讖이 보태어져 이의민이 왕위를 바라보게 되었다고 한 것으로까지 발전하였다.[8] 그러나 "윤관으로 하여금 백악산 남쪽에 터를 정하여 오얏나무를 심고 무성하게 되면 곧 베어버려서 도선의 『留記』에 나오는 白岳山下의 李氏王朝 도읍의 지기를 눌렀다"는 이중환의 택리지 기록[9]은 조선왕조 개창 후에

었으므로 거기에 맞추기 위하여 다시 동경으로 고쳤던 것이다."

5) 『고려사』 권56, 지리1, 왕경개성부 白馬山 長源亭條, "도선의 『송악명당기』에 이르기를 '西江가에 성인이 말을 타고 있는 형상인 명당자리가 있는바 태조가 국토를 통일한 병신년(936)으로부터, 120년간에 이르러 이곳에 정자를 정하면 고려 왕조가 오래 유지될 수 있다'고 하였다. 그래서 문종이 太史令 金宗允 등에게 명령하여 명당자리를 잡게 하여 서강의 餅岳 남쪽에 궁궐을 건축하였다."

6) 『고려사』 권12, 예종 원년 3월 정유일.

7) 『고려사』 권127, 열전 반역1 李資謙.

8) 『고려사』 권128, 열전 반역2 李義旼.

보태어진 이야기일 것이다.

2. 고려말 성리학 수용 이후의 도참사상의 전개

풍수도참사상에 입각하여 천도에 관한 시도가 다시 공민왕대부터 일어나게 된다. 이 시기는 이미 주자학이 수용된 시기이지만 『도선비기』의 연기에 근거한 풍수도참사상에 의해 남경, 즉 한양으로 천도가 추진되었음을 다음의 사료는 잘 보여준다.

> 중 보우가 풍수설로 왕을 달래어 "한양에 도읍하면 36國이 조공을 할 것이라"고 하였다. 왕이 그 말에 유혹되어 한양에 크게 궁궐을 지었다. 그래서 윤택이 또 말하기를 "중 묘청이 인묘를 유혹하여 나라를 거의 망칠 뻔했습니다. 그 경험과 교훈이 멀지 않았거늘 하물며 지금 사방에서 사변들이 일어났으므로 군대를 훈련하고 공급하는 데도 힘이 오히려 부족한데 토목건설 공사를 일으키면 나라의 근본인 백성들에게 해를 줄까 두렵습니다."[10]

공민왕 6년 정월 경인일에 보우를 내전에 맞아들이고,[11] 임진일에 왕이 봉은사에 가서 태조 진전에 참배하고 한양에 천도할 것에 대해 점을 치고,[12] 2월 기유일에 이제현에게 명하여 한양에서 집터를 보아 궁궐을 건축하라고 한 기록[13]으로 보아 위 기록은 공민왕 6년의 일이다. 그런데 보우의 주장은 김위제가 인용한 『도선비기』에서 '36국이 내조한다'는 것에 의거한 것으로 보인다. 공민왕의 한양천도 계획은 봉은사에 거동하여 공민왕이 점을 칠 때 당초 '靜'자가 잡혔지만 다시 이제현에게

---

9) 李重煥, 『擇里志』 八道總論 京畿道.
10) 『고려사』 권106, 열전 尹諧 부 尹澤.
11) 『고려사』 권39, 세가 공민왕6년 정월 경인일.
12) 『고려사』 권39, 세가 공민왕6년 정월 임진일.
13) 『고려사』 권39, 세가 공민왕6년 2월 기유일.

점을 치니 '動'자를 얻자 기뻐하며 이를 추진한 것이었기 때문에[14] 그만큼 설득력을 얻기는 어려운 상황이었다.[15] 그래서 이듬해 9월 遂安과 谷州에서 서울터를 구하라 하였고,[16] 공민왕 9년 7월에 임진현 북쪽 5리에 있는 백악에 가서 천도할 땅의 지세를 보고 궁궐을 조성하여 11월 백악의 새 궁으로 이어하였다.[17] 다음해 2월에 공민왕은 다음과 같은 교서를 내렸다.

　　내가 왕위에 오른 이래로 하늘을 두려워하고 민을 사랑하며 선대의 유훈을 반드시 준수하여 나라를 잘 다스리고자 하는 마음이 항상 간절하다. 그런데 때가 다난하여서 은덕이 아래까지 내려가지 못하고 병란이 계속 일어나며 각종 재앙과 천변재이가 빈번히 발생하고 있다. 내가 이를 두려워한 나머지 도선의 말을 듣고 이 언덕을 도읍터로 잡았으니 국가의 운명을 영원히 연장시키려는 의도이다. 신하들과 백성들이 이 공사에 분주하게 동원되니 그 노력과 비용이 실로 크다. 내가 어찌 나라를 근심하는 대계를 모를 리가 있으랴. 그러나 이렇게 하지 않을 수 없다. 모든 사업이 시작되었으니 우선 어진 은덕을 널리 베풀어야겠다. (중략) 아아! 천의에 순응하는 길은 오직 지성 그것 뿐이요. 민을 사랑하는 데에는 실속 있는 혜택을 주는 것보다 더 좋은 것이 없다. 너희 신하들은 누구나 자기 정성을 다하여서 나의 덕화를 도우라.[18]

---

14) 『고려사』 권39, 세가 공민왕 6년 정월 임진일.

15) 공민왕 9년 7월에 백악의 궁궐 영조에 관한 기록에 "백악의 궁궐을 영조하기 시작하였다. 이에 앞서서 남경에 천도하고자 하여 전 한양윤 이안을 파견하여 그 성곽과 궁궐을 수축하게 하였더니 民에게 커다란 고통이 되었으며 태묘에서 점을 쳐도 불길하였다. 그럼에도 이 공사를 일으켰는데 그때 사람들이 이것을 新京이라 하였다(『고려사』 권39, 세가 공민왕 9년 7월 신미일)"고 한 것으로 보아 한양천도 계획이 민의 고통이란 측면 못지않게 태묘에서 점을 쳐도 불길한 것을 무리하게 추진한다는 데 대한 불만이 천도 반대의명분에 도사리고 있었다.

16) 『고려사』 권39, 세가 공민왕 7년 9월 정유일, "동지추밀원사 柳淑과 판사천대사 陳永緖 및 于必興에게 명령하여 遂安과 谷州에서 서울 터를 구하라 하였다."

17) 『고려사』 권39, 세가 공민왕 9년 7월 을묘일, 신미일 및 11월 신유일.

공민왕의 이 교서는 첫째, 천도가 도선의 말을 듣고, 국가의 운명을 영원히 연장시키려 한 것이라고 한 것에서 알 수 있듯이 도선의 지리쇠왕설에 근거한 것임을 알 수 있다. 둘째, 천도에 대한 윤택의 비판이 천도에 따른 민폐를 거론한 것에 대해 민에게 실속 있는 혜택을 주어 지성을 보임으로써 천의에 순응하겠다는 것을 천명함으로써 성리학자들의 천도에 대한 비판을 희석시키고자 하였다.

공민왕 6년 한양천도 계획에서부터 공민왕 9년 백악에 천도하기까지 천도에 대한 비판은 윤택에 의해 제기된 것이 유일하다. 그는 묘청의 서경천도운동이 니라를 망칠 뻔했음을 거론하면서 외침에 대비하여 군사를 훈련하고 양성하기도 부족한데 새로 공사를 일으키는 것은 나라의 근본인 백성들에게 해를 줄까 두렵다고 비판하였다. 따라서 이것을 성리학자들의 민본의식과 결부시켜 의미부여를 하기는 어렵다. 당시 유종이라고 불리던 이제현은 한양천도에 즈음하여 점을 치고, 왕명에 의해 한양을 답사하기도 하였다. 또 공민왕 6년 우필홍이 『옥룡기』에 의거하여 풍속이 土에 순응하면 창성할 것이나 토에 거역하면 재앙이 생긴다고 하면서 임금과 신하들의 의복, 관과 일산, 음악의 악조, 전례에 쓰는 기물 등의 사용에 대한 규제를 하였을 때 성리학자들의 비판은 거의 보이지 않는다.[19] 이로써 보건대 성리학이 수용되었다고 하여 풍수도참사

---

18) 『고려사』권39, 세가 공민왕 10년 2월 신묘일.
19) 『고려사』권39, 세가 공민왕 6년 9월 무신일, "사천 소감 于必興이 왕에게 글을 올리기를 '玉龍記에 이르기를, 우리나라는 백두산에서 시작되어 지리산에서 끝나는데 그 地勢의 본 뿌리는 水요 줄기는 木이라 검은 것이 父母로 되고 푸른 것이 몸으로 되고 있으니 만약 風俗이 土에 순응하면 창성할 것이나 토에 거역하면 재앙이 생긴다'라고 하였습니다. '풍속이란 임금과 신하들의 의복, 관과 일산, 음악의 악조, 전례에 쓰는 기물 등입니다. 그러므로 금후로 문무백관은 검은 옷을 입고 푸른 갓[笠]을 쓸 것이며 중은 검은 두건이나 큰 冠을 쓸 것이며, 여자는 검은 나사를 입을 것입니다. 그리고 모든 산들에는 소나무를 빽빽하게 심어서 무성하게 키울 것이며 기명은 모두 동과 유기와 질그릇을 써서 土豊에 순응하게 할 것입니다'라고

상이 부정되거나 비판되었다고 볼 수는 없다. 도리어 공민왕의 예에서
보다시피 천도론자들은 풍수도참사상에 더하여 유교적 포장을 하여 천
도에 대한 성리학자들의 비판을 비껴나가고자 하였다. 따라서 천도 주
장론자이든 비판론자이든 다들 성리학의 논리로 그들의 주장을 포장하
였던 것이다.

우왕 4년에도 수도를 이전하자는 공론이 일어나 도선의 지리쇠왕설
에 의거해 도읍을 옮기고자 하였다. 『도선밀기』의 북소 기달산이라고
한 협계로 도읍을 옮기고자 하였으나 그곳이 산골에 깊이 들어가 있어
수송 선박이 통하지 않는다하여 중지된 바가 있었고,[20] 좌소 백악산으
로 옮기기 위하여 좌소조성도감을 설치하기까지 하였다.[21] 이듬해 10
월, 도선이 말한 좌소가 서운관에서 회암이라고 하여 권중화와 조민수
를 보내어 도읍터를 잡은 바가 있다.[22] 동왕 8년에는 한양으로 수도를
옮기려고 하였다. 이때 간관과 백주 수령 홍순이 반대하였다. 간관의 반
대 이유에 대해 기록이 없지만[23] 홍순의 반대는 남경의 진산 삼각산이
火山으로서 木姓 가진 나라의 서울 터이니 그곳으로 도읍을 정하는 것
이 적당치 않다는 것으로서 풍수도참에 근거한 반대였다.[24] 여기에서

하였다. 왕이 이 제의를 좇았다. 우왕 2년에도 '서운관에서 도선밀기에 의
거하여 모든 제도를 한결같이 본국 풍속을 지키고 다른 나라의 풍습을 금
단하자'고 하였다."(『고려사』 권133, 열전 신우 2년 6월) 이때 이에 대한 성리학자
들의 비판은 별반 없었던 것 같다.

20) 『고려사』 권133, 열전 신우 4년 11월.
21) 『고려사』 권133, 열전 신우 4년 12월, "左蘇造成都監을 설치하였다. 당시
의 공론이 수도를 이전하려고 하였다. 이것은 국사에 '좌소에 백악산, 우소
에 백마산, 북소 가달산 등 3개 소에 궁궐을 창건한다'라는 문구가 있었으
므로 이 공사를 일으킨 것이다."
22) 『고려사』 권133, 열전 신우 5년 10월.
23) 『고려사』 권134, 열전 신우 8년 8월 무자일, "한양으로 서울 옮길 것을 토의
결정하였다. 간관이 상소하여 중지하기를 청하였으나 신우는 듣지 않았다."
24) 『고려사』 권134, 열전 신우 8년 9월.

주목되는 것은 고려 중기에 나타났던 '十八子之讖'의 도참이 이때에 재현되었다는 점이다. 이 도참이 나타난 것은 이때에 이대로 가면 고려왕조가 결딴날지도 모른다는 위기의식이 그만큼 고조되었음을 뜻한다. 그렇기 때문에 지리쇠왕설에 입각한 수도 이전이 하나의 공론을 형성하였다고 보아야 할 것이다. 이러한 공론 때문에 수도 이전에 따른 노력과 비용이 엄청나게 큼에도 불구하고 이에 대한 비판보다는 수도 이전의 터가 얼마만큼 합당한 곳인가 하는 데에 그 논의가 주로 집중되었던 것이다.

결국 고려말의 천도논의는 공양왕 2년 9월에 한양으로 결정되고, 이곳으로 천도가 이루어졌다.[25] 이에 관한 자료를 살펴보면 다음과 같다.

1) 좌헌납 李室이 왕에게 글을 올려 말하기를 "전하가 비결의 말들을 믿고 서울을 한양으로 옮기려고 하니 그것이 벌써 옳지 않습니다. 하물며 지금 추곡이 성숙하였으나 아직 거두어 들이지 못하였으니 사람과 말이 짓밟으면 민의 원성을 사게 될 것입니다"라고 하였다. 왕이 힐책하여 말하기를 "비결에 만일 '옮기지 않으면 임금과 신하가 없어질 것이다'라고 하였는데 네가 어찌 혼자 옳지 못하다고 주장하는가?"라고 하였다.[26]

2) 書雲觀에서 글을 올려 말하기를 "『道詵密記』에는 지리 衰旺의 말이 있습니다. 마땅히 한양으로 옮겨 송도의 地德을 쉬어야 할 것입니다"라고 하니 왕은 박의중에게 묻기를 "그대는 수도를 옮기는 것을 어떻게 생각하는가?"라고 하였다. 박의중은 대답하기를 "저는 옛날의 임금이 讖緯術數로써 자기의 국가를 보전하였다는 것을 듣지 못하였습니다. 더욱이 지금 백성들이 많은 의혹을 품고 있습니다. (중략) 민심이 이런 데다가 많은 사람들을 동원하여 서울을 옮기면 백성들은 더욱 의혹할 것입니다. 그리고 공급의 비용과 소란스러운 폐단이 헤아릴 수 없을 것입니다. 서경에는 '평범한 남녀의 뜻이 위에 알려지지 않으면 임금은 성공할 수가 없다'고 하였습니다. 관심을 돌

---

25) 『고려사』 권45, 세가 공양왕 2년 9월 병오일.
26) 『고려사』 권45, 세가 공양왕 2년 7월 계축일.

리기 바랍니다"라고 하였다. 왕은 말하기를 "나도 그 폐단을 모르는 것이 아니나 음양지설이 어찌 모두 다 무근거한 것이겠는가"라고 하면서 듣지 않았다.[27]

3) 天時와 地利는 人和만 같지 못하며 一治一亂은 자연의 이치이니 어찌 地氣衰旺이 있으며 또 국가의 운명이 융성하고 쇠망한다는 이치가 있겠습니까? 우리나라 개국이래 400여년간에 언제 일찍이 세 곳 서울에 돌아다니면서 살아보았으며 36개국으로부터 조회받은 일이 있습니까? 신우가 비결을 믿고 남경에 도읍을 옮겼는데 알지 못하거니와 어떤 나라가 漢江에 와서 조공하였습니까? 재변을 내리는 것은 실로 하늘이 임금을 사랑하는 것이니 여기서 임금은 마땅히 두려운 마음으로 자신을 반성하고 날마다 그날 일에 조심하여 몸을 단속하고 용도를 절약하여 백성을 부릴 때 시기를 고려하고 조세와 부담을 헐하게 한다면 능히 위로는 하늘의 견책에 보답하고 아래로 백성의 마음을 위로할 수 있을 것인데 무엇 때문에 도읍을 한양으로 옮기면서 농민을 영선사업에 내몰고 비용을 가두며 노력을 징발하여 농사철을 잃게 하여 백성을 동요시키고 화기를 손상하게 할 것입니까?[28]

4) 국가의 운명을 길게 하는 방도는 임금이 덕을 닦고 좋은 일을 많이 하여 나라의 근본을 공고히 하는 이외에 다른 길이 없습니다. 어찌 都城 地勢의 旺氣를 믿겠습니까? 상나라 반경이 경을 떠난 것은 황하 범람의 재해가 있었기 때문이며 주나라 태왕이 빈을 떠난 것은 적 종족의 침범을 받았기 때문입니다. 주나라 평왕이 동쪽으로 서울을 옮긴 것은 견융의 침략을 받았기 때문입니다. 지금 이러한 일들이 없는데 서울을 한양으로 옮기려고 하니 민심이 소란해져 모두 다 유언비어에 동요되고 있습니다. 이것은 전하가 강물이 붉게 되어 끓고 태백성이 대낮에 나타났다는 이유로 참위의 옳지 않은 말을 믿고 자리를 옮겨서 피하려고 하기 때문입니다. 전하가 만약 재난을 없어지게 하려면 정전에서 조회할 때 자리를 비껴 앉으며 식찬을 감소하면서 조심하고 자신을 책망하는 교서를 내려서 정직한 의견을 구함으로써 정치와 형벌을 밝게 하고 만백성을 사랑하여 그 힘을 길러야 할 것입니다. 가짜 우가 간신의 말에 미혹되어 한양에 옮기니 탐관오리들은 제 마음대로 가렴주구하여 양광도 온 도가 소란하였습니

---

27) 『고려사』 권112, 열전, 박의중.
28) 『고려사』 권117, 열전, 姜淮伯.

다. 지금 만약 옮겨가려면 궁실을 수축하여야 하며 필요한 물품을 장만하고 저축을 하여야 하므로 집집마다에 추렴하여 모아야 할 것입니다. 그리고 시종할 모든 기관과 경비할 모든 신하 등 서울 전체가 몽땅 옮겨가야 할 것인데 아침 저녁의 양식이 계속 공급되지 못할 것이며 바람, 비를 가려줄 집이 없을 것이니 객지에서의 고생을 형언할 수 있겠습니까? 황차 지금 농작물들이 들에 덮혀 있는데 수많은 인마가 움직이면 밟혀서 남은 것이 하나 없을 것이고 한양의 하급 관리와 백성들은 자기의 집을 잃고 산골짜기로 들어가서 가시덤불을 헤치고 잡초를 베어서 쓸 것이며 추경, 추수의 때를 놓치게 될 것입니다. 저는 백성이 받는 재난이 신우 때보다 더 우심할 것을 두려워 합니다. (중략) 지금 서울을 옮기는 것을 그만 두며 부처를 물리쳐서 일반의 기대에 부합하시기 바랍니다.[29]

이때의 한양천도는 『도선밀기』의 지덕쇠왕설에 의해 이루어졌으며, 이에 대한 격렬한 반대가 있었음을 위 자료 1)~4)를 통해 알 수 있다. 특히 이 자료에서 공통되는 특징은 종래 천도론에서 반천도론자들이 제기한 민폐의 지적을 넘어서 『도선밀기』에 바탕한 지덕쇠왕설의 풍수도참을 부정하고 一治一亂은 자연의 이치라고 하면서 풍수도참설을 원천적으로 부정하는 단계에까지 이르고 있다.[30] 그러나 이들의 주장에 대해 공양왕은 "비결에 만일 '옮기지 않으면 임금과 신하가 없어질 것이다'"라고 하면서 결국 천도를 단행하였다. 이처럼 공양왕은 그 자신은 물론 언제 고려왕조가 결딴날지도 모른다는 위기의식을 갖고 있었기 때문에 한양으로의 천도를 통해 이성계 및 신왕조의 개창의 의도를 드러낸 급진적인 신흥사대부들이 포진한 개경을 탈출하고자 하였다. 그러나 이듬해 2월 다시 개경으로 돌아오지 않을 수 없었다. 환도를 결심하게 된 배경은 안원 등의 상소를 통해 엿볼 수 있다.

---

29) 『고려사』 권120, 열전, 尹紹宗 附 尹會宗.

30) 마종락, 「고려시대 풍수도참과 유교의 교섭」 『한국중세풍수사연구』 21, 한국중세사학회, 2006.

　　형조판서 安瑗 등이 왕에게 글을 올리기를 "나라를 다스리는 기본
은 人心을 얻는 데 있고, 인심을 얻는 요체는 상대자의 사정을 잘 살
피는 데 있습니다. 이것이 王政의 첫째 일입니다. 대체로 사람이란 그
마음으로부터 출발하여 말에서 그것을 나타내는 것입니다. 그러므로
그 말을 들어 보고 그 심정을 규명하여 본다면 그 세상의 태평 여부와
정치의 잘못도 따라서 알 수 있는 것입니다. 여론을 들어 보니 왕이 서
울을 옮길 때에 손실이 많았다 합니다. 따라 온 자는 살림을 버리고 이
사에 고난을 겪었으며, 남아 있는 자는 의탁할 곳을 잃고 한 데서 지내
게 되어 간 자나 남아 있는 자나 모두 다 물정이 소연합니다. 천도하기
전에 術士들이 논하기를 '위에서는 천재가 누누이 나타나고 아래에서
는 地變이 매양 일어나고 있는데 이것은 모두 地德이 쇠한 탓이니 南
京으로 가면 화가 풀어질 것이다'라고 하였습니다. 그런데 천도한 후
얼마 되지 않지마는 짐승이 사람과 물건을 많이 해치고 사람은 간혹
불측한 음모를 꾸미는 자가 있으며 변괴가 역시 멈추지 않는다고 합니
다. 술사들의 말한바 지덕이란 설을 그래도 믿을 수 있겠습니까? 만약
비결(讖)에 운명이 있어 그것을 피하거나 물리쳐야 한다면 術數에 맡
겨 아득한 福을 바라는 것보다 아무래도 훌륭한 정치를 실시하여 하늘
의 경고를 조심하는 것이 더 옳지 않겠습니까? 원컨대 전하는 위로 하
늘의 때를 살피고 밑으로 사람의 일을 상고하여 서울로 되돌아간다면
시종하는 자들은 의지할 곳을 얻는 기쁨을 가지게 되고 백성은 안정할
곳을 잃은 탄식이 없게 될 것입니다. 전하는 이에 대하여 결정짓기를
바랍니다"라고 하였다. 왕이 都堂의 심의에 붙였다.31)

　　도선의 지기쇠왕설에 바탕한 풍수도참에 따른 한양천도를 격렬하게
부정하고 유교적 재이관을 펼치면서 유교적 전일적 지배를 추구하였던
성리학자들은 신왕조 개창의 주역들이 내세우는 풍수도참과 그에 따른
천도 논의의 과정에서 한차례 의식의 혼란을 경험하면서 풍수도참을 변
용하여 받아들이지 않을 수 없었다. 이것을 다음의 장에서 살펴보기로
한다.

---

31) 『고려사』 권45, 세가 공양왕 2년 12월 을해일.

Ⅲ. 조선초기 성리학 보급기의
풍수도참사상의 변용

고려의 마지막 임금인 공양왕의 폐위를 왕대비에게 청하는 배극렴의 상소문에는 "지금 왕이 암둔하여 임금의 도리를 이미 잃었고 인심이 이미 떠났습니다. 그리하여 그는 사직과 생령의 주인이 될 수 없으니 폐위하기를 바랍니다"고 하였고,[32] 폐위에 대한 사관의 평론은 "정치는 문란하여지고 인심은 스스로 떨어졌으며 천명은 스스로 떠나게 되어 왕씨의 500년 왕업은 돌연히 멸망하여 버렸다"고 하였다.[33] 이처럼 조선왕조의 개창은 유교의 천명론에 의해 이루어졌다고 천명되었다. 그러나 고려말 풍수도참이 성행하였기 때문에 신왕조 개창의 주역인 태조 이성계나 신흥사대부들은 풍수도참사상을 통해서도 조선왕조 개국의 역사적 당위성을 뒷받침하는 결정적 근거를 제시하고자 하였다. 조선왕조 개국을 정당화시키는 비결과 관련된 이야기는 태조가 잠저시에 받은 金尺과 寶籙 등에 관한 다음의 자료에 잘 나타나 있다.

임금이 潛邸에 있을 때, 꿈에 神人이 금자[金尺]를 가지고 하늘에서 내려와 주면서 말하기를, "侍中 慶復興은 청렴하기는 하나 이미 늙었으며, 都統 崔瑩은 강직하기는 하나 조금 고지식하니, 이것을 가지고 나라를 바룰 사람은 공이 아니고 누구이겠는가?" 하였다.

그 뒤에 어떤 사람이 문밖에 이르러 이상한 글을 바치면서 말하기를, "이것을 지리산 바위 속에서 얻었습니다" 하는데, 그 글에, "木子가 돼지를 타고 내려와서 다시 三韓의 강토를 바로잡을 것이다" 하고, 또, "非衣·走肖·三奠三邑" 등의 말이 있었다. 사람을 시켜 맞이해 들어오게 하니 이미 가버렸으므로, 이를 찾아도 찾아내지 못하였다.

---

32) 『고려사』 권45, 세가 공양왕 4년 6월 신묘일.
33) 『고려사』 권45, 세가 공양왕 4년 6월 계사일.

고려의 서운관에 간직한 秘記에 '建木得子'의 說이 있고, 또 '王氏가 멸망하고 李氏가 일어난다'는 말이 있는데, 고려의 말년에 이르기까지 숨겨지고 발포되지 않았더니, 이때에 이르러 세상에 나타나게 되었다.

또 무明이란 말이 있는데 사람들이 그 뜻을 깨닫지 못했더니, 뒤에 국호를 조선이라 한 뒤에야 무明이 곧 朝鮮을 이룬 것인 줄을 알게 되었다.

宜州에 큰 나무가 있는데 말라 썩은 지 여러 해가 되었으나, 개국하기 전 1년에 다시 가지가 나고 무성하니, 그때 사람들이 개국의 징조라고 말하였다.

또 태조가 잠저에 있을 때 일찍이 시중 慶復興의 私第에 갔더니, 복흥이 영접해 들이고 그 아내로 하여금 나와 보게 하면서 존경하는 뜻이 매우 지극했으며, 또 그 자손을 부탁하면서 말하기를, "나의 어리석은 자손을 공께서 장차 비호해야 될 것이오니, 공은 행여 잊지 마시기를 바랍니다" 하며, 매양 태조를 대접하면서 반드시 특별히 높이었다. 태조가 혹시 征討로 인하여 밖에 나가면, 복흥은 매양 고하기를, "東韓의 사직이 장차 손안에 돌아갈 것이니 전쟁의 괴로움을 꺼리지 말고 능히 나라를 지키는 공을 이루게 하시오" 하였다.

일찍이 相命師 惠澄이 사사로이 그 친한 사람에게 이르기를, "내가 사람들의 운명을 관찰한 것이 많았으나 이성계와 같은 사람은 없었다" 하였다. 친한 사람이 묻기를, "타고난 운명이 비록 좋더라도 벼슬이 冢宰에 그칠 뿐이다" 하니, 혜징이 말하기를, "총재라면 어찌 말할 것이 있겠는가? 내가 관찰한 것은 군장의 운명이니, 그가 왕씨를 대신하여 반드시 일어나겠지!" 하였다.

또 三軍이 新京 땅에서 사냥하는데, 전하가 잠저에 있을 때 또한 갔었다. 노루 한 마리가 나오므로, 전하가 달려가서 쏘아 화살 한 개에 죽이니, 여러 왕씨 10여인이 높은 언덕에 모여 서서 이를 보고는 몹시 놀라서 서로 돌아보면서 말하기를, "사람들이 이씨가 장차 일어날 것이라고 많이 말하고 있는데, 이 사람이 아닌가?" 하고, 또 상왕이 잠저에 있을 때에 시중 李仁任을 그 私第에 가서 보았는데, 이미 나가고 난 뒤에 인임이 다른 사람에게 일렀다. "국가가 장차는 반드시 이씨에게 돌아갈 것이다."[34]

---

34) 『태조실록』 권1, 태조 1년 7월 17일(병신).

위 도참에 관한 일련의 사례들을 통해 태조 이성계와 신흥사대부들은 고려왕조를 무너뜨리고 신왕조 개창의 역사적 당위성을 확보하기 위해 도참을 적극 활용하였고, 조선왕조 개국 후 이것을 의도적으로 적극 유포시켰다.

고려 왕조 말기의 혼란상을 바로잡을 인물이 이성계라는 사실이 신인이 내려주었다는 '금척'으로 확인되었다는 이야기와 지리산 바위 속에서 나왔다는 비결에 을해생 돼지띠이자 이씨인 이성계가 앞으로 삼한을 다스릴 것이며, 배씨, 조씨, 세 명의 정씨 등이 그를 도울 것이라고 적혀 있다는 이야기는 도참의 전형적인 예이다. 이 내용은 태조 2년 7월에 정도전이 올린 箋文에도 보인다. 정도전은 『몽금척』, 『수보록』 등 악사 3편을 지어 바쳤다. 이때 정도전은 지리산 석벽에 얻은 이상한 글에서 위 기록에 보이지 않는 "신도에 도읍을 정하여 왕위를 8백년이나 전한다"라고 하였다.[35] 또 태종은 태조의 능묘에 비석을 세우고 비문에

---

35) 『태조실록』 권4, 태조 2년 7월 26일(기사), "문하시랑찬성사 정도전이 箋文을 올리었다. '신이 보건대, 역대 이래로 天命을 받은 인군은 무릇 功德이 있으면 반드시 樂章에 나타내어 당시를 빛나게 하고, 장래에 전하여 보이게 되니, 그런 까닭으로 한 시대가 일어나면 반드시 한 시대의 제작이 있게 된다'고 하였습니다. 삼가 생각하옵건대, 주상 전하께서는 뛰어난 武勇은 그 계략을 도우셨고, 용기와 지혜는 하늘에서 주신 것이므로, 깊고 후한 仁德이 民心에 결합된 지가 이미 오래 되었다면, 천명을 받은 것은 반드시 인민들의 기대에서 나왔을 것이니 아침이 되기 전에 大義를 바루어야 될 것입니다. 그러하오나, 상서로운 鳳이 뭇새들보다, 신령스런 芝草가 보통 풀보다 그 남[生]이 반드시 다르게 되니, 성인이 일어날 적에 靈異한 祥瑞가 먼저 감응하게 되는 것은 또한 이치의 필연적인 것입니다. (중략) 우리 주상 전하께서는 潛邸에 계실 때에 꿈에 神人이 금자[金尺]를 주면서 말하기를, '이것을 가지고 국가를 整齊하십시오'라 한 것과, 또 어떤 사람이 이상한 글을 얻어 바치면서 말하기를, '이것을 숨기고 함부로 남에게 보이지 마십시오'라고 한 것이 그 후 10여년 만에 그 말이 과연 맞게 되었으니, 이것은 모두 하늘이 오늘날의 일을 미리 알려 준 것입니다. (중략) 삼가 天命을 받은 祥瑞와 정치를 보살핀 아름다운 점을 기록하여 樂詞 3편을 지

태조가 꿈에 신인에게 금척을 받은 사실과 이인으로부터 새 나라를 세울 것이라는 비결을 받았다는 점을 적고 있다.[36] 이에 대해 정도전은 태조가 천명을 받은 것은 반드시 인민들의 기대에서 나온 것이지만 잠저시에 금척과 보록을 받은 것은 聖人이 일어날 적에 靈異한 祥瑞가 먼저 감응하여 나타나는 법이라고 하였고, 태조능묘의 비문에는 "우리 조선 처음 왕업을 여실 제, 신인이 꿈에 나타나 금척을 주었으니, 符籙이 먼저 정해지고, 천명이 아주 분명 하였네"라고 하여 도참사상과 유교적 천명관을 일치시킴으로써 신왕조의 개창의 정당성을 홍보하고자 하였다. 결국 이로 인해 고려말 공양왕 때의 풍수도참사상에 대한 극렬한 비판을 가한 성리학자들은 신왕조 개창 후 의식의 혼란을 겪지 않으면 안되었다.

어 이를 써서 箋文에 따라 바치옵니다."

1. 夢金尺. 주상 전하께서 잠저에 계실 때에, 꿈에 神人이 금자[金尺]를 받들고 하늘에서 왔는데, '慶侍中은 깨끗한 덕행은 있으나 또한 늙었으며, 崔三司는 강직한 명성은 있으나 고지식하다' 하고는, '전하는 자질이 문무를 겸비했으며 덕망도 있고 식견도 있으니, 백성의 희망이 붙게 되었다' 하면서, 이에 금자를 주었던 것입니다. 하늘의 살피심이 심히 밝으셔서, 길몽이 금자에 맞으셨습니다. 깨끗한 사람은 늙었고 강직한 사람은 고지식하니, 덕망이 있는 사람에게 이것이 적합하였습니다. 上帝는 우리의 마음을 헤아려서 국가를 整齊하게 했으니, 꼭 맞은 그 증험은 天命을 받은 祥瑞입니다. 아들에게 전하여 손자에게 미치니, 천억년까지 길이 미치겠습니다.

1. 受寶籙. 주상 전하께서 잠저에 계실 때에, 어떤 사람이 지리산 석벽 속에서 이상한 글을 얻어 바쳤는데, 뒤에 임신년에 이르러, 그 말이 그제야 맞게 되었으므로, 受寶籙을 지었습니다. 저 높은 산에는 돌이 산과 가지런했는데, 여기서 이를 얻었으니 실로 이상한 글이었습니다. '용감한 木子가 기회를 타서 일어났는데, 누가 그를 보좌하겠는가? 走肖가 그 덕망 있는 사람이며, 非衣 君子는 金城에서 왔으며, 三奠三邑이 도와서 이루었으며, 神都에 도읍을 정하여 왕위를 8백년이나 전한다'는 것을 우리 임금께서 받았으니, 寶籙이라 하였습니다.(하략)"

36) 『태종실록』 태종 9년 4월 13일.

태조가 받은 금척과 보록에 관한 이야기는 고려의 서운관에 간직한 비기에 '建木得子'의 설과 "왕씨가 멸망하고 이씨가 일어난다는 말이 있는데 고려 말년에 이르기까지 숨겨지고 발포되지 않았더니 이때에 이르러 세상에 나타나게 되었다"고 하여 금척과 보록의 신빙성을 높이는 증거로 제시되었다. 뒷날 태종이 서운관에 있던 참서들을 모조리 불살라버리라고 명하였을 때 태종은 "참서에 말한 바 木子, 走肖의 설은 개국 초에 있었다. 정도전이 말하기를 '이것은 好事者가 만든 것이다'라고 했지만, 마침내 이 책을 따르게 되니 조정의 대신들도 이를 믿지 않은 사람이 없었다"[37]고 말한 것으로 보아 조선왕조 건국 추진세력들의 정치적 의도가 담겨 있었음을 알 수 있다. 호사자가 만든 것이라고 한 정도전조차 잠저시에 금척과 보록을 받은 것은 '聖人이 일어날 적에 靈異한 祥瑞가 먼저 감응하여 나타나는 법'이라고 하였고, 태종 그 자신마저 태조 능묘의 비문에 이를 새겨놓은 마당에 신왕조 개창, 그리고 1, 2차 왕자의 난 등 개국세력들 내부에 생사를 내건 주도권 쟁탈전이 일어나는 정치적 상황하에서 도참사상에 대한 성리학자들의 논박은 사실상 행해질 수 없는 상황이었다. 단지 풍수도참에 대해서는 입을 다물거나 모른다고 하던지, 아니면 적극적으로 나서 정도전처럼 천명을 내세워 도참사상에 대한 유교적 포장을 하던지 할 수밖에 없었다. 개국 이후 조선왕조 개국을 예언하는 도참에 대한 적극적 홍보의 결과 '조정의 대신들도 이를 믿지 않은 사람이 없었다' 할 정도의 상황으로 변하고 말았다. 이것이 도참의 생성, 유포, 생명력 유지의 비결이다.

조선왕조를 개창한 태조 이성계는 무엇보다도 서울을 송악으로부터 다른 곳으로 옮기고자 하였다. 그 첫 후보지는 이미 고려 때 남경으로 지정되어 그에 합당한 궁궐까지 세워져 있던 한양이었다. 그러나 남쪽 지방에 출장 갔던 정당문학 권중화가 태조 2년 정월 2일에 전라도 진동

---

37) 『태종실록』 태종 17년 6월 1일.

현에 길지를 얻었다면서 그곳의 산수형세도를 바치고 그와 함께 「계룡
산도읍도」를 바쳤다.[38] 이에 태조는 왕사 자초를 거느리고 계룡산을 답
사하고 3월부터 공사를 시작하였다. 태조 이성계는 천도를 거론하면서
'天命을 받은 군주는 반드시 도읍을 옮기게 마련'이라는 점을 전면에
내세우면서 자신의 당대에 이것을 마무리하기를 바랐다.[39] 이에 계룡산
에 도읍을 건설하기 위한 공사가 시작되었지만 일면 개경 궁궐의 토목
공사 또한 이루어지고 있었다. 9월, 서운관에서 도선이 '송도는 5백년
터이다'라고 하였고, 또 말하기를 '4백 80년 터이며, 더구나 왕씨의 제
사가 끊어진 땅'이라는 점을 부각시키면서 토목공사를 일으키고 있으니
새 도읍을 조성하기 전에 좋은 방위로 옮겨가도록 하라는 건의를 하고
있다.[40] 이때 도선의 비기가 비록 언급되었지만 지리쇠왕설에 의한 延
基說 보다는 고려의 왕업이 5백년, 혹은 4백 80년만에 결딴이 나 왕씨
의 제사가 끊긴다는 점이 전면에 내세워지면서 도선비기에 대한 해석이
달라지고 있다. 고려시대의 경우 도선의 풍수도참과 관련하여 지덕쇠왕
설에 의한 고려 왕업의 延基가 주로 언급되었다. 그에 반해 이제 송도

---

38) 『태조실록』 권3, 태조 2년 정월 2일.

39) 태조 이성계가 신도 후보지인 계룡산으로 행차 도중 초적의 봉기에 대한
보고를 듣고 "도읍을 옮기는 일은 世家大族들이 함께 싫어하는 바이므로,
구실로 삼아 이를 중지시키려는 것이다. 재상은 松京에 오랫동안 살아서
다른 곳으로 옮기기를 즐겨하지 않으니, 도읍을 옮기는 일이 어찌 그들의
본뜻이겠는가?" 하면서 "도읍을 옮기는 일은 경들도 역시 하고 싶지 않을
것이다. 예로부터 왕조가 바뀌고 天命을 받은 군주는 반드시 도읍을 옮기
게 마련인데, 지금 내가 鷄龍山을 급히 보고자 하는 것은 내 자신 때에 친
히 새 도읍을 정하고자 하기 때문이다. 後嗣될 嫡子가 비록 선대의 뜻을
계승하여 도읍을 옮기려고 하더라도, 大臣이 옳지 않다고 저지시킨다면,
후사될 적자가 어찌 이 일을 하겠는가?"(『태조실록』 권3, 태조 2년 2월 1일)라고
한 것에서 보다시피 천도에 대해서는 강한 비판과 불만이 있었으며, 이에
도 불구하고 태조 이성계는 자신의 당대에 천도를 단행하고자하는 의지를
갖고 이를 추진하고자 하였음을 알 수 있다.

40) 『태조실록』 권4, 태조 2년 9월 6일.

땅의 지기가 다했으니 토목공사를 할 필요도 없이 다른 곳으로 옮겨 갈 것을 건의한 것은 지덕쇠왕론에 의한 연기론이 폐기될 단계에 이르렀음을 말한다. 당시 태조 이성계는 아마 왕씨들의 반란의 움직임과 계룡산 천도에 대한 비판에 직면한 태조와 천도론자들이 그 돌파구로서 서운관 관리들을 내세운 듯하다.

태조 이성계가 계룡산, 혹은 무악에 천도하고자 한 반면에 개경, 혹은 남경을 기피한 것은 이 양 지역이 도선비기의 지덕쇠왕설에 의한 연기 지역이었기 때문이 아닌가 한다. 고려말 지기쇠왕설의 연기를 통해 고려왕조의 운명을 연장시키고자 한 뜻을 담고 한양천도 논의가 기왕에 있었기 때문에 도읍 건설의 비용이 가장 적게 들지만 별반 달가워 하지 않은 듯하다.

계룡산 천도계획은 순조롭게 진행되지 못하였고 결국 12월에 접어들어 중단되었다. 계룡산 천도계획이 중단된 것은 경기도 관찰사 하륜의 반대에 의한 것이다. 하륜은 천도의 반대 이유로서 첫째, 도읍은 마땅히 나라의 중앙에 있어야 한다는 점을 내세웠다. 계룡산이 남쪽에 치우쳐 있어서 도읍에 부적절하다는 인식은 풍수가들의 주장과는 다른 국도 위치에 대한 합리적 인식이라고 볼 수 있다. 둘째, 하륜은 호순신의 이기론 위주의 풍수 이론을 적용하여 고려의 형세론 위주의 풍수론을 비판하였다. 계룡산의 풍수조건이 송나라의 胡舜申의 이론에 의하면 물 흐르는 방향이 잘못되어 있어서 도읍으로 삼을 수 없다고 하였다. 태조 이성계는 이에 고려왕조의 서운관에 저장된 비록 문서를 모두 하륜에게 주어 고열하여 천도할 땅을 다시 보게 하였다. 이로 인해 고려시대의 지덕쇠왕론에 따른 연기론과 형세론 위주의 풍수론 대신에 호순신의 이기론 위주의 풍수론이 널리 유행하게 되었다.[41] 지덕쇠왕론의 연기론에

---

41) 『태조실록』 권4, 태조 2년 12월 11일. 호순신의 이기론 위주의 풍수에 관해서는 본 학술대회에서 함께 발표된 김기덕, 「한국중세사회에 있어 풍수도참사상의 전개과정」(『한국중세사연구』 21, 한국중세사학회, 2006 수록)에 언급하

바탕한 서운관 관리들이 태조 이성계의 천도에 대해 개경의 지덕이 다하고 고려왕조의 왕업이 다하였다고 하는 그 순간 그들이 배워 익힌 바의 지덕쇠왕론은 사실상 폐기된 것이다. 그들은 새로운 풍수이론을 모색하여 대안을 제시하여야만 하였다. 그러나 조선초 천도논의 과정에서 그들은 그러한 역량을 보여주지 못한다. 그들은 갈팡질팡하면서 국왕과 성리학자들을 견인하지 못한 채 도리어 그들에게 꺼둘려 가게 된다. 그러한 마당에 하륜이 유교적 합리주의에 근거하여 도읍은 중앙에 있어야 하며, 또 호순신의 이기론 위주의 풍수를 전면에 내세우자 천도의 논의는 유학자들이 주도하게 된다. 고려시대 지리업 과거 과목에 호순신의 지리신법이 들어있지 않은 데 반해 조선시대에는 필수과목으로 들어가 있다는 것[42]에서도 호순신의 이기론 위주의 풍수론이 유행하게 되었음을 엿볼 수 있다. 계룡산에 도읍을 정하고자 하는 데 대한 반대의견을 낸다면 서운관 관리들이 한강을 건너면 왕조가 결딴난다는 내용을 담고 있는 『도선답산가』를 내세울 법 하지만 이에 대한 언급이 보이지 않는 것에서도[43] 지리쇠왕론을 익힌 서운관 관리들이 당시 천도 논의를 주도해나가지 못함을 엿볼 수 있다.

하륜에 의해 무악이 천도의 땅으로 제시되었지만 권중화와 조준이 무악 천도를 반대하면서 천도는 다시 원점에서 논의되었다. 이에 태조는 고려조에서 전해오는 비록과 도참에 관한 여러 책과 지리설을 음양산정도감을 두어 교정하게 하였다.[44] 서운관 관리들을 동원하여 천도에

고 있으므로 중복을 피하기 생략한다.

42) 이몽일, 『한국풍수사상사』, 1991.

43) 『고려사』권122, 열전35 방기 김위제, "답산가에는 또 '한강 양지 쪽은 왕업이 장구하며 온 세상이 입조하고 왕실이 번창할 것이니 이는 실로 大明堂의 터입니다. 또 답산가에는 '후대에 현명한 사람이 인간의 運氣를 알아낸다면 한강을 건너가지 말아야 그 운수가 오래 간다. 만약 그 강을 건너가서 도읍을 정한다면 나라는 두 조각 나서 한강으로 국경을 삼으리라!'"

44) 『태조실록』권6, 태조 3년 7월 11일 및 7월 12일.

대한 정당성을 입증하려는 의도가 배어있는 조처였을 것이다. 그 과정
에서 서운관 관리들은 도선비기에서 개경을 축으로 하여 서경, 남경을
연결하는 연기설에 입각한 지리쇠왕설이 아닌 호순신의 이기설 위주의
풍수론의 수용 등에 대한 자기 점검의 기회를 가졌을 것이다.

　태조가 무악을 둘러보았을 때 천도할 장소를 두고 판서운관사 윤신
달과 서운 부정 유한우 등이 주고받은 이야기는 음미해볼 만하다.

> 　임금이 무악에 이르러서 도읍을 정할 땅을 물색하는데, 판서운관사
> 尹莘達과 서운 부정 劉旱雨 등이 임금 앞에 나와서 말하였다. "지리의
> 법으로 보면 여기는 도읍이 될 수 없습니다." 이에 임금이 말하였다.
> "너희들이 함부로 옳거니 그르거니 하는데, 여기가 만일 좋지 못한 점
> 이 있으면 문서에 있는 것을 가지고 말해 보아라." 신달 등이 물러가서
> 서로 의논하였는데, 임금이 한우를 불러서 물었다. "이곳이 끝내 좋지
> 못하냐?" 한우가 대답하였다. "신의 보는 바로는 실로 좋지 못합니다."
> 임금이 또 말하였다. "여기가 좋지 못하면 어디가 좋으냐?" 한우가 대
> 답하였다. "신은 알지 못하겠습니다." 임금이 노하여 말하였다. "네가
> 서운관이 되어서 모른다고 하니, 누구를 속이려는 것인가? 송도의 지
> 기가 쇠하였다는 말을 너는 듣지 못하였느냐?" 한우가 대답하였다.
> "이것은 도참으로 말한 바이며, 신은 단지 지리만 배워서 도참은 모릅
> 니다." 임금이 말하였다. "옛사람의 도참도 역시 지리로 인해서 말한
> 것이지, 어찌 터무니없이 근거 없는 말을 했겠느냐? 그러면 너의 마음
> 에 쓸만한 곳을 말해 보아라." 한우가 대답하였다. "고려 태조가 松山
> 明堂에 터를 잡아 궁궐을 지었는데, 중엽 이후에 오랫동안 명당을 폐
> 지하고 임금들이 여러 번 離宮으로 옮겼습니다. 신의 생각으로는 명당
> 의 地德이 아직 쇠하지 않은 듯하니, 다시 궁궐을 지어서 그대로 松京
> 에 도읍을 정하는 것이 좋을까 합니다." 임금이 말하였다. "내가 장차
> 도읍을 옮기기로 결정했는데, 만약 가까운 지경에 다시 吉地가 없다면,
> 삼국 시대의 도읍도 또한 길지가 됨직하니 합의해서 알리라" 하고, 좌
> 시중 趙浚·우시중 金士衡에게 일렀다. "서운관이 전조 말기에 송도
> 의 지덕이 이미 쇠했다 하고 여러 번 상서하여 漢陽으로 도읍을 옮기
> 자고 하였었다. 근래에는 계룡산이 도읍할 만한 땅이라고 하므로 민중
> 을 동원하여 공사를 일으키고 백성들을 괴롭혔는데, 이제 또 여기가

도읍할 만한 곳이라 하여 와서 보니, 한우 등의 말이 좋지 못하다 하고, 도리어 송도명당이 좋다고 하면서 서로 논쟁을 하여 국가를 속이니, 이것은 일찍이 징계하지 않은 까닭이다. 경 등이 서운관 관리로 하여금 각각 도읍될 만한 곳을 말해서 알리게 하라." 이에 겸판서운관사 崔融과 윤신달·유한우 등이 상서하였다. "우리나라 내에서는 扶蘇명당이 첫째요, 南京이 다음입니다." 이날 저녁에 임금이 무악 밑에서 유숙하였다.[45]

우선 윤신달·유한우 등의 서운관 관리들은 무악을 "지리의 법으로 보아서 여기는 도읍으로 정할 곳이 아닙니다"는 견해를 표명하면서 무악 천도론을 반대하였다. 태조가 유한우에게 "송도 지기가 쇠퇴했다는 말을 듣지 못했느냐?"고 묻자 "이는 도참으로 말한 것이며, 신들은 단지 지리만 배워서 도참은 모릅니다"라고 대답한 것으로 보아 당시 서운관의 술사들은 지덕쇠왕론에 아직 기대어 새로운 이론을 제시하지 못하면서 갈팡지팡하고 있었음을 알 수 있다. 더욱이 태조 2년 9월에 서운관에서 '송도는 500년 터', 혹은 '4백 80년 터'라고 한 것을 부정하고 송도의 지덕이 아직 쇠하지 않은 듯하니 송경에 도읍을 정하는 것이 좋을 듯하다고 하여 스스로 자기 모순에 빠져들고 만다.

태조대의 천도논의에는 고려말 공양왕 때 보이던 풍수도참의 청산을 주장하였던 성리학자들 가운데 신왕조의 개창에 참여하였던 인물들은 천도 논의에 대한 일체의 의견을 내놓지 못하였다. 그들은 태조 이성계와 정도전 등의 개국 주체세력들이 조선왕조의 건국을 『몽금척』, 『수보록』 등의 도참과 유교적 천명관을 결합시켜 왕조의 교체를 단행하고 또 태조가 천도가 천명에 따르는 것임을 내세울 때 의식의 혼돈을 경험하지 않을 수 없었을 것이다. 그에 반해 태조를 도와 조선왕조의 건국에 적극 참여한 개국 주체세력들은 풍수도참사상을 변용하여 받아들여 이를 합리화하였다. 하륜은 천도의 논의과정에서 호순신의 이기론 위주의

---

45) 『태조실록』 권6, 태조 3년 8월 11일.

풍수지리설을 적극 받아들여 풍수지리에 대한 새로운 견해를 제시하였다. 또 유교적 합리성을 내세워 무악이 "나라 한가운데 위치하고 조운이 통하며 안팎으로 둘러싸인 산과 물이 또한 믿을 만하다"고 하여 유가적 인식에 의한 천도론을 제시하였다. 그러면서 "우리나라 前賢들의 秘訣과도 서로 부합하는 점이 많다"고 하여 지리적 도참설의 유교적 변용의 길을 제시하고 있다. 이에 반해 정도전은 무악이 나라 중앙에 위치하여 조운이 통하는 것은 좋으나 골짜기에 치우쳐져 있어 안으로 宮寢과 밖으로 朝市와 宗社를 세울 만한 자리가 없기 때문에 도읍으로서 부적절하다고 하였다. 정도전은 한걸음 더 나아가 제왕의 도읍지는 술수로 헤아려 얻는 것이 아닌데도 지금까지의 천도 논의가 음양술수에 지나지 않는 것이라고 하였다. 그는 자신의 배운 바, 즉 儒者로서의 소견을 개진하겠다고 하면서 국가가 잘 다스려는가 어지러운가 하는 것은 '사람에게 있는 것이지 지리의 盛衰에 있는 것이 아니다'라고 하였다. 그는 위로 天時를 살피고 아래로 人事를 보아 적당한 때를 기다려서 도읍터를 보는 것이 萬全한 계책이라고 하여 성급한 천도를 반대하였다.[46] 그러나 정도전은 '夢金尺·受寶籙' 도참설을 적극 활용한 전력을

---

46) 『태조실록』 권6 태조 3년 8월 12일.
　　"1. 이곳이 나라 중앙에 위치하여 漕運이 통하는 것은 좋으나 안되는 것은 한 골짜기에 끼어 있어서, 안으로 宮寢과 밖으로 朝市와 宗社를 세울 만한 자리가 없으니 왕자의 거처로서 편리한 곳이 아닙니다.
　　1. 신은 陰陽術數의 학설을 배우지 못하였는데, 이제 여러 사람의 의논이 모두 음양술수 밖을 지나지 못하니, 신은 실로 말씀드릴 바를 모르겠습니다. 맹자의 말씀에, '어릴 때에 배우는 것은 장년이 되어서 행하기 위함이라' 하였으니, 청하옵건대, 평일에 배운 바로써 말하겠습니다. (중략) 국가의 잘 다스려짐과 어지러움은 사람에게 있는 것이지 지리의 盛衰에 있는 것이 아님을 알 수 있습니다.
　　1. (상략) 중국과 같은 천하의 큰 나라로서도 역대의 도읍한 곳이 數四處에 지나지 못하니, 한 나라가 일어날 때, 어찌 술법에 밝은 사람이 없었겠습니까? 진실로 제왕의 도읍한 곳은 자연히 정해 좋은 곳이 있고, 술

갖고 있었다. 정당문학 정총 역시 중국 도읍의 역사를 언급하면서 "왕씨가 500년 만에 끝나게 된 것은 그들의 운수 때문이지 반드시 地運에 관계된 것은 아니다"라고 하였다.[47] 중추원 학사 이직은 지리서를 검토하여 지리서에 "萬水千山이 모두 一神에게 朝하며 大山大水에 자리하여 王都·帝闕의 땅이 된다"고 한 것은 氣脈이 모이고 조운이 통하는 것을 말하며, "方 千里의 王者는 사방 각 500리, 방 500리의 왕자는 사방 각 50리라"고 한 것은 道里를 고르게 한다는 것을 말함이라고 해석하였다.[48] 이는 지리가들이 맹신하는 傅句들을 이치적으로 따져 풀이하는 작업이었다. 그리고 전조에서 전해 온 참설에 '三角南面', '臨漢江', '毋山'이란 문구가 있는 것으로 보면 지금 현지에서 보고 있는 무악의 명당이 그들이 중요시하는 대상인 것은 틀림없으나 도읍지로 삼기에는 너무 협소하다는 견해를 표명하였다. 무악의 타당성에 관한 태조대의 논의를 두고 사대부들의 유가적인 입장의 승리로 끝났다거나 재상

수로 헤아려서 얻는 것이 아닙니다.

1. 우리나라는 三韓 이래의 舊都로서, 동쪽에는 鷄林이 있고 남쪽에는 完山이 있으며, 북쪽에는 平壤이 있고 중앙에는 松京이 있는데, 계림과 완산은 한쪽 구석에 있으니, 어찌 왕업을 편벽한 곳에 둘 수 있습니까? 평양은 북쪽이 너무 가까우니, 신은 도읍할 곳이 못된다고 생각합니다.

1. 전하께서 기강이 무너진 전조의 뒤를 이어 처음으로 즉위하여 백성들이 소생되지 못하고 나라의 터전이 아직 굳지 못하였으니, 마땅히 모든 것을 진정시키고 民力을 휴양하여, 위로 天時를 살피시고 아래로 人事를 보아 적당한 때를 기다려서 도읍터를 보는 것이 萬全한 계책이며, 조선의 왕업이 무궁하고 신의 자손도 함께 영원할 것입니다.

1. 지금 地氣의 성쇠를 말하는 자들은 마음속으로 깨달은 것이 아니라, 다 옛사람들의 말을 전해 듣고서 하는 말이며, 신의 말한 바도 또한 옛사람들의 이미 징험한 말입니다. 어찌 술수한 자만 믿을 수 있고 선비의 말은 믿을 수 없겠습니까? 삼가 바라옵건대, 전하께서는 깊이 생각하여 인사를 참고해 보시고, 인사가 다한 뒤에 점을 상고하시어 자칫 불길함이 없도록 하소서."

47) 『태조실록』 권6, 태조 3년 8월 12일.
48) 『태조실록』 권6, 태조 3년 8월 12일.

들의 다수가 유학적 소양에서 합리주의적인 처리를 주장하자 천도를 열
망하는 국왕은 "편치않은 기색"이었지만 어쩔 수 없었다고 한 평가가
있지만[49] 결코 사대부들의 유가적 입장의 승리는 아니다. 그것이 설득
력을 가진 것은 풍수도참사상이 유교적 외피를 입으면서 유학자들에 의
해 합리적 지리관으로 변용되었기 때문이다. 유불교체의 시점에서 고려
시대까지 불교와 습합된 풍수도참사상이 천도의 논의를 주도하였지만
조선시대에 들어와서는 불교 대신에 풍수도참사상의 유교적 변용이 이
루어져 유학자가 그 중심에 있었을 뿐이다.

무악 천도의 논의를 계기로 하여 천도의 적지 선정은 풍수도참사상
이 고려되면서도 天時와 人事를 살피고, 道里와 漕運 등이 용이한 곳
을 우선시하여 한양으로 확정되기에 이르렀다.[50] 그러나 왕자의 난으로
새 왕조의 앞날이 불안한 가운데 자연의 여러 재이까지 겹치자 정종은
즉위와 함께 다시 개경으로 도읍을 옮기고 말았다.

그 후 태종이 정종 2년(1400) 11월에 즉위하였다. 즉위한 다음 달에
수창궁에 화재가 나는 등 인심이 아주 흉흉하고 풍수·도참 등의 술수

---

49) 李泰鎭, 「漢陽 천도와 風水說의 패퇴」『韓國史市民講座』 14, 일조각,
    1994, 61쪽.
50) 『태조실록』 권6, 태조 3년 8월 24일, "도평의사사에서 상신하였다. '좌정
    승 조준·우정승 김사형 등은 생각하건대, 옛날부터 임금이 천명을 받고
    일어나면 도읍을 정하여 백성을 안주시키지 않음이 없었습니다. (중략) 우
    리나라는 단군 이래로 혹은 합하고 혹은 나누어져서 각각 도읍을 정했으
    나, 전조 왕씨가 통일한 이후 송악에 도읍을 정하고, 자손이 서로 계승해
    온지 거의 5백년에 천운이 끝이 나서 자연히 망하게 되었습니다. 삼가 생
    각하옵건대, 전하께서는 큰 덕과 신성한 공으로 천명을 받아 의젓하게 한
    나라를 두시고, 또 제도를 고쳐서 만대의 國統을 세웠으니, 마땅히 도읍을
    정하여 만세의 기초를 잡아야 할 것입니다. 그윽이 한양을 보건대, 안팎
    산수의 형세가 훌륭한 것은 옛날부터 이름난 것이요, 사방으로 통하는 도
    로의 거리가 고르며 배와 수레도 통할 수 있으니, 여기에 영구히 도읍을
    정하는 것이 하늘과 백성의 뜻에 맞을까 합니다.' 왕이 분부하였다. "상신
    한 대로 하라.""

가 입에 오르내리자 태종은 술수에 관한 서적을 금하라 하고 한양으로 다시 도읍을 옮기는 문제를 상의하기 시작하였다.[51] 태종은 문신 10여 인에게 서운관에 비밀 수장되어 있는 서적들을 참고하여 천도의 이해를 따져 보고하라고 하였다. 이 자리에서 태종은 지금 참위술수의 책들은 종잡기 어려울 정도로 혼란스럽고 그래서 더욱 인심을 어지럽힌다고 하자 대신들이 이를 따를 것이 없다는 의견을 제시하였다. 그러나 하륜이 다시 무악으로 천도할 것을 건의하자 천도에 대한 논란은 다시 분분하였다. 태종 4년에 무악과 한양 두 곳 가운데 어느 쪽이 좋은지 의견을 제시하라고 하는 임금의 지시에 자기 의견을 밝힌 사람은 윤신달·민중리·유한우·이양달·이양 등의 지리학자들 뿐이었다. 이 가운데 윤신달만이 무악을 지지했을 뿐이고, 나머지는 대체로 무악이 좋지 않다는 의견이었고, 한양 또한 마땅치 않다는 의견이었다. 이때 대신이나 언관 등은 아무런 의견을 개진하지 않은 듯하다. 태종이 한양이 적당하지 않다면 왜 태조가 한양을 건설할 때는 아무 말도 하지 않았느냐고 따지면서, 어떻게 한양에 도읍을 세우게 되었느냐고 조준에게 묻자 조준은 "신은 지리를 모릅니다"고 응대하였다. 결국 서울을 어디로 결정할 것인가는 종묘에 행차하여 동전을 던져 점을 쳐서 한양으로 도읍을 옮기게 되었다.

태종은 일단 도읍이 결정되자 도참과 음양술수에 관한 단호한 척결의 의지를 드러내었다. 그것은 태조 이성계가 잠저에 있을 때 받았던 금척과 보록에 관한 비결에 대한 새로운 해석을 태종이 스스로 제기하면서 시작되었다.

> 예조에서 인군과 신하가 함께 잔치하는 禮度와 樂章의 차례를 올렸는데, 夢金尺·受寶籙으로 첫째를 삼고, 覲天庭·受明命으로 다음을 삼고, 또 正東方·納氏曲·文德曲·武德曲 등의 曲으로 그 다음을

---

51) 『정종실록』 권6, 정종 2년 12월 임자.

삼았다. 임금이 보고 承政院에 이르기를, "만일 먼저 夢金尺·受寶籙을 노래하면, 이것은 꿈 가운데 일이거나, 혹은 圖讖의 설이다. 어찌 太祖의 實德을 기록할 곡조가 없느냐? 너희들이 의논하여 아뢰라." (중략) 임금이 말하였다. "옛부터 帝王이 興하는 것이 天命과 人心에 있으니, 어찌 符讖을 족히 믿을 수 있겠는가? 光武帝가 圖讖을 믿었는데, 사람들이 모두 비난하였고, 당나라 裴度가 장차 회채를 칠 때에 또한 讖書가 있었으니, 제왕의 詳瑞가 아니다. 또 이러한 보록을 받은 것과 금척의 꿈은 太祖의 實德이라고 가리켜 말할 수 없다. 周官에 六夢의 설이 있고 武王이 또한 말하기를, '짐의 占과 꿈에 합한다' 하였으니, 비록 예전 사람이 하기는 하였으나, 樂章의 첫머리를 삼을 것은 아니다." 하륜이 말하였다. "보록에 대한 말은 신이 일찍이 들었는데, 개국하기 전에 어떤 중이 이를 얻었다고 하니, 허망하다고 말할 수는 없습니다. 孔子가 비록 怪力은 말하지 않았으나, 그러나 蜀山 사람 董五經의 말이 『中庸』에 보이고, 青青千里草라는 것은 董卓을 가리킨 것인데, 朱子가 感興의 詩에 붙였으니, 讖書도 또한 고인이 폐하지 않은 것입니다. 또 帝王의 흥함에 반드시 앞서 定한 참서가 있으면 사람의 분수가 아닌 욕망을 저지할 수 있는 것입니다." 임금이 말하기를, "圖讖이 제왕의 일은 아닌데 만일 폐하지 않는다면, 다만 樂府에 넣을 것이요, 첫머리에 내는 것은 마땅치 않다" 하고, 觀天庭·受明命의 곡조를 首章으로 하였다. 임금이 또 代言 등에게 일렀다. "옛부터 圖讖을 믿을 수 없다. 지금 寶籙의 설을 내가 믿지 않는다. 첫째는 '三奠三邑이 응당 三韓을 멸할 것이다' 하였는데, 사람들이 三奠의 鄭道傳·鄭摠·鄭熙啓라고 하는데, 정희계는 재주와 덕이 없고 개국하는 데도 별로 공이 없으니, 이것이 과연 때에 응하여 나온 사람이겠는가? 둘째는 '木子將軍劍·走肖大夫筆·非衣君子智·復正三韓格이라' 하였는데, 사람들이 말하기를, '非衣는 裴克廉이라'고 한다. 배극렴이 정승이 된 것이 오래지 않고, 보좌하여 다스린 것이 공효가 없었다. 마땅히 다시 영의정에게 고하여 河崙이 지은 觀天庭을 제1곡으로 하고, 寶籙을 받은 것은 악부에서 삭제하라"고 하였다.[52]

태종은 옛부터 帝王이 흥하는 것이 天命과 人心에 있는 것이며 도참

---

[52] 『태종실록』 태종 11년 윤12월 25일.

을 믿을 수 없다고 하면서 태조의 몽금척과 수보록의 설을 믿을 수 없다고 하였다. 그 이유로 우선 '三奠三邑이 응당 三韓을 멸할 것이다'하였는데, 사람들이 三奠의 鄭道傳·鄭摠·鄭熙啓라고 하는데, 정희계는 재주와 덕이 없고 개국하는 데도 별로 공이 없으니, 이것이 과연 때에 응하여 나온 사람이겠는가라고 하여 의문을 제기하고 있다. 태종은 정희계를 거론하였지만 세 명의 정씨가 이씨를 보좌하여 새 왕조를 세울 것이라고 풀이되었던 비결이 실상 "삼전삼읍이 삼한을 멸할 것"이라는 내용을 지니고 있음이 주목되는 것이다. 아마 태종은 이것이 신왕조를 부정하는 도참으로 해석될 수 있다는 점을 알고 짐짓 정희계를 거론하면서 도참의 설은 믿을 바가 못된다고 하였을 것이다.

또 태종은 '木子將軍劍·走肖大夫筆·非衣君子智·復正三韓格이라'한 비결을 사람들이 '非衣는 裴克廉이라'고 보고 있으나 배극렴이 정승이 된 것이 오래지 않고, 보좌하여 다스린 것이 공효가 없었다고 하여 이를 부정하고 있다. 태종은 이 비결이 조선의 건국에 대한 지적이 아니라 조선의 멸망을 예언하는 도참으로 활용될 수 있는 소지가 있음을 인식하고 몽금척과 수보록에 관한 이야기를 내세워 讖文과 夢怪는 옛날부터 믿을 바가 못된다고 하였던 것이다. 위 구절들은 뒷날 조선후기에 크게 유행한 『정감록』의 「무학비결」에 "셋 奠乃가 내응하여 삼한을 멸망시킬 것이다. 木子將軍의 칼이요, 走肖大夫의 붓이로다[三奠乃 內應 滅三韓 木子將軍劍 走肖大夫筆]"라는 구절로 구체화되었다. 그 사이 중종 14년 기묘사화 때 훈구파가 사림파를 제거할 때 대궐 뜰 나뭇잎에 과일즙으로 '走肖爲王'이란 글자를 써서 벌레가 갉아먹게 한 다음 궁녀를 시켜 그 잎을 따다가 왕에게 바침으로써 조광조와 그 추종세력이 희생된 사실만 보더라도 위 비록은 얼마든지 달리 해석될 소지가 있었다. 태종은 이를 인식하고 "태조의 讖文과 夢怪는 믿을 것이 못되며, 태조의 창업은 천명과 인심에 기초한 것이지 '금척'이나 '보록'의 기이함이 없더라도 창업하지 못했겠는가?"라고 반문하였다. 또 태조 12년 8월에 왕이 사관에 명하여 충주사고의 서적을 가져다 바치게 하였을 때 "신비집은 펴보지 못하게 하고 따로 봉하여 올리라" 하고 "이 책에 실린 것은 모두 괴탄하고 불경한 설들이다"라고 하여 불사르게 하였다.[53] 그 후 태종 17년 6월 장례제도를 논의하면서 서운관에 있던 참서를 다시 한 번 불사르게 하고,[54] 12월 서운관에 간직하고 있는 참서 두 상자를 불살랐다.[55]

이상에서 본 바와 같이 조선시대의 도읍을 정하는 과정에서 서운관의 지관들은 고려시대의 도선의 비기에 의한 형세론과 지리쇠왕론에 근거하여 천도문제를 접근한 반면 성리학을 익힌 하륜 등은 도읍은 나라의 중앙에 있어야 함을 천명하고 호순신의 이기론 풍수론을 동원하여 그 정치적 헤게모니를 장악하고자 하였다. 반면 정도전은 자신이 음양술수는 모른다고 하면서 당시까지의 천도의 논의는 음양술수의 밖의 것이 고려되지 않았다고 비판하면서 도읍은 술수에 의해 정해져서는 안되고, 편벽

---

53) 『태종실록』 태종 12년 8월 7일.
54) 『태종실록』 태종 17년 6월 1일, "내가 서운관 舊藏의 讖書를 모조리 불살라 버리라고 했었는데 아직도 있다는 말인가? 내가 비록 不敏하지만 두루 帝王의 행적을 보았더니, 讖緯의 說을 論者들은 모두 취하지 아니하였다. 術數로 말하면 數에 의하여 일어난 것이지만, 참위 같은 것은 許誕한 데에서 나온 것이라, 심히 믿기에 족하지 못한 것이다. 그러나 漢나라 光武帝와 같은 총명을 가지고도 오히려 圖讖에 미혹되었으므로 논자들은 이를 비평하였는데, 이것은 광무제가 道에 不純한 때문이었다. 우리 조정에 이르러, 讖書에 말한 바, 木子·走肖의 說은 開國初에 있었다. 鄭道傳은 말하기를, '이것은 반드시 好事者가 만든 것이다' 하였지만, 마침내 이 책을 따르게 되니, 조정의 대신들도 이를 믿지 않는 사람이 없었다. 내가 靖安君으로 있을 때에는 이것을 믿지 않았는데, 遷都하는 날에, 晉山府院君 河崙이 심히 이 책을 믿어 도읍을 母岳으로 정하고자 하였지만, 나만이 믿지 아니하고 漢陽으로 도읍을 정하였다. 만약 참서를 불살라 버리지 않고 후세에 전한다면 事理를 밝게 보지 못하는 자들이 반드시 깊이 믿을 것이니, 빨리 불살라 버리게 함이 李氏社稷에 있어서 반드시 損失됨이 없을 것이다."
55) 『태종실록』 태종 17년 12월 15일.

한 곳에 위치하여서는 안되며, "위로 天時를 살피시고 아래로 人事를 보아 적당한 때를 기다려서 도읍터를 정할 것"을 논하였다. 이로 인해 도읍선정이 풍수 뿐만이 아니라 조운, 도리 등이 고려되어 한양으로 결정되기에 이르렀다. 그러나 정종의 개경 환도 및 태종의 한양으로 다시 환도하는 과정에 풍수도참사상에 따른 갑론을박이 이어졌다. 그 과정에서 서운관 관리 등의 풍수가들의 의견이 통일되지 않거나 주장이 자꾸 바뀌어짐에 따라 그 주도권을 상실하게 되었다.

한양으로 정도를 확정한 태종은 유교적 천명관을 내세우면서 풍수도참사상에 대한 단호한 척결의 의지를 드러내었다. 그는 심지어 태조가 잠저시에 받았다고 한 금척과 보록마저 믿지 못할 것이라 하면서 도참서를 수거하여 불태워버렸다. 이로 인해 고려에서부터 태종조까지 풍미하였던 도읍지에 관한 풍수도참 논쟁은 일단 누그러지게 된다. 대신 부계위주의 수직적 사회구조를 강조하는 주자학적 윤리관의 보급에 따라 조상의 음덕을 바라는 음택풍수가 만연되어갔다.

태종조 도참과 관련된 비결서를 수거하여 없앴지만 조선왕조의 창업과 천도의 과정에서 각종 비결서들은 논의의 과정에서 많이 알려지게 되었고, 조선 멸망과 관련된 도참도 이미 나타났기 때문에 자연재해가 크게 일어난 시기이거나 정치적 격동기에 그것은 불쑥불쑥 나타나 도선의 비기를 가탁하여 유언비어를 생산, 유포하였다. 그리하여 안평대군의 왕위찬탈 계획에 이용된 비결에 관한 기록이 나타났고, 세조 3년 3월과 5월에 세조가 팔도관찰사에게 비결서 수거령을 내리기도 하였다. 또 성종 즉위년 12월에도 각종 비결서를 수거하도록 지시하였다. 특히 선조조 정여립 사건과 정씨 왕조의 출현설 등이 유포되면서 조선후기에 『정감록』으로 집대성되어 새 세상을 꿈꾸는 민중들의 예언서로 결집되기에 이르렀다. 한말 일제시대, 심지어 해방의 격동기까지 양반의 사랑방에서 『정감록』 등을 거론하면서 난세를 이겨낼 수 있는 적지가 어디인가를 왕왕 거론하곤 하였다.

IV. 맺음말

고려시대의 풍수지리설은 형세위주의 풍수론을 바탕으로 하면서, 지덕쇠왕설과 연기론에 근거하여 도참과 결부되어 도읍풍수가 유행하였다. 고려말 성리학자들은 지덕쇠왕론에 바탕한 천도의 논의에 대해 민폐를 거론함과 아울러 풍수도참설을 원천적으로 부정하면서 공양왕의 한양천도를 다시 개경으로 되돌리고 말았다. 고려의 풍수도참사상이 성리학자들에 의해 부정된 초유의 사건이었다. 그러나 조선의 건국의 과정에서 개국주도세력들은 조선왕조의 건국을 『몽금척』, 『수보록』 등의 도참과 유교적 천명관을 결합시켜 왕조의 교체를 단행하였다. 또 태조가 천도를 천명에 따르는 것임을 내세워 추진하자 그들은 의식의 혼돈을 경험하면서 천도논의에 대한 의견을 개진하지 못할 만큼 의기가 저상되어 있었다.

공양왕대의 한양천도를 지덕쇠왕론에 의해 뒷받침하였던 술사들은 공양왕대의 개경환도, 그리고 조선왕조의 창업에 따른 태조 이성계의 천도의 논의과정에서 개경의 지덕이 쇠했는가 다했는가에 대한 논의를 전개하면서 성리학의 풍수도참사상에 대한 비판에 뚜렷한 대안을 마련하지 못하였다. 여전히 그들의 논의는 지덕쇠왕론의 연기론을 탈각하지 못한 상태였다. 그들은 갈팡질팡하면서 천도의 논의과정에서 국왕과 성리학자들을 견인하지 못한 채 도리어 그들에게 꺼둘려 가게 된다.

그에 반해 태조를 도와 조선왕조의 건국에 적극 참여한 개국 주체세력들은 풍수도참사상을 변용하여 받아들여 이를 합리화하면서 천도논의의 중심에 있었다. 하륜은 천도의 논의과정에서 호순신의 이기론 위주의 풍수지리설을 적극 받아들여 풍수지리에 대한 새로운 견해를 제시하였다. 또 유교적 합리성을 내세워 무악이 "나라 한가운데 위치하고 조운이 통하며 안팎으로 둘러싸인 산과 물이 또한 믿을 만하다"고 하여 유가적 인식에 의한 천도론을 제시하였다. 그러면서 "우리나라 前賢들의 秘訣과도 서로 부합하는 점이 많다"고 하여 지리적 도참설의 유교적 변용의 길을 제시하고 있다. 이에 반해 정도전은 무악이 나라 중앙에 위치하여 조운이 통하는 것은 좋으나 골짜기에 치우쳐져 있어 안으로 宮寢과 밖으로 朝市와 宗社를 세울 만한 자리가 없기 때문에 도읍으로서 부적절하다고 하였다. 정도전은 한걸음 더 나아가 제왕의 도읍지는 술수로 헤아려 얻는 것이 아니며, 국가가 잘 다스려지는가 어지러운가 하는 것은 '사람에게 있는 것이지 지리의 盛衰에 있는 것이 아니다'라고 하였다. 그는 위로 天時를 살피고 아래로 人事를 보아 적당한 때를 기다려서 도읍터를 보는 것이 萬全한 계책이라고 하여 성급한 천도를 반대하였다. 정당문학 정총 역시 중국 도읍의 역사를 언급하면서 "왕씨가 500년 만에 끝나게 된 것은 그들의 운수 때문이지 반드시 地運에 관계된 것은 아니다"라고 하였다. 중추원 학사 이직은 지리서를 검토하여 지리가들이 맹신하는 傳句들을 이치적으로 따져 풀이하였다. 태조대의 무악 천도논의를 두고 사대부들의 유가적인 입장의 승리로 끝났다고 평가를 하지만 결코 성리학자의 승리는 아니다. 무악으로 천도가 이루어지지 않은 것은 풍수도참사상이 유교적 외피를 입으면서 유학자들에 의해 보다 더 합리적인 풍수지리관으로 변용되었기 때문이다. 그리고 유불교체의 시점에서 고려시대까지 불교와 습합된 풍수도참사상이 천도의 논의를 주도하였지만 조선시대에 들어와서는 불교 대신에 풍수도참사상의 유교적 변용이 이루어져 유학자가 그 중심에 있었음이 주목된다. 그런 점에서 유가적 지리관의 승리, 풍수설의 패퇴라고 평하는 것은 잘못된 평가라고 할 수 있다.

태종조 한양으로의 정도 역시 사대부를 대표하는 재상들의 합리적이고 논지가 확연한 입론에 의해 결정된 것은 아니다. 그 정도의 과정에서 무악과 한양 두 군데를 두고 지리학자들만이 의견을 제시하였을 뿐

성리학자들은 "신은 지리를 모른다"고 하거나 아무런 의견을 제시하지 않았다. 결국 종묘에 행차하여 동전을 던져 점을 쳐서 한양으로 도읍을 정하였던 것이다.

한양으로 정도를 확정한 태종은 천도의 논의를 종식시키고, 풍수도참 사상이 국기를 흔들까를 염려하여 유교적 천명관을 내세우면서 풍수도참사상에 대한 단호한 척결의 의지를 드러내었다. 그는 심지어 태조가 잠저시에 받았다고 한 금척과 보록마저 믿지 못할 것이라 하면서 도참서를 수거하여 불태워버렸다. 이로 인해 고려에서부터 태종조까지 풍미히였던 도읍지에 관한 풍수도참 논쟁은 일단 누그러지게 된다.

태종조 도참과 관련된 비결서를 수거하여 없앴지만 조선왕조의 창업과 천도의 과정에서 각종 비결서들은 논의의 과정에서 많이 알려지게 되었고, 조선 멸망과 관련된 도참도 이미 나타났기 때문에 자연재해가 크게 일어난 시기이거나 정치적 격동기에 그것은 불쑥불쑥 나타나 도선의 비기에 가탁하여 유언비어를 생산, 유포하였다.

제3편 고·중세 한국불교자료에 대한 검토

제1장 『續高僧傳』과 『大唐西域求法高僧傳』에 입전된 韓國 高僧의 행적

Ⅰ. 머리말

현재 합천 해인사에 보관되어 전해오는 '江華京板 高麗大藏經'은 국보 32호로서 우리민족의 위대한 문화유산일 뿐만 아니라 세계문화유산의 반열에 당당히 끼게 되었다. 그럼에도 불구하고 세계문화사상에서 고려대장경이 차지하고 있는 그 독창성과 고유성에 대한 올바른 자리매김은 아직 이루어지지 않고 있다. 이 점을 밝혀내는 것은 곧 우리 민족문화가 세계문화에 기여한 바를 이해하는 한 첩경이 될 수 있을 것이다. 이의 해명을 위해 '江華京板 高麗大藏經' 소재 '韓國佛敎關聯資料'의 검토가 반드시 이루어져야만 한다. 그 작업의 하나로 검토하고자 하는 내용이 '『續高僧傳』과 『大唐西域求法高僧傳』에 입전된 韓國 高僧의 행적'이다.

『續高僧傳』은 道宣(開皇 16, 596～乾封 2, 667)에 의해 唐 貞觀 19년(645)에 찬술되었다. 梁 慧皎의 『高僧傳』을 계승하여 梁初에서부터 唐初에 이르기까지 고승의 사적을 기록한 것이다. 이로 인해 책명을 『속고승전』으로 명명하였다. 흔히 혜교의 『高僧傳』을 『梁高僧傳』, 혹은 『梁傳』으로 하는 데 반해 『續高僧傳』을 『唐高僧傳』, 혹은 『唐傳』으로 부른다.

『大唐西域求法高僧傳』은 上·下 2권으로 7세기말에 당나라의 학승 義淨이 지은 것이다. 『대당서역구법고승전』은 줄여서 『구법고승전』이라고도 한다. 이 책에는 『大唐西域記』를 쓴 당나라의 고승 玄奘이 서역에 갔다온 후인 645년으로부터 의정이 인도에서 돌아온 때인 695년까지 사이에 불교탐구를 위하여 서역에 여행한 56명의 고승들의 전기가 수록되어 있다.

『續高僧傳』과 『大唐西域求法高僧傳』에는 圓光, 慈藏을 비롯한 우리나라의 고승들이 正傳 및 附傳에 入傳되어 있다. 이들의 활동을 통해 우리 불교문화의 축적된 역량이 세계불교, 나아가 세계문화의 창달에 기여하였음을 확인할 수 있다.

고려후기에 『三國遺事』와 『海東高僧傳』을 편찬하면서 『續高僧傳』과 『大唐西域求法高僧傳』의 한국고승에 관한 언급을 저본으로 하였다. 중국에서 활동하다가 귀국한 원광과 자장은 그나마 다른 자료가 국내에 전해지기 때문에 이를 덧붙였지만 다른 인물들에 관한 언급은 『續高僧傳』과 『大唐西域求法高僧傳』의 내용을 거의 그대로 옮겨 싣고 있다. 따라서 두 책의 저자가 중국인이라는 점에서 외국인인 한국고승에 대한 언급에 일정한 한계가 있다는 점 등을 염두에 두고 사료를 살펴보아야 할 것이다. 또 하나, 이들은 어쨌든 해외유학파로서 귀국 후 우리나라의 문화적 수준을 한 단계 높이는 데 기여하였지만 일면, 중국에 대한 일방적 종속을 가져오는 데 일익을 담당함으로써 우리의 정체성의 확립에 부정적인 역할을 하였다는 점을 부인할 수 없을 것이다. 그리고 이들의 활동이 중국 및 서역의 불교수준을 한 단계 끌어올려 세계불교의 발전에 크게 기여하였지만 대부분 중국 및, 서역에 머물고 거의 본국으로 귀국하지 않았다는 점에서 한국불교의 발전에 크게 기여한 바는 없다는 점이다. 국경 없는 세계화시대를 맞이하면서 우리의 정체성의 확립이 요구되는 상황에서 지나간 우리 선조들의 자취를 돌아보면서 이러한 문제를 짚어보는 것이 필요하다는 시각에서 본고의 작성이 이루어졌음을 서두에 밝히고자 한다.

『續高僧傳』과 『大唐西域求法高僧傳』을 비롯한 '江華京板 高麗大藏 經' 소재의 '韓國佛敎關聯資料'의 종합적 검토가 다각도로 이루어진다 면 우리 불교문화의 축적된 역량이 세계불교, 나아가 세계문화의 창달 에 기여한 바를 밝혀주는 한 단서가 될 수 있을 것이다.

II. 『續高僧傳』에 입전된 한국 고승의 행적

『續高僧傳』은 道宣(開皇 16, 596～乾封 2, 667)에 의해 唐 貞觀 19년(645) 에 찬술되었다. 梁 慧皎의 『高僧傳』을 계승하여 梁初에서부터 唐初에 이르기까지의 고승의 사적을 기록한 것이다. 이로 인해 책명을 『속고승전』 으로 명명하였다. 흔히 혜교의 『고승전』을 『梁高僧傳』, 혹은 『梁傳』으로 하는 데 반해 『續高僧傳』을 『唐高僧傳』, 혹은 『唐傳』으로 부른다.

저술의 유래와 방침을 밝힌 '自序'에 의하면 양초부터 당 정관 19년 에 이르기까지의 144년간의 고승의 正傳 340명, 附見 160명의 전기를 집록하였다고 하였다. 그러나 麟德 원년(664)에 입적한 玄奘에 관한 전 기가 있고, 정관 19년 이후 永徽 · 顯慶 · 龍朔 · 麟德 연간의 기사가 20여군데 있는 외에 曇光傳에는 인덕 2년(665)이라는 기사가 보이므로 정관 19년에 일차 탈고된 뒤 여러 차례 증보되었던 것으로 보인다. 그 결과 입전된 실제 고승의 수는 자서에서 밝힌 것과는 달리 정전 485명, 부견 219명에 달한다.

『당고승전』의 저자인 道宣은 南山律宗의 시조로서 丹徒, 혹은 長城 人이며, 姓은 錢氏이다. 16세에 출가하여 智首律師에게 비구계를 받고 율전을 배웠다. 武德 7년(624)에 終南山에 들어가 白泉寺를 짓고 계율을 엄격히 지키며 禪을 닦았으므로 세상에서는 남산율사라고 불렸다. 정관

19년(645)에 현장이 서역에서 귀국하여 弘福寺에서 역경사업을 진행할 때에 勘文家, 즉 교정자가 되어 수백권의 율부와 전기를 썼다. 특히 四分律宗을 이루어 南山律宗을 세웠다. 저서로는 『속고승전』 외에 『廣弘明集』・『大唐內典錄』・『四分律行事鈔』 등 20여부가 있다. 그 과정에서 『속고승전』의 편찬, 그리고 증보가 간단없이 진행되었다고 볼 수 있다.

『속고승전』은 『양고승전』처럼 10과로 나누어 서술되었으나 그 내용을 비교하면 다음과 같이 다르다.

『양고승전』	『속고승전』
1. 譯經	1. 譯經
2. 義解	2. 義解
3. 神異	3. 習禪
4. 習禪	4. 明律
5. 明律	5. 護法
6. 遺身	6. 感通
7. 誦經	7. 遺身
8. 興福	8. 讀誦
9. 經師	9. 興福
10. 唱導	10. 雜科

위에서 보다시피 『양고승전』의 경우, 제1권에서 제3권까지는 주로 불경 번역에 종사한 고승들(역경), 제4권에서 제8권까지는 불교 교리를 해석하는 데 힘쓴 고승들(의해), 제9권에서 제10권까지는 신비로운 조화를 부려 사람들을 교화한 고승들(신이), 제11권에서는 명상을 잘한 고승들(습선)과 계율에 밝은 고승들(명률), 제12권에서는 불도를 위하여 몸을 바친 고승들(유신)과 불경을 많이 외운 고승들(송경), 제13권에서는 절을 세우고 불상과 불탑 등을 만든 고승들(흥복)과 불경을 읊는 데서 소문난 고승들(경사) 그리고 설교를 잘한 고승들(창도)의 순으로 배열되었다. 반면 『속고승전』의 경우, 제1권에서 제4권까지의 「역경편」에서는 불경 번역

에 힘쓴 고승들에 대하여 소개하였고, 제5권부터 제15권까지의 「의해편」에서는 교리에 밝은 고승들, 제16권부터 제20권까지의 「습선편」에서는 명상을 잘한 고승들, 제21권과 제22권의 「명률편」에서는 계율이 밝은 고승들, 제23·24권의 「호법편」에서는 불교를 지켜 싸운 고승들에 대하여 소개하였다. 제25권과 제26권은 부처나 보살의 힘을 입어 신비로운 조화를 일으킨 고승들을 수록한 「감통편」으로 되어 있으며 제27권은 불교를 위하여 몸을 바친 고승들을 수록한 「유신편」, 제28권은 불경을 독송한 「독송편」, 제29권은 자신과 남에게 복을 마련하기 위하여 힘쓴 고승들을 수록한 「홍복편」, 마지막 30권은 잡과편으로 되어 있다. 잡과편에서는 불경을 곡조에 맞추어 잘 읊은 명승들을 비롯하여 설교를 잘하여 널리 알려진 명승들에 대하여 소개하였다. 매 편의 끝에는 그 편의 맺음말에 해당하는 「論」이 붙어 있다.

　『속고승전』은 역경편이나 의해편, 명률편에서는 불교를 진심으로 믿고 그 전파를 위하여 애쓴 고승들의 활동을 보여주고 있고, 감통편이나 유신편에서는 사문들의 신비한 행적을 보여줌으로써 사람들을 불교의 신비경에 끌어들이며 그들처럼 불교를 정성껏 믿고 따를 것을 설교하고 있다.

　正傳 485명, 附見 219명에 달한 고승 가운데 한국의 승려들로서 입전된 경우를 살펴보면 「義解編」에 입전된 圓光(卷13)과 護法篇에 입전된 자장(卷24)을 우선 들 수 있다.

　『속고승전』 원광전은 우리나라에서 만들어진 『三國史記』·『三國遺事』·『海東高僧傳』의 원광에 관한 언급의 기초자료로 활용되었다. 그것은 우리측의 상기 책의 편찬이 고려조에 이루어진 데 반해 『속고승전』의 편찬은 그보다 훨씬 앞선 시대에 만들어졌다는 점에서 기초자료로 활용될 수밖에 없는 것이다. 그러나 전자가 중국인의 시각에서 쓰여진 책이라고 한다면, 후자는 우리 측의 자료를 보충하고 우리의 시각에서 재구성하여 언급하고자 하였음을 엿볼 수 있다. 이의 이해를 위해 『三

國遺事』에 수록된 그의 기록을 살펴보기로 한다.

A) 圓光西學
　唐續高僧傳第十三卷載.
ㄱ) 新羅皇隆寺釋圓光. 俗姓朴氏. 本住三韓, 卞韓辰韓馬韓. 光卽辰韓
　人也. 家世海東. 祖習綿遠. 1)而神器恢廓. 愛染篇章. 校獵玄儒. 討
　讎子史. 文華騰鷟於韓服. 博瞻猶愧於中原. 遂割略親朋. 發憤溟渤.
　年二十五. 乘舶造于金陵. 有陳之世. 號稱文國. 故得諮考先疑, 詢
　猷了義. 初聽莊嚴旻公弟子講. 素霄世典, 謂理窮神. 及聞釋宗, 反
　同腐芥. 虛尋名敎. 實懼生涯. 乃上啓陳主. 請歸道法. 有勅許焉. 旣
　爰初落采. 卽稟具戒. 遊歷講肆. 具盡嘉謀. 領牒微言. 不謝光景. 故
　得成實涅槃, 蘊括心府. 三藏釋論, 徧所披尋. 末又投吳之虎(丘)山.
　念定相沿. 無忘覺觀. 息心之衆. 雲結林泉. 並以綜涉四含. 功流八
　定. 明善易擬. 筒直難虧. 深副夙心. 遂有終焉之慮. 於卽頓絶人事.
　盤遊聖迹. 攝想靑霄. 緬謝終古. 時有信士. 宅居山下. 請光出講. 固
　辭不許. 苦事邀延. 遂從其志. 創通成論. 末講般若. 皆思解俊徹, 嘉
　問飛移. 兼綵以絢采. 織綜詞義. 聽者欣欣. 會其心府. 從此因循舊
　章. 開化成任. 每法輪一動. 輒傾注江湖. 2)雖是異域通傳. 而沐道
　頓除嫌郗. 故名望橫流. 播于嶺表. 披榛負橐而至者. 相接如鱗. 會
　隋后御宇, 威加南國. 曆窮其數. 軍入揚都. 遂被亂兵. 將加刑戮. 有
　大主將. 望見寺塔火燒. 走赴救之. 了無火狀. 但見光在塔前, 被縛
　將殺. 旣忄在其異. 卽解而放之. 斯臨危達感如此也. 光學通吳越.
　便欲觀化周秦. 開皇九年. 來遊帝宇. 値佛法初會. 攝論肇興. 奉佩
　文言. 振績微緒. 又馳慧解. 宣譽京皐. 勣業旣成. 道東須繼. 本國遠
　聞. 上啓頻請. 有勅厚加勞問. 放歸桑梓. 光往還累紀. 老幼相欣. 新
　羅王金氏面申虔敬. 仰若聖人. 光性在虛閑. 情多汎愛. 言常含笑.
　慍結不形. 而牋表啓書, 往還國命. 並出自胸襟. 一隅傾奉. 皆委以
　治方. 詢之道化. 事異錦衣. 請同觀國. 乘機敷訓. 垂範于今. 年齒旣
　高. 乘輿入內. 衣服藥食. 並王手自營. 不許佐助. 用希專福. 其感敬
　爲此類也. 將終之前. 王親執慰. 囑累遺法. 兼濟民斯. 爲說徵祥. 被
　于海曲. 以彼建福五十八年. 少覺不念. 經于七日. 遺誡淸切. 端坐
　終于所住皇隆寺中. 春秋九十有九. 卽唐貞觀四年也.(宜云十四) 當
　終之時. 寺東北虛中. 音樂滿空. 異香充院. 道俗悲慶. 知其靈感. 遂

葬于郊外. 國給羽儀葬具. 同於王禮. 後有俗人兒胎死者. 彼土諺云.
當於有福人墓埋之. 種胤不絶. 乃私瘞於墳側. 當日震此胎屍. 擲于
塋外. 由此不懷敬者. 率崇仰焉. 3)有弟子圓安. 神忘機穎. 性希歷
覽. 慕仰幽求. 遂北趣九都. 東觀不耐. 又西燕魏. 後展帝京. 備通方
俗. 尋諸經論. 跨轢大綱. 洞淸纖旨. 晩歸心學. 高軌光塵. 初住京
寺. 以道素有聞. 特進蕭瑀. 奏請住於藍田所造津梁寺. 四事供給.
無替六時矣. 安嘗叙光云. 本國王染患. 醫治不損. 請光入宮. 別省
安置. 夜別二時爲說深法. 受戒懺悔. 王大信奉. 一時初夜. 王見光
首, 金色晃然. 有象日輪. 隨身而至. 王后宮女同共觀之. 由是重發
勝心. 克留疾所. 不久遂差. 光於辰韓馬韓之間. 盛通正法. 每歲再
講. 匠成後學. 賑施之資. 並充營寺. 餘惟衣盋而已.(載達凾)

ㄴ) 又東京安逸戶長貞孝家在, 古本殊異傳. 載圓光法師傳曰. 法師俗姓
薛氏. 王京人也. 初爲僧學佛法. 年三十歲. 思靜居修道. 獨居三岐
山. 後四年有一比丘來. 所居不遠. 別作蘭若. 居二年. 爲人强猛. 好
修呪述. 法師夜獨坐誦經. 忽有神聲呼其名. 善哉善哉. 汝之修行.
凡修者雖衆. 如法者稀有. 今見隣有比丘. 徑修呪術. 而無所得. 喧
聲惱他靜念. 住處礙我行路. 每有去來. 幾發惡心. 法師爲我語告.
而使移遷. 若久住者. 恐我忽作罪業. 明日法師往而告曰. 吾於昨夜
有聽神言. 比丘可移別處. 不然應有餘殃. 比丘對曰. 至行者爲魔所
眩. 法師何憂狐鬼之言乎. 其夜神又來曰. 向我告事. 比丘何答乎.
法師恐神瞋怒而對曰. 終未了說. 若强語者. 何敢不聽. 神曰. 吾已
具聞. 法師何須補說. 但可默然見我所爲. 遂辭而去. 夜中有聲如雷
震. 明日視之. 山頹塡比丘所在蘭若. 神亦來曰. 師見如何. 法師對
曰. 見甚驚懼. 1)神曰. 我歲幾於三千年. 神術最壯. 此是小事. 何足
爲驚. 但復將來之事, 無所不知. 天下之事, 無所不達. 今思法師唯
居此處. 雖有自利之行. 而無利他之功. 現在不揚高名. 未來不取勝
果. 盍探佛法於中國, 導群迷於東海. 對曰. 學道中國. 是本所願. 海
陸迴阻. 不能自通而已. 神詳誘歸中國所行之計. 法師依其言歸中
國. 留十一年. 博通三藏. 兼學儒術. 眞平王二十二年庚申.(三國史
云明年辛酉來.) 師將理策東還. 乃隨中國朝聘使還國. 法師欲謝神.
至前住三岐山寺. 夜中神亦來呼其名曰. 海陸途間. 往還如何. 對曰.
蒙神鴻恩. 安到訖. 神曰. 吾亦授戒於神. 仍結生生相濟之約. 又
請曰. 神之眞容. 可得見耶. 神曰. 法師若欲見我形. 平旦可望東天

之際. 法師明日望之. 有大臂貫雲, 接於天際. 其夜神亦來曰. 法師
見我臂耶. 對曰. 見已甚奇絶異. 因此俗號臂長山. 神曰. 雖有此身.
不免無常之害. 故吾無月日, 捨身其嶺. 法師來送長逝之魂. 待約日
往看. 有一老狐黑如漆. 但吸吸無息. 俄然而死. 法師始自中國來.
本朝君臣敬重爲師. 常講大乘經典. 此時高麗百濟常侵邊鄙. 王甚患
之. 欲請兵於隋.(宜作唐.) 請法師作乞兵表. 皇帝見以三十萬兵親征
高麗. 自此知法師旁通儒術也. 享年八十四入寂. 葬明活城西.

ㄷ) 又三國史列傳云. 賢士貴山者牟梁部人也. 與同里箒項爲友. 二人相
謂曰. 我等期與士君子遊. 而不先正心持身. 則恐不免於招辱. 盍問
道於賢者之側乎. 時聞圓光法師入隋回, 寓止嘉瑟岬.(或作加西. 又
嘉栖皆方言也. 岬, 俗云古尸. 故或云古尸寺. 猶言岬寺也. 今雲門
寺東九千步許. 有加西峴. 或云嘉瑟峴. 峴之北洞有寺基是也.) 二人
詣門進告曰. 俗士顚蒙. 無所知識. 願賜一言. 以爲終身之誡. 光曰.
佛敎有菩薩戒. 其別有十. 若等爲人臣子. 恐不能堪. 今有世俗五戒.
一曰. 事君以忠. 二曰. 事親以孝. 三曰. 交友有信. 四曰. 臨戰無退.
五曰. 殺生有擇. 若(等)行之無忽. 貴山等曰. 他則旣受命矣. 所謂殺
生有擇. 特未曉也. 光曰. 六齋日春夏月不殺. 是擇時也. 不殺使畜,
謂馬牛犬雞不殺細物, 謂肉不足一臠. 是擇物也. 此亦唯其所用. 不
求多殺. 此是世俗之善戒也. 貴山等曰. 自今以後. 奉以周旋. 不敢
失墜. 後二人從軍事. 皆有奇功於國家又建福三十年癸酉(卽眞平王
卽位三十五年也.)秋. 隋使王世儀至. 於皇龍寺設百座道場. 請諸高
德說經. 光最居上首.

ㄹ) 議曰. 原宗興法已來. 津梁始置. 而未遑堂奧. 故宜以歸戒滅懺之法.
開曉愚迷. 故光於所住嘉栖寺. 置占察寶. 以爲恆規. 時有檀越尼.
納田於占察寶. 今東平郡之田一百結是也. 吉籍猶存. 光性好虛靜.
言常含笑. 形無慍色. 年臘旣邁. 乘輿入內. 當時群彦. 德義攸屬. 無
敢出其右者. 文藻之贍. 一隅所傾. 年八十餘. 卒於貞觀間. 浮圖在
三岐山金谷寺.(今安康之西南洞也. 亦明活之西也.) 唐傳云. 告寂皇
隆寺. 未詳其地. 疑皇龍之訛也. 如芬皇作王芬寺之例也. 據如上唐
鄕二傳之文. 但姓氏之朴薛. 出家之東西. 如二人焉. 不敢詳定. 故
兩存之. 然彼諸傳記. 皆無鵲岬璃目與雲門之事. 而鄕人金陟明. 謬
以街巷之說. 潤文作光師傳. 濫記雲門開山祖寶壤師之事迹. 合爲一
傳. 後撰海東僧傳者. 承誤而錄之. 故時人多惑之. 因辨於此. 不加

減一字. 載二傳之文詳矣. 陳隋之世. 海東人鮮有航海問道者. 設有.
猶未大振. 及光之後. 繼踵西學者憧憧焉. 光乃啓途矣. 讚曰. 航海
初穿漢地雲. 幾人來往抱淸芬. 昔年蹤迹靑山在. 金谷嘉西事可聞(『三
國遺事』卷第四 義解 第五).

『삼국유사』의 원광에 관한 기사는 다음과 같이 구성되어 있다.

　　ㄱ) 『續高僧傳』
　　ㄴ) 東京安逸戶長貞孝家在 古本 『殊異傳』
　　ㄷ) 三國史列傳－『三國史記』卷45 列傳 貴山
　　ㄹ) 議曰·讚曰

　자료 A－ㄱ) 부분이 『속고승전』의 내용이다. 일연이 『三國遺事』에
義解編을 마련하여 『속고승전』 의해편에 실린 원광을 수록하고, 그 내
용을 그대로 전재하였다. 그 말미에 실린 일연의 細註에 '載達函'이라
고 한 것으로 보아 일연은 '江華京板 高麗大藏經'에 실린 『續高僧傳』
을 보았다고 할 수 있다.

　『續高僧傳』과 鄕傳, 즉 古本 『殊異傳』의 원광에 관한 언급 중에 몇
가지 차이점이 있다. 그것은 대개 연대기 상의 차이점이다. 양자의 차이
점에서 꼭 언급되어야 할 것은 그의 속성에 관한 것이다. 전자에서는
그를 '朴氏'로 언급한 데 반해, 후자에서는 그를 '薛氏'로 언급하고 있
다. 그를 박씨로 보느냐, 설씨로 보느냐 하는 것은 그의 신분을 진골로
볼 것이냐, 육두품으로 볼 것이냐와 관련된 문제이기 때문에 중요한 문
제이다. 이에 관해 각훈의 『海東高僧傳』 圓光傳에서는 '俗姓薛氏 或云
朴'이라고 한 데 반해 일연은 ㄹ)에서 보다시피 '不敢詳定 故兩存之'라
고 하였다. 이를 해석함에 있어서 김철준의 경우 그의 부계는 박씨, 모
계는 설씨라고 보았고,[1] 이기백은 '대개의 고전이 비교적 정확한 사실

─────────────

1) 金哲俊, 「新羅時代의 親族集團」 『韓國史研究』 1, 1968 ;『韓國古代社會

을 전해주고 있음에 비추어 그가 원효나 설총과 같은 동일한 설씨의 가문에 속한 육두품의 일원'으로 보았다.[2] 아마 그를 설씨로 간주함이 옳은 듯하나 확증은 없다.

『속고승전』에 의하면 그의 西學의 동기는 문장의 빛남이 三韓에 떨쳤으나 박학하고 넉넉함이 중원에 부끄러웠으므로[博瞻猶愧於中原] 발분하여 25세 때 배를 타고 金陵에 이르렀다고 하였다(A-ㄱ-1). 반면 古本 『殊異傳』에서는 三岐山에서 받은 神의 권고에 따라 중국에 유학을 가게 되었다고 한다. 이에 관한 三岐山 神의 권유에 관한 자료를 번역하여 인용하면 다음과 같다.

> 나는 장래의 일도 모르는 것이 없고 천하의 일도 통달하지 못한 것이 없다. 지금 법사가 오직 이곳에만 머물러 있으면, 비록 자신을 이롭게 하는 행위는 있을 것이나 남을 이롭게 하는 공은 없을 것이다. 지금 高名을 드러내지 못하면 미래에 勝果를 취하지 못할 것이다. 어째서 佛法을 중국에서 얻어 東海에서 群迷를 인도하지 않는가(A-ㄴ-1).

이에 원광이 "도를 중국에서 배움이 원래 원하는 바이지만 바다와 육지가 멀리 막히어 스스로 가지 못할 뿐이다"고 답하자 신이 자상히 중국에 갈 계획을 일러 주어서 드디어 西遊의 길을 떠날 수 있었다고 한다. 古本 『殊異傳』에 의하면 원광의 구법서행은 自利와 利他行을 위한 불법의 수용, 그리고 이를 본국에 전파시키기 위한 것으로 묘사되어 있다. 이를 통해 『속고승전』은 중국인에 의한 서책이라는 점에서 다분히 중국적인 기술을 하면서 상대적으로 중국 문명의 우월성을 드러내보이고 있음을 확인할 수 있다. 이러한 시각은 '비록 이것이 이국에서 행하는 보통 傳法이기는 하였으나 그의 도풍에 목욕한 사람은 별안간 외국인에 대한 혐오감과 틈이 제거되었다'고 한 것과 연결된다.

研究』, 지식산업사, 1975, 175~176쪽.
2) 李基白, 「圓光과 그의 思想」『創作과 批評』 10, 1968.

원광에 관해서는 위 자료 외에 明律篇의 慧旻傳을 보면

> (慧旻은) 15세 때 廻向寺에서 新羅의 光法師로부터 『成實論』의 법
> 문을 듣고 솔선해서 문답을 주고 받았는데 玄賓들보다 빼어났다. 그윽
> 한 종지를 자세히 설할 것을 명하니, 연로한 덕있는 스님들이 함께 흐
> 뭇해하였다.[3)

신라의 光法師가 회향사에서 『成實論』의 법문을 講하고 있다고 하
였는데, 이 光法師는 원광이 아닌가 한다. 위의 사료 A)에서 보다시피
원광이 특히 『성실론』과 『열반경』에 통달하였다고 한 것이나 오지방의
호구산에 들어가 명상에 몰두할 때 산 밑에 있던 어떤 신도의 초청에
의하여 그가 『성실론』과 『반야경』 강의를 하였는데 그때부터 이름이
널리 알려져 그의 강의를 들으려고 모여드는 사람들이 그치지 않았다고
한 것에서 이를 짐작할 수 있다.

『속고승전』 圓光傳의 말미 부문에 그의 제자인 신라 고승 圓安에 관
한 언급이 있다. 그 내용이 위의 『삼국유사』 A－ㄱ－3에 그대로 인용
되었다.[4) 이에 의하면 원안은 당의 경사에 들어가 그 지방의 풍속에 두
루 통하고 모든 경론을 찾아내어 그 개요를 섭렵하여 그 뜻을 환히 알
고, 道로서 평소에 소문이 나 特進인 蕭瑀(574～647)가 청하여 藍田에
津梁寺를 지어 거주케 하고 四事를 공급하였다고 한다. 그러나 그 마친
곳은 알지 못한다고 부연하였다.

원광이 『속고승전』 '義解篇'에 입전된 데 반해 慈藏은 '護法篇'에

---

3) 『續高僧傳』 卷18, 明律篇 唐 蘇州 通玄寺 釋 慧旻傳.
4) 『속고승전』과 이를 전제한 『삼국유사』 원광전(사료 A－3)에서 언급된 '北趣
   九都. 東觀不耐'의 해석을 두고 '북쪽 아홉 도시로 달려가고, 동쪽을 관하
   다가 참지 못하고'로 보기도 하지만(이창섭 옮김, 『한글대장경 續高僧傳』 ②, 동국
   역경원, 1997, 78쪽) '丸都'로 보아 고구려의 수도 내지 고구려로 해석함이 옳
   을 듯하다.

입전되어 있다. '義解編'에는 불교 교리를 해석하는 데 힘쓴 고승들이
입전된 데 반해 「護法篇」에서는 불교를 지켜 싸운 고승들이 입전되어
있다. 이와는 달리 일연의 『삼국유사』에서는 자장이 원광과 함께 '의해
편'에 입전되어 있다. 이것은 『삼국유사』의 체제구성이 고승전인 『속고
승전』과 달리 '紀異'·'興法'·'義解'·'神呪'·'避隱'·'孝善'으로 이
루어졌기 때문이다.

   일연은 『삼국유사』에서 원광을 언급하면서 『속고승전』의 내용을 거
의 그대로 실은 뒤 우리 측의 사료를 언급하였다. 그러나 자장의 경우
『속고승전』의 기사를 바탕으로 하고 있지만 이것을 재구성하여 싣고
있다. 다음의 자료의 비교를 통해 그것을 확인할 수 있다.

   B-1) 釋慈藏 性金氏 新羅國人 其先三韓之後也 中古之時 辰韓馬韓卞韓
        率其部屬 各有魁長 案梁貢職圖 其新羅國 魏曰斯盧 宋曰新羅 本東
        夷辰韓之國矣 藏父名武林 官至蘇判異 以本王族 比唐一品(『續高僧
        傳』 卷24).
     2) 大德慈藏. 金氏. 本辰韓眞骨蘇判(三級爵名)茂林之子. 其父歷官淸要
        (『三國遺事』 卷4, 義解 慈藏定律).

   『속고승전』의 내용은 자장의 출신, 탄생과 생장, 그리고 불법에의 귀
의, 입법구당, 귀국 후의 활동, 업적을 서술하고, 이어 그의 제자 원승에
관한 언급을 부기하고 있다. 이 내용을 B-1), 2)의 차이 정도의 차원에
서 『삼국유사』는 재구성하여 실었을 뿐이다. 따라서 『속고승전』의 기본
논지는 『삼국유사』에 거의 그대로 반영되었다고 볼 수 있다.

   자장이 중국에 건너간 동기에 대해 『속고승전』에서는 다음과 같이
기록되어 있다.

      그는 다시 '태어나서 변두리 땅에 있으니 이곳에 불법이 아직 홍법
      되지 않아 눈으로 경험하지 않고서는 承奉할 길이 없다'라고 깊이 생

각한 뒤에 곧 본국의 왕에게 이 뜻을 아뢰고 서쪽으로 가서 큰 교화를
보고 오겠다고 하였다.5)

이에 의하면 자장의 입당구법은 변방, 즉 신라의 불법의 교화의 한계
성을 인식하고 큰 교화의 현장을 직접 눈으로 경험하기 위한 의도에서
비롯되었다고 한다. 그의 입당구법의 동기에 관한 사료로서 다음의 사
료가 또한 주목된다.

> 신라 왕자인 金慈藏은 존귀한 자리를 가볍게 보고 속가를 버리고
> 출가하여 멀리 法常의 소문을 듣고 경건하게 우러러보고 그 말과 그
> 명령을 직접 눈으로 볼 생각으로 마침내 산을 넘고 바다를 건너 京師
> 에 이르렀다. 그는 배 안에서 꿈에 법상의 얼굴을 보았는데 경사에서
> 직접 형상을 보게 되자 완연히 꿈 속에서 본 얼굴과 같았기에 눈물을
> 계속 흘리며 그 會遇를 기뻐하였다. 이어 그는 법상으로부터 보살계를
> 받고 예를 다하여 법상을 섬겼다.6)

자장의 입당구법은 구체적으로 法常을 흠모하여 그를 직접 만나보기
위한 것이었다. 자장에게 큰 영향을 끼친 법상은 貞觀 연간의 역경 사
업에 證義, 즉 논리를 밝히는 데 도움을 주었고, 칙명을 받아 항상 번역
업무를 맡아 보았다. 또 칙명을 받아 황태자를 위해 보살계를 받게 하
였고, 정관 9년에는 황후의 戒師가 되었고, 곧이어 칙명으로 空觀寺의
上座를 맡아 보았다.7) 자장이 정관 12년, 문인인 僧 實 등 10여명을 거
느리고 입당구법하여 '황제의 위무를 받고 勝光寺 별원에 거처하면서
후한 예우와 남다른 공양을 받을 수 있었던 것'8)은 당 황실과 돈독한
관계를 갖고 있었던 법상의 역할에 기인한 것일 것이다.

---

5) 『續高僧傳』 卷24.
6) 『續高僧傳』 卷15, 義解篇, 唐 普光寺 釋法常傳.
7) 上同.
8) 『續高僧傳』 卷24, 護法篇, 唐 新羅國 大僧統 釋慈藏傳.

변방, 즉 신라의 불법의 교화의 한계성을 인식하고 큰 교화의 현장을
직접 눈으로 경험하기 위한 의도에서 입당구법한 자장은 중국의 제도
문물의 수용에 적극적이었다. 이를 다음의 사료가 잘 전해준다.

> 그는 관습과 풍속과 복장이 중국과 다른 점이 있다 하여 이를 고쳐
> 야 한다고 하였으며, 오직 正朔9)을 숭배하였으니, 의리에 어찌 두 마
> 음이 있었겠는가? 그리하여 이 일을 상량하니 온 나라가 이를 완수하
> 여 변방의 복장을 고치고 오로지 당나라의 儀典에 따랐다. 그런 까닭
> 에 해마다 여러 속국들이 모여 조공을 드릴 때에는 자리가 上番에 있
> 게 되었다. 또한 관리를 임명하고 놀이를 하는 것도 모두 중국과 같이
> 하게 되었다. 이 사실을 근거로 헤아려 본다면 고금을 통하여 그 예를
> 찾기 어렵다.10)

불교의 교화 뿐만 아니라 관습과 풍속, 복장, 그리고 관리 임명과 놀
이에 이르기까지 중국화를 주장하여 그것을 실현케 한 데 일익을 담당함
으로써 자장은 『속고승전』의 찬자로 하여금 '고금을 통하여 그 예를 찾
기 어렵다'라는 평을 내리게끔 하였다. 이것을 그의 입당구법의 동기와
관련시켜 볼 때 그의 활동은 신라의 불교수준과 제도 문물의 정비를 한
단계 높은 수준으로 끌어올렸다는 평가를 받을 수 있다. 반면 자국 신라
에 대한 자부심을 갖기보다 당에 대한 동경심에 사로잡힘으로써 한국사
의 정체성 확립보다는 당문화에 대한 일방적 종속을 가져오게끔 하는 데
일익을 담당케 한 면 또한 부인할 수 없을 것이다. 이렇게 볼 때 불교계
의 입당구법은 물론 진골 및 6두품의 입당유학의 성행은 결국 삼국 각축
전에 있어서 외세의 힘을 빌려들어 백제, 고구려 정벌을 가져오게끔하는
결과를 초래하는 한 起因으로 작용하였다고도 할 수 있을 것이다.

자장에 附見된 신라의 인물로서 圓勝이 있다. 그에 관한 자료는 다음

---

9) 正朔은 천자가 제후에게 내려주는 달력과 政令을 말한다.
10) 『속고승전』 권24.

과 같다.

> C) 또한 사문 圓勝이란 스님이 있었는데 본래의 종족은 辰韓으로 청렴
> 하고 신중한 스님이었다. 그는 정관 1년(627)에 서울에 와서 두루 여
> 러 절에서 수도하여 듣고 지니면서 거울같이 깨달았다. 그는 禪定의
> 攝心에 뜻을 두었으며 호법을 마음으로 삼았다. 자장과 함께 나란히
> 불법의 城壍을 주도하고 유지하다가 함께 자기 나라로 돌아가서는
> 행의 길을 크게 드높이고 율부의 강당을 열었으니, 이 일은 오직 그
> 가 처음으로 빛낸 일이었다.[11]

　자장이 정관 12년(638)에 문인인 僧實 등 10여명을 거느리고 중국에
들어가 5년간 머물다가 정관 17년(643)에 귀국한 것으로 보아 원승이 당
에 머문 기간은 638~643년 사이의 17년간을 머문 셈이 된다.
　『續高僧傳』의 경우 사료 C)의 뒤를 이어 다음과 같은 내용이 계속
된다.

> 　예전부터 東蕃에는 西學에서 유래된 것이 있었으며, 經術은 알려졌
> 을지라도 戒檢이 행해진 일은 없었다. 그러나 인연이 거듭되자 三學이
> 모두 갖추어지게 되었다. 이로써 통법과 호법에는 대대로 그에 적합한
> 사람이 있다는 사실을 알 수 있으며, 중국은 탁하고 변방은 맑다는 말
> 이 이에 증명되는 것이다.[12]

　여기서 자장과 원승의 활동에 주목하여 '중국은 탁하고 변방은 맑다'
고 하였지만 그것은 오직 이들이 신라의 중국화에 이바지하였기 때문에
그러한 평가를 내린 것에 불과한 것이다.
　『속고승전』 讀誦篇에는 백제의 고승 慧顯이 언급되어 있는데 그 내
용은 다음과 같다.

11) 上同.
12) 上同.

D) 혜현은 伯濟國 사람이다. 그는 젊을 때 출가하여 간절한 마음으로 정성을 한 곳에 모아 『法華經』을 외우는 일을 업으로 삼았기에 그가 복을 빌고 청원하면 이루어지는 것이 많았다. 그 후 三論을 강의한다는 말을 듣고 곧 그에 따라 강의를 듣고 받아들였는데, 법이 일단 정신에 물들게 되자 더욱 그 실마리가 불어났다. 처음 본국의 북부에 있는 修德寺에 주석하면서 대중이 있으면 강론하고 없으면 곧 맑게 경을 외었다. 사방 먼 곳에서 소문을 듣고 찾아오는 사람으로 산을 이루어 시끄럽게 접대하였다. 그 후 문득 남방의 達拏山으로 갔다. 이 산은 매우 깊고 험하였으며 더욱이 견고한 바위들이 가로막아 비록 찾아가 展禮하려는 사람이 있다고 하더라도 올라가기가 어렵고 위태하였다. 혜현은 그 속에 고요히 앉아 예전과 같이 과업에 전념하다가 그곳에서 세상을 마쳤다. 도반이 시신을 가마에 모시어 석굴 안에 안치하였는데 호랑이가 몸과 뼈는 다 먹고 오직 해골과 혀만 남겨 놓았다. 그 후 3년이 지나니 그 혀는 빛깔이 더욱 적홍색으로 변하였으며 보통 때보다 더욱 부드러웠으나 3년이 지난 후에는 자색으로 변하여 딱딱하기가 돌과 같았다. 이에 도속들이 이상하게 생각하면서 공경하고 함께 봉하여 석탑문을 폐하였다. 그때 그의 나이는 58세였으며 貞觀 초년의 일이었다.[13]

혜현이 『法華經』을 외우는 일을 업으로 하였다거나 그의 死後 호랑이가 먹다 남겨둔 그의 혀가 3년동안 적홍색을 띠고 더욱 부드러워졌다가 3년 후 자색으로 변하여 돌과 같이 딱딱해졌다는 기록은 그가 讀誦篇에 입전될 수 있었음을 말해주는 것이다. 반면 『三國遺事』에서는 혜현을 「避隱篇」에 싣고 있다.[14] 이것은 그가 수덕사로 찾아오는 사람을 피하여 전례하려는 사람이 찾기 어려운 達拏山으로 들어가버렸다는 점 때문이라고 할 수 있다. 『삼국유사』에서는 『속고승전』의 내용을 전재한 다음에 다음과 같이 언급하고 있다.

---

13) 『續高僧傳』 卷28, 讀誦篇.
14) 『三國遺事』 卷5, 避隱 惠現求靜. 『續高僧傳』에서는 '慧顯'이라고 표기된 반면에 『삼국유사』에서는 '惠現'이라고 표기하고 있다.

E-1) 혜현이 서방에 유학하지 않고 고요히 은퇴하여 죽었지만 그의 이름
　　은 중국지방에도 전파되어 전기까지 지었으니 당나라에서 명성이 드
　　러났던 것이다.
　2) 또 고려 중 波若가 중국의 天台山에 들어가 智者敎觀을 공부하여
　　神異로서 산중에 드날리다가 죽었는데 『唐僧傳』에 역시 실려 있어
　　영험있는 본보기가 많다.
　3) 찬미하는 시에 이른다.
　　　귀중한 경전공부를 한바탕 끝내고
　　　그동안 얻은 지식 높이 간직하였네
　　　죽어도 혀만은 연꽃인양 붉은데
　　　드러난 이름은 멀리 『史記』에 전하도다[15)]

　E-1), 3)의 내용은 『속고승전』의 혜현전을 읽은 일연이 그에 대한
평과 찬미시를 덧붙인 것이라고 볼 수 있다. 따라서 E-1)의 평가의 입
장에서 볼 때 혜현은 『三國遺事』의 '避隱篇'에 들어갈 수밖에 없었을
것이다. 혜현은 『續高僧傳』에 언급된 우리나라 승려 가운데 유일한 입
당구법승이 아닌 경우이다. 그러나 그를 언급한 우리 측 사료가 일연
당시에 전혀 남아 있지 않았기 때문에 일연은 E-1), 3)의 내용을 보탤
수밖에 없었던 것이다.
　E-2)의 고구려 중 波若에 관한 언급은 『唐僧傳』, 즉 『續高僧傳』 「習
禪篇」에 다음과 같이 기록되어 있다.

　　　당시 천태산에는 또 波若이라는 스님이 있었는데, 그의 속성은 고구
　　려 사람이다. 진나라 시대 중국에 귀화하여 金陵에서 강론을 듣고 그
　　의미를 깊이 이해하였다. 開皇 연간에 수나라가 陳을 병합하자 유행길
　　에 나서서 업을 배우다가 개황 16년 천태산에 들어가 智者大師의 제
　　자가 되면서 禪法을 전수해줄 것을 구하였다. 그는 사람됨이 根機가
　　영리하고 上智에 속하는 사람이라서 곧 증득하는 바가 있었다. 그래서
　　지자대사는 그에게 이렇게 말했다. "너는 이곳과 인연이 있으니 모름

────────────
15) 『三國遺事』 卷5, 避隱 惠現求靜.

지기 한적하고 고요한 곳에서 두루 妙行을 성취하는 것이 좋다. 지금
천태산의 최고봉은 華頂峯이라 하는데 (중략) 이곳은 내가 예전에 두
타행을 수행한 곳이다. 그 산은 오직 大乘의 근성이 있어야만 살 수
있는데 너는 그곳에 갈 수 있다. 그곳에서 도를 배우고 수행해 나간다
면 반드시 깊은 이익이 있을 것이다. 衣食 문제를 근심하고 염려할 필요
는 없다." 이에 그는 즉시 스승의 뜻에 따르기로 하고 개황 18년 그 산
으로 가서 새벽부터 밤까지 도를 수행하면서 감히 졸거나 눕지 않았다.
그의 그림자가 산 밖을 나가지 않은 것이 16년에 달하였다. 그러다가
大業 9년 2월에 홀연히 스스로 산을 내려와 처음에는 佛壟上寺에 이르
렀다. (중략) 국청사에서 세상을 마쳤다. 그때 그의 나이는 52세였다.[16]

명상에 힘쓴 고승들에 대한 언급인 習禪篇에 비록 附見되었지만 고
구려 승려인 波若가 보인다. 그러나 그는 이미 중국으로 귀화한 승려였
다. 고구려 승려로서는 波若 외에 實法師가 보인다. 貞觀년간에 활약한
唐의 越州 弘道寺 慧持의 전기를 살펴보면, 그가 '高麗(고구려)의 實法
師에게서 三論을 들었다'는 기록이 나온다.[17] 이 단편적 기록 외에 實
法師에 관한 자료는 『속고승전』卷15의 法敏傳에

> (法敏)年二十三 又聽高麗實公 講大乘經論 躬爲南坐 結軒三周 及
> 實土後 高麗印師 上蜀講論 法席彫散[18]

이라는 기록이 보인다. 법민은 唐의 越州 靜林寺에서 주석하였는데 高
麗, 즉 고구려의 實公에게 大乘經論을 들었다고 하였다. 實法師는 고
구려 평원왕(559~590) 때의 승려로서 수나라에 가서 삼론을 강의하였는
데, 慧持와 法敏이 그를 스승으로 섬겼음을 알 수 있다. 그가 죽은 후
고구려의 印師가 그 법통을 이었으나 문도들이 흩어져 버렸음을 위 자
료를 통해 알 수 있다. 그리고 印師의 행적은 추적할 수 없다.

---

16) 『續高僧傳』卷17, 習禪篇.
17) 『續高僧傳』卷14, 義解.
18) 『續高僧傳』卷15, 義解.

이상에서 보다시피 『속고승전』에 나오는 한국승려로서 신라의 원광과 자장, 백제의 혜현이 正傳에 입전되어 있고, 附見된 승려로서는 고구려의 波若, 신라의 圓安, 圓勝을 들 수 있다. 그 외 고구려의 實法師, 자장의 제자 僧 實 등 10여명에 관한 단편적 사료가 보인다.

한국 승려들은 10科 가운데 義解・習禪・護法・讀誦篇의 4科에만 나온다.

특히 주목되는 것은 『속고승전』에 입전된 신라승 원광 및 자장의 경우 해당 권의 제일 앞 승려들을 나열한 인명 표기에 있어서 '唐新羅國皇隆寺釋圓光傳'(卷13)・'唐新羅國大僧統釋慈傳'(卷24)으로 표기된 데 반해 백제승려 慧顯의 경우 '伯濟國達拏山寺釋慧顯傳'이라고 하고 있다는 점이다. 『속고승전』이 처음 만들어진 정관 19년(645)은 신라, 고구려, 백제의 삼국이 한반도 주도권 쟁탈전을 벌이면서 각축하고 있었던 시기로서 신라와 당의 결속이 다져지고 있는 시점이다. 이 시점에서 당이 이미 신라를 '唐新羅國'이라고 한 점은 주목하지 않을 수 없다. 『속고승전』이 정관 19년 이후 여러 차례의 증보가 이루어졌음을 감안하면 나당연합군이 백제와 고구려를 깨뜨리고 난 이후의 시점에 이렇게 고쳐졌다고도 볼 수 있다. 그럼에도 불구하고 당나라의 일부에서 신라를 이미 자신의 속국으로 간주하고 있음을 엿볼 수 있다. 이것은 어쩌면 자장 등의 경우에서 보다시피 입당구법승들이 자국의 신라에 대한 자부심을 갖기보다 당에 대한 동경심에 사로잡혀 있음으로써 정체성 확립에 한계성을 드러내보인 모습의 당연한 귀결이었다.

III. 『大唐西域求法高僧傳』과 신라승려들의 求法活動

『大唐西域求法高僧傳』은 上・下 2권으로 되어 있으며 7세기말에

당나라의 학승 義淨이 지은 것이다. 『대당서역구법고승전』은 줄여서
『구법고승전』이라고도 한다. 이 책에는 『大唐西域記』를 쓴 당나라의
고승 玄奘이 서역에 갔다온 후인 645년으로부터 의정이 인도에서 돌아
온 때인 695년까지 사이에 불교탐구를 위하여 서역에 여행한 56명의
고승들의 전기가 수록되어 있다. 이들의 명단을 살펴보면, 상권에는 大
州 玄照法師·齊州 道希法師·齊州 師鞭法師·新羅 阿離耶跋摩法
師·新羅 慧業法師·新羅 求本法師·新羅 玄太法師·新羅 玄恪法
師·新羅 復有法師 二人·覩貨羅佛陀跋摩師·幷州 道方法師·常愍
師弟子一人·京師 末底僧訶師·京師 玄會法師·質多跋摩師·吐藩公
主妹母息二人·隆法師·益州 明遠法師·益州 義朗律師·朗律師 弟
子 一人·益州 智岸法師·益州 會寧律師·交州 運期法師·交州 木
叉提婆師·交州 窺冲法師·交州 慧琰法師·信冑法師·愛州 智行法
師·愛州 大乘燈禪師·唐國 僧伽跋摩師·高昌 彼岸 智岸 二人·洛
陽 曇潤·洛陽 義輝論師·그 외 大唐三人·新羅 慧輪法師가 수록되
어 있고, 이어 하권에는 의정이 서역에서 보고들은 고승들 15명, 즉 荊
州 道琳法師·荊州 曇光法師·그 외 大唐 一人·荊州 慧命禪師·潤
州 玄逸律師·晉州 善行法師·襄陽 靈運法師·澧州 僧哲禪師·哲禪
師 弟子 一人·洛陽 智弘律師·荊州 無行禪師·荊州 法振禪師·荊
州 乘悟禪師·梁州 乘如律師·澧州 大津法師 등 도합 56인이다. 이들
56명의 승려 외에 하권에는 의정 자신의 전기, 그리고 그가 당나라에
왔다가 다시 남해로 떠나면서 데리고 간 4명의 사문들에 대하여 쓰고
있다. 또 이 전기의 제목 밑에는 의정이 실리불서국에서 이 글과 함께
인도의 나란타사의 약도를 첨부하여 인편에 붙였다는 간단한 설명이
있다.

　『대당서역구법고승전』은 의정이 쓴 『남해기귀내법전』과 더불어 당시
인도의 불교형편과 중국과 인도의 교통형편을 보여주는 자료들을 담고
있다. 의정의 『대당서역구법고승전』은 현장의 『대당서역기』를 바탕으

로 이루어진 것이다. 그러나 현장의 『대당서역기』에 비해 僧傳의 성격
이 훨씬 강하다. 『대당서역기』는 현장이 당 태종 정관 3년(629) 8월 장
안을 출발하여 19년(645) 정월 돌아오기까지 그가 체험하고 견문한 서
역·인도의 기후·풍토·민족·언어·경역·물산·전설 등에 대해 적
은 地志이다. 자신의 체험과 견문에 따라 기록된 이 책은 7세기 전반에
있어 인도·서역에 대한 개괄적 내용을 담고 있었기 때문에 이 책의 뒤
를 이어 나온 의정의 『대당서역구법고승전』이 견문의 내용보다는 僧傳
에 치중한 것은 현장의 방대한 작업이 이미 있었기 때문이다.

　『대당서역구법고승전』의 간행이 이루어질 수 있었던 배경을 이해하
기 위해 『대당서역기』의 서문을 우선 살펴보기로 한다.

　　　우리 대왕의 대에 이르러, 천자는 하늘을 본떠 황위에 즉위하고 시
　운에 따라 정치의 중추를 쥐었으며, 천하를 하나로 사방을 덕화함으로
　써 상고 때의 三皇에 비견할 정도로 훌륭하게 천하를 다스리고 있습니
　다. 위대한 감화는 사방에 미치고, 서풍은 멀리까지 불어 천지가 만물
　을 감싸는 것과 같고, 또 비바람이 자연의 은총을 베푸는 것과도 같습
　니다.
　　　저 東夷가 조공을 하고, 西戎이 질서에 복종하게 되면서, 나라의 기
　초를 다져 자손에 전하고, 난세를 평정하여 바른 세상으로 되돌린 업
　적은 말할 것도 없이 전대의 제왕을 능가하여 오히려 전세의 사적을
　모두 포함시킬 만한 정도라고 하겠습니다. 천하의 통일을 성취한 이
　공적은 글로 쓰지 않을 때 그 큰 업적을 찬미할 수 없고, 일일이 명언
　하는 이외에는 그 대사업을 칭찬할 수가 없을 것입니다.
　　　현장은 오직 서역 여러 나라를 여행한 그대로 각기의 풍속에 관하
　여 서술하였습니다. 여러 나라의 풍속을 충분히 기록하고 있지는 않습
　니다만, 그곳에는 삼황오제 때 이상으로 천자의 은총이 미치고 있고,
　살아 있는 존재라면 무엇이나 은혜를 입는 가운데 어느 민족이나 천자
　의 공적을 찬양하고 있는 터입니다.
　　　중국에서 멀리 천축에 이르기까지 변경의 이민족이나 멀리 떨어져
　있는 나라들이 모두 대당의 달력을 쓰면서 덕화를 받고 있으며, 수많은
　당 왕조의 무공담을 화제로 文德의 성대함을 또한 예찬하고 있습니다.

이러한 일은 비록 전적을 자세히 조사한다고 해도 전대 미문의 일이며, 상고의 지리, 역사를 훑어봐도 무엇 하나 비슷한 사실이 없음을 알겠습니다. 이제 이곳에 서술해두지 않으면 당 왕조의 교화가 어떻게 성대하였는가를 전하기 어려울 것입니다. 그래서 견문한 사실을 바탕으로 하여 여기에 일부 전말을 기술하고자 하는 터입니다.[19]

현장은 서문을 통해 당 왕조의 교화가 어떻게 성대하였는가를 전하기 위해 『대당서역기』를 만들었다고 하였다. 결국 이의 연장선상에서 『대당서역구법고승전』의 작성이 이루어졌다고 볼 수 있다. 즉 의정은 서역에서외 대당인의 구법활동을 추적하여 『대당서역구법고승전』의 이름으로 내놓음으로써 당의 교화가 서역 곳곳에 두루 미침을 확인한 셈이다. 이제 『대당서역구법고승전』의 내용을 살펴보기로 한다.

『대당서역구법고승전』 상권에 실린 서문에서 의정은 서역으로 간 승려들이 겪은 어려움을 말하고 설령 천신만고 끝에 西國에 다다르더도 大唐에서 이들을 위한 사찰을 만들어두지 않았기 때문에 流離蓬轉하는 어려움을 겪음을 언급하고 있다. 이를 통해 국가적 차원에서 서역에 구법 승려들이 머물수 있는 사찰의 건립을 우회적으로 요구하고 있다고 볼 수 있다. 바로 이 염원이 『대당서역구법고승전』 편찬의 숨은 동기라고 할 수 있을 것이다.

의정은 서역에서 보고들은 고승들 56명의 이름을 열거하고 그들에 대하여 각각 차례대로 소개하고 있다. 이들은 불교탐구를 위하여 목숨을 아끼지 않고 서역으로 간 고승들이다. 이들을 언급한 상권의 마지막 부분에는 이들이 서역에 가서 머물렀던 사찰들을 소개하고 있다. 부처가 깨달음을 이룩한 곳에 세웠다는 대각사를 중심으로 한 여러 개의 절들을 소개하고 있다. 이를 통해 대각사의 서쪽에 있던 가필시국 비구들의 절, 대각사의 동북쪽에 있던 남인도의 굴록가국왕이 지은 절 등을

---

19) 玄奘, 『大唐西域記』 序.

들면서 다른 나라 사람들은 다 자기들의 절이 있는데 당나라의 사문들만은 제 절이 없어서 고생이 이만저만이 아니라고 하소연하고 있다. 이것은 이미 그 서문에서 언급된 것을 부연 설명한 것이다. 이어서 그는 지금은 비록 그 터만 남아 있지만 옛날 실리급다라는 인도의 왕이 중국 사문들을 위하여 지었다는 支那寺에 대하여 쓰고 있다. 그때 왕은 24개나 되는 마을들을 떼서 그 절의 생활을 보장하기까지 하였으나 그후 점차 사문들이 줄어들고 절도 쇠퇴하고 말았다고 한다. 그리고 대각사는 승가라국왕이 자기 나라 비구들을 위하여 지은 절이었는데 오랫동안 그 섬나라 사람들이 차지하고 있었다고 하였다. 마지막으로 대각사의 동북쪽에 있던 인도에서 그 규모가 가장 크고 제일 화려하였던 나란타사에 대하여 소개하였다. 그 절의 구조와 건물들의 형태, 방들의 배치와 탑을 비롯한 각종 유적유물들, 절의 관리규범과 비구들의 생활질서 등을 서술하였다.

하권에는 의정이 서역에서 보고들은 고승들 15명과 의정 자신의 전기, 그리고 그가 당나라에 왔다가 다시 남해로 떠나면서 데리고 간 4명의 사문들에 대하여 쓰고 있다. 의정이 배를 타고 당나라를 떠나 인도에 갔다가 남해의 섬나라인 실리불서국에 이른 여행노정에 대한 언급을 보면 대체로 다음과 같다.

의정은 672년 11월에 파사(페르샤)선박을 타고 당나라의 번우를 떠나 인도 여행길에 올랐다. 그는 하늘에 닿는 풍랑을 만나 갖은 고생을 다 겪으면서 20여일 만에 실리불서국에 이르렀다. 거기서 의정은 여섯 달을 있으면서 인도의 언어문자학을 배웠다. 그 후 말라유국에서 두 달을 지내고 갈도국에 갔다가 동인도로 가는 도중 섬나라인 라인국 해안에 올랐다. 그 나라 사람들은 몸에 옷을 걸치지 않고 야자와 파초를 먹으면서 살았다. 그 나라에서 보름동안 걸려 동인도의 담마립저국에 이른 의정은 대승등이라는 비구를 만나서 법어와 성론을 배운 후 그와 함께 중인도로 향하였다. 중인도에 이른 의정은 나란타사와 왕사성 추봉산,

대각사, 구시국 등 부처의 유적들을 돌아보고 다시 나란타사에 10년 동안 머물러 있으면서 불경들을 수집하였다. 그때 수집된 불경이 35만송이었는데 한문으로 번역되면 1,000권이나 된다고 하였다.

의정이 광주에 왔다가 다시 실리불서로 가면서 데리고 간 네 명의 사문들에 대한 언급에서 의정의 역정을 알 수 있다. 의정은 본래 실리불서국에서 당나라로 떠나는 인편에 불경을 베껴 쓸 사람을 데려오면서 먹과 종이를 가져올 것을 부탁하려고 배에 올랐다가 미처 내리지 못하여 그냥 광주에 도착하게 되었다. 그것이 691년 5월이었다. 그러나 의정은 실리불서에 남겨둔 불경들을 가져와야 하였다. 그리하여 그는 나이 50에 삶의 기약이라고는 없는 파도 사나운 망망한 바닷길로 또 다시 실리불서로 향하였던 것이다. 바로 그때 정고라는 고승이 의정의 불경 번역을 도와줄 사람으로 뽑히어 함께 가게 되었는데 그의 제자들이었던 회업, 도홍, 법랑들도 따라 갔다. 그들 가운데서 법랑은 가릉국까지 가서 병으로 죽고 회업은 실리불서에 영원히 남았으며 정고와 도홍은 광주에 돌아왔다고 하였다.

『대당서역구법고승전』에는 신라 및 고구려의 승려들이 포함되어 있다. 신라의 고승인 阿離耶跋摩, 慧業, 求本・玄太, 玄恪, 慧輪法師 외 이름을 알 수 없는 두 法師, 고구려 玄遊의 구법활동이 보인다. 이들이 이 책에 수록될 수 있었던 것은 당시 당나라 사람들이 갖고 있었던 국가관 및 세계관에 기인하는 것이다. 의정의 『대당서역구법고승전』이 만들어지는 7세기말의 당제국과 신라의 관계를 살펴보면 동아시아의 패권을 둘러싸고 당－신라와 고구려－백제－일본의 두 축이 각축을 벌이다가 나당연합군에 의해 백제, 고구려가 660년, 668년에 각기 무너지고, 이후 나당간에 전쟁이 일어났다가 676년에 화평교섭이 이루어져 신라에 의한 한반도 통일이 불완전하게 이루어지게 된다. 그러나 당은 백제 고토에 웅진도독부, 고구려 고토에 안동도독부, 신라에 계림도독부

를 둠으로써 신라는 형식적이나마 당에 복속되지 않을 수 없었다. 바로
이러한 점 때문에 『대당서역구법고승전』에 신라의 승려들이 대당의 교
화를 전파하는 전도자로 인식되어 입전이 이루어지게 되었다고 볼 수
있다.

　『대당서역구법고승전』에 수록된 한국승려들의 구법활동을 살펴보면
다음과 같다.

A－1) 阿離耶跋摩者 新羅人也 以貞觀年中 出長安之廣脅[王城小名] 追求
　　　正敎 親禮聖蹤 住那蘭陀寺 多閱律論, 抄寫衆經 痛矣歸心, 所期不
　　　契 出雞貴之東境 沒龍泉之西裳 卽於此寺無常 年七十餘矣[雞貴者
　　　梵云矩矩吒翳說羅 矩矩吒是雞 翳說羅是貴 卽高麗國也 相傳云 彼國敬雞神而取
　　　尊 故戴翎羽而表飾矣. 那蘭陀有池名 曰龍泉 西方高麗爲矩矩吒翳說羅也].20)

　2) 慧業法師者 新羅人也 在貞觀年中 往遊西域 住菩提寺 觀禮聖蹤於
　　　那爛陀 久而聽讀淨 因撿唐本 忽見梁論下記云 在佛齒木樹下 新羅
　　　僧慧業寫記 訪問寺僧云 終於此年 將六十餘矣 所寫梵本 並在那爛
　　　陀寺.21)

　3) 玄太法師者 新羅人也 梵名薩婆愼若提婆[唐云一切智天] 永徽年內 取
　　　吐藩道 經泥波羅 到中印度 禮菩提樹 詳撿經論 旋踵東土 行至土谷
　　　渾 逢道希師 覆相引致 還向大覺寺 後歸唐國 莫知所終矣.22)

　4) 玄恪法師者 新羅人也 與玄照法師 貞觀年中 相隨而至大覺 旣伸禮
　　　敬 遇疾而亡 年過不惑之期已.23)

　5) 復有新羅僧二人 莫知其諱 發自長安 遠之南海汎舶 至室利佛逝國西
　　　波魯師國 遇疾俱亡.24)

　6) 慧輪師者 新羅人也 梵名般若跋摩[唐云慧甲] 自本國出家 翹心聖迹
　　　汎舶而陵閩 越涉步而屆長安 奉勅隨玄照師西行 以充侍者 旣之西
　　　國 遍禮聖蹤 居菴摩羅跋國在信者寺 住經十載 近住次東邊北方覩

20) 『大唐西域求法高僧傳』 卷上.
21) 上同.
22) 上同
23) 上同.
24) 上同.

化羅僧寺 元是觀貨羅人 爲本國僧 所造其寺 巨富貲産豊饒 供養湌
設餘莫加也 寺名健陀羅山茶 慧輪住此 旣善梵言 薄閑俱舍 來日尙
在 年向四十矣 其北方僧來者 皆住此寺 爲主人耳.[25]

　7) 僧哲弟子玄遊者 高麗國人也 隨師於師子國出家 因住彼矣.[26]

위의 사료에 의하면 신라의 고승 아리야발마는 7세기 중엽 당나라로
求法을 위해 들어갔다가 '正敎를 追求하고 聖蹟을 親禮하기 위해' 貞
觀年中(627~649)에 당나라의 수도 長安의 廣脅을 떠나 인도에 가서 那
爛陀寺에 머물렀다. 이곳에서 계율과 논을 배웠고 불경들을 베껴 쓰는
일도 하였다. 그는 늘 고향을 그리워하였으나 돌아오지 못한 채 중인도
의 나란타사에서 죽었다. 의정은 그가 계귀 사람이라고 하면서 계귀는
닭귀신을 숭배하던 고려를 가리킨 것이라고 주석을 하였다. 여기서 고
려란 신라를 가리킨 것이다.

　신라의 고승 혜업은 7세기 중엽에 인도에 가서 보리사에 있으면서
那爛陀寺에서 聖蹟을 觀禮하고 불경공부를 한 사람이다. 그는 보리수
를 비롯한 불교유적들을 돌아보고 불경들을 배운 다음 당나라로 돌아가
려고 하다가 토곡혼에서 도희라는 고승을 만나 그와 함께 대각사에 다
시 갔으며 후에 당나라로 돌아갔는데 죽은 곳은 알 수 없다고 하였다.

　신라의 고승 현각은 현조와 함께 인도의 대각사에 갔다가 병으로 40
여세에 죽었다.

　이 밖에 이름이 알려지지 않은 두 명의 신라의 고승이 있는데 그들은
당나라의 장안을 떠나 멀리 실리불서국 서쪽에 있던 파로사국에서 병에
걸려 죽었다고 한다.

　고구려의 고승 玄遊는 당나라에 가서 선사 僧哲을 섬기고, 뒤에 그를
따라 배로 인도에 가서 불적지를 순례했다. 돌아오는 길에 동인도에 머

25) 上同.
26) 『大唐西域求法高僧傳』卷下.

물다가 사자국에 가서 승려가 된 후 거기에서 아주 살았다고 하였다. 고구려의 유일한 인도 구법승인 그에 관해 『대당서역구법고승전』에서 의정은 '불가의 동량이요, 승도의 영수'라고 평하고 있으나 그 외의 행적은 알 수 없다.

신라의 고승들이 阿離耶跋摩·慧業이 머물렀던 那爛陀寺는 龍樹와 그의 제자인 提婆가 공부한 곳이므로 2세기 말에 이미 교육장소를 갖춘 사원이었다. 631년 이곳을 찾은 현장의 『大唐西域記』에 의하면 상주하는 승려가 1만명이고, 교수가 2천명이었다고 한다. 특히

> 異境의 학자로서 聲譽를 얻고자 하는 사람은 모두 이곳에 와서 疑義를 제기함으로써 비로소 명성을 얻게 된다. 그리하여 여기에서 유학하였다고 허위사실로 말하며 이곳저곳을 다닌다고 해도 어디서고 정중한 예우를 받는다. 외국·이경사람으로서 이곳 토론의 자리에 들려고 하는 자는 힐문당하여 굽히고서 본국으로 돌아가는 자가 많고, 학식이 고금에 통달해있는 자만이 비로소 입문할 수가 있다. 그리하여 유학하러 온 후진의 학자로서 학문이 깊은 사람도 10사람 중 7~8명은 물러가게 마련이다. 나머지 2~3명의 박식한 사람도 승중들의 거센 질문공세에 꺾여 그 명성을 실추당하지 않은 사람이 없다.[27]

고 할 정도였다. 義淨이 이곳에 왔을 때 이곳의 건물이 3층이고 중국, 티베트, 몽고는 물론 고구려, 신라승려들이 9인이나 유학하고 있었다. 위의 사료 A)에 의하면 구체적으로 阿離耶跋摩·慧業이 나라난다사에서 활약하였음이 확인된다.

阿離耶跋摩·慧業·玄太·玄恪·慧輪 등 5명과 이름을 알 수 없는 2명의 신라승과 고구려승 玄遊에 관한 이야기는 『三國遺事』 및 『海東高僧傳』 등에 기록되어 있다. 우선 『三國遺事』에서는 「歸竺諸師」조에 다음과 같이 나온다.

---

27) 玄奘, 『大唐西域記』 卷9.

8) 廣函求法高僧傳云 釋阿離那一作耶跋摩一作□ 新羅人也 初希正教
早入中華 思觀聖踪 勇銳彌增 以貞觀年中離長安 到五天 住那蘭陀
寺 多閱律論 抄寫貝莢. 痛矣歸心 所期不遂 忽於寺中無常 齡七十
餘 繼此有惠業·玄泰·求本·玄恪·惠輪·玄遊 復有二亡名法師
等 皆忘身順法 觀化中天 而或夭於中途 或生存住彼寺者 竟未有能
復 雞貴與唐室者. 唯玄泰師克返歸唐 亦莫知所終 天竺人呼海東云
矩矩吒瑿說羅 矩矩吒 言雞也 瑿說羅言貴也 彼土相傳云 其國敬雞
神而取尊 故戴翎羽而表飾也 讚曰 天竺天遙萬疊山 可憐遊士力登
攀 幾回月送孤帆去 未見雲隨一杖還[28]

　　여기의 '廣函求法高僧傳'은 '江華京板 高麗人藏經'에 입장된 『大唐
西域求法高僧傳』을 말한다. 이 경이 '江華京板 高麗大藏經'의 '廣函'
에 기록되어 있기 때문이다. 자료 A-1)~7)과 A-8)을 비교해보면
『三國遺事』는 『大唐西域求法高僧傳』에서 자료를 추출하여 '歸竺諸師'
조를 작성하였음을 알 수 있다. 그 가운데 특히 자료 A-1)의 阿離耶跋
摩에 관한 기록을 중심으로 해서 『三國遺事』의 '歸竺諸師'조가 이루어
졌다.

　　한편 『海東高僧傳』에는 이들에 관해 다음과 같이 기록되어 있다.

B-1) 釋阿離耶跋摩 神智獨悟 形貌異倫 始自新羅 入于中國 尋師請益 無
遠不參 瞰憩冥壑 凌臨諸天 非惟規範當時 亦欲陶津來世 志切遊觀
不殫遊邈 遂求法於西竺 乃退登於葱嶺 搜奇討勝 歷見聖蹤 夙願已
圓 資糧時絶 乃止那爛陀寺 未幾終焉 是時 高僧惠業 住菩提寺 玄
恪·玄照止大覺寺 上四人 並於貞觀年中 有此行也 共植勝因 聿豊
釋種 遙謝舊域 往見竺風 騰茂譽於東西 垂鴻休於罔極 非大心上輩
其何預此乎 按年譜 似與玄奘三藏 同發指西國 但不知第何年耳.
2) 釋惠業 器局沖深 氣度凝遠 巉巖容儀 戌削風骨 直辭邊壤 遐入中華
遂於貞觀年中 往遊西域涉流沙之廣漠 登雪嶺之嶔岑 每以淸暉啓曙
卽潛伏幽林 皓月淪霄 乃崩波永路 經生循法 志切宣通 遂往菩提寺

28)『三國遺事』卷4, 意解5 歸竺諸師.

觀禮聖蹟 又於那爛陀寺 寄跡棲眞久之 請讀淨名經 因檢唐本 海通
綸貫 梁論下記云 在佛齒木樹下 新羅僧慧業寫記 訪問寺僧云 傳云
業從于是寺 年將六十餘矣 所寫梵本 並在那爛陀寺焉.

3) 釋惠倫 新羅人 梵名般若跋摩[唐云慧甲] 自本國出家 翹心聖迹 泛
舶而陵閩越 涉步而屆長安 寒署備受 艱危罄盡 奉勅隨玄照法師 西
行以充侍 飛梯架險 旣之西國 遍禮奇蹤 寓居菴摩羅跛國信者寺 淹
住十載 近住次東邊 健陀羅山茶寺 貲産豊饒 供養湌設 餘莫加也 化
羅僧寺 元是覩貨羅人 爲本國僧 所造其寺 巨富 供養湌設餘莫加也
其北方胡僧往來者 皆住此寺 峰屯雲集 各修法門 輪旣善梵言 薄閑
俱舍 來日尙在 年向四十矣 具如義淨三藏求法高僧傳中.

4) 釋玄恪 新羅人 嶷然孤硬 具大知見 性喜講說 赴感隨機 時人指爲火
中芙蓉也 尙嘆受生邊地 未覩中華 聞風而悅 木道乃屆 自東圻逶含
西笑 心慚中畫 志要歷參 比猶月行 午夜任運而轉 或層岩四合 鳥道
雲齊 或連氷千里 風行雲臥 遂與玄照法師 相隨至西乾大覺寺 遊滿
焰之路 賞無影之邦 負笈精研 琢玉成器 年過不惑 遇疾而亡.

5) 玄照者 亦新羅之高士也 與恪同科 始終一揆 未詳所卒.

6) 復有新羅僧二人 莫知其名 發自長安 泛舶至室利佛逝國 遇疾俱亡.

7) 釋玄遊 高句麗人 叶性虛融 禀質溫雅 意存二利 志重詢求 乘盃泝流
考室幽壑 入唐禮事僧哲禪師 摳衣禀旨 哲思慕聖踵 泛舶西域 適化
隨緣 巡禮略周 歸東印度 遊常隨附鳳 因住於彼 慧炬夙明 禪枝早茂
窮涯盈量 虛往實歸 誠佛家之棟樑 實僧徒之領袖 旣而舟壑潛利 悼
陵谷之遷質 居諸易晩 惻人世之難常 薪盡火滅 復何可追 義淨三藏
嘉爾幼年 慕法情堅 旣虔誠於東夏 復請益於西天 重指神洲 爲物淹
留 傳十法而弘法 竟千秋而不秋 雖捐軀異域 未返舊都 彼之功名 落
落如此 安得不掛名竹帛 以示將來 遂著求法高僧傳 予偶覽大藏 閱
至於斯 志深饗慕 遂抽釋而書之.

8) 釋玄太 新羅人 梵名薩婆愼若提婆[唐言一切智天] 童稚深沈 有大
人相 不茹葷 不喜鬪其入□□□□□如也 嘗泛舶如唐 學問靡常 闡
奧窮微 高宗永徽中 遂往中印度 禮菩提樹 如師子遊行 不求伴侶
振五樓之金策 望三道之寶階其所遠艱危 歷覽風土 亦未能盡導 便
向大覺寺掛錫 詳檢經論 備省方俗 後還震旦 敷宣法化 玄績乃著
巍巍乎其有成功矣.

서술의 초점이 신라의 입장에서 쓰여지고, 다른 우리측 문헌의 자료를 보태어 언급하기도 하였지만『海東高僧傳』의 경우도『三國遺事』와 마찬가지로『대당서역구법고승전』의 자료를 바탕으로 정리되었다. 이것은 B-7)의 밑줄친 부분을 살펴보면 각훈이 '우연히 대장경을 열람하다가 여기에 이르러 지극한 마음으로 우러러 사모하게 되었으므로 드디어 이것들을 뽑아 쓰는 것이다'고 한 것에서 확인된다.

당나라를 거쳐 서역으로 들어간 阿離耶跋摩·慧業·玄太·玄恪·慧輪 등 5명과 이름을 알 수 없는 2명의 신라승과 고구려승 玄遊에 관한 이야기가 의징의『대당서역구법고승전』에 남아 전함으로써『三國遺事』및『海東高僧傳』등에 수록되어 지금까지 그들의 구법활동이 소략하나마 전해지게 되었다. 이들은 물론 이름을 전하지 못하는 숱한 인물들이 구법활동을 통해 세계불교문화의 수준을 한 단계 끌어올리는 데 일익을 담당하였다.

그들은 대개가 먼 이역땅인 서역에서 생을 마감하였고, 그들의 일부가 당으로 다시 돌아오기도 하였지만 끝내 다시 우리나라 땅을 밟은 사람은 아무도 없었다. 결국 이들의 엄청난 각고의 노력은 한국 불교문화의 수준을 한 단계 높이는 데에는 기여하지 못하였다. 오직 한국의 불교문화는 중국을 통해 중국화된 불교문화를 받아들였을 뿐이다. 서역으로 간 구법행렬이 당나라를 거쳐 서역으로 이어졌다는 사실 또한 이를 반증해주는 것이다. 이와 결부시켜 볼 때 미술사의 분야에서 서역과 관련시켜 언급되는 7세기의 甘山寺 석조아미타여래입상과 경주박물관의 沙岩製 여래입상 등이 서역에서 유행했던 佛의 주름이지만 세부에 있어서 차이를 나타내며, 오히려 중국의 예와 더 유사성을 지니며, 시기적으로도 서역과의 직접적인 교류에 의한 것이라고 하기보다는 중국을 통해 받아들여진 것으로 보는 것이 더욱 타당하리라는 견해는 일리가 있는 견해라고 볼 수 있을 것이다.[29]

IV. 맺음말

　『續高僧傳』과 『大唐西域求法高僧傳』에 입전된 '韓國 高僧의 행적'
의 내용을 요약함으로써 결론에 대하고자 한다.

　『속고승전』義解・習禪・護法・讀誦篇에 한국승려로서 신라의 원광
과 자장, 백제의 혜현이 正傳에 입전되어 있고, 附見된 승려로서는 고
구려의 波若, 신라의 圓安, 圓勝을 들 수 있다. 그 외 고구려의 實法師,
자장의 제자 僧 實 등 10여명에 관한 단편적 사료가 보인다.

　『속고승전』에 입전된 신라승 원광 및 자장의 경우 해당 권의 제일 앞
승려들을 나열한 인명 표기에 있어서 '唐新羅國皇隆寺釋圓光傳'(卷13)・
'唐新羅國大僧統釋慈傳'(卷24)으로 표기된 데 반해 백제승려 慧顯의 경
우 '伯濟國達拏山寺釋慧顯傳'이라고 하였다. 『속고승전』이 처음 만들
어진 정관 19년(645)은 신라, 고구려, 백제의 삼국이 한반도 주도권 쟁탈
전을 벌이면서 각축하고 있었던 시기로서 신라와 당의 결속이 다져지고
있는 시점이다. 이 시점에서 당이 이미 신라를 '唐新羅國'이라고 한 점
은 주목받지 않을 수 없다. 『속고승전』이 정관 19년 이후 여러 차례의
증보가 이루어졌음을 감안하면 나당연합군이 백제와 고구려를 깨뜨리
고 난 이후의 시점에 이렇게 고쳐졌다고도 볼 수 있다. 그럼에도 불구
하고 당나라의 일부에서 신라를 이미 자신의 속국으로 간주하고 있음을
엿볼 수 있다. 이것은 어쩌면 자장 등의 경우에서 보다시피 입당구법승
들이 자국의 신라에 대한 자부심을 갖기보다 당에 대한 동경심에 사로
잡혀 있음으로써 정체성 확립에 한계성을 드러내보인 모습의 당연한 귀
결이었다.

　당나라를 거쳐 서역으로 들어간 阿離耶跋摩・慧業・玄太・玄恪・慧

---

29) 임영애, 『서역불교조각사』, 일지사, 1996, 287∼315쪽.

輪 등 5명과 이름을 알 수 없는 2명의 신라승과 고구려승 玄遊에 관한 이야기는 의정의『대당서역구법고승전』에 남아 전함으로써『三國遺事』및『海東高僧傳』등에 수록되어 지금까지 그들의 구법활동이 소략하나마 전해지게 되었다. 이들은 물론 이름을 전하지 못하는 숱한 인물들이 구법활동을 통해 세계불교문화의 수준을 한 단계 끌어올리는 데 일익을 담당하였다. 그러나 그들은 대개가 먼 이역땅인 서역에서 생을 마감하였고, 그들의 일부가 당으로 다시 돌아오기도 하였지만 끝내 다시 우리나라 땅을 밟은 사람은 아무도 없었다. 결국 이들의 엄청난 각고의 노력은 한국 불교문화의 수준을 한 단계 높이는 데에는 기어하지 못하였다. 오직 한국의 불교문화는 중국을 통해 중국화된 불교문화를 받아들였을 뿐이다. 서역으로 간 구법행렬이 당나라를 거쳐 서역으로 이어졌다는 사실 또한 이를 반증해주는 것이다. 이와 결부시켜 볼 때 미술사의 분야에서 서역과 관련시켜 언급되는 7세기의 甘山寺 석조아미타여래입상과 경주박물관의 沙岩製 여래입상 등이 서역에서 유행했던 佛의 주름이지만 세부에 있어서 차이를 나타내며, 오히려 중국의 예와 더 유사성을 지니며, 시기적으로도 서역과의 직접적인 교류에 의한 것이라고 하기보다는 중국을 통해 받아들여진 것으로 보는 것은 타당하다고 하겠다.

제2장 『禪門拈頌』과 眞覺國師 慧諶

Ⅰ. 머리말

현재 『禪門拈頌』에 대해서는 '한국선의 역사적인 의미에서 먼저 한국인이 만든 한국적인 燈史를 찬술했다는 그것만으로도 대단한 것이며 특히 대부분의 자료가 인도나 중국의 자료이지만 대담하게도 자기화한 작업이라는 점에서 오늘날에도 높이 평가할 만한 일이다'라는 평가를 내리고 있다.[1] 그럼에도 불구하고 지금까지 이 책에 나오는 한국불교자료가 무엇이 있으며, 그것이 가지는 의미가 무엇인가에 대한 정리는 거의 이루어지지 않은 실정이다. 다만 「眞覺國師語錄補遺」의 集成公案에 나오는 24話를 『禪門拈頌』에서 찾아 소개한 정도이거나 그 底本에 관한 연구, 판본 및 주석서에 관한 언급 정도이다.[2] 이러한 실정을 감안하여 우선 『禪門拈頌』에 나오는 한국불교자료를 적출하여 소개하고, 그것이 갖는 의미를 지적해보기로 한다. 『禪門拈頌』을 비롯한 '江華京

1) 韓基斗, 「『禪門拈頌』의 編纂에 따르는 慧諶禪의 意旨」『普照思想』7, 보조사상연구원, 1993, 47쪽.
2) 韓基斗, 앞의 글 및 李東埈, 『高麗 慧諶의 看話禪 硏究』, 동국대학교 박사학위논문, 1992 ; 「『曹溪眞覺國師語錄』의 구성과 내용상 특성」『普照思想』7, 보조사상연구원, 1993.

板 高麗大藏經' 소재의 '韓國佛敎關聯資料'의 종합적 검토가 이루어진다면 우리 불교문화의 축적된 역량이 세계불교, 나아가 세계문화의 창달에 기여한 바를 밝혀주는 한 단서가 될 수 있을 것이다.

II. 『禪門拈頌』 해제

『禪門拈頌』은 고종 13년 겨울에 眞覺國師 慧諶(49세)이 曹溪山 修禪社에서 문인 眞訓과 더불어 선종의 古話 1125則과, 이에 대한 禪宗의 諸師 語話, 즉 徵·拈·化·別·頌·歌 등의 要語들을 채집하여 30권으로 錄成한 것이다.[3] 이 책의 서문은 다음과 같다.

세존과 가섭 이후에 대대로 이어받아 등불과 등불이 다함이 없이 차례차례 비밀히 전함으로써 바른 傳法을 삼으니, 바르게 전하고 비밀히 준 자리는 말로서 표현치 못할 바는 아니나, 말로는 미치지 못하는 바가 있기 때문에 비록 가리켜 보이는 일이 있어도 문자를 세우지 않고 마음으로서 마음을 전할 뿐이었다.

그렇거늘 일을 좋아하는 이들이 그 행적을 억지로 기억하여 책에 실어서 지금까지 전하니, 그 거칠은 자취야 소중히 여길 바가 아니나 흐름을 더듬어 근원을 찾고 끝에 의거하여 근본을 아는 것도 무방하리니, 근원을 얻은 이는 비록 만 갈래의 다른 말이라도 맞지 않은 일이 없고, 이를 얻지 못한 이는 비록 말을 떠나서 간직한다 해도 미혹하지 않는 일이 없으리라.

그러므로 諸方의 큰 스님들이 문자를 무시하지 않고 자비를 베풀어 徵하고, 拈하고, 代하고, 別하고, 頌하고, 歌해서 깊은 이치를 드러내어 후대 사람에게 전해주셨으니, 正眼을 열고 玄機를 갖추어 삼계를

---

3) 『禪門拈頌集』 慧諶의 序文. 이에 관해 『東師列傳』 권1, 眞覺國師傳에서는 "元世(太)祖金宣(哀)宗丙戌丁亥間 與門人眞訓等 采集諸師禪門語話 結佛法僧三寶之次 錄成拈頌集三十卷"이라고 하였다.

뒤덮고 四生을 건져 주고자 하는 이라면 이를 버리고서 무슨 방법이 있으랴.

하물며 이 나라는 선왕 때에 삼한을 통합한 이래 禪道로서 국가의 복을 늘리고 지혜로운 논리로서 이웃 군사를 물리쳤으니, 선종의 이치를 깨닫고 도를 토론할 자료가 이보다 더 긴요한 것이 없으므로 宗門의 학자들이 목마를 때 마실 것을 기다리듯 시장할 때 먹을 것을 생각하듯 하였다.

내가 학도들의 간곡한 청을 받고 선왕들의 본뜻을 생각하여 국가에 복을 더하고 불법에 도움이 되게 하고자 門人 眞訓 등을 데리고 옛 이야기 1,125 대목과 여러 스님네의 拈과 頌 등 요긴한 말씀을 수록하여 30권으로 꾸며 傳燈錄과 짝이 되게 하니, 바라는 바는 堯風과 禪風이 영원히 나부끼고 舜日과 佛日이 항상 밝으며 바다는 편안하고 강은 맑으며 시대는 화평하고 철세는 풍년들어 만물이 각각 제 자리에 안정되고 집집이 모두 無爲의 법을 즐기게 하려 함이니, 구구한 마음 이에 간절할 뿐이다.

다만 한스러운 일은 여러 대가들의 語錄을 다 보지 못했으므로 빠진 바가 있을까 염려하니, 다하지 못한 부분은 후일의 현명하신 분에게 기대를 건다.

貞祐十四年(1227) 丙戌의 한 겨울에
海東 曹溪山 修禪社에서 無衣子가 쓰노라.

혜심이 쓴 『禪門拈頌』의 서문에 의하면, 선종의 교리는 석가모니부처 이후 대대로 전해내려 왔는데 그것을 말과 글로서 표현할 수 없으며 오직 마음에 의하여서만 전해질 수 있다고 하였다. 그러나 일을 좋아하는 사람들이 억지로 그 행적을 기록하고 책에 실어서 지금까지 전해왔고, 또 마음에서 마음으로 전해지는 법의 흐름을 문자를 통해 더듬어 근원을 찾고 끝에 의거하여 근본을 아는 것도 무방하다는 생각에서 혜심의 저술활동, 즉 이 책의 간행이 시작되었음을 알 수 있다. 혜심은 이를 통해 正眼을 열고 玄機를 갖추어 삼계를 뒤덮고 四生을 건져 주고, 국가에 복을 더하고 불법에 도움이 되게 하고자 하는 의도를 갖고 있었

다. 이를 위해 諸方의 큰 스님들이 문자를 무시하지 않고 자비를 베풀
어 徵하고, 拈하고, 代하고, 別하고, 頌하고, 歌해서 깊은 이치를 드러내
어 후대 사람에게 전해주고자 한 것을 기록하고자 하였다. 이리하여 이
책은 옛날부터 전해오는 고칙을 모았으며 그 뜻을 전하려고 한 선배 승
려들의 설교내용도 함께 수집하여 기록하고, 스승들이 외우고 전한 공안
을 엮어 놓은 것이라는 뜻에서 책이름을 『禪門拈頌集』이라고 하였다.

혜심이 서문에서 밝힌 것 외에 이 책의 편찬배경은 당시 송대 선종의
영향이 지적되고 있다. 즉 송대 선종의 특색은 선종 『傳燈錄』의 편집과
디불어 頌古와 拈古文學의 전개에 있다. 雪竇重顯의 『頌古百則』, 圓悟
克勤의 제창에 의한 『벽암록』의 저술, 宏智正覺의 『頌古百則』을 비롯
하여 북송 말에서 남송에 걸쳐 많은 선승들이 송고나 염고를 만들고 있
다. 『拈八方珠玉集』과 『宗門通要』는 이를 정리하여 고칙을 법계에 따
라 배열한 것이며, 혜심의 『禪門拈頌』 또한 이와 유사하다. 따라서 『禪
門拈頌』의 저본들도 당시 송나라에서 유행하던 송고와 염고에서 우선
찾아야 한다. 실제 혜심의 이 책은 그 전반적인 구성과 송고에 있어서는
『禪宗頌古聯珠集』과 상당히 유사한 바가 있으며, 다수의 본칙과 염고에
있어서는 『宗門通要』에 우선적으로 의존하였다고 볼 수 있다.[4]

『禪門拈頌』의 공안들과 염송들에는 한결같이 선종의 기본종지인 不
立文字, 見性成佛, 以心傳心 師資相承과 頓悟를 내세우고 있다. 불립
문자, 견성성불이란 선종에서 경전의 말이나 글자에 의해서가 아니라
직접 교를 전하여 자기가 원래 갖추고 있다는 불성을 보고 부처가 된다
는 뜻이다. 이심전심, 사자상승이란 선종에서 불도는 마음으로부터 마
음에로, 스승으로부터 제자에로 전할 수밖에 없다는 뜻이다. 돈오성불
이란 선종에서 경전을 익히고 그 도움으로 점차 도를 깨닫는 것이 아니
라 자기 마음이 곧 부처이며 자기 마음속에 부처가 있다는 것을 단번에

---

4) 이동준, 『高麗 慧諶의 看話禪 硏究』, 동국대학교 박사학위논문, 1992.

깨달아야 부처가 될 수 있다는 것이 선종의 기본교리로 된다는 것을 말하여 준다.

참선하는 데서 무엇보다 중요한 것은 언어와 문자에 의해서 불도를 깨달을 수 없다는 것을 체득시키는 것이며 말과 글이 가지는 제한성을 강조하고 그것이 불도를 깨달을 수 없게 한다는 것을 보여주는 것이다. 이를 위해 사람, 장소, 때에 따라서 다양한 방편을 쓰게 된다. 그 가운데서 몇 가지 예를 들어보면 다음과 같다.

우선 모든 사고와 논리, 특히 정상적이며 건전한 생각이나 이치는 산 것을 죽은 것으로 만들며 집착심만을 가져오게 된다는 것을 깨닫도록 하는 것이다. 또한 서로 배반되는 두 개의 대답에 이르는 문제를 설정하거나 풀 수 없는 문제를 내놓아 궁지에 몰아넣고 그로부터의 출로, 즉 불도를 일순간 깨닫는 데서 찾도록 하는 것이 있다. 선을 논하는 문답에서 물음에 대한 엉뚱한 대답을 주어 선의 말로서 표현할 수 없고 파악할 수도 없다는 것을 깨닫게 하는 것이 있다. 같은 문제에 대하여 같지 않는 대답을 주거나 같지 않는 문제에 대하여 같은 대답을 주며 제출된 문제에 대답을 주지 않는 등 임기응변적인 변법을 써서 고정적인 인식, 긍정적인 인식이 부당하다는 것을 보여주는 것이 있다.

다음으로 선을 닦는 데서 중요한 것은 참선자들이 선을 닦으면서 단번에 깨달은 소식을 어떻게 하나 알 수 있도록 하는 것이다. 여기에서는 여러 가지 비유를 들어 깨달은 경지를 보여주며 또 홀연 불도를 환하게 깨닫도록 계기를 조성하는 것이다. 이때 흔히 막대기로 사람을 때리고 발로 차며 욕질하고 고함을 지르는 방법이 이용된다. 이것은 그 어떤 고정적, 긍정적 인식도 철저히 배격하고 일체 언어, 문자, 개념, 사유를 반대한 선종의 승려들이 선을 닦는 중요한 방법으로 신비한 직관을 내세우게 되었다는 것을 말해준다.

이 책에 실린 古則들과 拈頌들의 내용도 이상과 같은 것들이다.

『禪門拈頌』은 원래 慧諶이 조계산 수선사에서 46세 때인 1226년(고종 13)에 제자인 眞訓 등과 더불어 禪家의 古話 1125則과 이에 관한 여러 선사들의 拈·頌·徵·代·歌 등을 모아 30권으로 편찬한 것이다. 그 후 몽골의 침입 다음해에 강화천도를 할 때 이 판을 가져가지 못하여 없어지고 말았다. 그 후 1244년(고종 31)~1248년 사이에 大藏都監 분사도감에서 개판하였는데, 이때 새로이 347則을 더하여 1472則을 수록하였다.[5] 그렇지만 실제 이 再刻版의 고칙은 1463칙이다. 그 내용은 佛·法·僧의 배열대로, 大覺世尊釋迦文佛, 華嚴 등의 經典, 西天應化賢聖, 西天祖師, 達磨嗣法, 東土應化賢聖의 순서로 334인을 싣고 있다.

이제 각 권별로 그 내용을 소개하면 다음과 같다.[6]

【제1권】

제1권에는 석가모니의 전기, 행적, 설교와 관련한 고칙과 염송이 실려있다. 그 내용은 다음과 같다.

1) '兜率來儀'에 관한 고칙, 즉 "부처는 도솔천을 떠나기전에 이미 왕궁에 태어났으며 어머니의 胎에서 나오기 전에 이미 사람들을 다 제도하였다"는 내용을 맨 처음으로 하여, 2) "세존께서 처음 탄생하실 때 두루 일곱 걸음을 걷고 눈으로 사방을 둘러 보고 한 손으로 하늘을 가리키고 한 손으로 땅을 가리키며 '하늘 위나 하늘 아래 나만이 홀로 존귀하다' 하였다"고 한 '周行七步'에 관한 고칙, 3) "세존이 샛별을 보시고 도를 깨쳤다"는 '見明星悟道'에 관한 고칙, 4) "세존이 다자탑 앞에서 인간과 하늘의 무리에게 설법을 하는데 迦葉이 늦게 도착했다. 세존이 그와 자리를 나누어 앉으니 대중이 모두 어리둥절했다"는 내용의 '多子塔前分座'에 관한 고칙, 5) "세존이 靈山에서 설법하는데 하늘에

---

5) 萬宗, 「增補拈頌跋」『韓國佛教全書』 5 - 923上.

6) 선종의 경전류에 문외한인 필자는 『禪門拈頌』의 분석을 위해 주로 『한글대장경 禪門拈頌』(김월운 옮김, 東國譯經院, 1994년 중판 간행본)에 의거하였음을 밝혀두는 바이다.

서 네 가지 꽃을 내리거늘 세존이 그 꽃을 들어 대중에게 보이니 가섭이 빙그레 웃었다. 이에 세존이 말하기를 '나에게 정법안장이 있는데 마하가섭에게 전해 주노라' 하셨다"는 '拈花微笑'에 관한 고칙, 6) "세존이 어느 날 자리에 오르자 대중이 모이니 文殊가 白槌하고 말하기를 '법왕의 법을 자세히 살피니 법왕의 법이 이러하나이다' 하니 세존이 자리에서 내려왔다"는 '世尊陞座'에 관한 고칙, 7) '老母說法'에 관한 고칙, 8) '勝義諦 안에 世俗諦가 있는가? 없다면 지혜는 둘이 될 수 없을 것이며, 있다면 지혜가 하나가 되지 못할 것이니, 하나와 둘의 도리가 어떤가'라는 波斯匿王의 질문에 대해 부처가 '내 이제 말함이 없고 그대 또한 들음이 없으니, 말함이 없고 들음이 없는 것이 하나의 이치이며 둘의 이치이니라'고 한 『仁王經』二諦品에 나오는 최상의 진리인 '勝義'에 관한 고칙, 9) "세존이 어느 날 문수가 문 밖에 서 있는 것을 보고, '문수여, 어찌 문 안으로 들어오지 않는가?'라고 하자, 문수가 '세존이여, 저는 한 法도 보지 못하여 문 밖에 있거늘 어찌 저더러 문 안으로 들라고 하십니까?'"라고 한 '入門'에 관한 고칙, 10) 부처가 沙門에게 인명이 얼마나 된다고 생각하는가를 물은 데 대한 '人命'에 대한 고칙, 11) 세존이 돼지를 메고 지나가는 것을 보고 무엇인가를 묻자 돼지도 모르는가라고 하자 '그러기에 물어보는 것이 아닌가'라고 한 내용을 담고 있는 '猪子'에 관한 고칙, 12) '摩尼珠'에 관한 고칙, 13) 세존에게 한 外道가 어제는 定法을 말하고 오늘은 어째서 不定法을 말하는가라고 하자 '어제는 정법이요, 오늘은 부정법이니라'고 한 '定法'에 대한 고칙, 14) 五通仙人이 세존에게 '부처에게는 六通이 있고 나에게는 五通이 있을 뿐이니 어떤 것이 나머지 한 신통인가'라고 한 질문에 대해 부처가 '그 한 신통을 그대는 나에게 묻는가'라고 답한 '五通'에 관한 고칙, 15) 세존이 길을 가다가 탑묘를 보고 절을 하자 阿難이 누구인가 묻자 부처가 '과거 부처의 탑묘'라 하고, 누구의 제자인가라는 물음에 '나의 제자'라고 하자 아난이 '의당 그럴 것이다'라고 한 '塔廟'

에 관한 고칙, 16) 세존이 어떤 外道가 '不問有言 不問無言'을 묻자
'良久'하매 외도가 깨달아 듣게 함을 감사하며 물러났을 때 아난이 그
까닭을 묻자 "세간의 좋은 馬는 채찍의 그림자만 보고도 달리는 것 같
으니라"라고 한 '良久'에 대한 고칙, 17) 조달이 부처를 비방한 죄로 지
옥에 빠졌을 때 부처가 아난을 보내 견딜만한가를 묻고 벗어나기를 원
하는가를 물었을 때 세존이 와야 나가리라고 하매, 아난이 '부처는 三
界의 大師이거늘 어찌 지옥에 들 까닭이 있겠는가' 하자 조달이 '부처
가 이미 지옥에 들어올 까닭이 없다면 내가 어찌 지옥에서 나갈 까닭이
있겠는가'라고 한 '調達'에 관한 고칙, 18) 제석에게 뿌리없는 나무 한
그루와 음지와 양지가 없는 땅 한 조각, 소리쳐도 메아리 없는 산골짜
기를 요구한 賢女에 관한 '指屍'에 관한 고칙, 19) '밖의 六塵과 안의
六根과 중간의 六識을 일시에 버려서 버릴 것이 없는 곳이라야 그때가
생사를 면하는 곳이니라'라고 한 부처의 설법에 合歡梧桐 꽃 두 송이를
바쳤던 黑氏 梵志가 無生忍을 얻었다는 내용의 '合歡'에 관한 고칙,
20) 세존이 音響을 잘 분별하는 耆婆에게 무덤 사이에 있는 해골 5개를
차례로 가리키면서 어디에 태어난 것인가를 묻자 지옥, 축생, 아귀, 인
간, 하늘세계에 태어났다고 답하자 다시 하나를 가리키며 묻자 기바는
태어난 곳을 알지 못했다는 내용의 '觸髏'에 관한 고칙, 21) 온갖 법을
받아들이지 않는 것을 宗으로 삼는 長爪 梵志에게 '이 소견', 즉 온갖
법을 받아들이지 않는 것을 宗으로 삼는 것을 받아들이겠는가라고 물음
으로써 범지가 깨달음을 얻고 부처에게 귀의하였다는 내용의 '長爪'에
관한 고칙, 22) 乾闥婆王이 거문고를 탔을 때 산천과 대지, 목석이 모두
거문고 소리를 내고, 가섭이 일어나 춤을 추자 왕이 부처에게 가섭이
아직 습기가 남은 것이 아닌가를 물으니 부처는 춤춘 일이 없다고 하
고, 그대의 거문고 소리에 산천과 대지, 목석이 소리를 낸 것처럼 가섭
도 역시 그렇기 때문에 춤춘 일이 없다고 한 '獻樂'에 관한 고칙, 23)
세존이 聖衆을 거느리고 六天에 가서 '부처의 가르침을 받고 바른 법을

웅호하도록 하라'고 하자 오직 한 마왕만이 '나는 일체 중생이 모두 부처가 되어서 중생 세계가 텅비고 중생이란 이름까지 없어진 뒤에야 보리심을 내겠다'고 한 '說大集經'에 관한 고칙, 24) 城東의 老母가 부처 보기를 싫어하여 피하기만 하였으나 피하면 피할수록 피해지지 않아 손으로 얼굴을 가리었으나 열손가락에 모두 부처가 보였다는 '老母'에 관한 고칙, 25) 普眼菩薩이 普賢菩薩을 보려고 하였으나 보지 못하다가 부처가 "네가 조용한 삼매 속에서 一念을 일으키기만 하면 보현을 볼 수 있으리라"란 말을 듣고 그대로 따라 보현보살을 보았다는 '普眼菩薩'에 관한 고칙, 26) 석가가 보살행을 닦는 시절에 연등 부처가 지나가는 길이 질어서 자기 머리카락을 땅에 펴서 부처의 일행이 지나가게 하자 연등 부처가 이곳에 절을 지으라고 하자 賢于라는 장자가 標를 하나 들고 와 '절을 다 지었다'고 하자 諸天이 散花 讚하며 '저 사람이 큰 지혜가 있구나' 하였다는 '布髮'에 관한 고칙, 27) 세존이 길을 가다가 一片의 땅을 가리키며 '여기에다 절을 지어라'고 하자 제석이 풀 한 줄기를 꽂고 절을 세웠다고 하자 빙그레 웃었다는 '建刹'에 관한 고칙, 28) 도를 배우는 법이 거문고줄의 緩急이 알맞아야 음향이 고루 퍼지는 것과 같음을 말한 '彈琴'에 관한 고칙, 29) 한 異學이 모든 法이 항상하는가 無常하는가에 대해 부처가 답하지 않자 '세존은 온갖 지혜를 갖추었거늘 어째서 대답하지 못하는가'라고 하니, 부처가 '네가 물은 것은 모두가 戱論이니라'고 답한 내용의 '不對'에 관한 고칙, 30) 깨어 있으면서도 보지 못하였다는 '尼拘'에 관한 고칙이 담겨져 있다. 이들은 『華嚴經』 離世間品(1)·十定品(25), 『普曜經』(2, 3), 『雜阿含經』(4, 13), 『大梵天王問佛決疑經』(5), 『上生經』(7), 『仁王經』 二諦品(8), 『入法界體生經』(9), 『四十二章經』(10, 11), 『宗門統要』(12), 『通明集』(14, 19), 『寶篋陀羅尼經』(15), 『寶積經』(16), 『報恩經』(17), 『七賢女經』(18), 『五分律』(20), 『지도론』(21), 『大樹緊那羅王所問經』(22), 『觀佛三昧經』(23, 24), 『因果經』(26), 『本生經』(27), 『成道記』(28), 『心印集』(29), 『長阿含經』

(30)에 나오는 이야기들이다.

【제2권】

제2권에는 제1권에 이어 부처의 설교와 관련된 고칙과 『華嚴經』, 『法華經』, 『涅槃經』 등 여러 불경의 내용, 그리고 인도의 고승들인 文殊, 須菩提, 사리불 등의 설교, 행적과 관련된 고칙과 염송이 실려 있다. 그것을 구체적으로 살펴보면 다음과 같다.

우선 부처의 설교와 관련된 고칙을 살펴보기로 한다.

31) '握劍'에 관한 고칙은 영산회상에 있던 오백 비구가 숙명통이 열려 제각기 지난 세상에서 부모를 죽인 죄를 보고, 긱정이 되어 법에 들지 못할 때 문수가 부처의 신력을 받들어 부처를 핍박하자 부처는 '본래부터 나와 남이 없거늘 다만 속마음에 나와 남이 있을 뿐이다. 속 마음에 나와 남의 관념을 일으킬 때에 나는 반드시 피해를 받으리니, 이것을 해침이라 한다'고 하였다. 이에 오백 비구들이 깨닫고 '칼이 그렇듯이 부처님도 그러하여 한 형상이요 둘이 아니다. 형상도 없고 남도 없거늘 여기에서 무엇을 죽인다 하리요'라고 하였다.

32) '女子'에 관한 고칙은 부처 곁에 앉아 三昧에 든 여자를 문수가 깨우려고 백방으로 노력했지만 실패하였으나 罔明 보살이 손가락을 한 번 튕겨 선정에서 나오게 하였다.

33) '自恣'에 관한 고칙인데 『寶筴陀羅尼經』에 나오는 이야기이다. 自恣日에 文殊가 3곳에서 여름을 지냈기 때문에 가섭이 대중에게 공개하고 내쫓으려고 망치를 들려고 했으나 끝내 들지 못하니, 세존이 '네가 어느 문수를 내쫓으려고 하느냐?'라고 하자 가섭이 대답하지 못하였다는 내용이다.

34) '法輪'에 관한 고칙이다. 세존이 열반에 들려고 할 때 문수가 다시 법륜을 굴려 달라고 하자 '내가 49년을 세상에 머물렀으나 한 글자도 말한 적이 없거늘 네가 다시 법륜을 굴리라 하니, 내가 법륜을 굴린

적이 있었느냐?'라고 하였다.

35) '鹿野苑'에 관한 고칙으로 세존이 열반에 들 때 "나는 녹야원으로부터 발제하에 이르기까지의 그 중간에 한 글자도 말한 적이 없느니라"고 한 내용이다.

36) '摩胸'에 관한 고칙이다. 세존이 涅槃會上에서 손으로 가슴을 문지르면서 대중에게 말하기를 "너희들은 나의 금빛나는 몸을 잘 살펴보고 마음껏 공경하여 후회가 없게 하라. 내가 滅道한다 해도 나의 제자가 아니요, 내가 멸도하지 않는다 해도 나의 제자가 아니라"고 하자 대중들이 모두 깨달음을 얻었다는 내용이다.

37) '雙趺'에 관한 고칙이다. 세존이 열반에 든 지 7일만에 迦葉이 늦게 도착하여 관을 세 바퀴 돌자 세존이 관 속에서 雙趺를 내어 보였다. 이에 가섭이 절을 하자 대중이 어리둥절했다는 내용이다.

이상의 내용이 부처의 설교와 관련된 고칙이다. 이어 『華嚴經』, 『法華經』, 『涅槃經』, 『圓覺經』, 『楞嚴經』, 『金剛經』, 『文殊菩薩所說般若經』 등 여러 불경의 내용, 그리고 인도의 고승들인 문수, 수보리, 사리불 등의 설교, 행적과 관련된 고칙과 염송이 계속된다. 즉 38) 『華嚴經』(如來出現品)의 "내가 일체 중생을 두루 살피건대 모두가 여래의 智慧와 德相을 갖추고 있건만 다만 망상집착 때문에 증득하지 못한다"고 한 '智慧'에 관한 고칙, 39) 『華嚴經』 偈頌에 "一切法이 不生하고 一切法이 不滅하나니, 이와 같이 알면 부처가 항상 그 앞에 나타나리라"고 한 '一切法'에 관한 고칙, 40) 『法華經』에서 "大通智勝佛이 十劫동안 도량에 앉아 있었지만 佛法이 나타나지 않아서 불도를 이루지 못했다"고 한 '大通'에 관한 고칙, 41) 『涅槃經』에서 "듣는 것이 듣지 않는 것이요[聞不聞], 듣지 않는 것이 듣는 것이요[不聞聞], 듣는 것이 듣는 것이요[聞聞], 듣지 않는 것이 듣지 않는 것이니라[不聞不聞]"라고 한 '四聞'에 관한 고칙, 42) 『涅槃經』에서 "나의 교법의 뜻은 마치 伊字의 세점과 같으니, 첫째는 동쪽을 향해 한 점을 찍으니 보살들이 눈을 뜨는 일에 점을 찍고, 둘째는 서쪽을 향해 한 점을 찍으니 보살들의 목숨에 점을 찍고, 셋째는 윗쪽을 향해 한 점을 찍으니 보살들의 정수리에 점을 친 것이라"라고 한 '伊字三點'에 관한 고칙, 43)『涅槃經』에서 "나의 교법의 뜻은 마치 摩醯首羅가 입을 열고 또 하나의 눈을 세로로 세우는 것 같으니라"라고 한 '摩醯'에 관한 고칙, 44)『涅槃經』에서 "나의 교법의 뜻은 塗毒鼓와 같아서 한번 울릴 때에 멀고 가까운 곳에서 듣는 이 모두가 죽느니라"고 한 '塗毒'에 관한 고칙, 45)『圓覺經』에서 "일체 중생의 갖가지 幻化(허환)가 모두 여래의 圓覺妙心에서 나왔다"고 한 '圓覺'에 관한 고칙, 46)『圓覺經』에서 "幻임을 알면 곧 여윔[離]이라 방편을 쓸 필요가 없고, 환을 여의면 곧 깨달음이라 차례도 없느니라"고 한 '知幻'에 관한 고칙, 47)『圓覺經』에서 "일체 시간을 지내면서 망념을 일으키지 말고, 온갖 망념을 쉬려고도 하지 않으며, 망상의 경계에 머물렀으되 알려고 하지도 않고, 알지 못하는 곳에서 진실을 찾으려 하지 않느니라"고 한 '一切'에 관한 고칙, 48)『圓覺經』에서 "大圓覺으로 나의 伽藍을 삼고 몸과 마음이 平等性智에 安居한다"고 한 '伽藍'에 관한 고칙, 49)『楞嚴經』에서 세존이 아난에게 말하기를 "내가 보지 않을 때엔 어째서 내가 보지 않는 곳을 보지 못하는가? 만일 보지 않는 곳을 본다면 자연히 그 보지 않는 모습은 아닐 것이요, 만일 내가 보지 않는 곳을 보지 못한다면 자연히 물건이 아닐 터이니 어찌 네가 아니랴"고 한 '不見'에 관한 고칙, 50)『楞嚴經』에서 "見을 볼 때에 見은 見이 아니다. 見은 見까지도 여의었으므로 見으로도 미치지 못한다"고 한 '見見'에 관한 고칙, 51)『楞嚴經』에서 "知見에 知를 세우면 無明의 근본이요, 知見에 見이 없으면 그는 열반이니라"고 한 '知見'에 관한 고칙, 52)『楞嚴經』에서 "跋陀婆羅는 그 동료 16명의 開士와 함께 목욕하는 날 대중을 따라 욕실에 들어갔다가 홀연히 水因을 깨닫고 묘한 촉감이 밝아져서 佛子의 머무름을 이루었다"고 한 '水因'에 관한 고칙, 53)『楞嚴經』에서 "돌려보낼 수 있는 모든 것은 자연히 네가 아니지만, 돌려보낼 수 없는 것은 네가 아니고 무엇이랴"라고 한 것에 대한 '敷座'에 관한 고칙이다. 54)『金剛經』에서 "세존이 진지를 잡수신 뒤에 의발을 거두시고, 발을 씻으시고, 자리를 펴고 앉으셨다"고 한 '可還'에 관한 고칙, 55)『金剛經』에서 "만일 모든 형상이 형상 아닌 줄 알면 곧 여래를 보리라"고 한 '諸相'에 관한 고칙, 56)『金剛經』에서 "일체 賢聖들이 모두가 無爲法으로써 차별이 있느니라"고 한 '差別'에 관한 고칙, 57)『金剛經』에서 "여래가 말한 第一波羅密은 곧 第一波羅密이 아니므로 第一波羅密이라 하노라"고 한 '第一波羅密'에 관한 고칙, 58)『金剛經』에서 "만일 남의 멸시를 받으면 이 사람이 전생의 죄업으로 나쁜 길에 빠져야 될 것이지만, 지금 세상 사람들의 멸시를 받은 까닭에 전생의 죄업이 곧 소멸한다"고 한 '輕蔑'에 관한 고칙, 59)『金剛經』에서 "의당 이렇게 알고 의당 이렇게 보고, 의당 이렇게 믿고 이해하여 法相을 내지 말라"고 한 '如是'에 관한 고칙, 61)『文殊菩薩所說般若經』에서 "청정한 수행자는 열반에 들지 아니하고, 파계한 비구는 지옥에 들지 않는다"고 한 '淸淨行者'에 관한 고칙이다.

이어 '西天應化賢聖', 즉 인도의 고승들의 설교, 행적과 관련된 62) 不二法門, 63) 六師外道, 64) 福田, 65) 探藥, 66) 了知, 67) 楞嚴三昧, 68) 帝釋雨花, 69) 燕坐, 70) 夢中, 71) 月上에 관한 고칙과 염송이 실려 있다.

【제3권】

제3권에는 西天의 여러 성현들과 조사들, 즉 初祖 摩訶迦葉, 2조 阿難尊者, 4조 優波麴多, 5조 提多迦, 6조 彌遮迦, 7조 婆須密, 10조 脇尊者, 12조 馬鳴大師, 14조 龍樹大士, 17조 僧伽難提, 18조 迦耶舍多, 21조 婆修盤頭, 22조 摩拏羅, 24조 師子尊者, 25조 婆舍斯多, 27조 般若多羅, 28조 菩提達磨까지의 17명의 인도의 고승들과 中華 제1세 達磨大師와 그의 제자들인 波羅提尊者, 2조 慧可大師, 3조 僧瓚大師, 4

조 道信大師, 5조 弘忍大師의 설교와 관련된 고칙과 염송이 실려 있다.

【제4권】

제4권에는 達磨 제5세 弘忍大師의 제자인 6조 慧能大師·崇嶽慧安國師, 제6세 慧能大師의 제자인 南嶽懷讓禪師, 溫州永嘉玄覺大師, 西京光宅寺慧忠國師의 설교와 관련된 고칙과, 이에 관한 拈頌 등이 있다.

【제5권】

제5권에는 달마 제6세 慧能의 제자 吉州 淸原山 行思禪師와 西京荷擇寺 神會禪師, 달마 제6세 崇山 慧安國師의 제자 崇山 破竈墮和尙, 달마 제7세 숭산 파조타화상의 제지 崇山 峻極和尙, 달마 제7세 南嶽 懷讓禪師의 제자 江西 道一禪師와 澧州 大同光澄禪師, 달마 제7세 吉州 靑原山 行思禪師의 제자 南嶽 石頭希遷禪師, 달마 제7세 南陽 慧忠國師의 제자 吉州 耽源山 眞應禪師, 달마 제7세 崇山 普寂禪師의 제자 終南山 惟政禪師, 달마 제8세 江西 道一禪師의 제자 洪州 百丈山 懷海禪師 등의 10명의 선문답을 내용으로 한 고칙과 그에 관한 拈頌이 들어 있다.

【제6권】

제6권으로부터 제8권까지에는 江西 道一의 제자 41명의 선문답이 실려있는데, 6권에는 洪州 百丈山 懷海, 池州 魯祖山 寶雲, 伊闕 伏牛山 自在, 潭州 三角山 總印, 蒲州 麻谷山 寶徹, 杭州 鹽官 海昌院 齊安, 池州 南泉 普願禪師와 관련된 고칙과 그 拈頌이 실려 있다.

【제7권】

江西 道一의 제자 池州 南泉 普願, 池州 杉山 智堅, 幽州 盤山 寶積과 관련된 고칙과 拈頌이 실려 있다.

【제8권】

제7권에 이어 道一의 제자 廬山 歸宗寺 智常·明州 大梅山 法常·越州 大珠 慧海·洪州 水潦, 洪州 百丈山 惟政·撫州 石鞏 慧藏·朗

州 中邑 洪恩・鎭州 金牛・汾州 無業・則川・京兆 章敬寺懷惲・虔
州 西堂 智藏・洪州 西山 亮座主・南嶽 南園 曇藏・婺州 五洩山 靈
默・浮盃・潭州 龍山・烏臼・京兆 興善寺 惟寬・利山・京兆 興平・
潭州 華林 善覺・韶州 乳源・欣州 打地・五臺山 鄧隱峰・襄州 龐蘊
과 관련된 고칙과 그에 관한 拈頌 등이 있다.

【제9권】

달마 제8세 법손인 南嶽 石頭 希遷禪師의 제자인 鄧州 丹霞山 天然
禪師・澧州 藥山 惟嚴禪師・潭州 長子 曠禪師・汾州 石樓和尙・荊
州 天皇寺 道吾禪師・潮州 大顚禪師, 달마 제9세 洪州 百丈山 懷海
禪師의 법손 潭州 大潙山 靈祐禪師와 관련된 고칙과 그 拈頌 등이 있다.

【제10권】

달마 제9세 洪州 百丈山 懷海禪師의 법손인 潭州 大潙山 靈祐禪
師・洪州 黃蘗山 希運禪師・杭州 大慈山 寰中禪師・福州 古靈 神贊
禪師・大宇和尙, 달마 제9세 池州 南泉 普願禪師의 법손 趙州 東院
從諗禪師와 관련된 고칙과 그 拈頌 등이 실려 있다.

【제11권】

달마 제9세 南泉 普願禪師의 법손 趙州 東院 從諗禪師와 관련된 고
칙과 그 拈頌 등이 실려 있다.

【제12권】

달마 제9세 池州 南泉 普願禪師의 제자 趙州 東院 從諗禪師에 관련
된 고칙과 그 拈頌 등이 실려 있다.

【제13권】

달마 제9세 법손 南泉 普願禪師의 제자인 호남 장사 景岑禪師・구주
자호암 利蹤禪師・양주 茱萸山和尙・지주 甘贊 행자, 달마 제9세 법손
형주 영봉사 영단선사의 제자인 오대산 秘魔岩 화상・호남 祇林和尙,
달마 제9세 법손 여산 귀종사 法常禪師의 제자인 오대산 智通禪師, 달

마 제9세 법손인 포주 마곡산 寶撤禪師의 제자인 수주 良遂禪師, 달마
제9세 법손인 유주 반산 寶積禪師의 제자인 진주 普化和尙, 달마 제9
세 법손인 금릉 우두산 智威禪師의 제자인 서주 천주산 崇慧선사·선
주 안국사 玄挺禪師·윤주 학림 玄巢禪師, 달마 제9세 예주 약산 惟儼
禪師의 제자인 潭州 雲岩 曇成禪師·담주 道吾山 宗智禪師·華亭船
子 德誠禪師와 관련된 고칙과 그 拈頌들이 실려 있다.

【제14권】

달마 제9세 예주 藥山 惟嚴禪師의 제자인 宣州 椑樹 慧省禪師·高
沙彌, 단하산 天然禪師의 세사인 京兆 翠微 無學禪師, 담주 장자 曠禪
師의 제자인 潭州 石室 善道禪師, 조주 太巓和尙의 제자인 本生和
尙·장주 三平山 義忠和尙·馬頰山 本空和尙, 형주 천황사 道吾선사
의 제자인 예주 龍潭 崇信禪師, 당주 자옥산 道通禪師의 제자인 于迪
相公, 달마 제10세 항주 天龍和尙의 제자인 무주 金華山 俱胝和尙, 홍
주 고안 大愚和尙의 제자인 筠州 末山尼 了然, 담주 도오산 宗智禪師
의 제자인 담주 石霜山 慶諸禪師·담주 漸源 仲興禪師, 담주 대위산
靈祐禪師의 제자인 袁州 仰山 慧寂 通智禪師와 관련된 고칙과 그 拈
頌이 실려 있다.

【제15권】

달마 제10세 법손인 潭州 潙山 靈祐禪師의 제자인 袁州 慧寂 通智
禪師·福州 靈雲 志勤禪師·杭州 徑山 洪諲禪師·登州 香嚴 智閑禪
師·京兆 米和尙, 홍주 황벽산 希運禪師의 제자인 鎭州 臨濟 義玄禪
師와 관련된 고칙과 그 拈頌이 실려 있다.

【제16권】

달마 제10세 법손 홍주 황벽산 希運禪師의 제자인 鎭州 臨濟 義玄
禪師·睦州 龍興寺 陳尊宿·福州 烏石 靈觀禪師, 鶴林 玄巢禪師의
제자인 徑山 道欽禪師와 관련된 고칙과 그 拈頌들이 실려 있다.

【제17권】

달마 제10세 법손 예주 용담 崇信禪師의 제자인 朗州 德山 宣鑑禪師, 조주 동원 從諗禪師의 제자인 杭州 多福和尙, 호남 장사 景岑禪師의 제자인 明州 雪竇山 常通禪師, 담주 운암 曇成禪師의 제자인 筠州 洞山 良价禪師와 관련된 고칙과 그 拈頌이 들어 있다.

【제18권】

달마 제10세 법손 담주 운암 曇成禪師의 제자인 幽谿和尙·담주 神山 僧密禪師, 화정선자 德誠禪師의 제자인 예주 夾山 善會禪師, 악주 수유산화상의 제자인 石梯和尙, 경조 취미 무학선사의 제자인 舒州 投子山 大同禪師·顎州 淸平山 令遵禪師, 항주 경산 道欽禪師의 제자인 杭州 鳥窠 道林禪師, 진주 臨濟 義玄禪師의 제자인 鎭州 寶壽 沼和尙·진주 三聖院 慧然禪師·魏府 大覺和尙과 관련된 고칙과 그 拈頌이 실려 있다.

【제19권】

달마 제11세 법손 鎭州 臨齊 義玄禪師 제자인 魏府 興化 存獎禪師·顎州 灌溪 志閑禪師·定州 善催禪師·定上座·襄州 歷村和尙·幼州 譚空和尙·雲山和尙·虎谿庵主·桐峰庵主·覆盆庵主·할상좌, 달마 제11세 법손 郞州 德山 宣鑑禪師 제자인 福州 雪峰 義存禪師와 관련된 고칙과 그 拈頌이 들어 있다.

【제20권】

달마 제11세 법손 郞州 德山 宣鑑禪師 제자인 福州 雪峰 義存禪師·顎州 巖頭 全豁禪師·襄州 高亭 簡禪師, 달마 제11세 법손 睦州 龍興寺 陳尊宿 제자인 睦州刺史 陳曹, 달마 제11세 법손인 福州 西禪 安和尙의 제자인 益州 大隨 法眞禪師·韶州 靈樹 如敏禪師와 관련된 고칙과 그 拈頌이 들어 있다.

【제21권】

달마 제11세 법손인 筠州 洞山 良价禪師 제자인 洪州 雲居山 道膺禪師·京兆府 華嚴 休靜禪師·撫州 曹山 耽章 本寂禪師·潭州 龍牙山 居遁禪師·筠州 洞山 師虔禪師·高安 白水 本仁禪師·예주 欽山文邃禪師·天童山 咸啓禪師와 관련된 고칙과 그 拈頌이 들어 있다.

【제22권】

달마 제11세 법손인 筠州 洞山 良价禪師의 제자인 越州 乾峰和尙·益州北院通禪師·洞山 道詮禪師·京兆 蜆子和尙, 원주 앙산 慧寂禪師의 제자인 진주 大禪佛禪師·원주 앙산 南塔 光湧禪師·등주 佛岩暉和尙, 등주 香嚴禪師의 제자인 안주 大安山 淸幹禪師·익주 崇福演教 志禪師, 담주 石霜 慶諸禪師의 제자인 담주 大光 居誨禪師·균주 九峰 道虔禪師·봉상부 石柱和尙·태주 용천 景欣禪師·호남 文殊和尙·영주 芭蕉和尙·복주 覆船山 洪존禪師, 풍주 夾山 善會禪師의 제자인 풍주 洛浦山 元安禪師·남경 韶山 寰普禪師·운주 四禪和尙·봉상부 天盖 幽禪師·홍주 上籃 令超禪師·무주 黃山 月輪禪師·大原 海湖禪師·원주 盤龍山 可文禪師, 항주 徑山 洪諲禪師의 제자인 洪州 米嶺和尙, 복주 雪峰山 義存禪師의 제자인 장주 保福 從展禪師·월주 저개월산 師蕭 鑑眞禪師와 관련된 고칙과 그 拈頌이 들어있다.

【제23권】

달마 제12세 법손인 福州 雪峰山 義存禪師의 제자인 福州 玄沙 師備 宗一禪師·韶州 雲門山 文偃禪師와 관련된 고칙과 그 拈頌이 실려있다.

【제24권】

달마 제12세 법손 福州 雪峰山 義存禪師의 제자인 韶州 雲門山 文偃禪師와 관련된 고칙과 그 拈頌이 들어 있다.

【제25권】

福州 雪峰山 義存禪師의 제자 韶州 雲門山 文偃禪師・福州 長慶 慧稜禪師・杭州 龍册寺 道怤 順德禪師・明州 翠岩 令祭禪師・大原 孚上座의 고칙과 그 拈頌이 실려 있다.

【제26권】

달마 12세 법손인 福州 雪峰山의 義存禪師의 제자인 福州 鼓山 神晏國師・복주 安國 明眞大師・鵝湖和尙, 撫州 曹山 本寂禪師의 제자인 衡州 育王 弘通禪師・撫州 金峰 從志禪師・撫州 曹山 慧霞 了悟禪師・撫州 荷玉山 玄悟 光慧禪師・蜀川 西禪師・襄州 鹿門山 華嚴院 處眞禪師, 魏府 興化 存獎禪師의 제자인 汝州 寶應 慧顯禪師, 鎭州 寶壽 沼和尙의 제자인 鎭州 제2세 寶壽和尙・汝州 西院 思明禪師, 담주 곡산 장선사의 제자인 新羅 泊岩和尙・新羅 大嶺和尙, 홍주 운거 도응선사의 제자인 新羅 雲住和尙・홍주 운거산 道簡禪師・홍주 봉서산 同安 丕禪師・여산 歸宗 澹權禪師・홍주 봉서산 同安 常察禪師・同安 志禪師, 균주 九峰 道虔禪師의 제자인 길주 화산 澄源 無殷禪師・홍주 泐潭 明禪師, 무주 疎山 匡仁禪師의 제자인 수주 호국 守澄 淨果大師・안주 대안산 省禪師, 균주 동산 師虔禪師의 제자인 양주 석문산 獻蘊禪師・양주 만동산 廣德 義禪師, 원주 앙산 南塔 光湧선사의 제자인 영주 파초산 慧情禪師, 원주 앙산 서탑 光穆禪師의 제자인 길주 資福 如寶禪師, 고안 白水 本仁禪師의 제자인 경조 重雲 智暉禪師, 대광산 居誨禪師의 제자인 경조 白雲 善藏禪師, 담주 용아산 居遁禪師의 제자인 담주 報慈 藏嶼 匡化大師, 악주 암두 전할선사의 제자인 복주 羅山 道閑禪師, 원주 반룡산 可文禪師의 제자인 원주 木平山 善道禪師, 예주 낙포산 元安禪師의 제자인 경조 永安院 善靜禪師・청봉산 傳楚禪師, 복주 玄沙 師備禪師의 제자인 장주 羅漢院 桂琛禪師・복주 臥龍山 安國院 慧球선사와 관련된 고칙과 그 拈頌 등이 실려 있다.

【제27권】

　제27권에는 달마 제13세 법손인 鳳翔府 靑峰 傳楚禪師의 제자인 益州 淨衆寺 歸信禪師, 달마 제13세 법손인 襄州 石門山 獻薀禪師의 제자인 襄州 石門山 惠徹禪師, 달마 제13세 법손인 鳳翔府 紫陵 匡一定覺大師의 제자인 幷州 匡福 道隱禪師, 달마 제13세 법손인 福州 長慶 慧稜禪師의 제자 泉州 招慶院 道匡禪師·福州 報慈 光雲 慧覺禪師·泉州 太傅 王延彬, 달마 제13세 법손인 韶州 雲門山 文偃禪師의 제자인 岳州 巴陵 新開 顯鑒禪師·西川 香林院 澄源禪師·井州 德山 緣密 圓明禪師·襄州 洞山 守初禪師·金陵 奉先 深禪師·金陵 淸凉 明禪師·韶州 白雲山 子祥 實性大師·饒州 薦福 承古禪師·蘄州 北禪 寂 悟空大師·郢州 趙橫山 柔和尙·隨州 智門 師寬 明敎大師, 달마 제13세 법손인 泉州 睡龍山 道溥禪師의 제자인 漳州 保福 淸豁禪師, 달마 제13세 법손인 汝州 寶應 慧顒禪師의 제자인 汝州 風穴 延昭禪師·潁敎 安 鐵胡禪師, 달마 제13세 법손인 郢州 芭蕉山 慧情禪師의 제자인 芭蕉山 繼徹禪師와 관련된 고칙과 그 拈頌 등이 실려 있다.

【제28권】

　달마 제13세 법손인 홍주 봉서산 同安 常察禪師의 제자인 鼎州 梁山 緣觀禪師, 달마 제13세 법손인 길주 資福 如寶禪師의 제자인 길주 자복 貞邃禪師, 달마 제13세 법손인 복주 羅山 道閑禪師의 제자인 무주 明招 德謙禪師, 달마 제13세 법손인 수주 호국 守澄 淨果大師의 제자인 潁州 薦福院 思禪師·安州 大安山 崇敎 能和尙, 달마 제13세 법손인 여주 서원 思明禪師의 제자인 郢州 興陽 歸靜禪師, 달마 제13세 법손인 안주 백조산 志圓大師의 제자인 鼎州 大龍山 智 弘齊大師, 달마 제14세 법손인 서천 향림원 澄遠禪師의 제자인 福州 北塔 光祚禪師, 달마 제14세 법손인 金陵 奉先 道深 融照禪師의 제자인 廬山 蓮花峰 祥庵主, 달마 제14세 雙泉 郁和尙의 제자인 鼎州 德山 慧遠禪師,

달마 제14세 법손 장주 나한원 桂琛禪師의 제자인 金陵 清凉 文益 法眼禪師・撫州 龍濟山主 紹修禪師・襄州 清溪 洪進禪師・南臺 守安和尚, 달마 제14세 법손 정주 양산 觀禪師의 제자인 郢州 大陽山 警玄 明安禪師, 달마 제14세 법손 汝州 風穴 延昭禪師의 제자인 汝州 寶應 省念禪師와 관련된 고칙과 그 拈頌 등이 실려 있다.

【제29권】

달마 제14세 법손인 여주 풍혈 延沼禪師의 제자인 汝州 寶應 省念禪師, 달마 제14세 법손인 鼎州 德山 緣密 圓明禪師의 제자인 정주 文殊 應眞和尚, 달마 제15세 법손인 여주 보응 성념선사의 제자인 汾州 大子院 善昭禪師・汝州 葉懸 歸省 明壽大師・汝州 廣慧 元璉大師・襄州 石門山 蘊聰 慈照大師, 달마 제15세 법손인 襄州 清溪 洪進禪師의 제자인 相州 天平山 從漪禪師, 달마 제15세 법손인 復州 北塔 光祚禪師의 제자인 明州 雪竇山 重顯 明覺禪師의 제자인 潭州大洪 開山雲盖山 繼鵬禪師, 달마 제15세 법손인 金陵 清凉 文益禪師의 제자인 金陵 清凉 泰欽 法燈禪師・金陵 報慈 玄覺導師・天台山 德韶國師・杭州 報恩寺 慧明禪師・洪州 百丈山 道常禪師・宣州 興福 可勳禪師, 달마 제15세 법손인 鼎州 文殊應眞和尚의 제자인 筠州 洞山 曉聰和尚, 달마 제15세 법손인 郢州 大陽山 警玄禪師 제자인 舒州 投子山 義青禪師・興陽 部和尚, 달마 제16세 법손인 明州 雪竇山 重顯 明覺禪師 제자인 天衣 義懷和尚, 달마 제16세 법손인 汝州 葉懸 歸省 明壽大師의 제자인 舒州 浮山 法遠和尚, 달마 제16세 汾州 大子院 善昭禪師의 제자인 滁州 瑯琊山 慧覺 廣照和尚・袁州 南源 楚圓 慈明大師・筠州 興教 守芝和尚・舒州 法華山 齊擧和尚, 달마 제16세 법손인 金陵 清凉 泰欽禪師의 제자인 洪州 雲擧山 道齊禪師, 달마 제16세 법손인 舒州 投子山 義青禪師의 제자인 大洪 開山 恩禪師, 郢州 大陽山 楷와 관련된 고칙과 그 拈頌들이 들어 있다.

【제30권】

달마 제17세 법손 袁州 南源 楚圓 慈明大師의 제자인 洪州 黃龍 慧
南禪師·袁州 楊岐 方會禪師·潭州 道吾 悟眞禪師, 달마 제17세 법
손 筠州 興敎 守芝和尙의 제자인 南嶽 雲峰 文悅禪師, 달마 제18세
법손 원주 양기 방회선사의 제자인 舒州 白雲山 海會 守端禪師, 달마
제19세 법손 서주 백운산 해회 수단선사의 제자 蘄州 五祖 法演禪師,
달마 제20세 법손 기주 오조 법연선사의 제자인 雲居 圜悟 克勤禪師,
달마 제20세 법손 黃龍 靈源 惟淸禪師의 제자인 東京 天寧 長靈 守卓
禪師, 달마 제21세 법손 동경 천녕 장령 수탁선사의 제자인 育王 介諶
和尙, 東土에 應化했던 賢聖들인 道生·僧肇·寶誌公, 傅大士·杜
順·慧思·智者·無着文喜·佛陀波利·璵瓚·豊干·寒山·拾得·
布袋·이름 미상의 노숙·보리암주·비전암주·失名의 고덕·송의 대종·
실명의 행자·실명의 노파 등에 관련된 고칙과 그 拈頌이 실려 있다.

『禪門拈頌』은 師資相承의 관계를 통해 전해 온 고칙과 拈頌들을 통
해 '不立文字 見性成佛', '以心傳心 師資相承'과 '頓悟'가 어떻게 이어
져왔는가를 보여주고 있다. 그 체제와 구성상에 있어서 『寶林傳』이나
『景德傳燈錄』類와 같은 비교적 널리 알려져 있는 기존 傳燈書와는 상
당히 다른 특징을 보여주고 있다.[7] 그것은 대개 다음과 같은 것으로 지
적되고 있다.

첫째, 『禪門拈頌』은 過去七佛에 대한 언급이 없으며, 상대적으로 석

---

7) 11세기 초 남송의 道原이 만든 『景德傳燈錄』은 과거 7佛 → 천축의 28祖
→ 震旦의 初祖 菩提達磨와 그 후대로 이어지는 인도와 중국의 두 나라를
중심으로, 그리고 드물지만 우리나라 중국 留學僧 등을 곁들여 禪門 禪匠
들을 傳燈相承의 차례에 따라 열거하고 다시 각 조사와 선사의 俗姓, 속가
의 가계·출생지·수행의 경력·주석한 곳·입적한 연대·世壽·諡號
등을 밝혀 史傳的 기술을 하고 있다(『한글 대장경 傳燈錄』 1, 解題 참조).

가모니불에 대한 언급이 자세하다.

둘째, 석가모니불章의 뒤에 바로 西天의 祖師들을 언급하지 않고, 오히려 각 經典의 法을 인용하고 있다.

셋째, 그 다음에서도 석가모니불의 제자들 중 가섭 이외의 제자들(僧), 즉 전등과 아무런 관련이 없는 제자들에 관해서도 상당히 언급하고 있다.

넷째, 西天 28조를 남김없이 다룬 것이 아니라, 그 가운데 17명만 수록하고 있다.

이상과 같은 네 가지 특징들은, 결국 佛·法·僧의 순서에 따른 독특한 배열이나, 기존의 전등설에 얽매이지 않고 과감히 내용상의 문제에만 초점을 맞춘 점 등이 상당히 특징적인 것으로서, 이와 같은 점들을 골고루 갖춘 예는 다른 전적에서 쉽게 찾아보기 힘들다. 이 책의 체제면의 이러한 특징을 분석함으로써 그 전반적인 구성과 송고에 있어서는 『禪宗頌古聯珠集』과 상당히 유사한 바가 있으며, 다수의 본칙과 염고에 있어서는 『宗門通要』에 우선적으로 의존하였다는 것이 밝혀지게 되었다.[8]

앞에서 본 바와 같이 『禪門拈頌』은 西天 28祖중에 이어, 중국 禪宗의 初祖 達磨에서부터 달마 제21세 법손 東京 天寧 長靈 守卓禪師의 제자인 育王 介諶和尙, 東土에 應化했던 賢聖들에 이르기까지의 고칙들과 그 拈頌들을 차례로 언급하고 있다.

『禪門拈頌』의 가장 큰 특징은 南宗禪 계통만 언급되었다는 점이다. 위의 『禪門拈頌』은 중국 선종을 初祖 達磨 → 2조 慧可 → 3조 僧璨 → 4조 道信 → 5조 弘忍 → 6조 慧能으로 연결시키고 있다. 그런데 弘忍의 제자 가운데서 大通 神秀(606~706)는 離念을 설하는 5方便을 중시하여 일가를 이루었는데, 이에 관해 荷澤神會가 비판을 한 이후 6조 혜능

---

8) 李東埈, 『高麗 慧諶의 看話禪 硏究』, 동국대학교 박사학위논문, 1992.

의 南宗禪에 대하여 北宗禪으로 불리워지면서 南能北秀라는 말이 나
올 정도였다. 신수의 북종선이 북방의 장안, 낙양을 중심으로 하여 漸
修主義였던 데 반해 혜능의 남종선은 주로 남방의 華南, 江西 지역에
서 전개되면서 頓悟主義의 입장을 취하였기에 南頓北漸이라고도 칭하
기도 하고 남종선, 북종선이라고도 한다. 『禪門拈頌』의 경우 북종선은
철저하게 제외하였고, 南宗禪의 계통만 언급하였다. 6조 혜능의 남종선
의 법맥은 2대 제자인 靑原 行思 → 石頭 希遷, 南嶽 懷讓 → 馬祖 道
一로 이어지면서 발전을 거듭하였다. 한국 선종사에 있어서 혜능 이전
에 傳法한 승려로서 4조 道信의 제자인 신라 法郎, 5조 弘忍의 제자인
고구려 智德, 그리고 북종선의 神秀-普寂을 이은 志空으로부터 灌頂
授記를 받고 신라로 귀국한 神行을 제외한 입당구법 선승들은 모두 6
조 慧能의 남종선 법맥을 잇고 있다. 북종선은 원래가 漸修를 주장하고
있어 교학불교에서 頓悟를 주장하는 남종선으로 넘어가는 과도기적 성
격을 가지고 있었기 때문에 남종선의 발전과 더불어 곧 쇠퇴하고 말았
다. 우리나라의 경우도 신행 이후 신라에서 북종선 수입은 끊어지고 남
종선 위주로 발전하였다. 그러나 신행의 계통은 遵範 慧隱을 거쳐 智證
大師 道憲에 이르러 曦陽山派를 이루기까지 하였다.[9]

한국 선종사가 신라이래 남종선 일변도로 이어져왔기 때문에 혜심은
『禪門拈頌』을 쓰면서 남종선의 師資相承 관계를 확립하고자 하였다.
이것은 5조 홍인대사의 제자, 즉 6조 혜능대사와 동문수학한 승려들을
언급하는 데 두드러지게 나타난다. 홍인의 제자로서 혜능 외에 大通神
秀, 蒙山 道明, 安住 玄賾, 資州 智詵, 華州 慧藏, 隨州 玄約, 崇山 法
如, 崇嶽 慧安 등이 있으나 『禪門拈頌』에는 崇嶽 慧安과 蒙山 道明에
관한 공안만이 등장한다. 그중 숭악 혜안과 관련된 고칙 '澡浴'(권4, 116

---

9) 崔柄憲, 「新羅下代 禪宗九山派의 成立」 『韓國史研究』 7, 1972 ; 『韓國史
論文選集』Ⅱ-고대편-, 1976, 281쪽.

칙)을 살펴보면 북종의 신수보다 혜안이 無心의 경지에 도달하였음을
드러내고 있다.

> 崇嶽 惠安國師가 北宗의 神秀禪師와 함께 武后의 부름을 받아 궁
> 중에 들어가 공양을 받고, 이어 목욕을 할 때, 궁녀를 시켜 시중을 들
> 게 하였는데, 선사만이 태연하여 번함이 없거늘 무후가 "물에 들어가
> 야 비로소 높은 이인줄 알겠구나" 하였다.

이 공안을 통해 혜심은 북종선에 대한 비판을 은연중 담음으로써 선
종의 법통을 남종선으로 확정하고자 하였음을 알 수 있다. 그것은 북종
의 신수보다 혜안이 無心의 경지에 도달하였음을 드러내고 있다. 그것
은 蒙山 도명에 관한 언급에서도 드러난다. 도명이 盧行者, 즉 6조 혜
능을 쫓아 大庾嶺까지 갔을 때 6조가 도명이 오는 것을 보고 의발을 돌
위에 던지면서 '이 옷은 믿음을 표시하는 것이거늘 힘으로 다툴 수 있
겠는가? 그대 마음대로 가져가라'고 하자 도명이 번쩍 들었으나 산같이
꿈쩍하지도 않았다는 '擲衣鉢'에 관한 고칙(권4, 117칙), 도명이 6조를 대
유령에서 보았을 때 6조가 '善도 생각하지 말고 악도 생각하지 말라.
이럴 때에 어떤 것이 明上座의 본래 면목인고'라고 하자 도명이 크게
깨달았다는 '本來面目'에 관한 고칙(권4, 118칙)을 통해서도 상대적으로 6
조 혜능의 우월성을 과시하고 있다. 또 곧 4조 도신−5조 홍인으로까지
소급되어 4조 도신의 제자인 新羅 法朗, 牛頭宗을 개창한 牛頭 法融에
관한 언급이 보이지 않는다. 『禪門拈頌』의 서문에서 혜심이 이 책이 傳
燈錄과 짝이 되기를 바라고 있는데, 『景德傳燈錄』은 이와는 다르다.
『景德傳燈錄』의 3권에는 達磨−慧可−僧璨−道信−弘忍 외에 방계인
僧那, 向居士, 慧滿 등의 20조사를 언급하고 있고, 4권에서는 도신에게
서 방계로 나온 牛頭法融과 그를 이은 牛頭宗 6세까지의 5인, 그로부
터 다시 방출된 70인 등 도합 76인의 이름을 들고 있고, 홍인의 방출인

北宗의 開祖 神秀와 그에게서 뻗은 106인 등 107인의 이름을 열거하고 있다. 이와는 달리 『禪門拈頌』은 남종선 일변도로 정리하여 중국 선종사를 그만큼 단선화시켜 정리하고 말았다.

『禪門拈頌』은 그 편찬 이래로 한국불교의 필독서로 인정되어 왔다. 조선시대에는 선종과 교종이 통합됨에 따라 강원교육에 있어서도 經論과 禪籍을 종합하여 일정한 체계를 세워서 講學을 실시하였는데, 그 이력과정 가운데 大敎科에 『禪門拈頌』이 들어가 있었고, 최근까지의 6대 所衣經典의 하나로 꼽히고 있었다. 이 점을 고려하면 중국 선종사를 그만큼 단선화시켜 정리한 『禪門拈頌』은 후학들로 하여금 중국 내지 한국 선종의 흐름을 협애화시켜 이해하는 결과를 가져나 주었음을 부인할 수 없을 것이다.

Ⅲ. 『禪門拈頌』에 나타난 한국불교자료

『禪門拈頌』은 '한국선의 역사적인 의미에서 먼저 한국인이 만든 한국적인 燈史를 찬술했다는 그것만으로도 대단한 것이며 특히 대부분의 자료가 인도나 중국의 자료이지만 대담하게도 자기화한 작업이라는 점에서 오늘날에도 높이 평가할 만한 일이다'라는 평을 받고 있다.[10] 그럼에도 불구하고 지금까지 이 책에 나오는 한국불교자료가 무엇이 있으며, 그것이 가지는 의미가 무엇인가에 대한 정리가 없는 실정이다. 다만 「眞覺國師語錄補遺」의 集成公案에 나오는 24話를 『禪門拈頌』에서 찾아 소개한 정도이다.[11] 이를 감안하여 우선 『禪門拈頌』에 나오는 한국

---

10) 韓基斗, 「『禪門拈頌』의 編纂에 따르는 慧諶禪의 意旨」 『普照思想』 7, 보조사상연구원, 1993, 47쪽.
11) 韓基斗, 앞의 글 및 李東埈, 『高麗 慧諶의 看話禪 硏究』, 동국대학교 박사학위논문, 1992 ; 「『曹溪眞覺國師語錄』의 구성과 내용상 특성」 『普照思

불교자료를 적출하여 소개하기로 한다.

　1) '世尊陞座'(권1. 6칙)에 관한 고칙 ; '世尊陞座'의 고칙은 "세존이
어느 날 자리에 오르자 대중이 모이니 文殊가 白槌하고 말하기를 '법왕
의 법을 자세히 살피니 법왕의 법이 이러하나이다' 하니 세존이 자리에
서 내려왔다"는 내용이다. 이에 관한 長蘆賾의 拈에 '新羅'에 관한 언
급이 나온다.

　　　　대각세존이 천기를 누설했거늘 문수노인이 소란을 피웠네
　　　　화살은 이미 新羅를 지났으니 문턱에서 그대를 만나리라

　2) '女子'(권2. 32칙)에 관한 고칙 ; 부처 곁에 앉아 三昧에 든 여자를
문수가 깨우려고 백방으로 노력했지만 실패하였으나 罔明 보살이 손가
락을 한번 튕겨 선정에서 나오게 하였다. 이에 대한 佛鑑勤의 송에 '新
羅'가 보인다.

　　　　세존은 성을 내고 문수는 기뻐했는데
　　　　망명은 가볍게 손가락을 튕기었네
　　　　눈먼 노새의 일행 따라 新羅를 지났거늘
　　　　말을 더듬는 혀끝만 삼천리나 되더라

　3) '法法'(권3. 80칙)에 관한 고칙 ; 迦葉이 '법이란 법의 본래의 법은
법도 없고 법 아닌 것도 없으니 어찌 한 법 가운데서 법과 법 아닌 것
이 있으랴'고 偈하였다. 이에 대한 智海淸의 云에 다음과 같이 신라를
언급하고 있다.

　　　　스님네여, 설령의 남쪽 산에서 자라가 코를 너울거리며 춤추며 날아

想』 7, 보조사상연구원, 1993.

新羅를 지났고
　雲門의 동쪽 바다에서 잉어가 걸음을 재촉하여 웃으면서 단특산으
로 돌아가니
　당장에 도리천왕의 궁전이 흔들리고
　격뇌지신의 몸과 마음이 후들후들 놀라 떤다

　4) '黃梅'(권4, 112칙)에 관한 고칙 ; 6祖 慧能에게 어떤 중이 묻기를
'황매(5祖)의 참뜻을 누가 받았는가'라고 하자 '불법을 아는 이가 얻었
느니라'고 하면서 자신은 얻지 못했는데, 이것은 자신이 불법을 알지
못히기 때문이라고 하였다. 이에 관한 香山良의 上堂云에 '新羅'가 등
장한다.

　　말은 마음의 싹이니 그가 만일 불법을 알았더라면 남의 방앗간에서
　방아를 찧지 않았을 것이며, 그가 만일 불법을 알았더라면 남의 의발
　을 훔쳐 가지고 밤중에 남몰래 강을 건느지 않았을 것이며, 그가 불법
　을 알았더라면 대유령 꼭대기에서 남이 들어도 듣지 못하게 하여 세상
　을 떠들썩하게 하지 않았을 것이며, 죽은 뒤에는 광속에 묻혔다가 新
　羅 사람에게 머리가 깨지지 않았을 것이니, 모두가 惡業의 과보다. 듣
　지 못했는가? 天網이 넓고 넓어서 성근 듯하되 빠뜨림이 없다하니, 그
　대들 말해보라, 허물이 어디에 있는가?

　5) '日面佛'(권5, 169칙)에 관한 고칙 ; 불편한 마조에게 院主가 요즘 법
체가 어떤가를 묻자 '日面佛·月面佛이니라'고 답하였다. 이에 대해 남
선전 화상은 다음의 게송을 통해 신라를 읊었다.

　　동쪽을 가리키고 서쪽을 긋는 뜻 알겠는가
　　팔십명 인원 중에 아는 이 두 셋이라
　　창룡의 굴 속에 몇 번이나 나들었노
　　바다 막힌 신라 땅으로 새매가 지나가네

또, 향산랑의 상당운에도 신라가 등장한다.

　　일면불 월면불이여, 波斯의 혹인이 신라로 뛰어든다. 하늘 높고 땅
이 넓어 아는 사람 없는데 물 넓고 산 머니 뉘라서 알꼬? 석가 부처님
천백억 화신의 손아귀의 황금이 석장으로 변하여, 무간지옥에서 아이
고 소리를 부르짖다가 도솔천에서 미륵을 찾는다. 그만 두라. 잠깐 동
안에 저자가 파하니 아무도 거두는 이가 없구나. 진나라 때의 밑 없는
종지라 여겼더니 원래가 큰 만두에 불과하구나.

　6) '鴨子'(권5, 177칙)에 관한 고칙 ; 馬祖가 들오리떼가 울며 날아가는
것을 보고 百丈懷海 禪師에게 어디로 갔는가를 묻자 날아갔다고 하였
다. 마조가 선사의 코를 비틀자 아파하는 소리를 듣고 '날아 갔다고 또
말하겠는가'라고 하여 깨달음을 얻게 했다는 내용이다. 이에 관해 海印
淸이 송을 통해 '新羅'에 관해 언급하고 있다.

　　師資간에 한가로이 들길을 가는데
　　들오리 날며 우니, 새로운 일 생겼네
　　콧구멍을 비틀어서 일어난 일이라
　　신라에서 한낮에도 三更 종을 치네

　7) '刈茅'(권7, 240칙)에 관한 고칙 ; 남전이 따를 벨 때 남전으로 가는
길을 묻는 중에게 낫을 들어 올리면서 '나는 이 낫을 30전에 샀노라'고
하였고, 낫을 물은 게 아니라 남전의 길을 물은 것이라고 하자 '나는 이
낫을 신나게 쓴다'고 하였다. 이에 대해 지해청이 頌을 통해 '海東'을
언급하였다.

　　왕노사의 기지가 바람 같이 빨라서
　　사람들 가르친 방편 누가 같을 수 있으랴?
　　띠 베는 낫 번쩍 들어 신그런 날 드러내니

진흙 소가 놀라서 海東을 지나친다

8) '向上'(권7, 249칙)에 관한 고칙 ; 반산이 '위로 향하는 외가닥 길은 천 성현도 전하지 못하거늘 학자들은 공연히 헛수고를 하니, 마치 원숭이가 물속의 달그림자를 잡으려는 것 같다'고 하였다. 투자청이 이 이야기를 듣고 '이미 전할 수 없는 것이라면 어찌하여 陝府의 무쇠소가 신라로 달아났는가?'라고 하였다.

9) '今夜'(권17, 667칙)에 관한 고칙에 한 이름을 알 수 없는 신라 중이 나온다. 덕산이 示衆할 때 '오늘 밤에는 질문에 대답을 않겠다. 질문을 하는 자는 서른 방망이를 때리리라'고 하자 어떤 중이 나와서 절을 하니 때렸다. 그 중이 '제가 말로 묻지 않았거늘 어째서 저를 때리십니까?'라고 하자 덕산이 '그대는 어디 사람인가?'라고 물으니, '新羅 사람입니다'라고 대답하였다. 덕산이 '뱃전을 밟기 전에 서른 방망이를 때렸어야 좋았을 것이다'고 하였다. [法眼이 말하되 '大小 德山의 말이 두 토막이 났다'고 하였고, 圓明이 '大小 德山이 龍頭蛇尾가 되었다'고 하였다.] 이에 대해 大潙喆이 頌을 통해

조사의 印 높이 들고 우주 안에 군림하니
뉘라서 기회를 당하여 길흉을 단정하랴?
新羅의 그 납자가 아니었다면
천고의 맑은 바람 어떻게 떨쳤으리

라고 읊었다. 雪竇顯은 '여러분은 新羅의 그 중을 알고자 하는가? 돌기둥에 부딪친 눈 먼 중일 뿐이니라'고 하였다. 大愚芝는 拈을 통해 '요즘 사람들이 모두 말하기를 「덕산은 작가였다. 활용이 좋았다」하지만 그렇게 말한다면 꿈엔들 바로 보았겠는가? 대우는 말하노니 「덕산은 그 중에게 한 번 밀려서 기와 같이 허물어지고 얼음 같이 녹았다」하노

라. 비록 그러나 요즘 하나의 尊宿을 찾으려해도 매우 어렵도다'고 하였다. 大潙喆이 拈을 통해 '덕산은 마치 청평세계에 갑옷을 다듬고 창을 가는 것 같고, 그 중은 생명을 아끼지 않고, 몸을 흰 칼날에 대지른다. 법안이 말하기를 「말이 두 토막 났다」하니 마치 병과 약이 서로 고치는 것 같고, 원명이 말하기를 「용 머리에 뱀 꼬리라」하니 금과 놋을 가리기 어렵고, 설두는 말하기를 「돌 기둥에 부딪친 놈이라」하니 뭇 흐름을 가로 막았다. 지금 누군가가 신라 중에게 주인이 되게 해주겠는가? 나와서 대위와 만나자.' 이에 불자를 세우고 '가거라. 서천의 길이 멀고 멀어 이득히 십만리니라' 하였다. 또 佛陀遜이 小衆 때에 '덕산 화상은 평생동안 한토막의 방망이를 들고 부처가 와도 때렸으니 참으로 헛되지는 않았다. 그러나 일생동안 굴욕을 면치 못했으니 어쩌랴?'고 하고서는 '(설두현이) 「여러분은 新羅의 그 중을 알고자 하는가? 돌 기둥에 부딪친 눈 먼 중일 뿐이니라」고 하였으니 대중아, 그 중이 이미 신라에서 왔거늘 어째서 눈 먼 놈이라 했을까? 설두 노인의 한바탕 실수가 적지 않도다'고 하였다. 圜悟勤이 拈하되 '덕산은 마치 金輪 황제가 천하의 복판에 자리하고 있으면 四方 八表가 순종치 않은 이가 없는 것 같다. 넌지시 한 명령을 내리면 당장에 바람결에 풀이 눕듯 한다. 만일 그 중이 아니었다면 어찌 죽임과 살림과 생포와 석방의 위덕의 자유로움을 보았겠는가?'라고 하였다. 雲門杲가 普說할 때, 이 이야기에서 法眼・圓明・雪寶의 拈을 들어 말하되 '대중에서 헤아리기를 「내가 질문도 하기 전에 때렸어야 할 것이어늘 덕산이 때리지 않고, 도리어 묻되 「그대는 어디 사람인가?」했으니, 이것이 이야기가 두 토막이 된 것이다. 용두사미가 되었으니 어이가 없다」하며, 또 말하기를 「그 중이 작가였다면 어디 사람인가? 하는 소리를 듣자마자 선상을 흔들어 쓰러뜨렸어야 하거늘 그는 이미 그러지 못했고, 도리어 덕산이 말하되 「뱃전을 밟기 전에 벌써 서른 방망이를 때렸어야 한다」하는 소리를 듣게 되었으니, 이것이 곧 끊을 것을 끊지 않았으나 소란한 칼을 부

르지는 않았다는 것이다. 그러므로 설두가 말하되 「신라 중을 알고자 하는가? 겨우 돌기둥에 부딪친 눈 먼 놈이니라」 했으니, 어이가 없구나」 하니, 이렇게 안다면 더 깨달을 필요가 없을 것이다. 「영리한 이가 일시에 말을 따라 견해를 내어 해석하면 그만이라」 하거니와 내가 그에게 묻노니, 그렇게 해석하는 것이 일시적인 결단은 내려지나 생사가 이르면 어떻게 대꾸하려는가? 지금 분명 그에게 이르노니, 이 부질없는 말, 긴 이야기가 곧 생사를 벗어나는 지름길이다. 그대들은 지름길 위에다 가시나무를 심거나 똥 구덩이를 파지 말라' 하였다.

10) '念底'(권21, 856칙)에 관한 고칙 ; 雲居가 어떤 중에게 '그대는 무슨 경을 念하는가?'라고 물으니, 그 중이 '維摩經입니다'라고 답하였다. 운거가 '유마경을 물은 것이 아니다. 念하는 것이 무슨 경이냐 말이다'고 하자 그 중이 이로부터 깨달았다고 하였다. 이에 대한 蔣山泉의 頌에 '新羅'가 언급되고 있다.

> 유마경을 물은 것이 아니라 무엇을 염하는가 하니
> 新羅의 새매[鶴]가 구름을 뚫고 지나간다
> 지팡이로 때리자 威靈이 없어지니
> 쓸쓸한 嵩山의 破竈墮로다

11) '難道'(권21, 858칙)에 관한 고칙 ; 雲居에게 新羅僧이 '이것이 무엇이기에 그렇게 말하기 어렵습니까?' 하자 운거가 '무슨 말하기 어려움이 있으리요?' 하였다. 그 중이 '그러면 화상께서 말씀해주십시오'라고 하자 운거가 '新羅! 新羅니라'고 하였다. 이에 관해 黃龍新이 上堂하여 '운거가 신라의 중을 보려면 아직 나루터 하나가 막혀 있다'고 하였다. 天童覺이 小衆 때 이 이야기와 황룡의 拈을 들어 말하면서 '형제들이여, 역시 황룡 노장이라야 된다. 覺上座가 길에서 불행한 꼴을 보

았기에 운거의 숨구멍을 틔워 주리라. 자세히 점검하건대 운거가 新羅의 중을 보려면 아직 재[嶺]가 막혀 있도다. 대중 가운데 황룡을 마땅치 않게 여기는 이는 없는가? 나와서 각상좌와 만나자. 있는가? 없다면 오늘 밤에 부득이 거듭 분석해 주리라. 운거가 그렇게 말한 것은 그 중이 나오지 못할까 걱정했을 뿐이요. 황룡이 이렇게 말한 것은 또 후인들이 돌아오지 못할까 걱정했기 때문이다. 각상좌가 말하기를 「아직 강이 막혔다」한 것은 또 무슨 뜻인가? 행여라도 잘못으로 잘못에 보태지 말라' 하였다.

12) '草賊'(권24, 1064칙)에 관한 고칙 ; 雲門이 어떤 중에게 '그대는 어느 곳 사람인가?'라고 물으니, '新羅人입니다'라고 답하였다. 운문이 '무엇으로 바다를 건넜는가?'를 묻자 '草賊이 크게 패하였구나'라고 답하였다. 운문이 '어째서 내 손 안에 있는가?' 하니, 그 중이 '흡사합니다'고 하였다. [설두가 다르게 말하되 '噓噓'하였다.] 이에 운문이 '마음대로 뛰어보라' 하니, 중이 대답이 없자 운문이 그만 두었다. 이에 대해 法眞一이 다음과 같이 頌하였다.

> 新羅의 납자를 만난 적 없는데
> 풍월을 물으니 대략 같도다
> 아깝다 산을 만들 때 한 삼태기를 다투니
> 손과 주인 헛수고하고 공은 없도다

雪竇顯이 이 이야기를 들어 말하기를 '운문 노인이 龍頭蛇尾가 되어서 그 중을 놓쳤는데 어째서 내 손 안에 있다 했을까? 흡사하다 했으니 등줄기를 때렸어야 하리라' 하였다. 또 法眞一이 拈하기를 '서로서로가 알지 못했다. 운문이 말하기를 「마음대로 뛰라」 했으니, 그 중을 대신하여 禪床을 흔들어 쓰러뜨렸어야 한다. 그 중이 말이 없던 곳에선 운문을 대신하기를 「하늘을 치솟는 매인 줄 알았더니 알고 보니 죽은 새우나 두꺼비였구나!」 하고는 때렸어야 된다' 하였다. 潙山喆이 이 이야기에 이어 설두의 拈을 들고는 '운문과 설두는 걸음마다 높이 오를 줄만 안다. 대위는 그렇지 않으리니, 「어째서 내 손 안에 있는가?」해서 「흡사합니다」 하거든 깔깔대고 크게 웃으리라. 殺人刀 活人劍이니라' 하였다.

13) '鑑咦'(권25, 1081칙)에 관한 고칙 ; 운문이 어느 날 중을 돌아보고 '鑑(내치다)'하니, 중이 대답하려고 망설이거늘 '咦(닫는다)'하였다. 德劍密 선사가 「돌아볼 顧」자를 떼어 버리고 抽顧頌이라 하였다. 이에 관해 雁 蕩泉이 다음과 같이 頌하였다.

　　운문의 鑑과 咦가 두 눈이 멀뚱멀뚱하다
　　신라와 발해에서 불에 데이고 바람에 불린다
　　문수가 고개를 숙이고 가섭이 눈썹을 찡그린다
　　한 마디가 이미 나왔으니 馹馬로도 따를 수 없다

또 법진일은 다음과 같은 송을 남겼다.

　　운문의 추고송을 대중이 모두 아나
　　들어도 속임수가 아니요, 대꾸하는 이 또한 드물다
　　韶陽의 분명한 뜻 알려고 하면
　　新羅의 매가 하늘을 차면서 난다

14) '眼睫'(권25, 1082칙)에 관한 고칙 ; 운문이 말하기를 '속눈썹이 옆으로 十方에 뻗었고, 곁 눈썹이 위로는 건곤을 꿰뚫고, 아래로는 황천까지 뻗었고, 수미산이 그대의 목구멍을 막았으니, 누군가가 알겠는가? 누군가가 알면 占波 사람을 끌어다가 新羅 사람과 박치기하게 하리라' 하였다.

15) '久雨'(권25, 1091칙)에 관한 고칙 ; 어떤 중이 '오래 내린 비가 개지 않을 때가 어떠합니까'라고 하자 운문이 '잡[劄]'이라고 하였다. 이에 관해 진정문이 주장자로 향탁을 치면서

> 新羅는 海東에 있고
> 臨濟라는 종 아이는 겨우 흰쪽 눈 뿐이고
> 普化 도적놈은 거짓으로 미친체 하고
> 귀찮은 豊干은 文殊와 普賢을 찾아내었도다

16) '無刹'(권25, 1107칙)에 관한 고칙 ; 장경에게 어떤 중이 '高麗의 중이 觀音像을 조성하여 明州에서 배에 실으려 하는데 여럿이 끌어도 들리지 않으므로 開元寺로 모시고 들어가서 공양하려 합니다' 하고, 이어 묻되 '절이 없어 현실할 수 없는데 어째서 고려에는 가시려 하지 않으셨을까요?' 하니, 장경이 '현신하는 것은 비록 두루하나 모습을 보는 이에게는 치우침이 생기니라' 하였다. [법안이 다르게 말하되 '관음을 알기나 하는가?' 하였다.] 이에 대해 知非子가 다음과 같이 頌했다.

> 하나의 달이 하늘에 밝으매 만 가닥 물이 다르니
> 변경과 본토에 어찌 차별이 있으랴
> 바람과 幡 움직임이 아니요 마음이 흔들리니
> 조계에서 盧氏 노인께 물으려 하지 말라

17) '南宗北祖'(권26, 1162칙)에 관한 고칙 ; 南院에게 어떤 중이 '남종과 북조를 스님께서 지시해주십시오'라고 하자 '大庾嶺 마루의 구름이요, 大行山 위의 도적이니라' 하였다. 중이 다시 '어떻게 이해하리까?'라고 하자 남원이 '幽燕이 劫殺을 평정하니 吳越이 깔깔대고 웃느니라' 하였다. 중이 다시 '끝내 무슨 뜻입니까?' 하니, 남원이 '법다운 작용은 없다고 하지 말라. 가장 괴로운 것은 新羅니라'[12]라고 하였다. 지해청

이 이 이야기를 들어서 말하기를 '남원 노인을 보려는가? 대유령의 구름과 대행의 도적이요 문수의 찬탄과 유마의 침묵이다. 北祖와 南宗이 당장에 돌아오니, 유연이 겁살 평정함을 이로부터 얻었다. 吳越이 깔깔대고 웃으니, 가장 괴로운 것은 신라라 하니, 도리어 남원 노장을 지게 해서 일생동안 입이 없으면서 방자로이 큰 소리로 노래를 부르게 하였구나'라고 하였다.

18) '禪'(권26, 1166칙)에 관한 고칙 ; 新羅 泊岩和尙에게 어떤 중이 '어떤 것이 禪입니까?' 하니, '古塚은 집이 되지 않느니라' 하였다. 이에 대해 丹霞淳이 다음과 같이 頌하였다.

> 고국이 태평한 지 여러 해여서
> 백발이 되어도 고향을 그리워한다
> 목동까지 功業을 잊을 줄 아는가?
> 게을리 소를 놓고 채찍을 안 잡는다

19) '道'(권26, 1167칙)에 관한 고칙 ; 泊岩에게 어떤 중이 '어떤 것이 道입니까?'를 묻자 박암이 '車馬의 자취는 번거로우니라'고 하였다. 丹霞淳이 다음과 같이 頌하였다.

> 조계의 옛길에 푸른 이끼 돋으니
> 車馬가 오르자 이미 오가는 일 생겼네
> 野老는 늙고 여위었는데 발까지 절면서
> 손에 옥 지팡이 끌고 밤길을 간다

20) '敎'(권26, 1168칙)에 관한 고칙 ; 박암에게 어떤 중이 '어떤 것이

---

12) 唐 太宗이 활을 新羅에 맞추고 말하되 '幽燕이라면 차라리 쉽겠지만 가장 수고로운 것이 新羅다'고 하였다(한글대장경『禪門拈頌』5, 동국역경원, 1994, 112쪽).

教입니까?'라고 묻자 박암이 '貝葉에도 다 수록하지 못하느니라' 하였
다. 이에 대해 丹霞淳이 다음과 같이 頌하였다.

> 사십구년의 세월이 露布뿐이었고
> 오천여 軸 모두가 이야기거리라
> 묘하고 밝은 한 구절이 威音 밖이러니
> 뿔 부러진 진흙 소가 눈 속에 잠든다

21) '一切處'(권26, 1169칙)에 관한 고칙 ; 新羅 大嶺禪師에게 어떤 중
이 '어떤 것이 모든 것이 청정한 것입니까?'라고 묻자 대령이 '구슬 나
무를 꺾으니 가지마다 보배요, 梅檀 나무를 쪼개니 조각마다 향기로우
니라' 하였다. 이에 대해 丹霞淳이 다음과 같이 頌하였다.

> 乾坤 모두가 황금의 나라이니
> 萬有가 완전히 묘한 몸을 드러낸다
> 王女가 바람을 등지는 일엔 재치도 둔함도 아니요
> 신령한 싹에 꽃이 피는데 봄을 알지 못한다

22) '諸佛'(권26, 1170칙)에 관한 고칙 ; 新羅 雲住禪師에게 어떤 중이
'어떤 것이 부처님들의 스승입니까?'라고 묻자 운주가 '文殊는 귀가 우
뚝하니라'고 하였다. 이에 대해 丹霞淳이 다음과 같이 頌하였다.

> 형상없는 광명 속에 몸의 형상 없거늘
> 맑고 비고 멀고 아득함이 어찌 이웃되리요
> 둥글고 밝은 달이 마루 위에 비치니
> 옥 대궐이 蕭蕭하여 사람이 안 보인다

23) '依經'(권26, 1176칙)에 관한 고칙 ; 同安에게 어떤 중이 '경에 의지
하여 이치를 해석하면 三世의 부처가 원수요, 경에서 한 글자라도 이탈

하면 마군의 말과 같다 하니, 이 이치가 어떻습니까?'라고 묻자 동안이 '우뚝한 봉우리가 아득히 솟았으니, 연기도 나무도 걸리지 않고, 조각달 이 하늘 복판에 나서니, 흰 구름과는 저절로 다르니라' 하였다. 이에 대 한 낭야각의 송에 '新羅'가 언급된다.

> 땅이 어니 풀이 시들고
> 물이 차니 얼음이 언다
> 참선하는 사람에게 묻노니
> 이게 무슨 시절인가?
> 林際는 新羅로 달아났는데
> 德山은 근심 기운 풀리지 않네

『禪門拈頌』에 실려 있는 1463則 가운데 23則에 한국불교에 관한 자 료가 언급되어 있다. 그중 대부분이 신라의 승려 및 신라에 관한 언급 이다. 막연히 '海東'을 언급도 신라를 가리킨다. 나머지 '渤海'에 관한 언급이 한 차례(자료 13, 1081칙에 관한 雁蕩泉의 頌), '高麗'에 관한 언급이 한 차례(자료 16, 1107칙) 나온다. 그런데 이들 자료들의 대다수는 한국 불 교사를 이해하고 재구성하는 데 별반 도움이 되지 않는다. 『禪門拈 頌』은 석가모니불에서 시작하여 가섭이하의 제자, 西天 28祖 가운데 17명, 그리고 달마 이하, 그 법통을 이은 21세 법손 長靈 守卓의 제자 와 東土에 應化했던 여러 賢聖들의 師資相承을 통한 不立文字, 以心 傳心, 見性成佛을 다룸으로써 선의 방법과 방향을 제시하기 위해 만들 어진 것이다. 그렇기 때문에 위에 제시한 한국불교자료의 대다수는 公 案에 대한 拈頌과 관련되어 곁가지처 나온 것에 불과하다. 그 결과 『禪門拈頌』을 번역하면서 앞의 자료에 나오는 '新羅'는 단순히 '먼 나 라라는 뜻'으로만 해석되어[13] 별반 관심을 기울이지 않았다. 그러나 앞

---

13) 동국역경원에서 낸 『한글대장경 禪門拈頌』에서는 '新羅'에 대한 주에서 이를 '먼 나라라는 뜻'으로 해석하고 있다.

의 자료 4)를 검토해보면 그렇게만 치부해버릴 수 없다. '황매'에 관한 향산량의 상당운에서 6조 혜능이 '죽은 뒤에는 광속에 묻혔다가 新羅 사람에게 머리가 깨지지 않았을 것이니'라고 한 것은 6조 慧能의 禪風 이 新羅에 전해졌음을 말하는 것이다. 향산량이 언급한 신라인에 의한 6祖 혜능의 頭骨 竊取 사건은 『景德傳燈錄』(권5) 慧能傳에 의히면,

> 開元十年 新羅僧金大悲住洪州開元寺 以錢二十千屬張淨滿 至曹溪
> 竊六祖慧能頭骨 歸海東供養 未果.

신라 중 金大悲가 張淨滿을 시켜 6조의 두골을 절취하려고 하였다고 하였다. 특히 唐에서 道義와 함께 遊行하다가 興德王 5년(830)에 귀국하 여 馬祖下 滄州神鑑의 禪을 전한 眞鑑禪師 慧昭가 지리산 玉泉寺(雙溪 寺)에 혜능의 影堂을 세우고 '不立文字 敎外別傳'의 禪法을 선양하였는 데,[14] 지리산 쌍계사의 금당에 있는 六祖頂上塔緣起說話에서도 이를 언급하고 있다.[15] 신라에 유행한 선풍이 頓悟를 중심으로 남방에서 퍼 진 혜능의 南宗禪을 주로 이어받았다는 점을 상기할 때 이것은 6조 혜 능에 대한 신라인의 경배사상을 단적으로 전해주는 것이다. 이렇게 볼 때 앞에서 열거한 23개의 자료에 나오는 '新羅' 및 '海東'에 관한 언급 은 단순히 '먼 나라'를 지칭하는 이상의 의미, 즉 선풍이 신라에 널리

---

14) 李夢游(965년 撰), 「聞慶鳳巖寺靜眞大師圓悟塔碑」 『朝鮮金石總覽』 上, 196～207쪽.
   崔柄憲, 「新羅下代 禪宗九山派의 成立」 『韓國史硏究』 7, 1972 ; 『韓國史 論文選集』Ⅱ-고대편-, 역사학회편, 일조각, 1976, 295쪽 참조.

15) 忽滑谷快天, 『朝鮮禪敎史』 東京, 春秋社, 1930 ; 崔炳憲, 「新羅下代 禪宗 九山派의 成立」 『韓國史硏究』 7, 1972 ; 『韓國史論文選集』Ⅱ-古代篇 -, 역사학회, 일조각, 1976에서 재인용. 鄭性本은 「『禪宗六祖慧能大師頂 相東來緣起』考」 『한국불교학』 14, 한국불교학회, 1989를 발표한 이래 최 근 『新羅禪宗의 硏究』, 민족사, 1995에 동 논문을 수록하고 부록에 『禪宗 六祖慧能大師頂相東來緣起』 원문 교정 및 역주를 첨가하였다.

퍼졌음을 의미하는 것이다.

이것은 고려 무신정권시대의 인물인 이규보의 '달마대사의 상에 대한 찬'에서

> 소림사에서 면벽 참선한 것은
> 마음을 전하라는 것이었네
> 마음이 이미 東邦에 전해졌으니
> 몸과 형체는 西國으로 갈 걸세
> 현재에 있어서도 전할 것은 마음이요[16)]

라고 하여 달마대사의 마음, 즉 佛法이 고려에 전해졌다고 한 것과도 통할 수 있는 내용이다.

이상의 자료들은 당시 신라 승려들의 구법활동이 왕성하였음을 반영해주는 자료이기도 하다. 아울러 그로 인연해 신라에 이미 육조 혜능의 南宗禪이 상당히 뿌리내렸음도 알 수 있다.

자료 9) '今夜'의 고칙에서 보다시피, 德山이 示衆할 때 질문을 던진 이름을 알 수 없는 신라 승려의 존재는 주목해볼 필요가 있다. 왜냐하면 덕산의 제자인 雪峯 義存의 法嗣에 大無爲·齊雲 靈照·福淸 玄訥 등이 배출되고,[17)] 특히 이 법안종 계통에서 고려초에 와서 많은 선사들이 배출될 수 있었던 것은 결코 우연이 아니다.

자료 11) '難道'의 고칙에서 보다시피, 雲居에게 '難道'를 질문한 新羅僧에게 雲居가 '新羅! 新羅니라' 한 것 역시 결코 우연이 아니다. 洪州 雲居山 道膺의 문도에는 雲住·慶猶·慧禪師[18)]를 비롯하여 逈微·麗嚴[19)]·利嚴[20)] 등의 승려들이 활동하였고, 이들의 일부는 후일

---

16) 李奎報,「達摩大士像贊」『東國李相國集』卷19, "面壁小林 欲傳心耳 心已前於震旦 將身與形而西矣 當其現在 可傳者心兮."

17) 『景德傳燈錄』卷19 ; 최병헌, 앞의 글 참조.

18) 『景德傳燈錄』卷20.

신라에 귀국하여 선종을 크게 일으켰다.

자료 12) '草賊'의 고칙에 의하면, 雲門이 新羅僧에게 '무엇으로 바다를 건넜는가?'를 물었을 때 '草賊이 크게 패하였구나'로 답변한 것은 新羅 下代의 초적들의 활동이 얼마만큼 활발하였는가를 말해주는 것이다. 雲門 文偃이 唐末 五代에 활동한 승려로서, 그 생몰년대가 864～949년이었음을 감안할 때, 이 신라의 승려가 입당할 당시는 신라에 초적들의 출몰이 두드러진 시기였고, 이들의 소멸을 그가 염원하고 있음을 이 자료는 보여주고 있는 것이라 할 수 있다. 특히 이들 초적들의 중요 공격목표의 하나가 사찰이었기 때문에 사찰들은 이들의 공격을 방어하기 위한 자체 무장에 나서기도 하였다.[21]

자료 16) '無刹'에 관한 고칙을 통해 고려초 중국을 통한 불법의 수입에 대한 관심, 그리고 관음신앙사상이 고려에 상당하였음을 알 수 있다. 관음신앙은 현실적인 고난에서 어려움을 구제해주는 신앙이다. 우리나라에서는 삼국시대에 수용된 이래 통일신라를 거치면서 아미타신앙과 함께 가장 보편적인 신앙이 되었다. 고려의 경우 「均如傳」의 기록을 보면 누이의 요청에 균여가 보현과 관음 두 선지식의 법문과 신중경과 천수경을 상세하게 강론해주었다는 데서[22] 고려전기에도 관음신앙이 보편적이었음을 알 수 있는데, 이것은 자료 16)에 의해 확인된다고 하겠다.

『禪門拈頌』에는 이름이 전하는 新羅僧으로는 潭州 谷山藏의 제자인 朴岩(사료 18～20)・大嶺和尙(21)과 雲居 道膺의 제자인 雲住和尙(22) 뿐이다. 혜심이 그 서문에서 '傳燈錄'과 짝이 되기를 바랐음을 감안할 때 이

---

19) 崔彦撝, 「楊平彌智山菩提寺大鏡大師玄機塔碑」(939年 撰) 『朝鮮金石總覽』 上, 130～134쪽.

20) 崔彦撝, 「海州須彌山廣照寺眞澈大師寶月乘空塔碑」(937年 撰) 『朝鮮金石總覽』 上, 125～130쪽.

21) 최병헌, 앞의 글 참조.

22) 赫連挺, 「大華嚴首座圓通兩重大師均如傳」 『韓國佛教全書』 4-511 下.

책의 편찬에 저본이 되었을 『景德傳燈錄』에는 그 외 많은 신라 승려들
이 등장하고 있다. 이에 관해 살펴보면 다음과 같다.

『景德傳燈錄』卷3에는 남악 회양의 1세 법손으로 '新羅國 本如禪師'
가 등장한다. 그러나 기록이 없어 그 이름만이 언급되었을 뿐이다.

卷9에는 虔州 西堂 智藏禪師의 法嗣 4인 가운데 虔州 處微禪師를
제외한 '鷄林 道義禪師'·'新羅國 慧禪師'·'新羅國 洪直禪師' 3인이
신라 승려이다. 그러나 이들 3인은 '기연할 어구가 없어서 기록하지 않
았다'고 하였다. 또 같은 권 속에 蒲州 麻谷山 寶徹禪師의 법사 2인 중
에 '新羅國 無染禪師'가 나오지만 역시 '기연할 어구가 없어' 그에 관한
기록이 없다. 그 외 懷惲禪師 法嗣에 '新羅國 玄昱禪師', '新羅國 覺體
禪師'가 보인다.

卷10에는 池州 南泉 普願禪師의 법손 17인 가운데 '新羅國 道均禪
師', 抗州 鹽官 齊安禪師의 법사 8인 가운데 '新羅 品日禪師', 明州 大
梅山 法常禪師의 법사 3인 가운데 '新羅國 迦智禪師'·'新羅國 忠彦禪
師', 廬山 歸宗寺 智常禪師의 법사 6인 가운데 '新羅 大茅和尙'이 보인
다. 이 가운데 가지선사와 대모화상을 제외하고서는 '기연할 어구가 없
어 기록하지 않았다'고 하였다.

가지선사에 관한 기록은 다음과 같다.

> A) 新羅國 迦智禪師
> 어떤 중이 물었다. "어떤 것이 서쪽에서 오신 뜻입니까?"라고 묻
> 자 "그대가 안으로 와야 말해주리라"고 답하였다. 중이 "어떤 것이
> 대매산의 종지입니까?"라고 묻자 "소락[酪]과 근본[本]을 동시에 던
> 져 버리라"고 하였다.

또 대모화상에 관한 기록은 다음과 같다.

> B) 新羅 大茅和尙

상당하여 대중에게 말하기를 "부처님의 스승을 알고자 하면 무명의 마음 속에서 알아차려야 하고, 상주하여 마르지 않은 성품을 알고자 하면 만 가지 초목이 변천하는 속에서 찾으라"고 하였다. 중이 "어떤 것이 대모의 경계입니까?"라고 묻자 "칼 끝을 드러내지 않는다"고 하였다. 이에 "어찌하여 칼 끝을 드러내지 않습니까?"라고 묻자 "맞설 이가 없느니라"고 하였다.

卷11에는 天龍和尙의 법사 2명 가운데 한 사람인 '新羅國 彦忠禪師'가 나온다. 또 '新羅國 大證禪師'와 그 법사 두 사람인 '文聖大王'·'憲安大王'과 '新羅 洪直禪師'의 법사 두 사람인 '興德大王'·'宣康太子' 등의 이름만이 보인다. 물론 이들 역시 기연할 어구가 없기 때문에 기록되지 않았다.

권12에는 袁州 仰山 慧寂선사의 법사 10인 가운데 '新羅國 順支大師'가 보이고, 鎭州 臨濟 義玄禪師의 법사 22인 가운데 '新羅國 智異山和尙'이 나온다. 순지에 관해서는 다음과 같은 기록을 전한다.

C) 新羅 五觀山 順支大師
　본국의 호는 了悟大師
　중이 "어떤 것이 서쪽에서 오신 뜻입니까?"라고 묻자 대사 순지가 불자를 세웠다. 중이 "그것이면 되지 않겠습니까?"라고 물으니, 대사가 불자를 던져 버렸다. "以자도 아니요 八자도 아니면 그것이 무엇입니까?"라고 묻자 대사가 원상을 그려 보였다. 어떤 중이 대사의 앞에서 다섯 고리의 원상을 그리니 대사가 지워버리고 따로이 원상 하나만을 그렸다.

그 외 袁州 仰山 南塔 光湧禪師의 법사 5인 가운데의 한 사람인 '郢州 芭蕉山 蕙淸禪師' 역시 신라인이다. 그에 관한 자료는 다음과 같다.

D) 郢州 芭蕉山 蕙淸禪師
　그는 신라인이었다. 어떤 사람이 "어떤 것이 파초산의 물입니까?"

라고 묻자 "겨울엔 따사롭고 여름에는 서늘하니라"고 하였고, "어떤 것이 吹毛劍입니까?"라고 묻자 "세 걸음 앞으로 나가라"고 하였다. "어떤 것이 화상께서 사람을 위하는 한 구절입니까"라고 묻자 "그대가 묻지 않을까가 걱정이 될 뿐이다"고 하였다.

대사가 상당하여 대중에게 "알겠는가? 아는 이가 없구나. 안녕"이라고 하였다. "말을 하지 않고 물을 때에는 어떠합니까?"라고 하자 "三門 밖을 나서기 전에 천리길을 갔다"고 하였다.

"어떤 것이 자기입니까?"라는 물음에 "남쪽을 향하여 北斗를 본다"고 하였다.

"풍광과 경계가 모두 없어지면 다시 무엇이겠습니까?"라는 물음에 대해 "앎[知]이니라"고 하였고 "안다는 것이 무엇입니까?"에 대해 "建州의 어느 아홉째 서방님이니라"고 하였다. "어떤 것이 提婆의 종입니까?"라고 묻자 "붉은 깃발이 왼쪽에 있는 것이니라"고 하였다.

대사가 어떤 중에게 "요새 어디서 떠났는가?"라고 묻자 "스님께서 말씀해보시오"라고 답하니 "배 위의 장사꾼인줄 알았더니 원래 當州의 작은 손[小客]이구나"라고 하였다. "두 머리 세 머리는 묻지 않았사오니, 스님께서 본래의 면목을 가르켜 주십시오"라고 하자 대사가 잠자코 반드시 앉아 있었다.

"도적이 오면 때려야 하고 손님이 오면 맞아야 하는데 손과 도적이 함께 올 때엔 어찌 하겠습니까?"라고 묻자 "집 안에 떨어진 짚신 한 켤레가 있느니라"고 하였고, "그 떨어진 짚신도 쓸 수가 있습니까?"라고 묻자 "만일 그대가 가져간다면 앞엔 흉하고, 나중엔 불길하리라"고 하였다.

"북두에 몸을 숨긴다는 뜻이 어떠합니까?"라는 물음에 "九九는 八十一이니라"고 하고, 이어서 "알겠는가"라고 하였다. "잘 모르겠다"는 답에 대해 "一, 二, 三, 四, 五니라"고 하였다.

"옛 부처님이 나시기 전엔 어떠합니까?"라는 물음에 대해 "천년 묵은 가지 뿌리이니라"고 하였고, "나오신 뒤에 어떠합니까?"라는 물음에 대해서는 "금강이 힘을 쓰니 눈알이 나온다"고 하였다.

대사가 상당하여 한참 있다가 "너무나 수고를 끼쳤소. 진중"이라고 하였다.

권16에는 潭州 石霜 慶諸禪師의 법을 이은 41인 가운데 '新羅 欽忠

禪師'·'親羅 行寂禪師'·'新羅 朗禪師'·'新羅 淸虛禪師' 등의 이름
이 전한다.

권17에는 우선 袁州 洞州 良价禪師의 문도인 洪州 雲居 道膺禪師
에게 다음과 같이 질문한 신라의 중이 보인다.

E) 신라의 중이 "佛陀波利가 문수를 보고서 왜 돌아갔습니까?"라고 하
자 "가지고 오지 않았기 때문에 돌아갔을 뿐이다"고 하였다.

그 외 袁州 洞山 良价禪師의 법을 이은 26인 가운데의 1인인 '新羅
國 金藏和尙', 筠州 九峯 道虔禪師의 법사 10인 가운데 1인인 '新羅
淸院和尙', 潭州 雲蓋山 志元禪師의 법사 3인 가운데 1인인 '新羅 臥
龍和尙', 潭州 谷山 藏禪師의 법사 3인 '新羅 瑞嚴和尙'·'新羅 泊嚴
和尙'·'新羅 大嶺和尙'이 있다. 그 가운데 기록이 남은 경우는 다음과
같다.

F) 新羅 淸院和尙
   "말을 달리면서 제기[毬]놀이를 하면 누가 얻습니까?"
   "얻지 못하는 것은 누구이겠는가"
   "그러면 다투지 않는 것이 좋겠군요"
   "설사 다투지 않는다 하여도 역시 허물이 있다"
   "어찌하여야 이런 허물을 면합니까"
   "애초에 잃지 않았어야 한다"
   "잃지 않은 곳을 어떻게 단련하겠습니까?"
   "두 손을 떠 받쳐도 일어나지 않는다"

G) 新羅 臥龍和尙
   "어떤 것이 거룩한 이의 모습입니까?"
   "자줏빛 휘장 안에서 손을 내리지 못한다"
   "어째서 손을 내리지 못합니까?"
   "존귀하지 못하기 때문이다"

"하루 종일 어떻게 마음을 쓰리까?"
"원숭이가 털 가진 벌레를 잡아 먹었다"

H) 新羅 瑞岩和尙
"흑과 백이 모두 없이 불상의 눈을 열었을 때엔 어떠합니까?"
"그대가 속으로 집착할까 걱정이다"
"어떤 것이 서로 탄생한 왕자입니까?"
"깊은 궁궐에 있어서 끌어내도 나오지 않는다"

I) 新羅 朴岩和尙
"어떤 것이 禪입니까?"
"古塚은 집이 되지 못한다"
"어떤 것이 道입니까?"
"공연히 거마의 자취만 났구나"
"어떤 것이 敎입니까?"
"貝葉에 다 적지 못한 것이니라"

J) 新羅 大嶺和尙
어떤 중이 물었다.
"겨우 潼關에 와서 그만 둘 때엔 어떠합니까?"
"그저 길거리에서의 살림이니라"
"그 안의 살림이 어떠합니까?"
"체득하면 되나 상당하지는 않느니라"
"체득하였는데 어째서 상당하지 않습니까?"
"체득한다는 것이 어느 정도 되는 사람의 일인가?"
"그 안의 일이 어떠합니까?"
"존귀하지 못하니라"

권19에는 福州 雪峰義存禪師의 문도 42인 가운데 '新羅國 大無爲禪師'의 이름이 보인다.

권20에는 洪州 雲居山 道膺禪師의 문도 가운데 '新羅 雲住和尙'과

'新羅 慶猷禪師'·'新羅 慧禪師'가 보이는데, 운주화상에 관한 다음의
자료가 적출된다.

> K) 新羅 雲住和尙
> "여러 부처님들이 말씀하시지 못한 것을 누가 말합니까?"
> "내가 말할 수 있다"
> "부처님께서 말씀하시지 못한 것을 화상께선 어찌 말씀하시겠습니
> 까?"
> "부처님들이 나의 제자이다"
> "그 뜻을 말해 주십시오"
> "군왕을 상대하지 않았더라면 20 방망이는 때렸어야 하겠구나"

권21에는 福州 長慶 慧稜禪師의 문도 26인 가운데 '新羅 龜山和尙'
에 관한 다음의 자료가 보인다.

> L) 新羅 龜山和尙
> 어떤 이가 이야기하되, 相國인 裴休가 법회를 세우고, 경 읽는 중
> 에게 묻기를 "무슨 경을 보시오?" 하니, 중이 대답하기를 "無言童子
> 經이라"고 하였다. 배휴가 다시 묻기를 "몇 권이 있는가?" 하니, "두
> 권이요"라고 답하였다. 또 배휴가 "무언이면 어찌 두 권 뿐이랴"고
> 하니 중이 대답이 없었다. 스승이 하는 말에 대하여 대사가 "무언의
> 경지를 의론하려면 두 권 뿐이겠는가"라고 하였다.

권23에는 安州 白兆山 志圓禪師의 문도 13인 가운데 '新羅國 慧雲
禪師'가 보인다.

권24에는 杭州 天龍重機大師의 문도로서 高麗 雪嶽 令光禪師에 관
한 기록이 있는데 다음과 같다.

> M) 高麗 雪嶽 令光禪師
> 중이 "어떤 것이 화상의 가풍입니까?"라고 묻자 대사가 "분명히

기억해두라"고 하였고, "어떤 것이 모든 법의 근원입니까?"라고 묻자 "가르쳐 주어서 고맙다"고 하였다.

권26에는 吉州 靑原山 行思禪師의 제9세 법손 가운데 高麗 靈鑑禪師가 보이고, 杭州 普門寺 希辯禪師의 문도 가운데 高麗國 慧洪禪師가 보인다. 그중 전자의 경우 다음과 같은 기록이 전한다.

> N) 高麗 靈鑑禪師
> 중이 "어떤 것이 청정한 가람입니까?"라고 묻자 (靈鑑)대사가 "쇠우리[牛欄]이니라"고 하였고, "어떤 것이 부처입니까?"라고 묻자 "이 어리석은 놈을 끌어내라"고 하였다.

이상과 같이 『景德傳燈錄』에는 新羅僧 36명, 고려 3명, 도합 39명의 禪僧들에 관한 언급이 있다. 그 가운데 1명을 제외한 38명은 그 이름을 알 수 있다. 39명 가운데 25명은 기연할 어구가 없어 이름만 기록되었고 14명(신라 11, 고려 3)은 기연할 어구가 있어 이를 기록하였는데 위 자료 A)~N)과 같다. 이를 통해 중국에 들어가 활동한 한국 禪僧들이 중국 선종의 발달에 기여를 함과 동시에 귀국 후 한국 禪宗九山派의 성립과 발달에 이룩함으로써[23] 세계불교문화의 발전에 그 일익을 담당하였음을 알 수 있다.

『景德傳燈錄』과 달리 『禪門拈頌』에는 그 이름이 전하는 승려로서는 朴岩·大嶺·雲住和尙 3명에 불과하고 나머지는 그 이름을 확인할 수 없다. 이러한 차이는 두 책의 편찬의도와 관련된 것이다. 『景德傳燈錄』은 사자상승의 관계를 밝히는 데 초점을 두었기 때문에 기연할 어구가 없는 경우라 할지라도 사자상승의 관계가 확인되면 그 이름만이라도 거론하고 있다. 이에 반해 『선문염송』은 사자상승의 관계에 초점을 둔 사

---

23) 이에 관해서는 최병헌, 앞의 글 ; 추만호, 『羅末麗初 禪宗史硏究』 ; 鄭性本, 『新羅禪宗의 硏究』, 民族社, 1995 등에서 구체적으로 언급되어 있다.

전적 전등서라기보다 염송의 정리에 보다 많은 초점이 주어진 것이기 때문에 拈頌에 관한 자료가 없을 경우 수록되지 않았다. 그 구체적 사례를 『景德傳燈錄』과 『선문염송』에 함께 등장하는 신라 승려 朴岩·大嶺·雲住和尙에 관한 자료의 비교를 통해서도 확인할 수 있다.

『景德傳燈錄』의 박암에 관한 자료 I)를 살펴보면 어떤 중이 박암에게 禪, 道, 敎가 무엇인가를 차례로 묻자 차례로 이에 관한 답변한 것이 기록되어 있다. 『선문염송』에서는 이를 자료 18)~20)에서 각기 나누어 수록하면서 이에 관한 단하순의 頌을 수록하고 있다. 운주화상의 경우 『景德傳燈錄』에서는 '부처님이 말씀하시지 못하는 것을 누가 말하는가'에 대한 운주화상의 '내가 말할 수 있다'는 응답에 관한 이야기가 수록된 반면 『선문염송』에서는 어떤 것이 '부처의 스승인가'라는 물음에 대한 운주의 '文殊는 귀가 우뚝하니라'고 한 '諸佛'에 관한 고칙이 수록되고, 이에 관한 丹霞淳의 頌이 수록되었다. 大嶺和尙의 경우도 운주화상의 예처럼 양 책의 내용이 다르고 『선문염송』에는 단하순 어록의 頌이 수록되었다. 이로써 『선문염송』의 주된 저본의 하나가 단하순의 어록이었음을 확인할 수 있다. 丹霞淳, 즉 丹霞子淳(1064~1117)은 宋의 조동종을 再興시킨 禪僧으로서 『丹霞子淳禪師語錄』을 남겼는데, 상권은 上堂·小參·眞贊·偈頌, 하권은 增集分으로서 上堂法語, 擧古·頌古 등이 수록되어 있다. 『景德傳燈錄』과 달리 拈頌의 편찬에 주안점이 두어진 『禪門拈頌』에는 신라의 승려 가운데 拈頌을 전한 승려들만이 수록되었다. 결과적으로 이것은 한국승려들의 활동을 축소하여 이해케하는 결과를 낳았다.

『景德傳燈錄』 등을 통해서 볼 때 入唐하여 활동한 新羅의 禪僧들은 중국의 선종의 발달에 기여를 함과 동시에 귀국 후 한국 禪宗九山派의 성립에 기여를 함으로써 세계불교문화의 발전에 그 일익을 담당하였음에도 불구하고 『선문염송』에서는 그 편집방향에 따른 결과이지만 그들의 상당수를 제외함으로써 결과적으로 한국불교사를 그만큼 왜소화시

컸다는 비판을 면할 수 없다.

더욱이 별첨한 <도표 1> 入唐求法한 新羅 禪僧의 계보[24]에서 보다시피 馬祖 道一의 제자들인 麻谷 寶徹·監官 齊安·南泉 普願·章敬 懷暉·西堂 智藏의 문하에서 신라 선승들이 주로 수학하고 있음에 반해[25] 『禪門拈頌』에서는 앞에서 본 바와 같이 石頭 希遷의 계보에서 이어져오는 德山 宣鑑, 谷山藏, 雲居 道膺의 문하에 신라 승려들이 언급될 뿐이다. 비록 이 책이 『景德傳燈錄』의 경우와 같이 사자상승의 관계를 밝히고자 한 것이 아니고, 또 한국 선승들의 계보 추적에 목적이 있는 것이 아니라고 하더라도 이 책을 금과옥조처럼 중요시한 이 땅의 후학들이 이 책을 통해 그만큼 한국 선종사의 빈약함을 느꼈을 뿐이었을 것이다.

---

24) 이 도표는 최병헌의 앞의 글 속에 있는 것을 그대로 전재한 것이다.
25) 「朗慧和尙碑」(『朝鮮金石總覽』 上, 76쪽)에 의하면 麻谷寶徹이 馬祖道一로부터 問法하는 新羅人을 이끌어 줄 것을 특별히 당부받았다는 이야기를 朗慧和尙 無染에게 한 것에서 알 수 있듯이 馬祖道一의 문하에서 특히 많은 수의 新羅 禪僧들이 배출되었다.

IV. 『禪門拈頌集』에 나타난 眞覺國師 慧諶의 現實認識

『禪門拈頌』은 '한국선의 역사적인 의미에서 먼저 한국인이 만든 한국적인 燈史를 찬술했다는 그것만으로도 대단한 것이며 특히 대부분의 자료가 인도나 중국의 자료이지만 대담하게도 자기화한 점에서 높이 평가되고 있다. 『禪門拈頌』은 한국 불교인에게는 타국인의 선사상을 한국적인 의식으로 소화하여 이해하고 일상적 현실에서 이해한 선문염송이라는 점에서 높이 평가할 만하다'는 평[26]은 그 단적인 표현이다.

더욱이 혜심이 즐겨 인용하던 공안들의 상당수가 『禪門拈頌』의 편찬에 수록되었음을 감안할 때 그 실제적 활용의 정도를 가늠할 수 있다는 평을 들었다.[27] 「眞覺國師語錄補遺」에는 혜심이 즐겨 인용하였던 공안들이 집대성되어 있는데, 그 가운데 다음의 <표 1>의 것들이 『禪門拈頌』에 실려 있는 것이다.

<표 1> 「眞覺國師語錄補遺」集成公案과 『禪門拈頌』 소재처

어록보유집성공안	『禪門拈頌』 권, 칙번호, 내용
1. 猪子話	1권, 11칙, 大覺世尊 釋迦文佛
2. 摩尼話	1, 12, 大覺世尊 釋迦文佛
3. 良久話	1, 16, 大覺世尊 釋迦文佛
4. 布髮話	1, 26, 大覺世尊 釋迦文佛
5. 建刹話	1, 27, 大覺世尊 釋迦文佛
6. 尼拘話	1, 30, 大覺世尊 釋迦文佛
7. 自恣話	2, 33, 大覺世尊 釋迦文佛
8. 一切話	2, 39, 大覺世尊 釋迦文佛

---

26) 韓基斗, 「『禪門拈頌』의 編纂에 따르는 慧諶禪의 意旨」 『普照思想』 7, 1993, 47쪽.

27) 이동준, 『高麗 慧諶의 看話禪 研究』, 동국대학교 박사학위논문, 1992.

9. 四聞話	2, 41, 涅槃經
10. 見見話	2, 51, 楞嚴經
11. 執手話	3, 74, 毘目仙人
12. 好道話	3, 77, 祇夜多
13. 作舞話	3, 82, 阿難
14. 心同話	3, 87, 婆須密
15. 解脫話	3, 108, 四祖 道信
16. 黃梅話	4, 112, 六祖 慧能
17. 三喚話	4, 130, 西京 慧忠
18. 無縫話	4, 146, 西京 慧忠
19. 破竈墮	5, 153, 崇山 破竈墮
20. 裁栽話	9, 330, 藥山 惟嚴
21. 佛性話	11, 474, 趙州 宗諗
22. 鬪劣話	12, 439, 趙州 宗諗
23. 何必話	21, 863, 雲居 道膺
24. 主人公話	23, 988, 玄沙 師備

그 내용을 좀더 구체적으로 살펴보면 대강 다음과 같다.

1. '猪子'에 관한 고칙 ; 부처가 돼지를 메고 지나가는 것을 보고 무엇인가를 묻자 돼지도 모르는가라고 하자 '그러기에 물어보는 것이 아닌가'라고 하였다.

2. '摩尼珠'에 관한 고칙 ; 마니주를 본 五方天王이 각기 다른 빛깔로 보인다고 하자 부처가 소매 속에 숨기고 색깔을 묻자 '부처의 손에 구슬이 없거늘 어디에 빛이 있는가'라고 답하매 부처가 '참 구슬을 보이니 전혀 모르는구나'라고 하여 도를 깨치게 했다.

3. '良久'에 대한 고칙 ; 부처가 어떤 外道가 '말 있음을 묻지 않고 말 없음을 묻지 않는다'를 묻자 '良久'하매 외도가 깨달아 듣게 함을 감사하며 물러났을 때 아난이 그 까닭을 묻자 "세간의 좋은 馬는 채찍의 그림자만 보고도 달리는 것 같으니라"라고 하였다.

4. '布髮'에 관한 고칙 ; 석가가 보살행을 닦는 시절에 연등 부처가 지나가는 길이 질어서 자기 머리카락을 땅에 펴서 부처의 일행이 지나가게 하자 연등 부처가 이곳에 절을 지어라고 하자 賢于라는 장자가 標를 하나 들고와 '절을 다 지었다'고 하자 諸天이 散花 讚하며 '저 사람이 큰 지혜가 있구나' 하였다.

5. '建刹'에 관한 고칙 ; 세존이 길을 가다가 一片의 땅을 가리키며 '여기에다 절을 지어라'고 하자 제석이 풀 한줄기를 꽂고 절을 세웠다고 하자 빙그레 웃었다.

6. '尼拘'에 관한 고칙 ; 나무 밑에 있는 부처에게 장사꾼이 수레가 지나가는 것을 보고, 들었는가를 묻자 보지도 듣지도 못했다고 하였고, 선정에 들었는가, 잠들었는가를 다시 묻자 각기 그렇지 않다고 하매 장사군이 '깨어 있으면서도 보지 못하였군요'라고 하였다.

7. '自恣'에 관한 고칙 ; 自恣日에 文殊가 3곳에서 여름을 지냈기 때문에 가섭이 대중에게 공개하고 내쫓으려고 망치를 들려고 했으나 끝내 들지 못하니, 세존이 '네가 어느 문수를 내쫓으려고 하느냐?'라고 하자 가섭이 대답하지 못하였다는 내용이다.

8. '一切法'에 관한 고칙 ; 『華嚴經』 偈頌에 "一切法이 不生하고 一切法이 不滅하나니, 이와 같이 알면 부처가 항상 그 앞에 나타나리라"고 한 내용이다.

9. '四聞'에 관한 고칙 ; 『涅槃經』에서 "듣는 것이 듣지 않는 것이요[聞不聞], 듣지 않는 것이 듣는 것이요[不聞聞], 듣는 것이 듣는 것이요[聞聞], 듣지 않는 것이 듣지 않는 것이니라[不聞不聞]"라고 한 내용이다.

10. '知見'에 관한 고칙 ; 『楞嚴經』에서 "知見에 知를 세우면 無明의 근본이요, 知見에 見이 없으면 그는 열반이니라"고 한 내용이다.

11. '執手'에 관한 고칙 ; 毘目仙人이 善財의 손을 잡으니 선재는 자기

의 몸이 十方의 부처님 세계의 티끌 같이 많은 수의 부처의 처소에 가는 것을 보았으며, 말할 수 없고 말할 수 없는 티끌 같이 많은 수의 겁을 지내는 것을 보았다.

12. '好道'에 관한 고칙 ; 月氏國王이 罽賓國의 祇夜多尊者에게 가서 법을 묻자 '오실 때에 길이 좋았으니 가실 때에도 오실 때 같으리이다'라고 하였다.

13. '作舞'에 관한 고칙 ; 아난이 부처가 한패의 풍악쟁이를 통해 無常이 곧 常이란 진리를 보인 내용이다.

14. '心同'에 관한 고칙 ; 婆須密尊者가 그 게송에서 '마음이 허공의 세계와 같아서 허공과 같은 법을 보여 주나니 허공을 증득할 때에 옳은 법, 그른 법 모두 없으리'라고 한 내용이다.

15. '解脫'에 관한 고칙 ; 4조 道信과 3조 사이에 해탈법문에 대한 문답이다. 3조가 아무도 그대를 속박하지 않았는데 어찌 해탈을 구하는가라는 말에 도신이 크게 깨달았다는 내용이다.

16. '黃梅'에 관한 고칙 ; 祖 慧能에게 어떤 중이 묻기를 '황매(5祖)의 참뜻을 누가 받았는가'라고 하자 '불법을 아는 이가 얻었느니라'고 하면서 자신이 얻지 못한 것은 자신이 불법을 알지 못하기 때문이라고 한 내용이다.

17. '三喚'에 관한 고칙 ; 충국사가 어느 날 시자를 세 차례 부르자 시자가 세 차례 대답을 하자 '내가 너를 배반한다고 여겼더니 네가 도리어 나를 배반하는구나'라고 한 내용이다.

18. '無縫塔'에 관한 고칙 ; 열반에 들면 무엇을 해줄까라는 숙종황제의 물음에 충국사가 무봉탑을 세워 달라고 한 내용이다.

19. '破竈墮'에 관한 고칙 ; 파조타 화상이 숭악에 있을 때 산 중턱에

영검 있는 묘당 안의 조왕단 하나가 산 목숨을 많이 죽이자 파조타가 묘당에 들어가 '그대는 본래 진흙과 기왓장으로 합쳐서 이루어진 것인데 영검이 어디서 왔으며, 성스러움은 어디서 생겼는가'라고 하면서 주장자로 몇 차례 두드리면서 '깨졌다, 떨어졌다'하니 조왕단이 무너지고 말았고, 조금 후 조왕신이 나타나 화상의 무생법을 듣고 해탈하였다고 하면서 사례하였다는 내용이다.

20. '栽菜'에 관한 고칙 ; 약산이 채소밭에 가서 園頭가 채소 가꾸는 것을 보고 '그대가 가꾸는 것을 막지 않겠거니와 뿌리만은 나지 않게 하라' 하니, 원두가 '뿌리가 나지 않게 하라시면 대중은 무엇을 먹습니까?' 하자 '그대도 입이 있던가'라고 하였다.

21. '佛性'에 관한 고칙 ; 조주에게 어떤 중이 '뜰 앞의 잣나무에도 佛性이 있는가?'를 묻자 있다고 하였고, 언제 부처가 되겠는가를 묻자 '허공이 땅에 떨어져야 한다'고 하였고, 허공이 언제 땅에 떨어지는가를 묻자 '잣나무가 부처될 때에야 되느니라'고 하였다.

22. '鬪劣'에 관한 고칙 ; 趙州가 그의 侍者 文遠과 토론을 할 때 '鬪劣을 할지언정 鬪勝을 않는다. 투승을 하는 이는 떡을 내야 한다'고 하고 '나는 한 마리의 당나귀 같다'고 하니, 시자가 '나는 말고삐 같다'고 하였다. 이에 조주가 '나는 당나귀 똥 같다'고 하니, 시자가 '나는 똥 속의 벌레 같다'고 하였다. 조주가 '너는 그 속에서 무엇을 하는가'를 물으니, 시자가 '한 여름을 지낸다'고 하자 '떡이나 가져 오라'고 하였다.

23. '何必'에 관한 고칙 ; 雲居가 20년 전 삼봉암에 있을 때 魏府의 興化 長老가 '망편으로 한 마디를 물어서 풀그림자[影草]로 삼을 때가 어떤가?'의 묻고, '암주가 대답 못하면 절에서 물러가는 것만 못하다'고 한 것을 기억해내고 '何必이란 말을 소화해내지 못했다'고

示衆할 때 말하였다. 나중에 化主가 홍화를 만나 그 말을 전하니
홍화가 '운거가 20년에 겨우 何必이란 말 한마디를 했도다. 홍화는
그렇지 않으리니, 어찌 不必이라 말하는 것만 같으리요'라고 하였다.

24. '主人公'에 관한 고칙 ; 瑞岩에서 왔다는 중에게 玄沙가 '서암이 무
슨 말을 하던가'를 물으니, 중이 대답하기를 '늘「주인공아!」하고
는 스스로 대꾸하기를「예!」한 뒤에 다시 말하기를「정신차려라.
다음에 남의 속임을 받지 말라」합디다'고 하였다. 현사가 '제일의
精魂을 놀리는 짓이다. 매우 괴이한 일이로다' 하고는 '왜 거기에
있지 않는가?'를 묻자 그 중이 '서암이 세상을 떠났습니다'고 하였
다. 현사가 '지금도 부르면 대꾸하던가?' 하니, 중이 대꾸가 없었다.

이 공안들은 무신정권하에서의 혜심 자신, 그리고 승려들, 나아가서
재조관료들을 포함한 지식인들이 무신정권하에서 지켜야 할 태도를 제
시하는 길잡이일 것이다.

이 24則 가운데에는 '黃梅'에 관한 고칙은 앞장의 자료 4)에서 살펴
본 바와 같이 향산랑의 상당운에서 '죽은 뒤에는 광속에 묻혔다가 新羅
사람에게 머리가 깨지지 않았을 것'이라는 언급이 있음에도 불구하고
진각국사 어록 등에서 관심을 전혀 보여주지 않는다. 이것은 아마 혜심
을 비롯한 당대 승려들의 국제주의적 감각 탓이 아닌가 한다. 불교가
석가모니로부터 시작되어 중국을 거쳐 고려에 들어오는 과정에서 불교
는 국제주의를 획득함으로써 이를 익힌 승려들은 국가의식을 별반 갖고
있지 않았다. 이 점은 불교가 지배이데올로기로서 역할을 담당한 고려
시대를 규정하는 한 속성으로 볼 수 있다. 다음의 자료는 그것을 단적
으로 보여준다.

詩僧 元湛이 나에게 말하기를 "지금의 사대부는 시를 지을 때에 멀
리 타국의 인물이나 지명에 의탁하여 우리나라 일처럼 하고 있으니 우

스운 일이다." (중략) 내가 대답하기를 "대체로 시인이 사물을 인용하는 것은 반드시 그 근본에 구애될 것이 없다. 다만 뜻을 거기에 부쳐서 말할 뿐이다. 더군다나 천하는 한 집안이며 문필은 글이 같다. 어찌 저 나라 땅이니 이 나라 땅이니 하는 간격이 있겠는가"라고 하니 중이 그 말을 듣고 승복하였다.[28]

중국을 다녀오지 못한 자들이 중국의 인물이나 지명에 의탁하여 시를 짓는 당시의 사대부들의 모습은 혜심이 인도나 중국의 공안을 들어 참구토록 한 것과 별반 다를 바 없으며, 이들의 이러한 인식의 틀 저변에는 국제주의적인 불교적 세계관에 영향을 받은 바라고 볼 수 있을 것이다.

비록 『禪門拈頌』은 한국 불교인에게는 타국인의 선사상을 한국적인 의식으로 소화하여 이해하고 일상적 현실에서 이해하고, 또 혜심이 즐겨 인용하던 공안들의 상당수가 『禪門拈頌』의 편찬에 수록되었지만 이들은 어디까지나 타국인의 선사상이다. 당시 중국 승려들의 저술 가운데에는 우리나라의 고승들에 관해 언급한 것을 감안할 때 혜심의 저술에 우리나라 선승들의 拈頌의 정리가 없다는 점은 상대적으로 더욱 아쉽다. 특히 『景德傳燈錄』에는 앞에서 살펴본 바와 같이 여러 新羅僧들에 관한 언급이 있지만 이들 대다수가 拈頌이 없다는 그 이유로 인해 제외되었다. 최소한 혜심이 서문을 통해서 이들이 제외될 수밖에 없었던 저간의 사정만이라도 언급하였더라면 '한국인이 만든 한국적인 燈史'의 찬술이라는 적극적 평가를 내리는 데[29] 이의를 제기하지 않을 것이다.

혜심이 즐겨 사용했던 공안 가운데에는 『涅槃經』의 '見見話', 『楞嚴

---

28) 崔滋, 『補閑集』 卷中, "詩僧元湛謂予云 今之士大夫作詩 遠託異域人物地名 以爲本朝事實 可笑 (中略) 予答曰 凡詩人用事不必泥其本 但萬意而已 況復天下一家 翰墨同文 胡彼此之有間 僧服之."
29) 韓基斗, 앞의 글 참조.

經』의 '四聞話'가 포함되어 있다. 『涅槃經』의 佛性論은 南宗의 사상적
인 배경을 이루고 있으며, 교학적 기반을 이루고 있다고 하므로[30] 혜심
이 『涅槃經』의 구절을 즐겨 이용하였음은 당연할 것이다. 또 『楞嚴經』
은 당시 고려사회에서 禪僧 뿐 아니라 일반 학자들에게도 깊은 관심의
대상이었다. 이규보의 경우 『楞嚴經』에 심취하여 頌을 남길 정도였
다.[31] 실제 『禪門拈頌』에는 앞에서 지적한 바와 같이 석가모니불章의
뒤에 바로 西天의 祖師들을 언급하지 않고, 오히려 각 經典의 말(法)을
인용하고 있다. 『華嚴經』, 『法華經』, 『涅槃經』, 『圓覺經』, 『楞嚴經』,
『金剛經』, 『文殊菩薩所說般若經』이 바로 그것이다. 선종의 경우 혜능
이 『金剛經』의 '應無所住而生其心'이라는 구절을 듣고 발심, 출가하여
心要를 깨달았다는 傳承이 성립될 정도로 『金剛經』을 중시하였고, 또
고려시대 『楞嚴經』이 크게 읽혀졌다 하더라도 불교의 경전을 석가모니
불 다음에 西天의 祖師들을 언급하지 않고 佛·法·僧의 순서에 따른
독특한 배열을 한 것은 『禪宗頌古聯珠集』을 저본으로 한 때문이라
고[32] 볼 수도 있지만 당시 고려 불교계가 처한 상황에서도 접근해볼 수
있다. 신라시대와 고려 초까지 중국[唐·宋]과의 활발한 교류, 그리고 이
로 인한 入唐, 혹은 入宋을 통해 중국 선종의 승려들과 활발한 교류를
통해 그 법맥을 이들로부터 직접 받을 수 있었던 데 반해, 고려중기 이
후 遼·金의 계속적 흥기로 인해 남중국과의 직접적 교류는 어려워진
상황하에서 간접적 교류가 간간히 이어질 뿐이었다. 이처럼 고려후기에
접어들면 중국과 교류가 어려워지면서 看話禪이 유행하여 禪師라 해서
참선이나 師僧을 만나서 이루어지는 心印에 의한 직접적인 傳授가 아

---

30) 柳田聖山, 『初期禪宗史書の硏究』166쪽 ; 鄭性本, 『中國禪宗의 成立史硏
究』 민족사, 1991, 569쪽 재인용.
31) 李奎報, 「十月十四日 看楞嚴傍置琴彈之 因有作」·「次韻李學士知鷄冠花
詩二首」 『東國李相國後集』 卷5, 「年譜」, 「墓誌」.
32) 이동준, 『高麗 慧諶의 看話禪 硏究』, 동국대학교 박사학위논문, 1992.

니고 고승들의 어록인 偈頌을 통하여 간접적인 傳授에 의하여 得道한
예가 많다. 이러한 경향은 자연히 선사들로 하여금 教宗僧과 유사한 편
찬에도 힘쓰게 하였는데, 주로 고승의 偈頌을 모으거나 교리의 요점을
더욱 간명하게 정리하는 요약[節要]작업이 유행하였다. 이 시기의 이러
한 성격의 저술로 『禪門寶藏錄』・『華嚴論節要』・『禪門拈頌』・『法集
別行錄節要幷入私記』・『二大部節要』 등이 있으며, 중국인의 유사한
저술인 『碧巖錄』・『祖堂集』・『傳燈錄』 등이 환영되어 유행하였다.[33]
이러한 사정은 고려 불교의 선승들이 그 법맥을 사승관계에 초점을 두
기보다 바로 불교경전에서 찾고자하는 의식의 반영이 『禪門拈頌』에서
佛과 僧 사이에 經典(法)을 위치지우게 한 것이 아닌가 한다.

　修禪社의 2세 主法인 慧諶(1178~1234)은 전남 和順 출신으로 俗姓은
崔氏이며, 그의 父는 鄕貢進士였다. 그는 1201년(희종 4)에 司馬試에 합
격하여 太學에 들어갔으나 그의 母인 裵氏의 죽음을 계기로 하여 1202
년 지눌의 제자로 입문하였다. 慧諶을 위시한 天因, 天頙 등의 향리 내
지 독서층의 과시합격자들이 수선사와 백련사 등의 신앙결사에 입문한
경우를 문벌체제하에서 귀족적・보수적인, 또 무신체제하에서 부용적인
성격을 지닌 유학에 대한 회의와 반발에서 나타난 현상, 즉 이러한 기
존의 유학을 극복하기 위한 돌파구로서 13세기 전후에 있어서 불교계
내부의 비판운동으로 전개된 새로운 사조에 깊은 관심을 가지게 된 것
으로 볼 수 있다.[34] 또한 이 시기의 과거가 등용고시의 성격보다는 관
료후보자의 자격고시의 성격을 갖고 있었던 것을 감안하지 않으면 안된
다. 향리층 내지 독서층의 자제들이 과거에 합격하였다 할지라도 실제
좌주 등의 천거를 통해 관직에 진출한다는 것은 쉽지 않았을 것이다.
이들이 승려로의 길을 택한 것은 이것이 하나의 요인으로 작용할 수 있
을 것이다. 천책이 '業儒者'에서 '佛僧'으로 전환하게 된 이유가 당시

33) 許興植, 『高麗佛教史研究』, 일조각, 1986, 455쪽.
34) 蔡尙植, 『高麗後期佛教史研究』, 일조각, 1991, 28~29쪽.

문인들의 학풍에 대한 불만과 급제 후 3년 동안 등용되지 못한 불만 때문인 것을 감안할 때[35] 혜심의 입산동기도 여기에서 찾을 수 있을 것이다. 지눌이 대상으로 한 衆生이 최소한의 知解 정도는 갖춘 사람이었다는 것을 감안할 때 科試 합격생인 혜심을 그의 법통으로 계승시킨 것은 어쩌면 당연한 조치였을 것이다.[36] 유학을 공부한 인물로서, 그리고 座主－門生의 관계를 목도한 그로서는 불교계에 투신한 후 불경의 탐독의 과정에서 師資相承에 의한 법맥의 전수를 다룬 경전에 주목하여 『禪門拈頌』의 편찬에 이르게 되었을 것이다.

필자는 일찍이 「國師當時大衆及維持費」의 문서 2단에 수선사의 社主 法答의 존재에 주목하여 혜심이 단속사로 옮긴 직후 최우성권이 社主 法答을 통해 수선사를 장악하고자 하였던 듯하다고 추정하여 수선사는 최우－만종·만전－법답의 추종세력과 혜심세력 사이에 종권다툼이 일어나게 되었을 것이라고 한 바가 있다.[37] 그러나 전라 및 서부경남 일대의 田莊에 대한 효과적 관리를 위해 이 지역의 민중들의 정신적 귀의처 역할을 하였던 불교사원, 특히 수선사의 대민교화의 힘을 빌리기 위해 만종·만전 형제를 수선사에서 머리를 깎게 하고, 법답을 사주로 하여 수선사를 장악하고자 하였던 최씨정권의 의도는 혜심세력의 완

---

35) 그는 급제 후에 중점적으로 수련한 사륙병려체의 문집인 崔致遠의 문집 57권, 金克己의 문집 135권을 열거하면서, 이들이 '駢四六儷'로서 세상에 헛된 이름을 빛냈다고 잘라 말한 것으로 보아, 이러한 학풍에 염증을 내고 있었음을 알 수 있다. 내용보다 문장의 형식에 구애된 장구문학의 학풍은 인종 때부터 유행하였으나 무신집권시에도 문신들은 그들의 정치적 포부를 나타내는 經綸보다 文翰을 맡은 기능인으로서만 활동할 수 있었고, 이에 따라 문인들도 미사려구에만 골몰하고 있었다(허흥식, 「진정국사의 생애와 시대인식」『高麗佛敎史硏究』, 859~865쪽).

36) 金晧東, 『高麗武臣政權時代 文人知識層의 硏究』, 영남대 박사학위논문, 1992, 153쪽 ; 『고려 무신정권시대 文人知識層의 현실대응』경인문화사, 2003.

37) 金晧東, 앞의 책.

강한 저항에 부딪혀 도리어 위기에 처하게 되었고, 결국 두 세력의 타협이 모색되었다. 그리하여 만종은 단속사로, 만전은 쌍봉사로 옮기게 되었고, 수선사는 다시 혜심이 주석하게 되었다. 그렇게 추정하는 근거는 1224년(고종 10)에 작성된 것으로 보이는 「常住寶記」에 나오는 '常住寶'의 운용을 혜심이 주도하고 있는 것이다. 이렇게 볼 때 혜심은 지눌에서 자신으로 이어지는 조계종의 법통을 공고히 하고 여타의 다른 방계에 대한 숙정을 시도하였을 것이다. 『景德傳燈錄』이 여러 방계를 수록한 데 반해 『선문염송』은 상대적으로 경직성을 보이면서 남종선 일변도의 법맥을 정리하게 된 것도 결코 우연의 일이 아닐 것이다. 이 점 앞의 혜심이 즐겨 사용했던 공안 중에 '三喚'(17)에 관한 고칙은 그에게 그만큼 절실한 것인지도 모른다.

특히 혜심이 『禪門拈頌』을 간행한 것은 고종 13년(1226)이다. 이 시기는 혜심이 최씨정권과 일정한 거리를 둔 채 현실에 대한 날카로운 비판의식을 갖고 있었던 때를 지나 최씨정권과 타협하여 유착한 시기에 해당한다.[38] 이 책이 완성되기 바로 한 해 전에 혜심은 당시 무신집정이었던 최우로부터 金縷袈裟를 받기까지 하였다. 따라서 이 당시 혜심이 지은 글 속에는 사회현실을 비판하거나 사회의 교화에 관심을 보여주는 내용이 보이지 않는다. 그러나 당시 사회현실은 대내외적 모순이 중첩된 상황하에서 어려운 지경이었다. 동진이 고려를 침범해오고, 고종 12년에는 몽골의 사신 저고여가 고려에 무리한 요구를 하다가 귀국 도중에 압록강 북쪽에서 피살되어, 몽골이 이를 구실로 국교를 단절해옴으로써 일촉즉발의 분위기였다. 대내적으로는 농민들의 유리도산으로 인해 곳곳에서 농민항쟁이 촉발되어가는 분위기였고, 고종 11년에는 대장군 이극인의 최우 암살음모가 발각되어 많은 무신들이 화를 입기까지

---

38) 金晧東, 「高麗 武臣政權時代 僧侶知識人 知訥·慧諶의 現實對應」 『民族文化論叢』 13, 영남대 민족문화연구소, 1992.

하였다. 이러한 시기에 혜심은 조계산 수선사에서 문인 眞訓과 더불어
『禪門拈頌』의 편찬에 정성을 기울임으로써 佛者의 세계에 침잠한 채
한 걸음 비켜서서 佛者들에 대한 求道의 길만을 제시하고자 하였을 뿐
이다. 그는 이 책의 간행을 통해 중국과 같이 선종의 법맥이 이어져 내
려감으로써 '禪道로서 국가의 복을 늘리고 지혜로운 논리로서 이웃 군
사를 물리치리라는 생각'을 가졌다.[39] 바로 몽골군이 이 강토를 휩쓸자
불력의 힘을 빌어 외적을 물리쳐야 되겠다는 염원에 의해 대장경의 각
성작업이 이루어지게 된 動因은 이미 혜심의 『禪門拈頌』 서문에서 찾
을 수 있다.

V. 맺음말

『禪門拈頌』은 '한국선의 역사적인 의미에서 먼저 한국인이 만든 한
국적인 燈史를 찬술했다는 그것만으로도 대단한 것이며 특히 대부분의
자료가 인도나 중국의 자료이지만 대담하게도 자기화한 작업이라는 점
에서 오늘날에도 높이 평가할 만한 일이다'라는 평가를 받고 있다. 이
러한 『禪門拈頌』에 나오는 한국불교자료를 적출하여 보면, 1) '世尊陞
座'(권1, 6칙), 2) '女子'(권2, 32칙), 3) '法法'(권3, 80칙), 4) '黃梅'(권4, 112칙),
5) '日面佛'(권5, 169칙), 6) '鴨子'(권5, 177칙), 7) '刈茅'(권7, 240칙), 8) '向
上'(권7, 249칙), 9) '今夜'(권17, 667칙), 10) '念底'(권21, 856칙), 11) '難道'(권
21, 858칙), 12) '草賊'(권24, 1064칙), 13) '鑑咦'(권25, 1081칙), 14) '眼睫'(권25,
1082칙), 15) '久雨'(권25, 1091칙), 16) '無刹'(권25, 1107칙), 17) '南宗北祖'(권
26, 1162), 18) '禪'(권26, 1166칙), 19) '道'(권26, 1167칙), 20) '敎'(권26, 1168칙),
21) '一切處'(권26, 1169칙), 22) '諸佛'(권26, 1170칙), 23) '依經' 등이다.

---

39) 慧諶, 『禪門拈頌集』 序文.

『禪門拈頌』에 실려 있는 1463則 가운데 23則에 한국불교에 관한 자료가 언급되어 있다. 그중 대부분이 신라의 승려 및 신라에 관한 언급이고, 막연히 '海東'을 언급한 것도 이에 해당한다. 나머지 '渤海'에 관한 언급이 한 차례(자료 13,1081칙에 관한 雁蕩泉의 頌), '高麗'에 관한 언급이 한 차례(자료 16,1107칙) 나올 뿐이다. 그런데 이들 자료들의 대다수는 한국불교사를 재구성하는 데 별반 도움을 주지 못한다. 대개 『禪門拈頌』은 석가모니불에서 시작하여 가섭이하의 제자, 西天 28祖 가운데 17명, 그리고 달마 이하, 그 법통을 이은 21세 법손 長靈 守卓의 제자와 東土에 應化했던 여러 賢聖들의 師資相承을 통한 不立文字, 以心傳心, 見性成佛을 다룸으로써 선의 방법과 방향을 제시하기 위해 만들어진 것이기 때문에 이에 관련되지 않으면 언급될 리가 없는 것이다. 그렇기 때문에 위에 제시한 한국불교자료의 대다수는 公案에 대한 拈頌의 가운데에 곁가지쳐 나온 것에 불과하다. 그러나 이를 통해 선풍이 신라에 널리 퍼져 있었고, 이러한 흐름에 중국인들도 깊은 관심을 갖고 있었음을 알 수 있다. 특히 入唐求法의 길을 나선 新羅의 禪僧들은 중국의 선종의 발달에 기여를 함과 동시에 귀국 후 한국 禪宗九山派의 성립에 기여를 함으로써 세계불교문화의 발전에 그 일익을 담당할 수 있었던 것이다.

한국 선종사가 신라이래 남종선 일변도로 이어져왔기 때문에 혜심은 『禪門拈頌』을 쓰면서 남종선의 師資相承 관계를 확립하고자 하였다. 『景德傳燈錄』의 경우는 이와는 달리 3권에서 達磨－慧可－僧璨－道信－弘忍 외에 방계인 僧那, 向居士, 慧滿 등의 20조사를 언급하고 있고, 4권에서는 도신에게서 방계로 나온 牛頭法融과 그를 이은 牛頭宗 6세까지의 5인, 그로부터 다시 방출된 70인 등 도합 76인의 이름을 들고 있고, 홍인의 방출인 北宗의 開祖 神秀와 그에게서 뻗은 106인 등 107인의 이름을 들고 있다. 이와는 달리 『禪門拈頌』은 중국 선종사를 남종선 일변도로 그만큼 단선화시켜 정리하고 있다. 이로 인해 입당구법하여 중국 선종사 및 한국 선종사의 발달에 이바지하였던 고구려, 발해 및 신라승려들을 그만큼 많이 누락시키고 말았다.

『禪門拈頌』은 그 편찬 이래로 한국불교의 필독서로 인정되어 왔다. 조선시대에는 선종과 교종이 통합됨에 따라 강원교육에 있어서도 經論과 禪籍을 종합하여 일정한 체계를 세워서 講學을 실시하였는데, 그 이력과정 가운데 大敎科에 『禪門拈頌』이 들어가 있었고, 최근까지의 6대所衣經典의 하나로 꼽히고 있었다. 이 점을 고려하면 중국 선종사를 그만큼 단선화시켜 정리한 『禪門拈頌』은 후학들로 하여금 한국 선종의 흐름을 협애화시켜 이해하는 결과를 가져다주었음을 부인할 수 없을 것이다.

비록 『禪門拈頌』은 한국 불교인에게는 타국인의 선사상을 한국적인 의식으로 소화하여 이해하고 일상적 현실에서 이해하고, 또 혜심이 즐겨 인용하던 공안들의 상당수가 『禪門拈頌』의 편찬에 수록되었지만 이들은 어디까지나 타국인의 선사상이다. 당시 중국 승려들의 저술 가운데에는 우리나라의 고승들에 관해 언급한 것을 감안할 때 혜심의 저술에 우리나라 선승들의 拈頌의 정리가 거의 없다는 점이 아쉽다.

유학을 공부한 인물로서, 그리고 座主-門生의 관계를 목도한 그로서는 불교계에 투신한 후 불경의 탐독의 과정에서 師資相承에 의한 법맥의 전수를 다룬 경전에 주목하여 『禪門拈頌』의 편찬에 이르게 되었을 것이다.

혜심이 『禪門拈頌』을 간행한 것은 고종 13년(1226)이다. 이 시기는 혜심이 최씨정권과 일정한 거리를 둔 채 현실에 대한 날카로운 비판의식을 갖고 있었던 때를 지나 최씨정권과 타협하여 유착한 시기에 해당한다. 이 책이 완성되기 바로 한 해 전에 혜심은 당시 무신집정이었던 최우로부터 金縷袈裟를 받기까지 하였다. 따라서 이 당시 혜심이 지은 글 속에는 사회현실을 비판하거나 사회의 교화에 관심을 보여주는 내용이 보이지 않는다. 그러나 당시 사회현실은 대내외적 모순이 중첩된 상황하에서 어려운 지경이었다. 이러한 시기에 혜심은 조계산 수선사에서 문인 眞訓과 더불어 『禪門拈頌』의 편찬에 정성을 기울임으로써 佛者의 세계에 침잠한 채 한 걸음 비켜서서 佛者들에 대한 求道의 길만을 제시하고자 하였을 뿐이다. 오직 그는 이 책의 간행을 통해 중국과 같이 선종의 법맥이 이어져 내려감으로써 '禪道로서 국가의 복을 늘리고 지혜로운 논리로서 이웃 군사를 물리치리라는 생각'을 가졌다. 바로 몽골군이 이 강토를 휩쓸자 불력의 힘을 빌어 외적을 물리쳐야되겠다는 염원에 의해 대장경의 각성작업이 이루어지게 된 動因은 이미 혜심의 『禪門拈頌』 서문에서 찾을 수 있다.

찾아보기

김 호 동金晧東

경북 대구 출생
영남대학교 문과대학 국사학과
동 대학원 국사학과 수료(문학박사)
현 영남대학교 국사학과 객원교수

◇ 著 書

『고려 무신정권시대 文人知識層의 현실대응』, 『독도·울릉도의 역사』, 『고려시대사 강의』(공저), 『한국사 6』(공저), 『울릉도·독도의 종합적 연구』(공저), 『울릉군지』(공저), 『한국중세사회의 제문제』(공저) 외 다수

◇ 論 文

「高麗武臣政權時代 繪畫에 나타난 文人知識層의 現實認識論」, 「高麗武臣政權時代 地方統治의 一斷面－李奎報의 全州牧 '司錄兼掌書記'의 活動을 중심으로－」, 「高麗武臣政權時代 文人知識人 安置民의 현실인식」, 「高麗武臣政權時代 文人知識層의 硏究」, 「12·13세기 농민항쟁의 전개와 성격」, 「李義旼政權의 재조명」 외 다수

한국 고·중세 불교와 유교의 역할　　값 : 20,000원

2007년 7월 10일	초판 인쇄
2007년 7월 20일	초판 발행

　　　　　　저　　자 : 김 호 동
　　　　　　발 행 인 : 한 정 희
　　　　　　발 행 처 : 경인문화사
　　　　　　편　　집 : 한 정 주
　　　　　　　　　　서울특별시 마포구 마포동 324-3
　　　　　　　　　　전화 : 718-4831～2, 팩스 : 703-9711
　　　　　　　　　　e-mail : kyunginp@chol.com
　　　　　　　　　　homepage : http://www.kyunginp.co.kr
　　　　　　　　　　　　　　 : 한국학서적.kr
　　　　　　등록번호 : 제10-18호(1973. 11. 8)

ISBN : 978-89-499-0492-4　94910